모아타운의 모든 것

소규모주택정비 관리계획 VS 관리지역

재건축·재개발,

모아타운 아파트 받기

발 행 일 | 2023년 11월 30일
지 은 이 | 전연규, 양팔석, 이춘란
펴 낸 이 | 전연규
펴 낸 곳 | 도시개발신문㈜
출판등록 | 2006년 5월 17일 2006-000105호
디 자 인 | 공디자인 퍼블리싱
인　　쇄 | 명지북프린팅
주　　소 | 서울특별시 강남구 테헤란로 322, 동관 901호(역삼동, 한신인터밸리24)
전　　화 | (02)2183-0517
팩　　스 | (02)2183-0519

I S B N | 979-11-969579-7-1 (93320)
가　　격 | 35,000원

＊ 잘못된 책은 바꾸어 드립니다.
＊ 책값은 뒤표지에 있습니다.

모아타운의 모든 것

소규모주택정비 관리계획 VS 관리지역

전연규
양팔석·이춘란 공저

서문

　재개발사업과 함께 모아타운의 시대가 열렸다.
지난 9월 26일 주택공급 활성화 방안에서도 소규모정비사업 사업성 개선을 발표하는 등 그 미래는 밝다고 하겠다.

서울시를 비롯한 수도권 및 다른 시도에서도 소규모주택정비 관리계획 수립을 위해 움직이기 시작했다.
이 분야에서 풍부한 실무경험이 있는 양팔석·이춘란대표가 모아타운의 해설서를 썼으면 좋겠다는 제의를 해 이 책을 같이 쓰게 되었다.

이 책은 실무와 법률을 조화롭게 다루고 있다.
　최근 강남구 재건축드림지원TF 자문위원으로서 강남구 삼성동, 개포4동 모아타운 설명회 참여 및 일원대청마을 모아타운의 실무상 문제점과 법령과의 괴리사항을 해소하려고 이 책을 썼다.

법률에 터 잡은 모아타운은 재건축, 재개발사업과 함께 기성시가지 정비기능을 다할 것으로 보인다.

이 책이 실무자들이나 조합 관계자들에게도 도움이 될 것으로 믿는다.

2023년 11월 30일
대표 저자　전 연 규

머리말 1

　서울시 가로주택정비사업의 핵심 전략사업인 모아타운사업의 단행본을 출간하게 되어 참으로 가슴 뿌듯합니다.
　법령 해설과 이 책의 뼈대를 세워주신 전연규대표님과 늘 한결같은 마음의 이춘란대표에게도 그 기쁨을 돌립니다.
　2020년 대한민국 마지막 투자처 도시재생(가로주택정비사업, 소규모재개발·재건축사업)을 출판하면서 앞으로 소규모주택 개발이 대세로 자리잡을 것이라 예견하였습니다.
　이 책을 읽게 되는 독자들이 좀 더 이해하기 쉽게 각 정비사업별 단행본을 출판하는 것을 목표로 정했는데, 그 첫 번째 결과물이 나오게 되어 그 기쁨이 더 큽니다.

　상담을 하다보면 의외로 많은 분들이 모아주택과 모아타운에 대한 이론과 실무가 부족하다는 점에 놀라서 관련 법률의 이해를 높이고 실무에서 바로 응용 가능한 책이 있으면 좋겠다는 생각이 이 책의 출간으로 이어졌습니다.

　이 책은 소규모주택 정비사업에 기초가 없는 일반독자들이 읽기에는 다소 어려움이 있겠지만 법률적인 기초를 알아야 창과 방패를 모두 가지게 되어 실제 현장을 선정하고 투자를 할 때 그 진가를 알게 될 것입니다.
　끝으로 이 책이 나오기까지 헌신해 주신 출판사 관계자분들께도 감사드립니다. 더욱 정진하겠습니다.

2023년 11월 30일
저자 양 팔 석

머리말 2

내 집 마련한다는 것은 일반인에게 일생의 가장 큰 소망입니다.

서울의 중위 아파트 평균가격인 약 10억이라는 돈을 마련하려면 일반인들은 20년도 넘게 걸릴 수도 있다 합니다.

서울시에서 주택공급을 위해 추진하고 있는 모아타운을 비롯한 주택정책이 보통사람들의 집 장만을 위한 기회가 되고 있습니다.

"여기가 서울인가?" 할 정도로 오래된 단독주택과 빌라, 매일 주차 전쟁을 치르면서 모아타운은 '따로 또 같이'라는 해법으로 블록별 정비사업은 하면서, 주차장과 커뮤니티 등 편의시설로 함께 사용할 수 있는 도시재생사업이라 볼 수 있습니다.

모아타운에 대한 자료는 서울시 정책발표가 전부이고 정책 내용을 한 번에 파악하기는 매우 어렵습니다.

이 책에는 도시정비사업 관련 법률해석과 실무, 알아두면 좋을 판례, 투자자들이 반드시 확인해야 할 해당 지역마다 다른 권리산정기준일 등 모아타운의 모든 것이 담겨있습니다.

이 책은 내 집마련을 꿈꾸는 투자자, 공인중개사, 조합관계자에게 실질적인 도움이 되길 바라는 마음입니다.

인생의 스승이시고 정비사업분야의 대가이신 전연규대표님, 정비사업의 탄탄한 실무경험으로 부동산 전문가의 길로 이끌어 주시는 양팔석대표님께 감사함과 존경을 표합니다.

2023년 11월 30일
저자 이 춘 란

- 서문 • 4
- 머리말_1 • 5
- 머리말_2 • 6

■ 모아타운 근거법령 개정연혁

● 조문별 개정 연혁

- 법 §2(소규모주택정비 관리지역)①9 • 13
- 법 §22(주민합의체의 구성 등) • 15
- 법 §23(조합설립인가 등), 가로주택정비조합 정관(안) • 30
- 법 §26(건축심의) • 74
- 법 §27(통합심의) • 79
- 법 §35의2(토지 등의 수용 또는 사용) • 87
- 법 §43의2(소규모주택정비 관리계획의 수립) • 91
- 법 §43의3(소규모주택정비 관리계획의 내용) • 116
- 법 §43의4(소규모주택정비 관리지역에 대한 특례) • 120
- 법 §43의5(관리지역에서의 임대주택의 공급 및 인수) • 124
- 법 §43의6(소규모주택정비 관리지역의 해제 등) • 129
- 법 §44(보조 및 융자) • 132
- 법 §48(건축규제의 완화 등에 관한 특례) • 137
- 법 §49(임대주택 건설에 따른 특례) • 147
- 법 §55(다른 법률의 인허가등의 의제등) • 162

■ 모아타운의 탄생과 약진

1. 3080+ 대도시권 주택공급 확대방안 • 179

2. 23.9.26 주택공급 활성화 방안 • 181

3. 모아타운의 개략적 절차 • 183

4. 모아타운 내 모아주택 • 184

    1) 모아주택 유형 • 184

    2) 모아주택과 건축협정 • 186

    3) 모아주택의 각종 완화 규정 • 187

5. 관리계획 수립 진행방법 • 197

    1) 자치구 공모 • 197

    2) 주민제안 방식 • 203

    3) 서울시 선정위원회의 모아타운 대상지 선정 • 208

    4) 모아타운 2.0 관련 Q&A(서울시) • 208

6. 소규모주택정비 관리계획 • 213

    1) 모아주택 슈퍼블럭 단위와 관리지역 내 사업시행면적 • 213

    2) 모아타운 내 가로주택정비사업의 완화 • 214

    3) 모아타운 선(先)지정 방식 • 216

    4) 소규모주택정비 관리계획 수립 절차 • 225

    5) 관리지역 지정에 따른 특례(관리계획 승인·고시의 효력) • 228

    6) 소규모주택정비 관리계획 승인 고시문 사례 • 230

■ 모아타운의 행위제한, 권리산정기준일 및 부동산거래신고 등

1. 행위제한 • 243

2. 권리산정기준일 • 246

    1). 권리산정기준일 연혁 • 246

    2) 모아타운의 권리산정기준일 일람표 • 249

3. 부동산 거래 신고 등 • 268

■ 관리계획 고시 후 모아주택사업 진행

1. 자율주택정비사업, 가로주택정비사업, 소규모재건축사업 • 269

2. 소규모재개발사업 • 272

■ 모아타운사업과 아파트공급

1. 신탁회사인 지정개발자, 사업대행자, 공동시행자 •275

    1) 도시정비법상 지정개발자와 사업대행자, 공동시행자 •275
    2) 소규모주택정비법상 지정개발자와 사업대행자, 공동시행자 •280

2. 23.9.26 주택공급 활성화 방안과 선(先) 토지신탁 1/3 •286

3. 소규모주택정비조합과 조합원의 자격 •287

4. 투기과열지구 내 조합원 지위양도 제한 •289

5. 「주택공급에 관한 규칙」과 재당첨 제한 •293

6. 아파트·상가 공급기준 등 •297

    1) 아파트 공급기준 •300
    2) 상가 공급기준 •302
    3) 소규모재건축사업의 상가소유자의 아파트 공급 •302
    4) 시도별 소규모주택정비조례상 권리산정기준일, 가로주택 정비사업의 분양대상 •305

부록

소규모주택정비 관리지역(모아주택) 공모 및 선정 등(국토부·서울시) •314
22.1~23.7까지 서울시 모아타운 권리산정기준일 고시 일람표 •336
100인 이하의 가로주택정비조합 정관(안) 및 해설 •339

모아타운 근거 법령 연혁

● 모아타운 근거법령 개정연혁

21.7.20, 소규모주택정비 관리지역(이하 "관리지역")의 소규모주택정비사업(자율주택형, 가로주택형, 소규모재건축형, 소규모재개발형 모아주택)에 대한 사업주체를 공공사업시행자로 법제화하였음.

이후 23.4.18 법 개정으로 민간도 관리계획 수립(변경) 입안 제안이 가능하게 되었고, 서울시는 모아타운[1]의 본격적인 시행을 앞두고 있음.

"모아타운은 근거법령 없이 서울시 예규나 지침에 의해 시행하는 사업이다." 라는 일부 해설 영상이 돌고 있어, 근거법령인 소규모주택정비법령의 개정 연혁과 법적 근거를 정리하게 됨.

---

1. 소규모주택정비 관리계획에 의한 관리지역에서 소규모주택정비사업을 서울시 오세훈시장은 "모아타운"이란 서울시 브랜드명으로 시행함.

● 조문별 개정 연혁

■ 법 제2조제1항제9호(소규모주택정비 관리지역)
영 없음

21.9.21 노후·불량 단독주택 및 공동주택과 신축 건축물등이 혼재하여 광역적 개발이 곤란한 지역에서 정비기반시설과 공동이용시설 확충을 통해 소규모주택정비사업을 추진하기 위한 '소규모주택정비 관리지역'을 신설함.

□ 개정 연혁

소규모주택정비법[시행 21.9.21] [법률 제18314호, 21.7.20, 일부개정]
 제2조(정의) ① 이 법에서 사용하는 용어의 뜻은 다음과 같다.
 9. "소규모주택정비 관리지역"(이하 "관리지역")이란 노후·불량건축물에 해당하는 단독주택 및 공동주택과 신축 건축물이 혼재하여 광역적 개발이 곤란한 지역에서 정비기반시설과 공동이용시설의 확충을 통하여 소규모주택정비사업을 계획적·효율적으로 추진하기 위하여 제43조의2에 따라 소규모주택정비 관리계획이 승인·고시된 지역을 말한다. <신설>

 부 칙 <법률 제18314호, 21.7.20>
 제1조(시행일) 이 법은 공포 후 2개월이 경과한 날부터 시행한다(효력발생시기 21.9.21).

□ 법 제2조제1항제9호(소규모주택정비 관리지역)

이 법에서 사용하는 용어의 뜻은 다음과 같다.
9. "소규모주택정비 관리지역"이란 노후·불량건축물에 해당하는 단독주택 및 공동주택과 신축 건축물이 혼재하여 광역적 개발이 곤란한 지역에서 정비기반시설과 공동이용시설

의 확충을 통하여 소규모주택정비사업을 계획적·효율적으로 추진하기 위하여 §43의2에 따라 소규모주택정비 관리계획이 승인·고시된 지역을 말한다.

소규모주택정비사업이 실효성 있게 시행될 수 있도록 사업시행구역을 위한 '소규모주택정비 관리지역'을 도입함.

10만㎡ 이내의 관리지역에 대해 체계적인 소규모정비가 가능하도록 최초 공공의 거점 소규모정비사업 및 기반시설 계획 등을 포함한 관리계획을 수립하게 됨.

이후 23.4.18 법 개정으로 민간도 공공과 함께 관리계획 입안 제안이 가능하며, 서울시는 이를 모아타운사업으로 브랜드화함.

23.3월 법 §2에 따른 관리지역 내의 정비기반시설 확충을 지원하여 난개발을 방지하고 소규모주택정비사업의 계획적인 시행을 유도하기 위해 국토부(공공주택추진단)는 「소규모주택정비 관리지역 지원 가이드라인」을 제정 시행함.

소규모주택정비 관리계획(모아타운) 관련, 신설 또는 개정 조항은 다음과 같음 종전과 다른 부분은 밑줄로 표시해 두었으니 참조바람.

영 §3①1~제4호, 제2항
법 §22(주민합의체의 구성 등)
법 §23(조합설립인가 등)
법 §26(건축심의)
법 §27(통합심의)
법 §35의2(토지 등의 수용 또는 사용)
법 §43의2(소규모주택정비 관리계획 수립), 영 §34의2, 영 §38의2, 영 §38의3
법 §43의3(소규모주택정비 관리계획의 내용), 영 §30, 영 §38의4
법 §43의4(소규모주택정비 관리지역에 대한 특례), 영 §38의5
법 §43의5(관리지역에서의 임대주택의 공급 및 인수), 영 §38의6
법 §44(보조 및 융자)
법 §48(건축규제의 완화 등에 관한 특례) ⑤, ⑥, 영 §40의2
법 §55(다른 법률의 인·허가등의 의제 등) 제2항

■ 법 제22조(주민합의체의 구성 등)

영 §19(주민합의서의 경미한 변경), 시행규칙 §8(주민합의체 신고 등), 조례 §25

토지등소유자가 전원이 합의하여 사업을 시행하는 경우, 신속한 사업이 이루어질 수 있는 규정을 신설함.
― 건축협정 체결자 또는 건축협정 운영회도 주민합의체로 인정.
주민합의체는 1명이 반대해도 해산되지만, 안정적인 사업추진을 위해 과반수 동의하는 경우 해산되도록 할 필요가 있음.

□ 개정 연혁

[시행 18.2.9] [법률 제14569호, 17.2.8 제정]

제22조(주민합의체의 구성 등)
① 토지등소유자는 다음 각 호에 따라 소규모주택정비사업을 시행하는 경우 토지등소유자 전원의 합의를 거쳐 주민합의체를 구성하여야 한다.
1. §17①에 따라 자율주택정비사업을 시행하는 경우로서 토지등소유자가 2명 이상인 경우
2. §17③1에 따라 가로주택정비사업 또는 소규모재건축사업을 시행하는 경우로서 토지등소유자가 20명 미만인 경우.
② 토지등소유자는 주민합의체를 구성하는 경우 토지등소유자 전원의 합의로 주민합의체 대표자를 선임하고 국토부령으로 정하는 바에 따라 주민합의서를 작성하여 시장·군수 등에게 신고하여야 한다.
③ 제2항에 따른 주민합의서는 다음 각 호의 사항을 포함하여야 한다.
1. 주민합의체의 명칭
2. 사업시행구역의 위치 및 범위
3. 주민합의체의 목적 및 사업 내용
4. 주민합의체를 구성하는 자의 성명, 주소 및 생년월일 (법인, 법인 아닌 사단이나 재단 및 외국인의 경우에는 「부동산등기법」§49에 따라 부여된 등록번호를 말한다. 이하 같다.)
5. 주민합의체 대표자의 성명, 주소 및 생년월일.

6. 시공자 또는 정비사업전문관리업자의 선정.

7. 주민합의체의 의결사항 및 의결방법.

8. 그 밖에 주민합의체의 구성 및 운영에 필요한 사항으로서 시·도조례로 정하는 사항.

④ 주민합의체 대표자는 제2항에 따라 신고한 사항을 변경하는 경우에는 국토부령으로 정하는 바에 따라 변경신고를 하여야 한다. 다만, 대통령령으로 정하는 경미한 사항을 변경하는 경우에는 그러하지 아니하다.

⑤ 주민합의체 대표자는 주민합의체를 해산하는 경우에는 주민합의체를 구성하는 자의 과반수 동의를 받아 국토부령으로 정하는바에 따라 해산신고를 시장·군수등에게 하여야 한다.

부 칙

제1조(시행일)

이 법은 공포 후 1년이 경과한 날부터 시행한다(효력발생시기 181.2.9).

[시행 21.9.21] [법률 제18314호, 21.7.20 일부개정]

제22조(주민합의체의 구성 등) ① (앞과 같음)

② §17③1에 따라 소규모재개발사업을 시행하는 경우 토지등소유자 8/10 이상 및 토지면적의 2/3 이상의 토지소유자 동의(국유지·공유지가 포함된 경우에는 해당 토지의 관리청이 해당 토지를 사업시행자에게 매각하거나 양여할 것을 확인한 서류를 시장·군수등에게 제출하는 경우에는 동의한 것으로 본다. 이하 제3항에서 같다)를 받아 주민합의체를 구성하여야 한다. 이 경우 주민합의체의 구성에 동의하지 아니한 토지등소유자도 주민합의체 구성원으로 포함하여야 한다.

➡ 소규모재개발사업을 시행하는 경우에 토지등소유자가 20명 미만인 때에는 토지등소유자의 8/10 이상 및 토지면적의 2/3 이상의 토지소유자 동의를 받아 주민합의체를 구성하도록 함.

③ 제1항제1호에도 불구하고 관리지역에서 시행하는 자율주택정비사업의 경우에는 토지등소유자의 8/10 이상 및 토지면적의 2/3 이상의 토지소유자 동의를 받아 주민합의체를 구성할 수 있다. 이 경우 주민합의체의 구성에 동의하지 아니한 토지등소유자도 주민합의체 구성원으로 포함하여야 한다.

➡ 관리지역 관련 신설된 조항임.

④ 사업시행구역의 공동주택은 각 동(복리시설의 경우에는 주택단지의 복리시설 전체를 하나의 동으로 본다) 별 구분소유자의 과반수 동의 (공동주택의 각 동 별구분소유자가 5명 이하인 경우는 제외한다)를, 그 외의 토지 또는 건축물은 해당 토지 또는 건축물이 소재하는 전체 토지면적의 1/2 이상의 토지소유자 동의를 받아야 한다.

⑤ 토지등소유자는 주민합의체를 구성하는 경우 토지등소유자 전원의 합의로(제2항 및 제3항에 따라 주민합의체를 구성하는 경우 토지등소유자의 8/10 이상 및 토지면적의 2/3 이상의 토지소유자 동의를 말한다)로 주민합의체 대표자를 선임하고 국토부령으로 정하는 바에 따라 주민합의서를 작성하여 시장·군수등에게 신고하여야 한다.

➡ 종전의 제2항이 이동하면서 괄호안의 내용이 추가됨.

⑥ 제5항에 따른 주민합의서는 다음 각 호의 사항을 포함하여야 한다.

1. 주민합의체의 명칭.
2. 사업시행구역의 위치 및 범위.
3. 주민합의체의 목적 및 사업 내용.
4. 주민합의체를 구성하는 자의 성명, 주소 및 생년월일(법인, 법인 아닌 사단이나 재단 및 외국인의 경우에는 「부동산등기법」 §49에 따라 부여된 등록번호를 말한다. 이하 같다).
5. 주민합의체 대표자의 성명, 주소 및 생년월일.
6. 시공자 또는 정비사업전문관리업자의 선정 및 변경 방법.
7. 주민합의체의 의결사항 및 의결방법
8. 그밖에 주민합의체의 구성 및 운영에 필요한 사항으로서 시·도 조례로 정하는 사항

➡ 종전 제3항이 제6항으로 이동되면서 제6호의 변경방법이 추가됨.

⑦ 주민합의체 대표자는 제5항에 따라 신고한 사항을 변경하는 경우에는 국토부령으로 정하는 바에 따라 변경신고를 하여야 한다. 다만, 대통령령으로 정하는 경미한 사항을 변경하는 경우에는 그러하지 아니하다.

➡ 종전의 제4항이 제7항으로 이동함.

⑧ 주민합의체 대표자는 주민합의체를 해산하는 경우에는 주민합의체를 구성하는 자의 과반수 동의를 받아 국토부령으로 정하는 바에 따라 해산신고를 시장·군수등에게 하여야 한다.

➡ 종전의 제5항이 제8항으로 이동함.

⑨ 토지등소유자의 자격 등에 관하여는 §24를 준용한다. 이 경우 "조합설립인가"는 "주민합의

체 구성의 신고"로 본다.

부 칙 <법률 제18314호, 21.7.20>

제1조(시행일) 이 법은 공포 후 2개월이 경과한 날부터 시행한다.

제2조(토지등소유자의 자격 등에 관한 적용례) §22⑨의 개정규정은 이 법 시행 이후 주민합의체 구성을 신고하는 경우부터 적용한다.

[시행 22.8.4] [법률 제18831호, 22.2.3 일부개정]

제22조(주민합의체의 구성 등) ①~⑧ 앞과 같음

⑨ 시장·군수등은 제5항에 따라 주민합의체 구성의 신고 (제7항에 따라 신고한사항을 변경하는 경우를 포함한다)가 있거나 제8항에 따라 해산신고가 있는 때에는 14일 이상 주민 공람을 거쳐 의견을 수렴하고 해당 지방자치단체의 공보에 해당 내용을 고시하여야 한다. <신설 22.2.3>

⑩ 토지등소유자의 자격 등에 관하여는 §24를 준용한다. 이 경우 "조합설립인가"는 "주민합의체 구성의 신고"로 본다. <신설 21.7.2, 22.2.3>

▶ 내용 변경 없이, 종전의 제9항이 제10항으로 이동함.

부 칙 <제18831호 22.2.3>

제1조(시행일) 이 법은 공포 후 6개월이 경과한 날부터 시행한다.

[시행 23.10.19] [법률 제19385호, 23.4.18 일부개정]

제22조(주민합의체의 구성 등) ①~⑦ 앞과 같음

⑧ 제1항부터 제3항까지에 따라 구성된 주민합의체는 다음 각 호의 요건을 모두 갖춘 때에는 국토부령으로 정하는 바에 따라 시장·군수등에게 변경신고를 거쳐 이 법에 따른 소규모주택정비사업으로 전환하여 시행할 수 있다. <신설 23.4.18>

1. §29에 따른 사업시행계획인가를 신청하기 전일 것.
2. 시행 중인 사업이 전환하려는 사업에 관하여 §2①3에서 정하는 요건을 모두 충족할 것.
3. 전환하려는 사업에 관하여 제1항부터 제3항까지에서 정하고 있는 주민합의체 구성을 위한 동의 요건을 충족할 것.

⑨ 주민합의체 대표자는 주민합의체를 해산하는 경우에는 주민합의체를 구성하는 자의 과반수 동의를 받아 국토부령으로 정하는 바에 따라 해산신고를 시장·군수등에게 하여야 한다. <개정 21.7.20 23.4.18>

➡ 내종전의 제8항이 제9항으로 이동함.

⑩ 시장·군수등은 제5항에 따라 주민합의체 구성의 신고(제7항 또는 제8항에 따라 신고한 사항을 변경하는 경우를 포함한다)가 있거나 제9항에 따라 해산 신고가 있는 때에는 14일 이상 주민 공람을 거쳐 의견을 수렴하고 해당 지방자치단체의 공보에 해당 내용을 고시하여야 한다. 이 경우 사업시행구역에 관한 지형도면 고시 등에 대하여는 「토지이용규제 기본법」§8에 따른다. <신설 22.2.3, 23.4.18>

➡ "이 경우 사업시행구역에 관한 지형도면 고시 등에 대하여는 「토지이용규제 기본법」§8에 따른다."는 후단을 신설, 23.4.18부터 효력이 발생함.

⑪ 토지등소유자의 자격 등에 관하여는 §24를 준용한다. 이 경우 "조합설립인가"는 "주민합의체 구성의 신고"로 본다. <신설 21.7.20, 22.2.3, 23.4.18>

➡ 종전의 제10항이 제11항으로 이동함.

부 칙 <법률 제19385호, 23.4.18>

제1조(시행일) 이 법은 공포 후 6개월이 경과한 날부터 시행한다. 다만, §22⑩의 개정규정은 공포한 날부터 시행한다.

□ **법 제22조(주민합의체의 구성 등) 제1항**

토지등소유자는 다음 각 호에 따라 소규모주택정비사업을 시행하는 경우 토지등소유자 전원의 합의를 거쳐 주민합의체를 구성하여야 한다.

1. §17①에 따라 자율주택정비사업을 시행하는 경우로서 토지등소유자가 2명 이상인 경우.
2. §17③1에 따라 가로주택정비사업 또는 소규모재건축사업을 시행하는 경우로서 토지등소유자가 20명 미만인 경우.

토지등소유자 전원의 합의로 주민합의체를 구성하여야 하는 경우는 다음과 같음.

"①2명 이상의 토지등소유자가 직접 시행하거나 자치구청장, LH등, 건설업자, 등록사업자, 신탁업자, 부동산투자회사와 공동시행하는 자율주택정비사업과, ②20명 미만의 토지등소유자가 직접 시행하거나 조합이 과반수 동의로 공동시행하는 가로주택정비사업, 소규모재건축사업"의 경우.

○ 제2항

§17③1에 따라 소규모재개발사업을 시행하는 경우에는 토지등소유자의 8/10 이상 및 토지면적의 2/3 이상의 토지소유자 동의(국유지·공유지가 포함된 경우에는 해당 토지의 관리청이 해당 토지를 사업시행자에게 매각하거나 양여할 것을 확인한 서류를 시장·군수등에게 제출하는 경우에는 동의한 것으로 본다. 이하 제3항에서 같다)를 받아 주민합의체를 구성하여야 한다. 이 경우 주민합의체의 구성에 동의하지 아니한 토지등소유자도 주민합의체 구성원으로 포함하여야 한다.

21.7.20 법 개정으로 소규모재개발사업의 신설되면서 도입된 조문.

○ 제3항

제1항제1호에도 불구하고 관리지역에서 시행하는 자율주택정비사업의 경우에는 토지등소유자의 8/10 이상 및 토지면적의 2/3 이상의 토지소유자 동의를 받아 주민합의체를 구성할 수 있다. 이 경우 주민합의체의 구성에 동의하지 아니한 토지등소유자도 주민합의체 구성원으로 포함하여야 한다.

21.7.20 법 개정으로 신설된 조문임.
소규모주택정비 관리지역에서 시행하는 자율주택정비사업의 경우 토지등소유자의 8/10 이상 및 토지면적의 2/3 이상의 토지소유자 동의를 받은 경우 주민합의체를 구성할 수 있도록 함.

○ 제4항

사업시행구역의 공동주택은 각 동(복리시설의 경우에는 주택단지의 복리시설 전체를 하나의 동으로 본다)별 구분소유자의 과반수 동의(공동주택의 각 동별 구분소유자가 5명이하인 경우는 제외)를, 그 외의 토지 또는 건축물은 해당 토지 또는 건축물이 소재하는 전체 토지면적의 1/2 이상의 토지소유자의동의를 받아야 한다.

제3항의 예외규정으로, 관리지역 내 자율주택정비사업의 동의율 산정에서 공동주택이 있는 경우를 말함.

○ 제5항

토지등소유자는 주민합의체를 구성하는 경우 토지등소유자 전원의 합의(제2항 및 제3항에 따라 주민합의체를 구성하는 경우에는 토지등소유자의 8/10 이상 및 토지면적의 2/3 이상의 토지소유자 동의를 말한다)로 주민합의체 대표자를 선임하고 국토부령으로 정하는 바에 따라 주민합의서를 작성하여 시장·군수등에게 신고하여야 한다.

주민합의서는 별지 제9호서식에 따름(시행규칙 §8①).

변경신고는 별지 제9호서식의 신고서를 작성하여 시장·군수등에게 제출하는 방법으로 함(동조 제2항).

• **빈집 및 소규모주택 정비에 관한 특례법 시행규칙[별지 제9호서식]** <개정 21.9.17>

주민합의체	[ ] 구성 [ ] 변경		신고서
※ 색상이 어두운 난은 신청인이 작성하지 않고, [ ]에는 해당되는 곳에 √표를 합니다.			(총 5쪽 중 제1쪽)
접수번호	접수일시	처리일	처리기간

Ⅰ. 주민합의체 개요

명 칭	
목 적	
사업시행구역 위치 및 범위	

주민합의체 대표자	성 명		생년월일(외국인의 경우 등록번호)	
	주 소			
유 효 기 간				
시공자 또는 정비사업전문관리업자 선정방법				
의결사항 및 의결방법				
기 타				

「빈집 및 소규모주택 정비에 관한 특례법」 제22조제5항 및 제7항 본문, 같은 법 시행규칙 제8조제1항 및 제2항에 따라 위와 같이 주민합의체의 [ ]구성 [ ]변경을 신고합니다.

Ⅱ. 사업시행구역 내용
☐ 건축물의 위치·규모·용도·형태 등에 관한 사항

위치 (도로명 주소)	대지 면적 (㎡)	건축선	건축물·설비의 위치	건축물의 용도	건축물의 높이(m)	건축물의 층수	지붕 형태

☐ 건폐율, 용적률, 조경, 주차장, 부대시설 등에 관한 사항

위치 (도로명 주소)	대지 면적 (㎡)	건폐율 (%)	용적률 (%)	조경면적 (㎡)	주차 대수	부대 시설	기타

Ⅲ. 사업시행구역 현황도

명칭	특이사항

도면의 종류	축 척 1:	작성자

작성방법 및 유의사항

1. 배치도[대지의 경계, 대지의 조경면적, 「건축법」제43조에 따른 공개 공지 또는 공개 공간, 건축선[(「건축법」제46조제1항 단서에 따라 건축선이 정해지는 경우에는 건축선 후퇴면적 및 건축선 후퇴거리를 포함합니다), 건축물의 배치현황, 대지 안 옥외주차 현황, 대지에 직접 접한 도로를 포함한 도면을 말합니다.]

Ⅳ. 주민합의서 내용

1. 정비사업 내용

	대지 면적 (공부상 면적)	건축 연면적	규 모	비 고
가. 신축건축물의 설계 개요	㎡	㎡		

	철거비	신축비	그 밖의 비용	합 계
나. 공사비 등 정비사업에 드는 비용				

다. 나목에 따른 비용의 분담	1) 주민합의체 규약에 따라 경비를 부과·징수하고, 사업시행인가 이후 임시청산하며, 합의체 청산·해산 시 청산금을 최종 확정한다. 2) 구성원 소유 자산의 가치를 주민합의체 규약에서 정하는 바에 따라 산정하여 그 비율에 따라 비용을 부담한다.
라. 신축건축물 구분소유권의 귀속에 관한 사항	※ 주민합의체 규약에 근거하여 개별정비사업의 특성에 맞게 정합니다.

2. 주민합의체 대표자 선정 합의
   주민합의체의 대표자는 합의체 총회에서 선출된 자로 한다.

1. 3. 주민합의체 규약 승인
   「빈집 및 소규모주택 정비에 관한 특례법」 제22조에 따라 주민합의체를 구성할 때 그 규약을 신의성실의 원칙에 따라 준수하며, 주민합의체 규약에서 정하는 바에 따라 규약이 변경되는 경우 이의 없이 따른다.

Ⅴ. 주민합의체 체결자

위와 같이 본인은 (   ) 사업시행구역의 토지등소유자로서 위의 내용을 숙지하고 합의하며, 「빈집 및 소규모주택 정비에 관한 특례법」 제22조에 따른 주민합의체 구성에 합의합니다. 또한, 위의 주민합의체 구성 및 사업내용은 사업시행계획인가 내용, 시공자 등과의 계약 내용 및 제반 사업비의 지출 내용에 따라 변경될 수 있으며, 그 내용이 변경됨에 따라 구성원 청산금 등의 조정이 필요할 경우 「빈집 및 소규모주택 정비에 관한 특례법」 및 같은 법 시행령에서 정하는 변경절차를 거쳐 사업을 계속 추진하는 것에 합의합니다.

년   월   일

위 체결자 : ※ 서명란에 자필로 이름을 써넣은 후 지장 날인

위치(지번)	면적(㎡)	성명	주소	생년월일 (법인, 외국인 등의 경우 등록번호)	서명

○ 제6항

제5항에 따른 주민합의서는 다음 각 호의 사항을 포함하여야 한다.

1. 주민합의체의 명칭.

2. 사업시행구역의 위치 및 범위.

3. 주민합의체의 목적 및 사업 내용.

4. 주민합의체를 구성하는 자의 성명, 주소 및 생년월일(법인, 법인 아닌 사단이나 재단 및 외국인의 경우에는 「부동산등기법」§49에 따라 부여된 등록번호를 말한다. 이하 같다).

5. 주민합의체 대표자의 성명, 주소 및 생년월일.

6. 시공자 또는 정비사업전문관리업자의 선정 및 변경 방법.

7. 주민합의체의 의결사항 및 의결방법.

8. 그 밖에 주민합의체의 구성 및 운영에 필요한 사항으로서 시도 조례로 정하는 사항.

위 제8호, "시·도 조례로 정하는 사항"이란 다음 각 호의 사항임(영 §25 ①).

1. 주민합의체의 소집, 사무, 의결방법 등 주민합의체 운영에 관한 사항.
2. 그 밖에 주민합의체가 자체적으로 정하는 운영규약.

— **서울시 주민합의체 구성 및 운영**(조례 §25)

법 §22⑥8에서 "시도 조례로 정하는 사항"이란 다음 각 호의 사항을 말함(조례 §25①).

1. 주민합의체의 소집, 사무, 의결방법 등 주민합의체 운영에 관한 사항.
2. 그 밖에 주민합의체가 자체적으로 정하는 운영규약.

○ 제7항

주민합의체 대표자는 제5항에 따라 신고한 사항을 변경하는 경우에는 국토부령으로 정하는 바에 따라 변경신고를 하여야 한다. 다만, 대통령령으로 정하는 경미한 사항을 변경하는 경우에는 그러하지 아니하다.

— **주민합의서의 경미한 변경**

법 §22⑦ 단서에서 "대통령령으로 정하는 경미한 사항"이란 같은 조 제6항제8호에 따라 시도 조례로 정하는 사항을 말함(영 §19).

영 §19에서 "시·도조례로 정하는 사항"이란 제1항제1호 및 제2호의 사항으로 예산의 집행 또는 토지등소유자의 부담이 되는 사항 이외의 사항을 말함(조례 §25②).

○ 제8항

제1항부터 제3항까지에 따라 구성된 주민합의체는 다음 각 호의 요건을 모두 갖춘 때에는 국토부령으로 정하는 바에 따라 시장·군수등에게 변경신고를 거쳐 이 법에 따른 소규모주택정비사업으로 전환하여 시행할 수 있다.

1. §29에 따른 사업시행계획인가를 신청하기 전일 것.

2. 시행 중인 사업이 전환하려는 사업에 관하여 §2①3에서 정하는 요건을 모두 충족할 것.
3. 전환하려는 사업에 관하여 제1항부터 제3항까지에서 정하고 있는 주민합의체 구성을 위한 동의 요건을 충족할 것.

23.10.19법 개정, 시행됨.

조합 또는 주민합의체가 시행 중인 사업이 변경하려는 사업의 요건을 모두 족한 경우 소규모주택정비사업 간에 사업을 전환하여 시행이 가능하도록 사업 전환 절차를 신설함.

○ 제9항

주민합의체 대표자는 주민합의체를 해산하는 경우에는 주민합의체를 구성하는 자의 과반수 동의를 받아 국토부령으로 정하는 바에 따라 해산신고를 시장·군수등에게 하여야 한다.

・빈집 및 소규모주택 정비에 관한 특례법 시행규칙[별지 제10호서식] <개정 21.9.17>

주민합의체 해산 신고서

※ 색상이 어두운 난은 신청인이 적지 않습니다.

접수번호	접수일시	처리기간

Ⅰ. 주민합의체 해산 개요

주민합의체 개요	명칭명칭	(인가번호)
	위치 및 범위	
주민합의체 대표자	성 명	생년월일
	주 소	
해산사유		

「빈집 및 소규모주택 정비에 관한 특례법」 제22조제8항과 같은 법 시행규칙 제8조제3항에 따라 주민합의체의 해산을 신고합니다.

Ⅱ. 주민합의체 해산 동의자

위치(지번)	면적(㎡)	성명	주 소	생년월일 (법인, 외국인 등의 경우 등록번호)	동의 여부

○ 제10항

시장·군수등은 제5항에 따라 주민합의체 구성의 신고(제7항 또는 제8항에 따라 신고한 사항을 변경하는 경우를 포함한다)가 있거나 제9항에 따라 해산 신고가 있는 때에는 14일 이상 주민공람을 거쳐 의견을 수렴하고 해당 지방자치단체의 공보에 해당 내용을 고시하여야 한다. 이 경우 사업시행구역에 관한 지형도면 고시 등에 대하여는 「토지이용규제기본법」 §8에 따른다.

"이 경우 사업시행구역에 관한 지형도면 고시 등에 대하여는 「토지이용규제기본법」 §8에 따른다."는 후단이 신설되어, 23.4.18부터 효력이 발생함.

○ **제11항**

토지등소유자의 자격 등에 관하여는 §24를 준용한다. 이 경우 "조합설립인가"는 "주민합의체 구성의 신고"로 본다.

자율주택정비사업에서의 주민합의체 구성의 신고를 한 경우에는 이를 조합설립인가로 의제되며, 법 §24①, ②의 적용받아 조합원 지위승계 제한을 받게됨.

법 §22⑨의 개정규정은 이 법 시행(21.9.21) 이후 주민합의체 구성을 신고하는 경우부터 적용함(부칙 제2조).[2]

---

2. **소규모주택정비법**
   부 칙 <법률 제18314호, 21.7.20>
   제1조(시행일) 이 법은 공포 후 2개월이 경과한 날부터 시행한다
   제2조(토지등소유자의 자격 등에 관한 적용례) §22⑨의 개정규정은 이 법 시행 이후 주민합의체 구성을 신고하는 경우부터 적용한다.

■ 법 제23조(조합설립인가 등), 가로주택정비조합 정관(안)

□ 개정 연혁

[시행 18.2.9] [법률 제14569호, 17.2.8 제정]

제23조(조합설립인가 등) ① 가로주택정비사업의 토지등소유자는 조합을 설립하는 경우 토지등소유자의 8/10 이상 및 토지면적의 2/3 이상의 토지소유자 동의를 받아 다음 각 호의 사항을 첨부하여 시장·군수등의 인가를 받아야 한다. 이 경우 사업시행구역의 공동주택은 각 동(복리시설의 경우에는 주택단지의 복리시설 전체를 하나의 동으로 본다)별 구분소유자의 과반수 동의(공동주택의 각 동별 구분소유자가 5명 이하인 경우는 제외한다)를, 공동주택 외의 건축물은 해당 건축물이 소재하는 전체 토지면적의 1/2 이상의 토지소유자 동의를 받아야 한다.

1. 정관.
2. 공사비 등 소규모주택정비사업에 드는 비용(이하 "정비사업비")과 관련된 자료 등 국토부령으로 정하는 서류.
3. 그밖에 시·도 조례로 정하는 서류.

① 토지등소유자는 다음 각 호에 따라 소규모주택정비사업을 시행하는 경우 토지등소유자 전원의 합의를 거쳐 주민합의체를 구성하여야 한다.

1. §17①에 따라 자율주택정비사업을 시행하는 경우로서 토지등소유자가 2명 이상인 경우
2. §17③1에 따라 가로주택정비사업 또는 소규모재건축사업을 시행하는 경우로서 토지등소유자가 20명 미만인 경우.

② 소규모재건축사업의 토지등소유자는 조합을 설립하는 경우 주택단지의 공동주택의 각 동(복리시설의 경우에는 주택단지의 복리시설 전체를 하나의 동으로 본다)별 구분소유자의 과반수 동의(공동주택의 각 동별 구분소유자가 5명 이하인 경우는 제외한다)와 주택단지의 전체 구분소유자의 3/4 이상 및 토지 면적의 3/4 이상의 토지소유자 동의를 받아 제1항 각 호의 사항을 첨부하여 시장·군수등의 인가를 받아야 한다.

③ 토지등소유자는 제2항에도 불구하고 주택단지가 아닌 지역이 사업시행구역에 포함된 경우 주택단지가 아닌 지역의 토지 또는 건축물 소유자의 3/4 이상 및 토지면적의 2/3 이상의 토지소유자의 동의를 받아야 한다.

④ 제1항 또는 제2항에 따라 설립된 조합은 인가받은 사항을 변경하는 경우 조합 총회에서 조합원의 2/3 이상의 찬성으로 의결한 후 제1항 각 호의 사항을 첨부하여 시장·군수등의 인가를 받아야 한다. 다만, 대통령령으로 정하는 경미한 사항을 변경하는 경우에는 조합총회의 의결 없이 시장·군수등에게 신고한 후 변경할 수 있다.

⑤~⑦: 생략

부 칙 <제14569호, 17.2.8>

제1조(시행일) 이 법은 공포 후 1년이 경과한 날부터 시행한다(효력발생시기 18.2.9).

[시행 21.9.21] [법률 제18314호, 21.7.20 일부개정]

제23조(조합설립인가 등) ①~③ (앞과 같음)

④ <u>소규모재개발사업의 토지등소유자는 조합을 설립하는 경우 토지등소유자의 8/10 이상 및 토지면적의 2/3 이상의 토지소유자 동의를 받아 제1항 각 호의 사항을 첨부하여 시장·군수등의 인가를 받아야 한다.</u> 다만, 대통령령으로 정하는 경미한 사항을 변경하는 경우에는 조합총회의 의결 없이 시장·군수등에게 신고한 후 변경할 수 있다. <단서 삭제>

▶ 소규모재개발사업의 토지등소유자는 조합을 설립하는 경우 토지등소유자의 8/10 이상 및 토지면적의 2/3 이상의 토지소유자 동의를 받아 시장·군수등의 인가를 받도록 함.

⑤ 제1항·제2항 또는 제4항에 따라 설립된 조합은 인가받은 사항을 변경하는 경우 조합 총회에서 조합원의 2/3 이상의 찬성으로 의결한 후 제1항 각 호의 사항을 첨부하여 시장·군수등의 인가를 받아야 한다. 다만, 대통령령으로 정하는 경미한 사항을 변경하는 경우에는 조합총회의 의결 없이 시장·군수등에게 신고한 후 변경할 수 있다.

▶ 종전의 제4항이 제5항으로 내용 변경 없이 이동되었으며, 소규모재개발사업의 신설로 추가됨. 조합 또는 주민합의체가 시행 중인 사업이 변경하려는 사업의 요건을 모두 충족한 경우 소규모주택정비사업 간에 사업을 전환·시행이 가능하도록 사업전환 절차를 신설함.

⑥~⑧ 앞과 같음

부 칙 <법률 제18314호, 21.7.20>

제1조(시행일) 이 법은 공포 후 2개월이 경과한 날부터 시행한다.

[시행 22.8.4] [법률 제18831호, 22.2.3 일부개정]

제23조(조합설립인가 등) ① 가로주택정비사업의 토지등소유자는 조합을 설립하는 경우 토지등소유자의 8/10 이상 및 토지면적의 2/3 이상의 토지소유자 동의를 받은 후 조합설립을 위한 창립총회를 개최하고 다음 각 호의 사항을 첨부하여 시장·군수등의 인가를 받아야 한다.

이 경우 사업시행구역의 공동주택은 각 동(복리시설의 경우에는 주택단지의 복리시설 전체를 하나의 동으로 본다)별 구분소유자의 과반수 동의(공동주택의 각 동별 구분소유자가 5명 이하인 경우는 제외한다)를, 그 외의 토지 또는 건축물은 해당 토지 또는 건축물이 소재하는 전체 토지면적의 1/2 이상의 토지소유자 동의를 받아야 한다. <개정 22.2.3>

1~3. 앞과 같음

② 소규모재건축사업의 토지등소유자는 조합을 설립하는 경우 주택단지의 공동주택의 각 동(복리시설의 경우에는 주택단지의 복리시설 전체를 하나의 동으로 본다)별 구분소유자의 과반수 동의(공동주택의 각 동별 구분소유자가 5명 이하인 경우는 제외한다)와 주택단지의 전체 구분소유자의 3/4 이상 및 토지 면적의 3/4 이상의 토지소유자 동의를 받은 후 창립총회를 개최하고 제1항 각 호의 사항을 첨부하여 시장·군수등의 인가를 받아야 한다. <개정 22.2.3>

④ 소규모재개발사업의 토지등소유자는 조합을 설립하는 경우 토지등소유자의 8/10 이상 및 토지면적의 2/3 이상의 토지소유자 동의를 받은 후 창립총회를 개최하고 제1항 각 호의 사항을 첨부하여 시장·군수등의 인가를 받아야 한다. <신설 21.7.20, 22.2.3>

③, ⑥~⑨ 앞과 같음.

⑤ 제1항·제2항 또는 제4항에 따라 설립된 조합은 인가받은 사항을 변경하는 경우 조합총회에서 조합원의 2/3 이상의 찬성으로 의결한 후 제1항 각 호의 사항을 첨부하여 시장·군수등의 인가를 받아야 한다. 다만, 대통령령으로 정하는 경미한 사항을 변경하는 경우에는 조합 총회의 의결 없이 시장·군수 등 에게 신고한 후 변경할 수 있다.

⑧ 시장·군수등은 제1항, 제2항 또는 제4항에 따라 조합설립인가(제5항에 따라 인가받은 사항을 변경하는 경우를 포함한다)를 하는 때에는 14일 이상 주민 공람을 거쳐 의견을 수렴하고 사업시행구역 등 대통령령으로 정하는 사항을 해당 지방자치단체의 공보에 고시하여야 한다. <신설 22.2.3>

⑨ 제1항부터 제5항까지에 따른 토지등소유자에 대한 동의의 대상 및 절차, 창립총회의 방법 및 절차, 조합설립인가 및 그 변경 등에 필요한 사항은 대통령령으로 정한다. <개정 21.7.20, 22.2.3>

➡ 소규모주택정비사업을 위한 조합설립인가를 신청하기 전에 조합설립을 위한 창립총회를 의무적으로 개최하도록 하고, 시장·군수 등이 조합설립인가를 하는 때에는 주민 공람을 거쳐 의견을 수렴하도록 함.

부 칙 <법률 제18831호, 22.2.3>

제1조(시행일) 이 법은 공포 후 6개월이 경과한 날부터 시행한다.
제2조(조합설립인가에 관한 적용례) 제23조의 개정규정은 이 법 시행 이후 조합설립인가를 신청하는 경우부터 적용한다.

[시행 23.10.19] [법률 제19385호, 23.4.18 일부개정]

제23조(조합설립인가 등) ①~⑤ 앞과 같음
⑥ 제1항·제2항 및 제4항에 따라 설립된 조합은 다음 각 호의 요건을 모두 갖춘 때에는 제5항에 따라 조합 총회의 의결을 거쳐 시장·군수등의 변경인가를 받아 이 법에 따른 소규모주택정비사업(자율주택정비사업은 제외한다)으로 전환하여 시행할 수 있다. <신설 23.4.18>
1. §29에 따른 사업시행계획인가를 신청하기 전일 것
2. 시행 중인 사업이 전환하려는 사업에 관하여 §2①3에서 정하는 요건을 모두 충족할 것.
⑦~⑩: 제6항이 신설됨에 따라, 앞의 ⑥~⑨가 개정 없이 조문만 이동함.

부 칙 <법률 제19385호, 23.4.18>

제1조(시행일) 이 법은 공포 후 6개월이 경과한 날부터 시행한다.

□ **법 제23조(조합설립인가 등) 제1항**

가로주택정비사업의 토지등소유자는 조합을 설립하는 경우 토지등소유자의 8/10 이상 및 토지면적의 2/3 이상의 토지소유자 동의를 받은 후 조합설립을 위한 창립총회를 개최하고 다음 각 호의 사항을 첨부하여 시장·군수등의 인가를 받아야 한다.

이 경우 사업시행구역의 공동주택은 각 동(복리시설의 경우에는 주택단지의 복리시설 전체를 하나의 동으로 본다)별 구분소유자의 과반수 동의(공동주택의 각 동별 구분소유자가 5명 이하인 경우는 제외한다)를, 그 외의 토지 또는 건축물은 해당 토지 또는 건축물이 소재하는 전체 토지면적의 1/2 이상의 토지소유자 동의를 받아야 한다.

1. 정관.
2. 공사비 등 소규모주택정비사업에 드는 비용(이하 "정비사업비")과 관련된 자료 등 국토부령으로 정하는 서류.
3. 그 밖에 시도 조례로 정하는 서류.

22.8.4부터 가로주택정비사업의 경우, 의무적으로 법적 동의율을 확보한 뒤 창립총회를 개최하고 조합설립인가를 신청하도록 개정, 시행됨.

법 §23①부터 ④까지의 규정에 따라 조합설립에 관하여 토지등소유자의 동의를 받아야 하는 사항은 다음 각 호와 같음(영 §20①).

1. 건축되는 건축물의 설계 개요.
2. 법 §23①2에 따른 정비사업비.
3. 정비사업비의 분담기준.
4. 사업 완료 후 소유권의 귀속에 관한 사항.
5. 정관.

위 영 §20①에 따른 토지등소유자의 동의는 국토부령으로 정하는 동의서에 법 §25①에 따른 방법으로 받아야 함(동조 제2항). 조합은 법 §23① 각 호 외의부분 전단 및 같은 조 제2항에 따라 조합설립인가를 받은 때에는 정관으로 정하는 바에 따라 토지등소유자에게 그 내용을 통지하고, 이해관계인이 열람할 수 있도록 하여야 함(동조 제3항).

─ 서울시 소규모주택정비조례

법 §23①3에서 "그밖에 시·도 조례로 정하는 서류"란 다음 각 호의 서류를 말함(조례 §26).
1. 사업시행구역의 위치도 및 현황사진.
2. 사업시행구역 안의 토지 및 건축물의 지형이 표시된 지적현황도.
3. 매도청구대상명부 및 매도청구계획서.

○ 제2항

소규모재건축사업의 토지등소유자는 조합을 설립하는 경우 주택단지의 공동주택의 각 동(복리시설의 경우에는 주택단지의 복리시설 전체를 하나의 동으로 본다)별 구분소유자의 과반수 동의(공동주택의 각 동별 구분소유자가 5명 이하인 경우는 제외한다)와 주택단지의 전체 구분소유자의 3/4 이상 및 토지 면적의 3/4 이상의 토지소유자 동의를 받은 후 창립총회를 개최하도 제1항 각 호의 사항을 첨부하여 시장·군수등의 인가를 받아야 한다.

22.8.4부터 의무적으로 법적 동의율을 확보한 뒤 창립총회를 개최하고 소규모재건축사업조합 인가를 신청하도록 개정됨.

○ 제4항

소규모재개발사업의 토지등소유자는 조합을 설립하는 경우 토지등소유자의 8/10 이상 및 토지면적의 2/3 이상의 토지소유자 동의를 받은 후 창립총회를 개최하고 제1항 각 호의 사항을 첨부하여 시장·군수등의 인가를 받아야 한다.

22.8.4부터 의무적으로 법적 동의율을 확보한 뒤 창립총회를 개최하고 소규모 재개발조합 인가를 신청하도록 개정됨.

○ 제5항

제1항·제2항 또는 제4항에 따라 설립된 조합은 인가받은 사항을 변경하는 경우 조합 총회에서 조합원의 2/3 이상의 찬성으로 의결한 후 제1항 각 호의 사항을 첨부하여 시장·군수등의 인가를 받아야 한다. 다만, 대통령령으로 정하는 경미한 사항을 변경하는 경우에는 조합 총회의 의결 없이 시장·군수등에게 신고한 후 변경할 수 있다.

제1항 내지 제4항의 동의자는 조합설립인가 받기 전의 토지등소유자이지만, 제5항에서는 '조합원'의 2/3 이상 찬성을 요구함. 이는 인가 받은 조합설립인가 변경을 뜻하는 것으로, 토지등소유자가 아닌 조합원의 동의를 받도록 한 것임.[3]

도시정비법과 달리, 가로주택정비사업이나 소규모재개발사업의 토지등소유자 수의 8/10 동의율에 비해 조합원 수 2/3가 정당한지에 대한 의문이 있음.

---

3. **대법원 16.5.12선고 2013다49381 판결[약정금등]**
   【판시사항】
   도시정비법에 따른 재건축조합이 '시공자와의 계약서에 포함될 내용'에 관한 안건을 총회에 상정하여 의결하는데, 당초 재건축결의 시 채택한 조합원의 비용분담 조건을 변경하는 내용인 경우, 정관변경에 관한 구 도시정비법 §20③, ①15를 유추적용하여 조합원 2/3 이상의 동의를 받아야 하는지(적극)
   【판결요지】
   도시정비법에 따른 재건축조합의 정관은 재건축조합의 조직, 활동, 조합원의 권리의무관계 등 단체법적 법률관계를 규율하는 것으로서 공법인 재건축조합과 조합원에 대하여 구속력을 가지는 자치법규이므로 이에 위반하는 활동은 원칙적으로 허용되지 않는다. 그런데 구 도시정비법(05.3.18 법률 제7392호로 개정되기 전의 것)은 '시공자 계약서에 포함될 내용'이 조합원의 비용분담 등에 큰 영향을 미치는 점을 고정되기 전의 것)은 '시공자 계약서에 포함될 내용'이 조합원의 비용분담 등에 큰 영향을 미치는 점을 고려하여 이를 정관에 포함시켜야 할 사항으로 규정하고 있고(§20①15), 정관 기재사항의 변경을 위해서는 조합원의 2/3 이상의 동의를 받도록 규정하고 있다(§20③).
   그러므로 '시공자와의 계약서에 포함될 내용'에 관한 안건을 총회에 상정하여 의결하는 경우 내용이 당초의 재건축결의 시 채택한 조합원의 비용분담 조건을 변경하는 것인 때에는 비록 직접적으로 정관 변경을 하는 결의가 아니더라도 실질적으로는 정관을 변경하는 결의이므로 의결 정족수는 정관변경에 관한 규정인 구 도시정비법 §20③, ①15를 유추적용하여 조합원의 2/3 이상의 동의를 요한다.

─ 조합설립인가사항의 경미한 변경

위 단서에서 "대통령령으로 정하는 경미한 사항"이란 다음 각 호의 사항을 말함 (영 §21).

1. 착오·오기 또는 누락임이 명백한 사항.
2. 조합의 명칭 및 주된 사무소의 소재지와 조합장의 성명 및 주소(조합장의 변경이 없는 경우로 한정한다).
3. 토지 또는 건축물의 매매 등으로 조합원의 권리가 이전된 경우의 조합원의 교체 또는 신규가입.
4. 조합임원 또는 대의원의 변경(법 §56에 따라 준용되는 「도시정비법」 §45에따른 총회의 의결 또는 같은 법 §46에 따른 대의원회의 의결을 거친 경우로 한정한다).
5. 건설되는 건축물의 설계 개요.
6. 정비사업비의 변경.
7. 현금청산으로 인하여 정관에서 정하는 바에 따라 조합원이 변경되는 경우.
8. 그밖에 시도 조례로 정하는 사항.

영 §21-8에서 "그밖에 시·도 조례로 정하는 사항"이란 다음 각 호의 사항을 말함(조례 §27).

1. 법령 또는 조례 등의 개정에 따라 단순한 정리를 요하는 사항.
2. 사업시행계획인가의 변경에 따라 변경되어야 하는 사항.
3. 매도청구대상자가 추가로 조합에 가입함에 따라 변경되어야 하는 사항.
4. 그밖에 규칙이 정하는 사항

○ 제6항

제1항·제2항 및 제4항에 따라 설립된 조합은 다음 각 호의 요건을 모두 갖춘 때에는 제5항에 따라 조합총회의 의결을 거쳐 시장·군수등의 변경인가를 받아 이 법에 따른 소규모주택정비사업(자율주택정비사업은 제외한다)으로 전환하여 시행할 수 있다.

1. §29에 따른 사업시행계획인가를 신청하기 전일 것.

2. 시행 중인 사업이 전환하려는 사업에 관하여 §2①3에서 정하는 요건을 모두 충족할 것.

개정안 초안은 가로주택정비조합을 소규모재개발조합으로 전환하려는 취지로 출발한 것으로, 당초 설립된 조합을 해산하고, 소규모재개발사업 예정구역 지정 절차 이후 소규모재개발사업 조합 설립을 위한 동의 토지등소유자의 8/10 이상 및 토지면적의 2/3 동의로 시장·군수등의 인가를 받도록 한 것임.

이후 절차를 거치면서 자율주택정비사업을 제외한 가로주택정비사업, 소규모재 건축, 재개발사업도 포함돼, 23.10.19 시행된 것임.

▲ 유사조문

도시정비법

제35조(조합설립인가 등) ③ 재건축사업의 추진위원회가 조합을 설립하려는 때에는 주택단지의 공동주택의 각 동(복리시설의 경우에는 주택단지의 복리시설 전체를 하나의 동으로 본다)별 구분소유자의 과반수 동의(공동주택의 각 동별 구분소유자가 5 이하인 경우는 제외한다)와 주택단지의 전체 구분소유자의 3/4 이상 및 토지면적의 3/4 이상의 토지소유자의 동의를 받아 제2항 각 호의 사항을 첨부하여 시장·군수등의 인가를 받아야 한다.
⑤ 제2항 및 제3항에 따라 설립된 조합이 인가받은 사항을 변경하고자 하는때에는 총회에서 조합원의 2/3 이상의 찬성으로 의결하고, 제2항 각 호의 사항을 첨부하여 시장·군수등의 인가를 받아야 한다. 다만, 대통령령으로 정하는 경미한 사항을 변경하려는 때에는 총회의 의결 없이 시장·군수등에게 신고하고 변경할 수 있다.

도시정비법 시행령 제27조(창립총회의 방법 및 절차 등) ① 추진위원회는 법 제35조제2항부터 제4항까지의 규정에 따른 동의를 받은 후 조합설립인가를 신청하기 전에 법 제32조제3항에 따라 창립총회를 개최하여야 한다.

제31조(조합설립인가내용의 경미한 변경) 법 제35조제5항 단서에서 "대통령령으로 정

하는 경미한 사항"이란 다음 각 호의 사항을 말한다.

1. 착오·오기 또는 누락임이 명백한 사항.
2. 조합의 명칭 및 주된 사무소의 소재지와 조합장의 성명 및 주소(조합장의 변경이 없는 경우로 한정한다).
3. 토지 또는 건축물의 매매 등으로 조합원의 권리가 이전된 경우의 조합원의 교체 또는 신규가입.
4. 조합임원 또는 대의원의 변경(총회의 의결 또는 대의원회의 의결을 거친 경우로 한정한다).
5. 건설되는 건축물의 설계 개요의 변경.
6. 정비사업비의 변경.
7. 현금청산으로 인하여 정관에서 정하는 바에 따라 조합원이 변경되는 경우.
8. 법 제16조에 따른 정비구역 또는 정비계획의 변경에 따라 변경되어야 하는 사항. 다만, 정비구역 면적이 10% 이상 범위에서 변경되는 경우는 제외한다.
9. 그 밖에 시도 조례로 정하는 사항.

부천시 가로주택정비사업 정관 지침(안)[4]

제1장 총 칙

제1조(명칭) ① 본 조합의 명칭은 ○○○주택 가로주택정비사업조합(이하 "조합"이라 한다.

② 본 조합이 시행하는 가로주택정비사업의 명칭은 ○○○가로주택정비사업(이하 "사업"이라 한다.

제2조(목적) 조합은 「빈집 및 소규모주택 정비에 관한 특례법」(이하 "소규모주택정비법"), 「도시 및 주거환경정비법」(이하 "도시정비법") 및 이 정관이 정하는 바에 따라 제3조의 사업시행구역 안의 건축물을 철거하고 그 토지 위에 새로운 건축물을 건설하여 도시 및 주거환경을 개선하고 조합원의 주거안정 및 주거생활의 질적 향상에 이바지함을 목적으로 한다.

➡ 소규모주택정비법 §56(도시정비법의 준용)에서의 일부 도시정비법 특정 조문을 준용하도록 함에 따라 §2에 도시정비법이 포함됨.

---

4. 부천시는 20.5.12 가로주택정비사업 정관 지침(안)에 대해 「도시정비법」 §40②에 따라 경기도에서 가로 정비사업 표준정관(안)을 보급할 때까지 유효함을 알리고 있음.

제3조(사업시행구역의 위치 및 면적) 조합의 사업시행구역은 경기도 부천시 ○○로 ○○번길○○ (○○동) 상의(○○아파트 혹은 연립주택)로서 토지의 총면적은 ○○㎡으로 한다. 다만, 사업시행상 불가피하다고 인정되어 관계 법령 및 이 정관에 따라 추가로 편입되는 토지등이 있을 경우에는 사업시행구역과 토지의 총면적이 변경된 것으로 본다.

▶ 소규모주택정비법 제15조(소규모주택정비사업의 시행방법) ③ 소규모재건축사업은 §제29조에 따라 인가받은 사업시행계획에 따라 주택, 부대·복리시설 및 오피스텔(「건축법」 §2②에 따른 업무시설 중 오피스텔을 말함)을 건설하여 공급하는 방법으로 시행한다. 다만, 주택단지에 위치하지 아니한 토지 또는 건축물이 다음 각 호의 어느 하나에 해당하는 경우로서 사업시행상 불가피한 경우에는 대통령령으로 정하는 편입 면적[5] 내에서 해당 토지 또는 건축물을 포함하여 사업을 시행할 수 있다. <개정 18.3.13, 21.10.19>
   1. 진입도로 등 정비기반시설 및 공동이용시설의 설치에 필요한 토지 또는 건축물
   2. 건축행위가 불가능한 토지 또는 건축물
   3. 시·도지사가 §27에 따른 통합심의를 거쳐 부지의 정형화 등을 위하여 필요하다고 인정하는 토지 또는 건축물.

제4조(사무소) ① 조합의 주된 사무소는 경기도 부천시 ○○로 ○○번길○○ (○○동)에 둔다.
② 조합사무소를 이전하려는 경우 대의원회(대의원회가 없는 경우 이사회)의 의결을 거쳐 인근 지역으로 이전할 수 있으며, 조합원에게 통지한다.

제5조(시행방법) ① 조합원은 소유한 토지 및 건축물을 조합에 현물로 출자하고, 조합은 소규모주택정비법 제29조에 의하여 인가받은 사업시행계획에 따라 주택 등을 건설하여 공급하거나 보전 또는 개량하는 방법으로 시행한다.

▶ 소규모주택정비법 제16조(시행방법) ② 가로주택정비사업은 가로구역의 전부 또는 일부에서 §29에 따라 인가받은 사업시행계획에 따라 주택 등을 건설하여 공급하거나 보전 또는 개량하는 방법으로 시행한다.

---

5. **소규모주택정비법시행령**
   제15조의3(소규모주택정비사업의 편입 면적) 법 §16③ 각 호 외의 부분 단서에서 "대통령령으로 정하는 편입 면적 내"란 주택단지 면적의 20/100 미만을 말한다.

② 조합은 사업시행을 위하여 필요한 경우 정비사업비 일부를 국가 또는 지방자치단체로부터 보조·융자받아 사업을 시행할 수 있다.

③ 조합은 인·허가 등 행정업무지원, 사업성검토, 설계자·시공자 등의 선정에 관한 업무의 지원, 관리처분계획의 수립 및 분양업무 등을 지원하는 정비사업전문관리업자를 선정 또는 변경할 수 있다.

④ 조합은 조합원의 과반수 동의를 얻어 소규모주택정비법 제17조제1항 각 호의 어느 하나에 해당하는 자와 공동으로 사업을 시행할 수 있다.

제6조(사업기간) 사업기간은 조합설립인가일부터 소규모주택정비법 제41조에서 규정한 청산업무가 종료되는 날까지로 한다.

제7조(권리·의무에 관한 사항의 고지·공고방법) ① 조합은 조합원의 권리·의무에 관한 사항을 조합원에게 성실히 고지·공고하여야 한다.

② 제1항의 고지·공고방법은 이 정관에서 따로 정하는 경우를 제외하고는 다음 각 호의 방법에 따른다.

1. 관련 조합원에게 등기우편으로 개별 고지하여야 하며, 등기우편이 주소불명, 수취거절 등의 사유로 반송되는 경우에는 1회에 한하여 일반우편으로 추가 발송한다.
2. 조합원이 쉽게 접할 수 있는 일정한 장소의 게시판에 14일 이상 공고하고 게시판에 게시한 날부터 3월 이상 조합사무소에 관련서류와 도면 등을 비치하여 조합원이 열람할 수 있도록 한다.
3. 조합은 인터넷 홈페이지를 개설하여 홈페이지에도 공개하여야 한다. 다만, 특정인의 권리에 관계되거나 외부에 공개하는 것이 곤란한 경우에는 그 요지만을 공개할 수 있다.
4. 제1호의 등기우편이 발송된 날에 고지된 것으로, 제2호의 게시판에 공고된 날부터 공고된 것으로 본다.

제8조(정관의 변경) ① 정관을 변경하고자 할 경우, 조합원 1/5 이상 또는 대의원

2/3 이상의 요구로 조합장의 발의가 있어야 한다.

➡ 소규모주택정비법 제56조(「도시정비법」의 준용) ① 가로주택정비사업, 소규모재건축사업 및 소규모재개발사업 조합의 법인격·정관·임원 등에 관하여는 같은 법 §38 및 §40부터 §46 까지를 준용함.

※ 도시정비법 제44조(총회의 소집) ② 총회는 조합장이 직권으로 소집하거나 조합원 1/5 이상 (정관의 기재사항 중 조합임원의 권리·의무·보수·선임방법·변경 및 해임에 관한 사항을 변경하기 위한 총회의 경우는 1/10 이상으로 한다.) 또는 대의원 2/3 이상의 요구로 조합장이 소집한다.

② 정관을 변경하고자 하는 경우에는 조합총회를 개최하여 조합원 과반수(도시정비법 제40조제1항제2호·제3호·제4호·제8호·제13호 또는 제16호의 경우에는 2/3 이상을 말한다)의 찬성을 얻어 부천시장(이하 "시장")의 인가를 받아야 한다. 다만, 도시정비법 시행령 제39조에서 정하는 경미한 사항을 변경하고자 하는 때에는 정관 제26조 제1항에 따라 대의원회의(대의원회의가 없는 경우 이사회)에서 대의원 과반수 찬성으로 변경하고 시장에게 신고하여야 한다.

제2장 조 합 원

제9조(조합원의 자격 등) ① 조합원은 소규모주택정비법 제24조제1항에 의한 토지등소유자(이하 "토지등소유자")로 한다.

② 도시정비법 시행령 제33조에 따라 동일인이 2개 이상의 주택 등을 소유하는 경우에는 그 주택 등의 수에 관계 없이 1인의 조합원으로 본다.

➡ 소규모주택정비법 제56조(「도시정비법」의 준용) ① 토지등소유자의 동의방법 등에 관하여는 「도시정비법」§27, §36 및 §37을 준용함.

※ 도시정비법 §36 하위규정은 도시정비법 시행령 §33임 도시정비법 제33조(토지등소유자의 동의자 수 산정 방법 등) ① 토지등소유자(토지면적에 관한 동의자 수를 산정하는 경우에는 토지소유자를 말한다. 이하 이 조에서 같다)의 동의는 다음 각 호의 기준에 따라 산정한다.

라. 둘 이상의 토지 또는 건축물을 소유한 공유자가 동일한 경우에는 그 공유자 여럿을 대표하는 1인을 토지등소유자로 산정할 것.

③ 소규모주택정비법 제24조에 따라 다음 각 호의 어느 하나에 해당하는 때에는 그 여러 명을 대표하는 1명을 조합원으로 본다.

1. 토지 또는 건축물의 소유권과 지상권이 여러 명의 공유에 속하는 때.

2. 여러 명의 토지등소유자가 1세대에 속하는 때. 이 경우 동일한 세대별 주민등록표상에 등재되어 있지 아니한 배우자 및 미혼인 19세 미만의 직계비속은 1세대로 보며, 1세대로 구성된 여러 명의 토지등소유자가 조합설립인가 후 세대를 분리하여 동일한 세대에 속하지 아니하는 때에도 이혼 및 19세이상 자녀의 분가(세대별 주민등록을 달리하며 실거주지를 분가한 경우로 한정한다)를 제외하고는 1세대로 본다.

3. 조합설립인가 후 1명의 토지등소유자로부터 토지 또는 건축물의 소유권이나 지상권을 양수하여 여러 명이 소유하게 된 때.

➡ 신탁회사를 사업시행자인 지정개발자로 하는 경우에는 다음과 같이 고쳐야 함
조합설립인가(조합설립인가 전에 §19①에 따라 신탁업자를 사업시행자로 지정한 경우에는 사업시행자의 지정을 말한다. 이하 이 조에서 같다) 후 1명의 토지등소유자로부터 토지 또는 건축물의 소유권이나 지상권을 양수하여 여러 명이 소유하게 된 때.

④ 양도·상속·증여 및 판결 등으로 조합원의 권리가 이전된 때에는 조합원의 권리를 취득한 자로 조합원이 변경된 것으로 보며, 권리를 양수받은 자는 조합원의 권리와 의무 및 종전의 권리자가 행하였거나 조합이 종전의 권리자에게 행한 처분, 청산 시 권리·의무에 관한 범위 등을 포괄승계한다.

⑤ 당해 정비사업의 건축물 또는 토지를 양수한 자라 하더라도 소규모주택정비법 제24조제2항 본문에 해당하는 경우 조합원이 될 수 없고 조합원이 될 수 없는 자는 소규모주택정비법 제24조제3항에 따른다.

제10조(조합원의 권리·의무) ① 조합원은 다음 각 호의 권리와 의무를 갖는다.

1. 토지 또는 건축물의 분양청구권.
2. 총회의 출석권·발언권 및 의결권.
3. 임원의 선임권 및 피선임권.
4. 대의원의 선출권 및 피선출권.
5. 정비사업비, 청산금, 부과금과 이에 대한 연체료 및 지연손실금(이주지연, 계약지연, 조합원 분쟁으로 인한 지연 등을 포함함)등의 비용납부의무.
6. 사업시행계획에 의한 철거 및 이주 의무.
7. 조합원의 성명, 주소, 연락처 등 개인정보 활용(조합원 정보공개) 동의의 의무.

8. 그 밖에 관계 법령 및 이 정관, 총회 등의 의결사항 준수의무.

② 조합원의 권한은 평등하며 권한의 대리행사는 원칙적으로 인정하지 아니하되, 다음 각 호에 해당하는 경우에는 권한을 대리할 수 있다. 이 경우 조합원의 자격은 변동되지 아니한다.

1. 조합원이 권한을 행사할 수 없어 배우자·직계존비속·형제자매 중에서 성년자를 대리인으로 정하여 위임장을 제출하는 경우.
2. 해외에 거주하는 조합원이 대리인을 지정한 경우.
3. 법인인 토지등소유자가 대리인을 지정한 경우. 이 경우 법인의 대리인은 조합의 임원 또는 대의원으로 선임될 수 있다.

③ 조합원이 그 권리를 양도하거나 주소 또는 전화번호 등을 변경하였을 경우에는 그 양수자 또는 변경 당사자는 그 행위의 종료일부터 14일 이내에 조합에 그 변경내용을 신고하여야 한다. 이 경우 신고하지 아니하여 발생되는 불이익 등에 대하여 해당 조합원은 조합에 이의를 제기할 수 없다.

④ 조합원은 조합이 사업시행에 필요한 서류를 요구하는 경우 이를 제출할 의무가 있으며 조합의 승낙이 없는 한 이를 회수할 수 없다. 이 경우 조합은 요구서류에 대한 용도와 수량을 명확히 하여야 하며, 조합의 승낙이 없는 한 회수할 수 없다는 것을 미리 고지하여야 한다.

제11조(조합원 자격의 상실) ① 조합원이 건축물의 소유권이나 입주자로 선정된 지위 등을 양도하였을 때에는 조합원의 자격을 즉시 상실한다.

② 관계법령 및 이 정관에 따라 조합원의 자격에 해당하지 않게 된 자의 조합원 자격은 자동 상실된다.

③ 조합원이 고의 또는 중대한 과실 및 의무불이행 등으로 조합에 대하여 막대한 손해를 입힌 경우에는 총회의 의결에 따라 조합원을 제명할 수 있다. 이 경우 제명 전에 해당 조합원에 대해 청문 등 소명기회를 부여하여야 하며, 청문 등 소명기회를 부여하였음에도 이에 응하지 아니한 경우에는 소명기회를 부여한 것으로 본다.

④ 조합원은 임의로 조합을 탈퇴할 수 없다. 다만, 부득이한 사유가 발생한 경우

총회의 의결에 따라 탈퇴할 수 있다.

⑤ 소규모주택정비법 제28조의 분양신청기한 내에 분양신청을 아니한 자 또는 분양신청기간 종료 이전에 분양신청을 철회한 자는 분양신청기간 종료일, 소규모주택정비법 제29조에 따라 인가된 관리처분계획에 의하여 분양대상에서 제외된 자는 인가를 받은 날부터 소규모주택정비법 제36조에 따라 조합원 자격이 상실된다.

▶ 소규모주택정비법 제36조(분양신청을 하지 아니한 자 등에 대한 조치) ① 가로주택정비사업 또는 소규모재건축사업의 사업시행자는 §29에 따라 사업시행계획 인가·고시된 날부터 90일 이내에 다음 각 호에서 정하는 자와 토지, 건축물 또는 그 밖의 권리의 손실보상에 관한 협의를 하여야 한다. 다만, 사업시행자는 분양신청기간 종료일의 다음 날부터 협의를 시작할 수 있다.
1. 분양신청을 하지 아니한 자.
2. 분양신청기간 종료 이전에 분양신청을 철회한 자.
3. 제29조에 따라 인가된 관리처분계획에 따라 분양대상에서 제외된 자.

제3장 시공자, 설계자 및 정비사업전문관리업자의 선정

제12조(시공자의 선정 및 계약) ① 조합은 조합설립인가를 받은 후 소규모주택정비법 제20조제2항에 의하여 조합총회에서 국토부장관이 정하는 경쟁입찰 또는 수의계약(2회 이상 경쟁입찰이 유찰된 경우로 한정한다)의 방법으로 건설업자 또는 등록사업자를 시공자로 선정하여야 한다.

② 제1항에 따른 시공자 선정은 소규모주택정비사업의 시공자 및 정비사업전문관리업자 선정기준(국토부고시)에 따른다. 선정된 시공자를 변경하는 경우도 같다.

③ 조합은 제1항에 의하여 선정된 시공자와 그 업무범위 및 관련 사업비의 부담 등 사업시행 전반에 대한 내용을 협의한 후 미리 총회의 의결을 거쳐 별도의 계약을 체결하여야 하며, 그 계약 내용에 따라 상호간의 권리·의무가 부여된다. 계약 내용을 변경하는 경우도 같다. 다만, 금전적인 부담이 수반되지 아니하는 사항의 변경은 대의원회(대의원회가 없는 경우 이사회)의 의결을 거쳐야 한다.

④ 조합은 제3항에 의하여 시공자와 체결한 계약서를 조합해산 일까지 조합사무소에 비치하여야 하며, 조합원의 열람 또는 복사요구에 응하여야 한다. 이 경우 복사에 드는 비용은 복사를 원하는 조합원이 부담한다.

⑤ 제3항의 계약내용에는 토지 및 건축물의 사용·처분, 공사비 및 부대비용 등 사업비의 부담, 시공보증, 시공상의 책임, 공사기간, 하자보수 책임, 철거공사 등에 관한 사항을 포함하여야 한다.

제13조(설계자의 선정 및 계약) ① 설계자는 총회의 결의를 거쳐 경쟁입찰 또는 수의계약의 방법으로 선정할 수 있다. 설계자의 선정 및 계약에 관하여 제12조제1항 및 제3항을 준용한다. 이 경우 "시공자"는 각각 "설계자"로 본다.
② 설계자는 건축사법 제23조에 적합하여야 하며, 계약 내용은 건축물의 설계표준계약서에 따른다.[6]

제14조(정비사업전문관리업자의 선정 및 계약) ① 조합이 정비사업전문관리업자를 선정 또는 계약하고자 하는 경우에는 소규모주택정비법 제21조2항을 준용한다.
② 조합은 정비사업전문관리업자가 도시정비법 제106조제1항에 의해 등록취소 처분 등을 받은 경우, 처분 등을 통지받거나 처분사실을 안 날로부터 3월 이내에 당해 업무계약의 해지 여부를 결정하여야 한다.
③ 조합은 정비사업전문관리업자가 도시정비법 제106조제5항에 해당하게 되는 경우 즉시 업무를 중지시키고 관련서류를 인계받아야 한다.

제4장 임원 등

제15조(임원) ① 조합은 다음 각 호의 어느 하나의 요건을 갖춘 조합장 1명과 이사, 감사를 임원으로 둔다. 이 경우 조합장은 선임일부터 도시정비법 제74조제1항에 따른관리처분계획인가를 받을 때까지는 해당 정비구역에서 거주(영업을 하는 자의 경우영업을 말한다. 이하 도시정비법 제41조 및 제43조에서 같다)하여야 한다.

➡ 임원 자격의 경우 도시정비법 제41조가 다음과 같이 개정되었으므로, 이에 맞춰 정관(안)도 개정해야 할 것임.

---

6. **건축물의 설계 표준계약서**(국토부고시 제2009-1092호)
   건축법 §15③에 의거 건축물의 설계 표준계약서를 고시함. 건축법 §15에 따라 건축주(이하 "갑")가 「건축사법」 §23①에 따라 업무신고한 건축사(이하 "을")에게 위탁한 설계업무의 수행에 필요한 상호간의 권리와 의무 등을 정함.

> **도시정비법**
> **제41조**(조합의 임원) ① 조합은 조합원으로서 정비구역에 위치한 건축물 또는 토지(재건축사업의 경우에는 건축물과 그 부속토지를 말한다. 이하 이 항에서 같다)를 소유한 자[하나의 건축물 또는 토지의 소유권을 다른 사람과 공유한 경우에는 가장 많은 지분을 소유(2인 이상의 공유자가 가장 많은 지분을 소유한 경우를 포함한다)한 경우로 한정한다] 중 다음 각 호의 어느 하나의 요건을 갖춘 조합장 1명과 이사, 감사를 임원으로 둔다. 이 경우 조합장은 선임일부터 §74①에 따른 관리처분계획인가를 받을 때까지는 해당 정비구역에서 거주(영업을 하는 자의 경우 영업을 말한다. 이하 이 조 및 §43에서 같다)하여야 한다. <개정 19.4.23, 23.7.18>
> 1. 정비구역에 위치한 건축물 또는 토지를 5년 이상 소유할 것
> 2. 정비구역에서 거주하고 있는 자로서 선임
> 일 직전 3년 동안 정비구역에서 1년 이상 거주할 것
> 3. 삭제 <19.4.23>
> **부 칙** <법률 제19560호, 23.7.18>
> 제1조(시행일) 이 법은 공포 후 6개월이 경과한 날부터 시행한다. 다만, §41①의 개정규정은 공포한 날부터 시행한다.
> 제2조(조합임원의 자격에 관한 적용례) §41①의 개정규정은 같은 개정규정 시행 이후 조합임원을 선임(연임을 포함한다)하는 경우부터 적용한다.

1. 정비구역에서 거주하고 있는 자로서 선임일 직전 3년 동안 정비구역 내 거주 기간이 1년 이상일 것.

2. 정비구역에 위치한 건축물 또는 토지(소규모재건축사업의 경우에는 건축물과 그 부속토지를 말한다)를 5년 이상 소유하고 있을 것.

② 조합임원은 총회에서 조합원 과반수 출석과 출석조합원 과반수의 동의를 얻어 제1항 각호의 어느 하나에 해당하는 조합원 중에서 선임한다. 다만, 임기중 궐위(조합장은 제외한다)된 경우에는 제1항 각 호의 어느 하나에 해당하는 조합원 중에서 대의원회(대의원회가 없는 경우 총회)가 이를 보궐선임한다.

③ 임원의 임기는 도시정비법 제41조제4항에 의하여 3년 이하의 범위에서 ○년으로 하며, 임기 만료 전 총회의 의결을 거쳐 ○회 연임할 수 있다.

➡ 도시정비법 제41조(조합의 임원) ④ 조합임원의 임기는 3년 이하의 범위에서 정관으로 정하되, 연임할 수 있다.

④ 제2항 단서에 따라 보궐선임된 임원의 임기는 전임자의 잔임기간으로 한다.

⑤ 임기가 만료된 임원은 그 후임자가 선임될 때까지 그 직무를 수행한다.

제16조(임원의 직무 등) ① 조합장은 조합을 대표하고 조합의 사무를 총괄하며 총회와 대의원회 및 이사회의 의장이 된다.

② 이사는 조합장을 보좌하고, 이사회에 부의된 사항을 심의·의결하며 이 정관에 따라 조합의 사무를 분장한다.

③ 감사는 조합의 사무 및 재산상태와 회계에 관하여 감사하며 정기 총회에 감사결과보고서를 제출하여야 하며, 조합원 1/5 이상의 요청이 있을 때에는 공인회계사에게 회계감사를 의뢰하여 공인회계사가 작성한 감사보고서를 총회에 제출하여야 한다.

④ 감사는 조합의 재산관리 또는 조합의 업무집행이 공정하지 못하거나 부정이 있음을 발견하였을 때에는 대의원회 또는 총회에 보고하여야 하며, 조합장은 보고를 위한 대의원회 또는 총회를 소집하여야 한다. 이 경우 감사의 요구에도 조합장이 소집하지 아니하는 경우에는 감사가 직접 대의원회(대의원회가 없는 경우 이사회)를 소집할 수 있으며 대의원회(대의원회가 없는 경우 이사회) 의결에 의하여 총회를 소집할 수 있다. 회의소집 절차와 의결방법 등은 제22조, 제24조제7항 및 제26조를 준용한다.

⑤ 감사는 제4항 직무 위배행위로 인해 감사가 필요한 경우 조합임원 또는 외부 전문가로 구성된 감사위원회를 구성할 수 있다. 이 경우 감사는 감사위원회의 의장이 된다.

⑥ 다음 각 호의 경우에는 당해 안건에 관해 (상근)이사 중에서 연장자 순으로 조합을 대표한다.

1. 조합장이 유고 등으로 인하여 그 직무를 수행할 수 없을 경우.
2. 조합장의 해임에 관한 사항.

⑦ 조합은 그 사무를 집행하기 위하여 필요하다고 인정하는 때에는 조합의 인사규정이 정하는 바에 따라 상근하는 임원 또는 유급직원을 둘수 있다. 이 경우 조합의 인사규정은 미리 총회의 의결을 받아야 한다.

⑧ 조합 임원은 같은 목적의 사업을 시행하는 다른 조합·추진위원회 또는 당해 사업과 관련된 시공자·설계자·정비사업전문관리업자 등 관련 단체의 임원·위원 또는 직원을 겸할 수 없다.

제17조(임원의 결격사유 및 자격상실 등) ① 다음 각 호의 자는 조합의 임원이 될 수 없다.

1. 미성년자·피성년후견인 또는 피한정후견인.

2. 파산선고를 받고 복권되지 아니한 자.

3. 금고 이상의 실형의 선고를 받고 그 집행이 종료(종료된 것으로 보는 경우를 포함한다) 되거나 집행이 면제된 날부터 2년이 경과되지 아니한 자.

4. 금고이상의 형의 집행유예를 받고 그 유예기간 중에 있는 자.

5. 도시정비법을 위반하여 벌금 100만원 이상의 형을 선고받고 10년이 지나지 아니한 자.

② 임원이 제1항 각 호의 1에 해당하게 되거나 선임 당시 그에 해당하는 자이었음이 판명되거나, 선임 당시에 제15조제1항 각 호에 해당하지 않은 것으로 판명된 경우 당연 퇴임한다.

③ 제2항에 의하여 퇴임된 임원이 퇴임 전에 관여한 행위는 그 효력을 잃지 아니한다.

④ 임원으로 선임된 후 직무 위배행위로 인한 형사사건으로 기소된 경우에는 그 내용에 따라 확정판결이 있을 때까지 제18조제4항의 절차에 따라 그 자격을 정지할 수 있으며, 임원이 그 사건으로 받은 확정판결 내용이 소규모주택정비법 제61조 및 제62조 벌칙에 의한 벌금형에 해당하는 경우에는 총회에서 자격상실 여부를 의결한다.

⑤ 도시정비법 제41조제5항제2호에 따라 시장·군수등이 전문조합관리인을 선정한 경우 전문조합관리인이 업무를 대행할 임원은 당연퇴임한다.

제18조(임원의 해임 등) ① 임원이 직무유기 및 태만 또는 관계 법령 및 이 정관에 위반하여 조합에 부당한 손해를 초래한 경우에는 해임할 수 있다. 이경우 사전에 해당 임원에 대해 청문 등 소명기회를 부여하여야 하며, 청문 등 소명기회를 부여하였음에도 이에 응하지 아니한 경우에는 소명기회를 부여한 것으로 본다. 다만, 제17조제2항에 의하여 당연퇴임한 임원에 대해서는 해임절차 없이 그 사유가 발생한 날로부터 그 자격을 상실한다.

② 임원이 자의로 사임하거나 제1항에 의하여 해임되는 경우에는 지체 없이 새로운 임원을 선출하여야 하며, 선출된 임원의 자격은 시장의 조합설립변경인가 및

법인의 임원변경등기를 하여야 대외적으로 효력이 발생한다.

③ 임원의 해임은 조합원 1/10 이상의 요구로 조합장이 소집한 총회에서 조합원 과반수의 출석과 출석조합원 과반수의 동의를 얻어 해임할 수 있다. 이 경우 요구자 대표로 선출된 자가 해임 총회의 소집 및 진행을 할 때에는 조합장의 권한을 대행한다.

④ 제2항에 의하여 사임하거나 또는 해임되는 임원의 새로운 임원이 선임, 취임할 때까지 직무를 수행하는 것이 적합하지 아니하다고 인정될 때에는 이사회 또는 대의원회 의결에 따라 그의 직무수행을 정지하고 조합장이 임원의 직무를 수행할 자를 임시로 선임할 수 있다. 다만, 조합장이 사임하거나 퇴임·해임되는 경우에는 제16조제6항을 준용한다.

제18조(임직원의 보수 등) ① 조합은 상근임원 외의 임원에 대하여는 보수를 지급하지 아니한다. 다만, 임원의 직무수행으로 발생되는 경비는 지급할 수 있다.

② 조합은 상근하는 임원 및 유급직원에 대하여 조합이 정하는 별도의 보수규정에 따라 보수를 지급하여야 한다. 이 경우 보수규정은 미리 총회의 의결을 거쳐야 한다.

③ 유급직원은 조합의 인사규정이 정하는 바에 따라 조합장이 임명한다. 이 경우 임명결과에 대하여 사후에 총회의 인준을 받아야 하며 인준을 받지 못하면 즉시 해임하여야 한다.

제5장 기 관

제20조(총회의 설치) ① 조합에는 조합원 전원으로 구성하는 총회를 둔다.

② 총회는 정기총회·임시총회로 구분하며 조합장이 소집한다.

③ 정기총회는 매년 1회, 회계연도 종료일부터 2월 이내에 개최한다. 다만, 부득이한 사정이 있는 경우에는 3월 범위 내에서 사유와 기간을 명시하여 일시를 변경할 수 있다.

④ 임시총회는 조합장이 필요하다고 인정하는 경우에 개최한다. 다만, 다음 각 호의 1에 해당하는 때에는 조합장은 해당일로부터 2월 이내에 총회를 개최하여야 한다.

1. 조합원 1/5 이상이 총회의 목적사항을 제시하여 청구하는 때.
2. 대의원 2/3 이상으로부터 개최요구가 있는 때.
3. 조합원 1/10 이상이 정관의 기재사항 중 도시정비법 제40조. 제1항제6호에 따른 조합임원의 권리·의무·보수·선임방법·변경 및 해임에 관한 사항을 변경하기 위한 총회 개최요구가 있는 때.

⑤ 제4항의 각 호에 따른 청구 또는 요구가 있는 경우로서 조합장이 2월 이내에 정당한 이유 없이 총회를 소집하지 아니하는 때에는 감사가 지체 없이 총회를 소집하여야 하며, 감사가 소집하지 아니하는 때에는 제4항 각호에 따른 소집을 청구한 자의 공동명의로 이를 소집한다.

⑥ 제2항 내지 제5항에 따라 총회를 개최하거나 일시를 변경하는 경우에는 총회의 목적·안건·일시·장소·변경사유 등에 관하여 미리 이사회의 의결을 거쳐야 한다. 다만, 제5항에 따라 조합장이 아닌 공동명의로 총회를 소집하는 경우에는 그러하지 아니하다.

⑦ 제2항 내지 제5항에 따라 총회를 소집하는 경우에는 회의개최 14일 전부터 회의목적·안건·일시 및 장소 등을 게시판에 게시하여야 하며 총회개최 7일 전까지(단, 도시 정비법 시행령 제27조에 의하여 창립총회는 14일 전) 각 조합원에게 등기우편으로 이를 발송, 통지하여야 한다. 이때 서면결의서도 함께 발송한다.

⑧ 총회는 제7항에 의하여 통지한 안건에 대해서만 의결할 수 있다.

제21조(총회의 의결사항) 다음 각 호의 사항은 총회의 의결을 거쳐 결정한다.
1. 정관의 변경(도시정비법 제40조 제4항에 따른 경미한 변경사항은 도시정비법 또는정관에서 총회의결사항으로 정한 경우로 한정한다.)
2. 자금의 차입과 그 방법·이율 및 상환방법.
3. 소규모주택정비법 제42조 및 도시정비법 제93조에 의한 부과금의 금액 및 징수방법.
4. 정비사업비의 세부 항목별 사용계획이 포함된 예산안 및 예산의 사용내역.
5. 예산으로 정한 사항 외에 조합원의 부담이 되는 계약.
6. 시공자·설계자 또는 감정평가업자의 선정 및 변경.

7. 정비사업전문관리업자의 선정 및 변경.
8. 조합임원 선임 및 해임(임기중 궐위된 자를 보궐선임하는 경우 제외한다).
9. 정비사업비의 조합원별 분담내역.
10. 소규모주택정비법 제30조에 따른 사업시행계획서의 작성 및 변경(소규모주택정비 법 제29조 제1항에 따른 변경에 관한 사항을 포함하며, 같은 항 단서에 따른 경미한변경은 제외한다).
11. 소규모주택정비법 제30조제1항제10호에 따른 관리처분계획의 수립 및 변경(소규모주택정비법 제29조제1항에 따른 변경에 관한 사항을 포함하며, 같은 항 단서에 따른 경미한 변경은 제외한다).
12. 소규모주택정비법 제41조에 따른 청산금의 징수·지급(분할징수·분할지급을 포함한다)과 조합 해산 시의 회계보고.
13. 조합의 합병 또는 해산에 관한 사항.
14. 대의원의 선임 및 해임에 관한 사항.
15. 건설되는 건축물의 설계개요의 변경.
16. 정비사업비의 변경.
17. 그 밖에 이 정관에서 총회의 의결 또는 인준을 거치도록 한 사항.

제22조(총회의 의결방법) ① 총회는 법, 이 정관에서 특별히 정한 경우를 제외하고는 조합원 과반수 출석으로 개의하고 출석조합원의 과반수 찬성으로 의결한다.
② 제1항에 불구하고 다음 각 호에 관한 사항은 전체 조합원 과반수 찬성으로 의결한다. 다만, 정비사업비가 10/100(생산자물가상승률분, 소규모주택정비법 제36조에 따른 손실보상 금액은 제외한다)이상 늘어나는 경우에는 조합원 2/3 이상의 찬성으로 의결하여야 한다.
1. 도시정비법 제45조제1항제9호에 따른 사업시행계획서의 작성 및 변경.
2. 도시정비법 제45조제1항제10호에 따른 관리처분계획의 수립 및 변경.
③ 조합원은 서면 또는 제10조제2항 각 호에 해당하는 대리인을 통하여 의결권을 행사할 수 있으며, 서면의결서를 제출하는 경우에는 제1항 및 제2항에 의한 출석으로 본다. 다만, 조합원의 10/100(창립총회, 사업시행계획서의 작성 및 변경, 관리

처분계획의 수립 및 변경을 의결하는 총회의 경우에는 조합원의 20/100) 이상이 직접 출석하여야 한다.

④ 조합원은 제3항에 따른 서면의결서를 제출하는 경우에는 안건내용에 대한 의사를 표시하여 총회 전일까지 조합에 도착되도록 하여야 한다.

⑤ 조합원은 제3항에 의하여 출석을 대리인으로 하고자 하는 경우에는 위임장 및 대리인 관계를 증명하는 서류를 조합에 제출하여야 한다.

제23조(총회운영 등) ① 총회는 이 정관 및 의사진행의 일반적인 규칙에 따라 운영한다.

② 의장은 총회의 안건의 내용 등을 고려하여 다음 각 호에 해당하는 자 등 조합원이 아닌 자를 총회에 참석하여 발언하도록 할 수 있다.

1. 조합직원.
2. 정비사업전문관리업자·시공자 또는 설계자.
3. 그 밖에 의장이 총회운영을 위하여 필요하다고 인정하는 자.

③ 의장은 총회의 질서를 유지하고 의사를 정리하며, 고의로 의사진행을 방해하는 발언·행동 등으로 총회질서를 문란하게 하는 자에 대하여 그 발언의 정지·제한 또는 퇴장을 명할 수 있다.

제24조(대의원회의 설치) ① 조합에는 조합원이 100명 이상인 경우, 조합에 대의원회를 둔다.

② 대의원의 수는 조합원의 1/10 이상으로 구성하되, 조합원의 1/10이 100명을 넘는 경우에는 조합원의 1/10의 범위에서 100명 이상으로 구성할 수 있다. 이 경우 동별(街區별)로 대의원을 고루 선출하여야 한다.

③ 대의원은 조합원 중에서 선출하며, 조합장이 아닌 조합임원은 대의원이 될 수 없다.

④ 대의원의 선출 또는 궐위된 대의원의 보선은 조합원 중에서 선임한다. 조합원의 이주로 인하여 소집이 어려울 경우에는 대의원 5인 이상의 추천을 받아 대의원회가 이를 보궐 선임한다.

⑤ 대의원회는 조합장이 필요하다고 인정하는 때에 소집한다. 다만, 다음 각 호의 1에

해당하는 때에는 조합장은 해당 일부터 14일 이내에 대의원회를 소집하여야 한다.

1. 정관에 따른 소집청구가 있는 때.
2. 대의원의 1/3 이상이 회의의 목적사항을 제시하여 청구하는 때.

⑥ 제5항 각 호의 1에 의한 소집청구가 있는 경우로서 조합장이 14일 이내에 정당한 이유 없이 대의원회를 소집하지 아니한 때에는 감사가 지체 없이 이를 소집하여야 하며, 감사가 소집하지 아니하는 때에는 제5항 각 호에 따른 규정에 의하여 소집을 청구한 자의 대표가 이를 소집한다. 이 경우 미리 시장 등의 승인을 받아야 한다.

⑦ 제6항에 따라 대의원회를 소집하는 경우에는 소집주체에 따른 감사 또는 제5항 각 호에 의하여 소집을 청구한 사람의 대표가 의장의 직무를 대행한다.

⑧ 대의원회 소집은 집회 7일 전까지 그 회의의 목적·안건·일시 및 장소를 기재한 서면을 대의원에게 통지하고, 게시판에 게시하여야 한다. 다만, 사업추진상 시급히 대의원회 의결을 요하는 사안이 발생하는 경우에는 회의 개최 3일 전에 통지하고 대의원회에서 안건 상정여부를 묻고 의결할 수 있다.

⑨ 대의원 해임에 관한 사항은 제18조제1항을 준용한다.

제25조(대의원회 의결사항) 대의원회는 다음 각 호의 사항을 의결한다.

1. 궐위된 임원 및 대의원의 보궐선임.
2. 예산 및 결산의 승인에 관한 방법.
3. 총회 부의안건의 사전심의 및 총회로부터 위임받은 사항.
4. 총회 의결로 정한 예산의 범위 내에서의 용역계약 등.

② 대의원회는 제24조제8항에 의하여 통지한 사항에 관하여만 의결할 수 있다. 다만, 통지 후 시급히 의결할 사항이 발생한 경우, 의장의 발의와 출석대의원 과반수 동의를 얻어 안건으로 채택한 경우에는 그 사항을 의결할 수 있다.

③ 대의원 자신과 관련된 사항에 대하여는 그 대의원은 의결권을 행사할 수 없다.

④ 이사·감사는 대의원회에 참석하여 의견을 진술할 수 있다.

제26조(대의원회 의결방법) ① 대의원회는 도시정비법 및 이 정관에서 특별히 정한 경우를 제외하고는 재적대의원 과반수 출석으로 개의하고 출석대의원 과반수의

찬성으로 의결한다. 다만, 도시정비법 제46조제4항 및 제5항에 의하여 대의원회는 총회의 의결사항 중 도시정비법 시행령 제43조(대의원회가 총회의 권한을 대행할 수 없는 사항)에서 정하는 사항 외에는 총회의 권한을 대행할 수 있다. 대의원회가 총회의 권한을 대행하여 의결하는 경우에는 재적대의원 3분의 2 이상의 출석과 출석대의원 2/3 이상의 동의를 얻어야 한다.
② 대의원은 대리인을 통한 출석을 할 수 없다. 다만, 서면으로 대의원회에 출석하거나 의결권을 행사할 수 있다. 이 경우 제1항에 의한 출석으로 본다.
③ 제23조는 대의원회에 이를 준용한다.

제27조(이사회의 설치) ① 조합에는 조합의 사무를 집행하기 위하여 조합장과 이사로 구성하는 이사회를 둔다.
② 이사회는 조합장이 소집하며, 조합장은 이사회의 의장이 된다.

제28조(이사회의 사무) 이사회는 다음 각 호의 사무를 집행한다.
1. 조합의 예산 및 통상업무의 집행에 관한 사항.
2. 총회 및 대의원회의 상정안건에 관한 사항.
3. 업무규정 등 조합 내부규정의 제정 및 개정안 작성에 관한 사항.
4. 그 밖에 조합의 운영 및 사업시행에 관하여 필요한 사항.

제29조(이사회의 의결방법) ① 이사회는 대리인 참석이 불가하며, 구성원 과반수 출석으로 개의하고 출석 구성원 과반수 찬성으로 의결한다.
② 구성원 자신과 관련된 사항에 대하여는 그 구성원은 의결권을 행사할 수 없다.
③ 제26조제2항은 이사회의 의결에 준용한다.

제30조(감사의 이사회 출석권한 및 감사요청) ① 감사는 이사회에 출석하여 의견을 진술할 수 있다. 다만, 의결권은 가지지 아니한다.
② 이사회는 조합운영상 필요하다고 인정될 때에는 감사에게 조합의 업무에 대하여 감사를 실시하도록 요청할 수 있다.

제31조(의사록의 작성 및 관리) 조합은 총회·대의원회 및 이사회의 의사록을 작성하여 청산 시까지 보관하여야 하며, 그 작성기준 및 관리 등은 다음 각 호와 같다. 다만, 속기사의 속기록일 경우에는 제1호를 적용하지 아니 한다.

1. 의사록에는 의사의 경과, 요령 및 결과를 기재하고 의장 및 출석한 이사가 기명날인하여야 한다.
2. 의사록은 조합사무소에 비치하여 조합원이 항시 열람할 수 있도록 하여야 한다.
3. 임원의 선임 또는 대의원의 선출과 관련된 총회의 의사록을 시장에게 송부하고자 할 때에는 임원 또는 대의원 명부와 그 피선자격을 증명하는 서류를 첨부하여야 한다.

제6장 재 정

제32조(조합의 회계) ① 조합의 회계는 매년 1월 1일(설립인가를 받은 당해 연도는 인가일)부터 12월 말까지로 한다.

② 조합의 예산·회계는 기업회계의 원칙에 따르되 조합은 필요하다고 인정하는 때에는 다음 사항에 관하여 별도의 회계규정을 정하여 운영할수 있다. 이 경우 회계규정을 정할 때는 미리 총회의 인준을 받아야 한다.

1. 예산의 편성과 집행기준에 관한 사항.
2. 세입·세출예산서 및 결산보고서의 작성에 관한 사항.
3. 수입의 관리·징수방법 및 수납기관 등에 관한 사항.
4. 지출의 관리 및 지급 등에 관한 사항.
5. 계약 및 채무관리에 관한 사항.
6. 그 밖에 회계문서와 장부에 관한 사항.

③ 조합은 매 회계연도 종료일부터 30일 내에 결산보고서를 작성한 후 감사의 의견서를 첨부하여 대의원회(대의원회가 없을 경우 이사회)에 제출하여 의결을 거쳐야 하며, 대의원회(대의원회가 없을 경우 이사회) 의결을 거친 결산보고서를 총회 또는 조합원에게 서면으로 보고하고 조합사무소에 이를 3월 이상 비치하여 조합원들이 열람할 수 있도록 하여야 한다.

④ 조합은 다음 각 호의 1에 해당하는 시기에 「주식회사의 외부감사에 관한 법률」 제2조에 의한 감사인의 회계감사를 받아야 한다.

1. 사업시행계획인가 고시일 전까지 납부 또는 지출된 금액이 7억원 이상인 경우에 고시일부터 20일 이내.
2. 준공인가신청일까지 납부 또는 지출된 금액이 14억원 이상인 경우에 준공인가의 신청일부터 7일 이내.
⑤ 조합은 제4항에 의하여 실시한 회계감사 결과를 회계감사종료일로부터 15일 이내에 시장에게 보고하고, 조합사무소에 이를 비치하여 조합원들이 열람할 수 있도록 하여야 한다.

제33조(재원) 조합의 운영 및 사업시행을 위한 자금은 다음 각 호에 의하여 조달한다.
1. 조합원이 현물로 출자한 토지 및 건축물.
2. 조합원이 납부하는 정비사업비 등 부과금.
3. 건축물 및 부대·복리시설의 분양 수입금.
4. 조합이 금융기관 및 시공자 등으로부터 조달하는 차입금.
5. 대여금의 이자 및 연체료 등 수입금.
6. 청산금.
7. 그 밖에 조합재산의 사용수익 또는 처분에 의한 수익금.

제34조(정비사업비의 부과 및 징수) ① 조합은 사업시행에 필요한 비용을 충당하기 위하여 조합원에게 공사비 등 주택사업에 소요되는 비용(이하 "정비사업비")을 부과·징수할 수 있다.
② 제1항에 의한 정비사업비는 총회 의결을 거쳐 부과할 수 있으며, 추후 사업시행구역안의 토지 및 건축물 등의 위치·면적·이용상황·환경 등 제반 여건을 종합적으로 고려하여 관리처분계획에 따라 공평하게 금액을 조정하여야 한다.
③ 조합은 납부기한 내에 정비사업비를 납부하지 아니한 조합원에 대하여는 금융기관에서 적용하는 연체금리의 범위 내에서 연체료를 부과할 수 있으며 도시정비법 제93조제4항에 따라 시장에게 정비사업비의 징수를 위탁할 수 있으며, 위탁할 시 징수한 금액의 4/100에 해당하는 금액을 해당 시장에게 교부하여야 한다.

제7장 사업시행

제35조(사업시행계획의 동의) 조합은 사업시행계획인가를 신청하기 전에 미리 소규모주택정비법 제26조제2항 각 호의 어느 하나에 해당하는 동의 또는 의결을 거쳐야 하며, 인가받은 사항을 변경하거나 사업을 중지 또는 폐지하는 경우에도 또한 같다. 다만, 소규모주택정비법 제29조제1항 단서에 따른 경미한 사항의 변경은 그러하지 아니하다.

제36조(이주대책) ① 사업시행으로 주택이 철거되는 조합원은 사업을 시행하는 동안 자신의 부담으로 이주하여야 한다.
② 조합은 이주비의 지원을 희망하는 조합원에게 조합이 직접 금융기관과 약정을 체결하거나, 시공자와 약정을 체결하여 지원하도록 알선할 수 있다. 이 경우 이주비를 지원받은 조합원은 사업시행구역안의 소유 토지 및 건축물을 담보로 제공하여야 한다.
③ 제2항에 의하여 이주비를 지원받은 조합원 또는 그 권리를 승계한 조합원은 지원받은 이주비를 주택 등에 입주시까지 시공자(또는 금융기관)에게 환불하여야 한다.
④ 조합원은 조합이 정하여 통지하는 이주기한 내에 당해 건축물에서 퇴거하여야 하며, 세입자 또는 임시거주자 등이 있을 때에는 당해 조합원의 책임으로 함께 퇴거하도록 조치하여야 한다.
⑤ 조합원은 본인 또는 세입자 등이 당해 건축물에서 퇴거하지 아니하여 기존 주택 등의 철거 등 사업시행에 지장을 초래하는 때에는 그에 따라 발생되는 모든 손해에 대하여 변상할 책임을 진다.
⑥ 제5항에 의하여 조합원이 변상할 손해금액과 징수방법 등은 대의원회(대의원회가 없을 경우 이사회)에서 정하여 총회의 승인을 얻어 당해 조합원에게 부과하며, 이를 기한 내에 납부하지 아니한 때에는 당해 조합원의 권리물건을 환가처분하여 그 금액으로 충당할 수 있다.

제37조(건축물 철거 등) ① 사업시행자는 소규모주택정비법 제29조에 따른 사업시

행계획인가를 받은 후, 사업시행구역안의 건축물을 철거할 수 있다.

② 사업시행자는 다음 각 호의 어느 하나에 해당하는 경우에는 제1항에도 불구하고 기존 건축물 소유자의 동의 및 시장의 허가를 받아 해당 건축물을 철거할 수 있다. 이 경우 건축물의 철거에도 불구하고 토지등소유자로서의 권리·의무에 영향을 주지 아니한다.

1. 「재난 및 안전관리 기본법」, 「주택법」, 「건축법」 등 관계 법령에서 정하는 기존 건축물의 붕괴 등 안전사고의 우려가 있는 경우.
2. 폐공가(廢公家)의 밀집으로 범죄발생의 우려가 있는 경우.

③ 제1항에 의하여 건축물을 철거하고자 하는 때에는 30일 이상의 기간을 정하여 구체적인 철거계획에 관한 내용을 미리 조합원 등에게 통지하여야 한다.

③ 사업시행구역안의 통신시설·전기시설·급수시설·도시가스시설 등 공급시설에 대하여는 당해 시설물 관리권자와 협의하여 철거기간이나 방법 등을 따로 정할 수 있다.

④ 조합원의 이주 후 건축법 제27조에 의한 철거 및 멸실신고는 조합이 일괄 위임받아 처리하도록 한다.

제38조(보상의 예외 등) 사업시행구역 안의 철거되는 일체의 건축물 중 등기 또는 행정기관의 공부에 등재되지 아니한 건축물은 보상대상이 될 수 없다.

제39조(지상권 등 계약의 해지) ① 사업의 시행으로 인하여 지상권·전세권 또는 임차권의 설정목적을 달성할 수 없는 권리자가 계약상 금전의 반환청구권을 사업시행자에 행사할 경우 사업시행자는 당해 금전을 지급할 수 있다.

② 사업시행자는 제1항에 의하여 금전을 지급하였을 경우 당해 조합원에게 이를 구상할 수 있으며 구상이 되지 아니한 때에는 당해 조합원에게 귀속될 건축물을 압류할 수 있으며 이 경우 압류한 권리는 저당권과 동일한 효력을 가진다.

③ 소규모주택정비법 제29조에 따른 사업시행계획인가를 받은 경우 지상권·전세권설정계약 또는 임대차계약의 계약기간에 대하여는 민법 제280조·제281조 및 제312조제2항, 「주택임대차보호법」 제4조제1항, 「상가건물임대차보호법」 제9조제1항은 이를 적용하지 아니한다.

제40조(매도청구) ① 사업시행자는 가로주택정비사업을 시행함에 있어 소규모주택정비법 제35조 및 제36조에 따라 매도청구를 할 수 있다.

② 사업시행자는 소규모주택정비법 제36조제2항에 따른 기간을 넘겨서 매도청구소송을 제기한 경우 소규모주택정비법 시행령 제35조에 따라 해당 토지등소유자에게 지연일수에 따른 이자를 지급하여야 한다.

제41조(소유자의 확인이 곤란한 건축물 등에 대한 처분) 조합은 사업을 시행함에 있어 조합설립인가일 현재 토지 또는 건축물의 소유자의 소재확인이 현저히 곤란한 경우 전국적으로 배포되는 둘 이상의 일간신문에 2회 이상 공고하고, 그 공고한 날부터 30일 이상이 지난 때에는 그 소유자의 소재확인이 현저히 곤란한 토지 또는 건축물의 감정평가액에 해당하는 금액을 법원에 공탁하고 사업을 시행할 수 있다.

이 경우 그 감정평가액은 시장이 추천하는 「감정평가 및 감정평가사에 관한 법률」에 의한 감정평가업자 2인 이상이 평가한 금액을 산술평균하여 산정한다.

제8장 관리처분계획

제42조(분양통지 및 공고 등) 사업시행자는 소규모주택정비법 제26조에 따른 심의 결과를 통지받은 날부터 90일 이내에 다음 각 호를 토지등소유자에게 통지하고, 소규모주택정비법 시행령 제25조제1항에 해당하는 사항을 해당 지역에서 발간되는 일간신문에 공고하여야 한다.

1. 분양대상자별 종전의 토지 또는 건축물의 명세 및 소규모주택정비법 제26조에 따른 심의 결과를 통지받은 날을 기준으로 한 가격.
2. 분양대상자별 분담금의 추산액.
3. 분양신청기간.
4. 그 밖에 소규모주택정비법 시행령 제25조제2항에서 정하는 사항.

제43조(분양신청 등) ① 제42조제3호의 분양신청기간은 그 통지한 날부터 30일 이상 60일 이내로 한다. 다만, 사업시행자는 소규모주택정비법 제33조제1항에

따른 관리처분계획의 수립에 지장이 없다고 판단하는 경우에는 분양신청기간을 20일 범위 이내에서 한 차례만 연장할 수 있다.

② 대지 또는 건축물에 대한 분양을 받으려는 토지등소유자는 제1항에 따른 분양신청기간에 소규모주택정비법 시행령 제25조제3항 및 제4항에 따라 분양신청을 하여야 한다.

③ 제1항 및 제2항에 의한 분양신청서를 우편으로 제출하고자 할 경우에는 그 신청서가 분양신청기간 내에 발송된 것임을 증명할 수 있도록 등기우편 등으로 제출하여야 한다.

④ 사업시행자는 소규모주택정비법 제29조에 따라 사업시행계획이 인가·고시된 날부터 90일 이내에 다음 각 호에서 정하는 자와 토지, 건축물 또는 그 밖의 권리의 손실보상에 관한 협의를 하여야 한다. 다만 사업시행자는 분양신청기간 종료일부터 협의를 시작할 수 있다.

1. 분양신청을 하지 아니한 자.
2. 분양신청기간 종료 이전에 분양신청을 철회한 자.
3. 소규모주택정비법 제29조에 따라 인가된 관리처분계획에 의하여 분양대상에서 제외된 자.

⑤ 사업시행자는 제4항에 따른 협의가 성립되지 않은 경우에는 소규모주택정비법 제35조제2항에 따른 기간의 만료일부터 60일 이내에 소규모주택정비법 제35조에 따른 매도할 것을 청구하여야 한다.

제44조(보류지) 분양대상의 누락, 착오 등의 사유로 인한 관리처분계획의 변경과 소송 등의 사유로 향후 추가분양이 예상되는 경우 분양하는 공동주택 총 건립세대수의 1% 이내와 부대복리시설의 일부를 보류지로 정할 수 있다.

제45조(관리처분계획의 내용) 사업시행자는 소규모주택정비법 제28조에 따른 분양신청기간이 종료된 때에는 분양신청의 현황을 기초로 다음 각 호의 사항을 포함하여 소규모주택정비법 제30조제1항제10호에 따른 관리처분계획을 수립하여야 한다.

1. 분양설계

2. 분양대상자의 주소 및 성명

3. 분양대상자별 분양예정인 대지 또는 건축물의 추산액(임대관리 위탁주택에 관한 내용을 포함한다.)

4. 다음 각 목에 해당하는 보류지 등의 명세와 추산액 및 처분방법

    가. 일반 분양분

    나. 임대주택

    다. 그 밖에 부대시설·복리시설 등

5. 분양대상자별 종전의 토지 또는 건축물 명세 및 소규모주택정비법 제26조에 따른 심의결과를 받은 날을 기준으로 한 가격(소규모주택정비법 제26조에 따른 심의 전에 소규모주택정비법 제37조제3항에 따라 철거된 건축물은 시장에게 허가를 받은 날을 기준으로 한 가격).

6. 정비사업비의 추산액(「재건축 초과이익 환수에 관한 법률」에 따른 재건축 분담금에 관한 사항을 포함한다) 및 그에 따른 조합원 분담규모 및 분담시기.

7. 분양대상자의 종전 토지 또는 건축물에 관한 소유권 외의 권리명세.

8. 보류지 등의 명세와 추산액 및 처분방법.

9. 소규모주택정비법 제36조에 따라 손실보상에 관한 협의를 하여야 하는 토지등소유자별 기존 토지·건축물 또는 그 밖의 권리의 명세와 처분방법.

10. 소규모주택정비법 시행령 제31조제1항제4호에 따른 비용의 부담비율에 의한 대지 및 건축물의 분양계획과 그 비용부담의 한도·방법 및 시기.
이 경우 비용부담에 의하여 분양받을 수 있는 한도는 기존 토지 또는 건축물의 가격의 비율에 따라 부담할 수 있는 비용의 50%를 기준으로 정한다.

11. 사업의 시행으로 인하여 용도가 폐지되는 정비기반시설 및 새로 설치되는 정비기반시설의 명세.

12. 기존 건축물의 철거 예정시기.

제46조(관리처분계획의 기준 및 방법) ① 제45조에 따른 관리처분계획의 내용은 다음 각 호의 기준에 따른다.

1. 종전의 토지 또는 건축물의 면적, 이용 상황, 환경, 그 밖의 사항을 종합적으로 고려하여 대지 또는 건축물이 균형 있게 분양신청자에게 배분되고 합리적으로 이용되도록 한다.
2. 지나치게 좁거나 넓은 토지 또는 건축물은 넓히거나 좁혀 대지 또는 건축물이 적정 규모가 되도록 한다.
3. 너무 좁은 토지 또는 건축물이나 정비구역 지정 후 분할된 토지를 취득한 자에게는 현금으로 청산할 수 있다.
4. 재해상 또는 위생상의 위해를 방지하기 위하여 토지의 규모를 조정할 특별한 필요가 있는 때에는 너무 좁은 토지를 넓혀 토지에 갈음하여 보상을 하거나 건축물의 일부와 그 건축물이 있는 대지의 공유지분을 교부할 수 있다.
5. 분양설계에 관한 계획은 「소규모주택정비법」 제28조에 따른 분양신청기간이 만료하는 날을 기준으로 하여 수립한다.
6. 1세대 또는 1명이 하나 이상의 주택 또는 토지를 소유한 경우 1주택을 공급하고, 같은 세대에 속하지 아니하는 2명 이상이 1주택 또는 1토지를 공유한 경우에는 1주택만 공급한다.
7. 제6호에도 불구하고 다음 각 목의 경우에는 각 목의 방법에 따라 주택을 공급할 수 있다.

가. 2명 이상이 1토지를 공유한 경우로서 「부천시 빈집 및 소규모주택정비조례」(이하 "부천시 조례")로 주택공급을 따로 정하고 있는 경우에는 부천시 조례로 정하는 바에 따라 주택을 공급할 수 있다.

나. 다음 어느 하나에 해당하는 토지등소유자에게는 소유한 주택 수만큼 공급할 수 있다.

1) 「수도권정비계획법」 제6조제1항제1호에 따른 과밀억제권역에 위치하지 아니한 재건축사업의 토지등소유자.
2) 근로자(공무원인 근로자를 포함한다) 숙소, 기숙사 용도로 주택을 소유하고 있는 토지등소유자.
3) 국가, 지방자치단체 및 토지주택공사등.
4) 「국가균형발전특별법」 제18조에 따른 공공기관지방이전시책 등에 따라 이전

하는 공공기관이 소유한 주택을 양수한 자.
다. 제1항제5호에 따른 가격의 범위 또는 종전 주택의 주거전용면적의 범위에서 2주택을 공급할 수 있고, 이 중 1주택은 주거전용면적을 60㎡ 이하로 한다. 다만, 60㎡ 이하로 공급받은 1주택은 소규모주택정비법 제40조제2항에 따른 이전고시일 다음 날부터 3년이 지나기 전에는 주택을 전매(매매·증여나 그 밖에 권리의 변동을 수반하는 모든 행위를 포함하되 상속의 경우는 제외한다)하거나 전매를 알선할 수 없다.
라. 「수도권정비계획법」 제6조제1항제1호에 따른 과밀억제권역에서 투기과열지구에 위치하지 아니한 가로주택정비사업의 경우에는 토지등소유자가 소유한 주택수의 범위에서 3주택 이하로 한정하여 공급할 수 있다.

② 소규모주택정비법 제33조에 따른 가로주택정비사업 관리처분의 방법은 다음 각 호와 같다.

1. 부천시 조례 제22조에서 정하는 분양주택의 주거전용면적 이하의 주택을 공급해야 한다.
2. 하나의 건축물의 대지는 하나의 필지가 되도록 해야한다(단, 주택단지의 경우에는 그러하지 아니하다.)
3. 토지등소유자(지상권자를 제외한다. 이하 이 조에서 같다.)에게 분양해야 한다. 다만, 공동주택을 분양하는 경우 부천시 빈집 및 소규모주택정비조례에서 정하는 금액·규모·취득시기 또는 유형에 관한 기준에 부합하지 아니하는 토지등소유자는 같은 조례로 정하는 바에 따라 분양대상에서 제외할 수 있다.
4. 하나의 필지로 된 대지 및 그 대지에 건축된 건축물(소규모주택정비법 제34조4항 전단에 따라 잔여분을 보류지로 정하거나 조합원 또는 토지등소유자 외의 자에게 분양하는 부분은 제외)을 ○인 이상에게 분양하는 경우 기존 토지 및 건축물의 가격과 소규모주택정비법 시행령 제27조제2항제3호 및 제30조제3호에 따라 토지등소유자가 부담하는 비용의 비율에 따라 분양해야 한다.
5. 분양대상자가 공동으로 취득하게 되는 건축물의 공용부분은 각 권리자의 공유로하되, 해당 공용부분에 대한 각 권리자의 지분비율은 그가 취득하게 되는 전용부분의위치 및 바닥면적 등의 사항을 고려하여 정해야 한다.

➡ 소규모주택정비법 시행령 §31-5

6. 하나의 필지로 된 대지에 2인 이상에게 분양될 건축물이 설치된 경우 건축물의 분양면적 비율에 따라 그 대지의 소유권이 주어지도록 하되, 토지의 소유관계는 공유로해야 한다. 다만, 대지에 건축된 건축물이 주택과 그 밖의 용도의 건축물로 구성된경우 건축물의 용도 및 규모 등을 고려하여 대지의 소유권이 합리적으로 배분되도록한다.

➡ 소규모주택정비법 시행령 §31-6

7. 주택 및 부대시설·복리시설의 공급순위는 기존 토지 또는 건축물의 가격을 고려하여 정할 것. 이 경우 공급순위 선정의 구체적 기준은 다음과 같다.(→소규모주택정비법 시행령 제31조제7호)

가. 권리가액에 가장 근접한 분양주택가액의 주택을 분양할 것. 이 경우 권리가액이 2개의 분양주택가액의 사이에 해당하는 경우에는 분양대상자의 신청에 준용한다.

➡ 부천시 소규모주택정비조례 제24조(주택공급 기준 등) ① 영 §31①7에 따라 가로주택정비사업의 "조례로 정하는 주택공급 순위에 관한 기준"은 다음 각 호와 같다.<개정 22.2.7>

1. 권리가액에 가장 근접한 분양주택가액의 주택을 분양할 것. 이 경우 권리가액이 2개의 분양주택가액의 사이에 해당하는 경우에는 분양대상자의 신청에 준용한다.

나. 동일규모의 주택분양에 경합이 있는 경우에는 권리가액이 많은 순으로 분양하고, 권리가액이 동일한 경우에는 공개추첨에 따르며, 주택의 동·층 및 호의 결정은 주택규모별 공개추첨에 준용한다.

➡ 부천시 소규모주택정비조례 제24조(주택공급 기준 등) ① 영 §31①7에 따라 가로주택정비사업의 "조례로 정하는 주택공급 순위에 관한 기준"은 다음 각 호와 같다.<개정 22.2.7>

3. 동일규모의 주택분양에 경합이 있는 경우에는 권리가액이 많은 순으로 분양하고, 권리가액이 동일한 경우에는 공개추첨에 따르며, 주택의 동·층 및 호의 결정은 주택규모별 공개추첨에 준용할 것.

다. 상가 등 부대시설·복리시설의 공급기준은 「부천시 조례」 제24조제2항[7]기준을 준용한다.

---

7. **부천시 빈집 및 소규모주택 정비조례[시행 22.7.5](일부개정) 22.7.5 조례 제3867호**
제24조(주택공급 기준 등) ② 가로주택정비사업으로 조성되는 상가 등 부대·복리시설은 관리처분계획기준일 현재 다음 각 호의 순위를 기준으로 공급한다.

8. 조합원에게 공급하고 남는 잔여주택이 30세대 이상인 경우에는 주택공급에 관한규칙(국토부령)이 정하는 공급 시기와 절차 및 방법 등에 따라 일반에게 분양 하여야 한다. 잔여주택이 30세대 미만인 경우에는 그러하지 아니하다.

9. 종전 혹은 분양예정인 주택 및 부대·복리시설(부속되는 토지를 포함한다)의 평가 는시장이 선정·계약한 1인 이상의 감정평가업자와 조합총회의 의결로 선정·계약 한 1인이상의 감정평가업자가 평가한 금액을 산술평가한 금액으로 한다.

10. 그 밖에 관리처분계획을 수립하기 위하여 필요한 세부적인사항은 관계규정 등에따라 조합장이 정하여 대의원회(대의원회가 없을 경우 총회)의 의결을 거쳐 시행한다.

③ 제1항 제1호의 종전의 토지 및 건축물의 소유권 및 면적은 다음과 같다.

1. 종전 토지의 소유면적은 소규모주택정비법 제26조 건축심의 완료일(이하 관리처분계획기준일이라 함) 현재 「측량·수로조사 및 지적에 관한 법률」 제2조제19호에 따른소유토지별 지적공부에 따른다. 다만, 1필지의 토지를 수인이 공유로 소유하고 있는 경우에는 부동산등기부의 지분비율을 기준으로 한다.

2. 국·공유지의 점유연고권은 그 경계를 기준으로 실시한 지적측량성과에 따라 관계법령 등이 정하는 바에 따라 인정되어 그 경계를 실시한 지적측량성과를 기준으로 한다.

3. 종전 건축물의 소유면적은 관리처분계획기준일 현재 소유건축물별 건축물대장을 기준으로 하되, 법령에 위반하여 건축된 부분의 면적은 제외한다. 다만, 건축물 관리대장에 등재되어 있지 아니한 종전 건축물에 대하여는 재산세과세대장

---

1. 제1순위: 종전 건축물의 용도가 분양건축물 용도와 동일하거나 유사한 시설이며 사업자등록(인가 · 허가 또는 신고 등을 포함한다. 이하 이 항에서 같다)을 필한 건축물의 소유자로서 권리가액(공동주택을 분양받은 경우에는 그 분양가격을 제외한 가액을 말한다. 이하 이 항에서 같다)이 분양건축물의 최소분양 단위규모 추산액 이상인 자.
2. 제2순위: 종전 건축물의 용도가 분양건축물 용도와 동일하거나 유사한 시설인 건축물의 소유자로서 권리가액이 분양건축물의 최소분양단위 규모 추산액 이상인 자.
3. 제3순위: 종전 건축물의 용도가 분양건축물 용도와 동일하거나 유사한 시설이며 사업자등록을 필한건축물의 소유자로서 권리가액이 분양건축물의 최소분양단위규모 추산액에 미달되나 공동주택을 분양받지 아니한 자.
4. 제4순위: 종전 건축물의 용도가 분양건축물 용도와 동일하거나 유사한 시설인 건축물의 소유자로서 권리가액이 분양건축물의 최소분양단위규모 추산액에 미달되나 공동주택을 분양받지 아니한 자.
5. 제5순위: 공동주택을 분양받지 아니한 자로서 권리가액이 분양건축물의 최소분양단위규모 추산액 이상인 자.
6. 제6순위: 공동주택을 분양받은 자로서 권리가액이 분양건축물의 최소분양단위규모 추산액 이상인 자.

또는 측량성과를 기준으로 할 수 있다. 이 경우 위법하게 건축된 부분의 면적(무허가 건축물의 경우에는 특정무허가 건축물에 추가된 면적을 말한다)은 제외한다.

4. 분양설계의 기준이 될 종전 토지 등의 소유권은 관리처분계획기준일 현재 부동산등기부(사업시행방식전환의 경우에는 환지예정지증명원)에 따르며, 소유권 취득일은 부동산등기부상의 접수일자를 기준으로 한다. 다만, 특정무허가건축물(미사용승인건축물을 포함한다)인 경우에는 무허가건축물확인원이나 그 밖에 소유자임을 입증하는 자료를 기준으로 한다.

제47조(분양받을 권리의 양도 등) ① 조합원은 조합원의 자격이나 권한, 입주자로 선정된 지위 등을 양도한 경우에는 조합에 변동 신고를 하여야 하며, 양수자에게는 조합원의 권리와 의무, 자신이 행하였거나 조합이 자신에게 행한 처분·절차, 청산 시 권리의무에 범위 등이 포괄승계됨을 명확히 하여 양도하여야 한다.
② 제1항에 의하여 사업시행구역안의 토지 또는 건축물에 대한 권리를 양도받은 자는 등기부등본 등 증명서류를 첨부하여 조합에 신고하여야 대응할 수 있다.
③ 조합은 조합원의 변동이 있는 경우 변경의 내용을 증명하는 서류를 첨부하여 시장에게 신고하여야 한다.

제48조(관리처분계획의 통지 등) ① 조합은 소규모주택정비법 제29조제3항 본문에 따른 의결의 필요한 경우 총회 개최일로부터 30일 전에 아래 제1호부터 제4호까지에 해당하는 사항을 조합원에게 문서로 통지하여야 한다.
1. 분양대상자별 분양예정인 대지 또는 건축물의 추산액(임대관리 위탁주택에 관한 내용을 포함한다)
2. 다음 각 목에 해당하는 보류지 등의 명세와 추산액 및 처분방법
   가. 일반 분양분
   나. 임대주택
   다. 그 밖에 부대·복리시설 등
3. 분양대상자별 종전의 토지 또는 건축물 명세 및 소규모주택정비법 제26조에 따른 심의 결과를 받은 날을 기준으로 한 가격(소규모주택정비법 제26조에 따른 심의 전에 동

법 제37조제3항에 따라 철거된 건축물은 시장에게 허가를 받은 날을 기준으로 한 가격)

4. 정비사업비의 추산액 및 그에 따른 조합원 분담규모 및 분담시기

② 조합원의 동·호수추첨은 금융결재원 또는 금융기관의 전산추첨을 원칙으로경찰관입회하에 공정하게 실시하여야 하며, 추첨결과는 시장에게 통보하여야 한다.

제9장 완료조치

제49조(준공인가 및 입주통지 등) ① 조합은 시장으로부터 준공인가증을 교부받은 때에는 지체 없이 조합원에게 입주하도록 통지하여야 한다.

② 조합은 제1항에 의하여 입주통지를 한 때에는 통지된 날부터 1월 이내에 소유자별로 통지내용에 따라 등기신청을 할 수 있도록 필요한 조치를 하여야 하며, 토지 및 건축물 중 일반분양분에 대해서는 조합명의로 등기한 후 매입자가 이전등기절차를 이행하도록 하여야 한다.

③ 조합은 제1항에도 불구하고 소규모주택정비법 제39조제5항에 따라 허가를 받은 경우에는 조합원에게 입주를 통지할 수 있다.

제50조(이전고시 등) ① 조합은 공사의 완료고시가 있는 때에는 지체 없이 대지확정측량을 하고 토지의 분할절차를 거쳐 관리처분계획에서 정한 사항을 분양받을 자에게 통지하고 대지 또는 건축물의 소유권을 이전하여야 한다. 다만, 사업의 효율적인 추진을 하는데 필요한 경우에는 해당 사업에 관한 공사가 전부 완료되기 전에 완공된 부분에 대하여 준공인가를 받아 대지 또는 건축물별로 분양받을 자에게 그 소유권을 이전할 수 있다.

② 조합은 제1항에 따라 건축물을 이전하고자 하는 때에는 조합원과 일반분양자에게 통지하고 그 내용을 당해 지방자치단체의 공보에 고시한 후 이를 시장에게 보고하여야 한다. 이 경우 대지 또는 건축물을 분양받을 자는 고시가 있는 날의 다음 날에 그 대지 또는 건축물의 소유권을 취득한다.

제51조(대지 및 건축물에 대한 권리의 확정) 대지 또는 건축물을 분양받을 자에게 도시정비법 제86조제2항에 의하여 소유권을 이전한 경우 종전의 토지 또는 건축

물에 설정된 지상권·전세권·저당권·임차권·가등기담보권·가압류 등 등기된 권리 및 「주택임대차보호법」 제3조제1항의 요건을 갖춘 임차권은 소유권을 이전받은 대지 또는 건축물에 설정된 것으로 본다.

제52조(등기절차 등) ①사업시행자는 제50조에 따른 이전고시가 있은 때에는 지체 없이 대지 및 건축물에 관한 등기를 지방법원 또는 등기소에 촉탁 또는 신청하여야 한다.
② 제50조 제2항에 따른 이전고시가 있은 날부터 제1항에 따른 등기가 있을 때까지는 저당권 등의 다른 등기를 하지 못한다.

제53조(청산금 등) ① 사업시행자는 대지 또는 건축물을 분양받은 자가 종전에 소유하고 있던 토지 또는 건축물의 가격과 분양받은 토지 또는 건축물의 가격사이에 차이가 있는 경우에는 소규모주택정비법 제40조제2항에 따른 이전고시일 후에 그 차액에 상당하는 금액(이하 "청산금"이라 한다)을 분양받은 자로부터 징수하거나 분양받은 자에게 지급하여야 한다. 다만, 분할징수 및 분할지급에 대하여 총회의 의결을 거쳐 따로 정한 경우에는 사업시행계획인가 후부터 소규모주택정비법 제40조제2항에 따른 이전고시일까지 일정기간별로 분할징수하거나 분할 지급할 수 있다.
② 제1항을 적용함에 있어서 종전에 소유하고 있던 토지 또는 건축물의 가격과 분양받은 토지 또는 건축물의 가격은 도시정비법 제74조제2항을 준용한다.
③ 제2항의 분양받은 토지 또는 건축물의 가격산정에 있어 다음 각 호의 비용을 가산한다. 다만, 도시정비법 제95조에 의한 보조금은 이를 공제하여야 한다.
1. 조사·측량·설계 및 감리에 소요된 비용.
2. 공사비.
3. 정비사업의 관리에 소요된 등기비용·인건비·통신비·사무용품비··이자 그 밖에 필요한 경비.
4. 도시정비법 제95조에 의한 융자금이 있는 경우에는 그 이자에 해당하는 금액.
5. 정비기반시설 및 공동이용시설의 설치에 소요된 비용(도시정비법 제95조제1항에 의하여 시장이 부담한 비용을 제외한다).

6. 안전진단의 실시, 정비사업전문관리업자의 선정, 회계감사, 감정평가비용.
7. 그 밖에 정비사업 추진과 관련하여 지출한 비용으로서 총회에서 포함하기로 정한것.

제54조(청산금의 징수방법) ① 청산금을 납부하지 않은 조합원이 있을 경우 조합은 청산금 납부요청을 2회 이상 최고하고 최고 최종일로부터 1월 이내 시장에게 청산금과 연체료의 징수를 위탁할 수 있다. 이 경우 사업시행자는 징수한 금액의 4/100에 해당하는 금액을 해당 시장에게 교부하여야 한다.
② 청산금을 지급받을 조합원이 이를 받을 수 없거나 거부한 때에는 조합은 그 청산금을 공탁할 수 있다.
③ 청산금을 지급받을 권리 또는 이를 징수할 권리는 이전고시일 다음 날부터 5년간 이를 행사하지 아니하면 소멸한다.

제55조(조합의 해산) ① 조합은 준공인가를 받은 날로부터 1년 이내에 이전고시 및 건축물 등에 대한 등기절차를 완료하고 총회 또는 대의원회를 소집하여 해산의결을 하여야 하며, 해산을 의결한 경우 시장에게 신고하여야 한다.
② 조합이 해산의결을 한 때에는 해산의결 당시의 임원이 청산인이 된다.
③ 조합이 해산하는 경우에 청산에 관한 업무와 채권의 추심 및 채무의 변제 등에 관하여 필요한 사항은 「민법」의 관계 규정에 따른다.

제56조(청산인의 임무) 청산인은 다음 각 호의 업무를 성실히 수행하여야 한다.
1. 현존하는 조합의 사무종결.
2. 채권의 추심 및 채무의 변제.
3. 잔여재산의 처분.
4. 그 밖에 청산에 필요한 사항.

제57조(채무변제 및 잔여재산의 처분) 청산 종결 후 조합의 채무 및 잔여재산이 있을 때에는 해산당시의 조합원에게 분양받은 토지 또는 건축물의 부담비용 등을 종합적으로 고려하여 형평이 유지되도록 공정하게 배분하여야 한다.

제58조(관계서류의 이관) 조합은 사업을 완료하거나 폐지한 때에는 시·도 조례가 정하는 바에 따라 관계서류를 시장에게 인계하여야 한다.

제10장 보 칙

제59조(관련자료의 공개와 보존) ① 사업시행자는 사업의 시행에 관한 다음 각 호의 서류 및 관련 자료가 작성되거나 변경된 후 15일 이내에 이를 조합원, 토지등소유자가 알 수 있도록 인터넷과 그 밖의 방법을 병행하여 공개하여야 한다. 다만, 개인비밀의 보호, 자료의 특성상 인터넷 등에 공개하기 어려운 사항은 개략적인 내용만 공개할 수 있다.

1. 정관.
2. 설계자·시공자·철거업자 및 정비사업 전문관리업자 등 용역업체의 선정계약서
3. 조합의 이사회, 대의원회 및 총회 의사록.
4. 사업시행계획서(관리처분계획 포함).
5. 당해 사업의 시행에 관한 공문서.
6. 회계감사보고서.
7. 월별 자금의 입금·출금 세부내역.
8. 결산보고서.
9. 청산인의 업무 처리 현황.
10. 분양공고 및 분양신청에 관한 사항.
11. 연간 자금운용 계획에 관한 사항.
12. 정비사업의 월별 공사 진행에 관한 사항.
13. 설계자·시공자·정비사업전문관리업자 등 용역업체의 세부계약 변경에 관한 사항
14. 정비사업비 변경에 관한 사항.

② 사업시행자는 제1항에 따른 서류 및 관련 자료와 총회 또는 중요한 회의(조합원 또는 토지등소유자의 비용부담을 수반하거나 권리와 의무의 변동을 발생시키는 경우로서 용역 계약(변경계약을 포함한다) 및 업체 선정과 관련된 대의원회·이사회, 조합임원·대의원의 선임·해임·징계 및 토지등소유자(조합이 설립된 경우에는 조합원을 말한다) 자격에 관한 대의원회·이사회 등)가 있은 때에는 속기록·녹음 또는

영상자료를 만들어 이를 청산 시까지 보관하여야 하며, 제1항에 따른 공개의 대상이 되는 서류 및 관련 자료의 경우 매 분기가 끝나는 달의 다음 달 15일까지 다음 각 호의 사항을 조합원에게 서면으로 통지하여야 한다.

1. 공개 대상의 목록.
2. 공개 자료의 개략적인 내용.
3. 공개 장소.
4. 대상자별 정보공개의 범위.
5. 열람·복사 방법.
6. 등사에 필요한 비용.

③ 조합원이 제1항에 따른 서류 및 다음 각 호를 포함하여 사업 시행에 관한 서류와 관련 자료를 사용목적 등을 기재한 서면 또는 전자문서로 열람·복사 요청을 한 경우 조합은 15일 이내에 그 요청에 따라야 한다. 이 경우 복사에 필요한 비용은 실비의 범위에서 청구인이 부담한다.

1. 토지등소유자 명부.
2. 조합원 명부.

④ 제1항 각 호의 사항을 열람하고자 하는 때에는 서면으로 열람을 요청하여야 하며, 사업시행자는 특별한 사유가 없는 한 이에 응하여야 한다.

⑤ 제3항에 따른 청구인은 제공받은 서류와 자료를 사용목적 외의 용도로 이용·활용하여서는 아니 된다.

제60조(약정의 효력) 조합이 사업시행에 관하여 시공자 및 설계자, 정비사업전문관리업자와 체결한 약정은 관계법령 및 이 정관이 정하는 범위 안에서 조합원에게 효력을 갖는다.

제61조(정관의 해석) 이 정관의 해석에 대하여 이견이 있을 경우 일차적으로 이사회에서 해석하고, 그래도 이견이 있을 경우는 대의원회(대의원회가 없을 경우 총회)에서 해석한다.

제62조(소송 관할 법원) 조합과 조합원 간에 법률상 다툼이 있는 경우 소송관할 법원은 조합소재지 관할 법원으로 한다.

제63조(민법의 준용 등) ① 조합에 관하여는 소규모주택정비법 및 도시정비법에 규정된 것을 제외하고는 민법 중 사단법인에 관한 규정을 준용한다.
② 소규모주택정비법, 도시정비법, 민법, 이 정관에서 정하는 사항 외에 조합의 운영과 사업시행 등에 관하여 필요한 사항은 관계 법령 및 관련 행정기관의 지침·지시 또는 유권해석 등에 따른다.
③ 이 정관이 법령 등의 개정에 따라 이 정관의 변경이 필요한 경우 정관의 개정 절차에 관계없이 변경되는 것으로 본다. 그러나 관계 법령의 내용이 임의규정인 경우에는 그러하지 아니하다.

부 칙

제1조(시행일) 이 정관은 조합설립인가를 받은 날부터 시행한다.
제2조 이 정관이 시행 이후 관계 법령이 개정될 시 이 정관도 개정된 것으로 본다.
제3조 이 정관 지침은 경기도에서 표준정관 제정 시 폐지된 것으로 본다.

■ 법 제26조(건축심의)

영 §24(건축심의 등), 서울시 소규모주택정비조례 §29
건축위원회 심의 기준(국토부고시 제2015-333호, 15.5.29 제정)

□ 개정 연혁

[시행 18.2.9] [법률 제14569호, 17.2.8 제정]

　제26조(건축심의) ① 가로주택정비사업 또는 소규모재건축사업의 사업시행자(사업시행자가 시장·군수등인 경우는 제외한다)는 §30에 따른 사업시행계획서를 작성하기 전에 사업시행에 따른 건축물의 높이·층수·용적률 등 대통령령으로 정하는 사항에 대하여 지방건축위원회의 심의를 거쳐야 한다.

　② 제1항에 따른 사업시행자(시장·군수등 또는 토지주택공사등은 제외한다)는 지방건축위원회의 심의를 신청하기 전에 다음 각 호의 어느 하나에 해당하는 동의 또는 의결을 거쳐야 한다.

　1. 사업시행자가 토지등소유자인 경우에는 주민합의서에서 정하는 토지등소유자의 동의.

　2. 사업시행자가 조합인 경우에는 조합총회에서 조합원 과반수의 찬성으로 의결. 다만, 정비사업비가 10/100(생산자물가상승률분 및 §36에 따른 손실보상 금액은 제외한다) 이상 늘어나는 경우에는 조합원 2/3 이상의 찬성으로 의결.

　3. 사업시행자가 지정개발자인 경우에는 토지등소유자의 과반수 동의 및 토지면적 1/2 이상의 토지소유자의 동의.

부칙
제1조(시행일) 이 법은 공포 후 1년이 경과한 날부터 시행한다(효력발생시기 18.2.9).

[시행 21.2.19] [법률 제17484호, 20.8.18 일부개정]

　제26조(건축심의) ① 앞과 같음.

　② 제1항에 따른 사업시행자(시장·군수등 또는 토지주택공사등은 제외한다)는지방건축위원회의 심의를 신청하기 전에 다음 각 호의 어느 하나에 해당하는동의 또는 의결을 거쳐야 한다.

　1. 앞과 같음.

2. 사업시행자가 조합인 경우에는 조합 총회(시장·군수등 또는 토지주택공사등과 공동으로 사업을 시행하는 경우에는 조합원의 과반수 동의로 조합총회 의결을 갈음할 수 있다)에서 조합원 과반수의 찬성으로 의결. 다만, 정비사업비가 10/100(생산자물가상승률분 및 §36에 따른 손실보상 금액은 제외한다) 이상 늘어나는 경우에는 조합원 2/3 이상의 찬성으로 의결.

3. 앞과 같음.

부 칙 <법률 제17484호, 20.8.18>

이 법은 공포 후 6개월이 경과한 날부터 시행한다.

[시행 21.9.21] [법률 제18314호, 21.7.20 일부개정]

제26조(건축심의) ① 가로주택정비사업, 소규모재건축사업 또는 소규모재개발사업의 사업시행자(사업시행자가 시장·군수등인 경우는 제외한다)는 §30에 따른 사업시행계획서를 작성하기 전에 사업시행에 따른 건축물의 높이·층수·용적률 등 대통령령으로 정하는 사항에 대하여 지방건축위원회의 심의를 거쳐야 한다.

➡ 소규모재개발사업의 신설로 건축심의 대상에 포함함

② (앞과 같음)

부 칙 <법률 제18314호, 21.7.20>

제1조(시행일) 이 법은 공포 후 2개월이 경과한 날부터 시행한다.

□ **법 제26조(건축심의 등) 제1항**

가로주택정비사업, 소규모재건축사업 또는 소규모재개발사업의 사업시행자(사업시행자가 시장·군수등인 경우는 제외)는 §30에 따른 사업시행계획서를 작성하기 전에 사업시행에 따른 건축물의 높이·층수·용적률 등 대통령령으로 정하는 사항에 대하여 지방건축위원회의 심의를 거쳐야 한다.

— **건축물의 높이·층수·용적률 등 대통령령으로 정하는 사항**

다음 각 호의 사항을 말함. 다만, 사업시행구역이 「국토계획법」 §51에 따라 지정된 지구단위계획구역인 경우로서 같은 법 §30③에 따라 중앙도시계획위원회 또는 시도 도시계획위원회의 심의(건축위원회와 도시계획위원회가 공동으로 하는 심의를 포함)를 거친 사항은 제외함(영 §24①).

1. 사업시행구역이 가로주택정비사업을 시행하는 가로구역일 경우 §3①2의 요건을 충족하는지에 관한 사항.
2. 건축물의 주용도·건폐율·용적률 및 높이에 관한 계획(「건축법」 §77의4에 따라 건축협정을 체결한 경우 건축협정의 내용을 포함한다).
3. 건축물의 건축선에 관한 계획3의2. 「건축법」 §69에 따른 특별건축구역과 같은 법 §77의2에 따른 특별가로구역의 지정에 관한 사항.
4. 정비기반시설의 설치계획.
5. 공동이용시설의 설치계획.
6. 환경보전 및 재난방지에 관한 계획.
7. 그 밖에 시도 조례로 정하는 사항.

도시정비법 §50①과 같은 유사한 조문임.

— **서울시 소규모주택정비조례상 건축심의**

영 §24①7에서 "그밖에 시·도 조례로 정하는 사항"이란 다음 각 호의 사항을 말함(§29①).

1. 법 §32에 따른 주택의 규모 및 건설비율에 관한 사항.
2. 법 §49에 따른 임대주택 건설에 관한 적정성 여부.
3. 안전 및 범죄예방환경설계에 관한 계획.

건축심의를 요청받은 구청장은 구 건축위원회의 심의를 거쳐 완화여부 및 적용범위를 결정하고, 그 결과를 요청일로부터 60일 이내에 신청인에게 통지하여야 함.

다만, 구 건축위원회의 심의결과 서류보완이나, 재검토 등이 필요한 것으로 심의된 경우에는 서류 보완접수일 또는 재검토 요청일로부터 60일 이내에 최종 결과를 통지하여야 함(동조 제2항).

○ 제2항

제1항에 따른 사업시행자(시장·군수등 또는 토지주택공사등은 제외)는 지방건축위원회 심의를 신청하기 전에 다음 각 호의 어느 하나에 해당하는 동의 또는 의결을 거쳐야 한다.

1. 사업시행자가 토지등소유자인 경우에는 주민합의서에서 정하는 토지등소유자의 동의.
2. 사업시행자가 조합인 경우에는 조합 총회(시장·군수등 또는 토지주택공사등과 공동으로 사업을 시행하는 경우에는 조합원의 과반수 동의로 조합 총회 의결을 갈음할 수 있다)에서 조합원 과반수의 찬성으로 의결. 다만, 정비사업비가 10/100(생산자물가상승률분 및 §36에 따른 손실보상 금액은 제외한다) 이상 늘어나는 경우에는 조합원 2/3 이상의 찬성으로 의결.
3. 사업시행자가 지정개발자인 경우에는 토지등소유자의 과반수 동의 및 토지면적 1/2 이상의 토지소유자의 동의.

▲ 유사조문

도시정비법

제45조(총회의 의결) ① 다음 각 호의 사항은 총회의 의결을 거쳐야 한다.

9. 제52조에 따른 사업시행계획서의 작성 및 변경(제50조제1항 본문에 따른 정비사업의 중지 또는 폐지에 관한 사항을 포함하며, 같은 항 단서에 따른 경미한 변경은 제외한다)

10. 제74조에 따른 관리처분계획의 수립 및 변경(제74조제1항 각 호 외의 부분 단서에 따른 경미한 변경은 제외한다).

④ 제1항제9호 및 제10호의 경우에는 조합원 과반수의 찬성으로 의결한다. 다만, 정비사업비가 10/100(생산자물가상승률분, 제73조에 따른 손실보상금액은제외) 이상 늘어나는 경우에는 조합원 2/3 이상의 찬성으로 의결하여야 한다.

제50조(사업시행계획인가) ① 사업시행자(제25조제1항 및 제2항에 따른 공동시행의 경우를 포함하되, 사업시행자가 시장·군수등인 경우는 제외한다)는 정비사업을 시행하려는 경우에는 제52조에 따른 사업시행계획서에 정관등과 그 밖에 국토부령으로 정하는 서류를 첨부하여 시장·군수등에게 제출하고 사업시행계획인가를 받아야 하고, 인가받은 사항을 변경하거나 정비사업을 중지 또는 폐지하려는 경우에도 또한 같다. 다만, 대통령령으로 정하는 경미한 사항을 변경하려는 때에는 시장·군수등에게 신고하여야 한다.

■ 법 제27조(통합심의)

법 §43의2, 영 없음, 서울시 소규모주택정비조례 §30

건축법 시행령 §110의7(건축협정에 따른 특례)

서울시 소규모재건축사업 업무처리기준(안)(서울시 공동주택과 21.6)

□ 개정 연혁

[시행 18.2.9] [법률 제14569호, 17.2.8 제정]

제27조(통합심의) ① 시장·군수등은 소규모주택정비사업과 관련된 다음 각 호중 둘 이상의 심의가 필요한 경우에는 이를 통합하여 심의(이하 "통합심의")하여야 한다. 다만, 제2호에 따른 도시·군관리계획 중 용도지역·용도지구를 지정 또는 변경하거나 §49①에 따라 용적률상한까지 건축하는 경우에는 특별시장, 광역시장, 특별자치시장 또는 특별자치도지사에게 통합심의를 요청하여야 한다.

1. 「건축법」에 따른 건축심의(§26 및 §48①에 따른 심의를 포함한다).
2. 「국토계획법」에 따른 도시·군관리계획 및 개발행위 관련 사항.
3. 그 밖에 시장·군수등이 필요하다고 인정하여 통합심의에 부치는 사항.

② 사업시행자는 시장·군수등이 통합심의를 하는 경우 제1항 각 호와 관련된 서류를 제출하여야 한다. 이 경우 시장·군수등은 통합심의를 효율적으로 처리하기 위하여 제출기한 등을 정할 수 있다.

③ 시장·군수등은 통합심의를 하는 경우 다음 각 호의 어느 하나에 해당하는 위원회의 위원이 포함된 공동위원회를 구성하여야 한다.

1. 지방건축위원회.
2. 지방도시계획위원회.
3. 제1항제3호에 대하여 심의 권한을 가진 관련 위원회.

④ 통합심의를 거친 경우에는 제1항 각 호에 대한 검토·심의·조사·협의·조정 또는 재정을 거친 것으로 본다.

⑤ 통합심의의 신청·방법 및 절차에 관하여는 「주택법」 §18③을 준용한다.

부칙

제1조(시행일) 이 법은 공포 후 1년이 경과한 날부터 시행한다(효력발생시기 18.2.9).

[시행 22.1.20] [법률 제18510호, 21.10.19, 일부개정]

제27조(통합심의) ① 시장·군수등은 소규모주택정비사업과 관련된 다음 각 호 중 둘 이상의 심의가 필요한 경우에는 이를 통합하여 심의하여야 한다. 다만, 제2호에 따른 도시·군관리계획 중 용도지역·용도지구를 지정 또는 변경하는 경우 또는 §49①, ⑦ 및 §49의2에 따라 법적상한용적률까지 건축하거나 §49⑧에 따라 법적상한용적률을 초과하여 건축하는 경우에는 시·도지사에게 통합심의를 요청하여야 하며, 시·도지사의 통합심의를 거친 경우에는 시장·군수 등의 통합심의를 거친 것으로 본다.

➡ 특별시장, 광역시장, 특별자치시장 또는 특별자치도지사 → 시·도지사로 변경함.

  1. ~ 3. (앞과 같음)

  ②~⑤ (앞과 같음)

부 칙 <법률 제18510호, 21.10.19>

이 법은 공포 후 3개월이 경과한 날부터 시행한다.

[시행 23.10.19] [법률 제19385호, 23.4.18, 일부개정]

제27조(통합심의) ① 시장·군수등은 소규모주택정비사업과 관련된 다음 각 호 중 둘 이상의 심의가 필요한 경우에는 이를 통합하여 심의하여야 한다. 다만, 제2호에 따른 도시·군관리계획 중 용도지역·용도지구를 지정 또는 변경하는 경우 또는 §49①(⑦) 및 §49의2①·③에 따라 법적상한용적률까지 건축하거나 §49의2④에 따라 법적상한용적률을 초과하여 건축하는 경우에는 시·도지사에게 통합심의를 요청하여야 하며, 시·도지사의 통합심의를 거친 경우에는 시장·군수등의 통합심의를 거친 것으로 본다.

  (이하 앞과 같음)

부칙 <제19385호, 23.4.18>

제1조(시행일) 이 법은 공포 후 6개월이 경과한 날부터 시행한다(효력발생시기 23.10.19).

□ **법 제27조(통합심의) 제1항**

시장·군수등은 소규모주택정비사업과 관련된 다음 각 호 중 둘 이상의 심의가 필요한 경우에는 이를 통합심의하여야 한다. 다만, 제2호에 따른 도시·군관리계획 중 용도지역·용도지구를 지정 또는 변경하는 경우 또는 §49① 및 §49의2①·③에 따라 법적상한용적률까지 건축하거나 §49의2④에 따라 법적상한용적률을 초과하여 건축하는 경우에는 시·도지사에게 통합심의를 요청하여야 하며, 시·도지사의 통합심의를 거친 경우에는 시장·군수등의 통합심의를 거친 것으로 본다. <개정 21.10.19, 23.4.18>

1. 「건축법」에 따른 건축심의(§26 및 §48①에 따른 심의를 포함한다).
2. 「국토계획법」에 따른 도시·군관리계획 및 개발행위 관련 사항.
3. 그 밖에 시장·군수등이 필요하다고 인정하여 통합심의에 부치는 사항시장·군수등은 소규모주택정비사업과 관련된 다음 각 호 중 둘 이상의 심의가 필요한경우.

17.2.8 「소규모주택정비법」 제정 이후 사업추진 실적 저조하자, 서울시는 20.3.9 소규모재건축 업무처리기준(안) 보고회(행정제2부시장 주재)를 통해, 21.6 소규모재건축사업 업무처리기준안을 수립하여 소규모주택정비법 §49①에 따라 용적률 상한까지 건축하는 경우 서울시 통합심의 대상으로 하였음.

▲ **(서울시) 소규모주택정비 통합심의위원회**

— **서울시 관련 위원회의 심의대상**

관련 위원회	심의대상	관계법령
도시계획위원회	- 용도지역, 용도지구를 지정/변경 - 개발행위 대상	국토의 계획 및 이용에 관한 법률
건축위원회	- 소규모주택정비사업	건축법, 소규모주택정
경관위원회 (*건축위원회에서 심의)	- 건축물의 경관심의 : ① 16층 이상 건축물 ② 경관지구·중점경관관리구역 건축물, 공공건축물	경관법, 건축법 시행령
교통영향평가심의위원회	- 공동주택 : 연면적 5만㎡ 이상	도시교통정비 촉진법

재해영향평가심의위원회	- 소규모 재해영향평가(심의) : 대지면적 5천㎡ 이상 ~5만㎡ 미만 사업	자연재해대책법
교육환경보호위원회	- 교육환경보호구역 내 21층 이상 또는 연면적 10만㎡ 이상 건축물의 건축	교육환경보호에 관한 법률

― 통합심의위원회 설치

법 §27① 단서에 따라 시장은 다음 각 호의 사항을 검토 및 심의하기 위하여 소규모주택정비 통합심의위원회(이하 "시 통합심의위원회")를 둠(조례 §30①). <개정 23.10.4>

1. 건축법에 따른 건축심의(법 §26 및 법 §48①에 따른 심의를 포함).
2. 「국토계획법」에 따른 도시·군관리계획 및 개발행위 관련 사항.
3. 「경관법」에 따른 경관심의.
4. 「도시교통정비 촉진법」에 따른 교통영향평가.
5. 「자연재해대책법」에 따른 재해영향평가 등.
6. 「교육환경 보호에 관한 법률」에 따른 교육환경에 대한 평가.
7. 그 밖에 시장이 필요하다고 인정하여 시 통합심의위원회의 회의에 부치는 사항.

― 시 통합심의위원회 내 소위원회 설치

서울시장은 시 통합심의위원회에 다음 각 호의 사항을 검토, 자문 및 심의하기 위하여 시 통합심의위원회의 일부 위원으로 구성되는 소위원회를 둘 수 있음(동조 제2항).

1. 조례 §30①1~3까지의 사항에 심의가 필요한 사항.
   ➡ 건축법에 따른 건축심의(법 §26 및 법 §48①에 따른 심의를 포함), 「국토계획법」에 따른 도시·군관리계획 및 개발행위 관련 사항, 「경관법」에 따른 경관심의.
2. 그 밖에 시장이 검토, 자문 또는 심의가 필요하다고 인정하는 사항.

― 관리계획 심의는 (서울시)도시재생위원회 심의 필요

법 §43의2에 따라 소규모주택정비 관리계획을 심의하는 위원회는 시 도시재생위원회로 함(동조 제3항).

※ 도시재생위원회 통합심의 사례

소규모주택 수권분과위원회 심의상정(안)(23.10 서울시 전략주택공급과)

성북구 석관동 334-69번지 일대, 261-22번지 일대 모아타운 사업시행계획(안)에 대하여 도시재생위원회 심의에 상정하고자 함.

※ 선 지정 목적 : 모아주택 완화기준을 적용하여 사업시행대상지의 조합설립 신속 추진.

□ **상정근거**
- 「빈집 및 소규모주택정비에 관한 특례법」 §27 및 §43의2.
- 「서울시 소규모주택정비조례」 §30(통합심의).

□ **상정개요**
- 안건명.

  석관동 334-69번지 일대 모아타운 관리계획 결정 및 관리지역 지정(안).

  석관동 261-22번지 일대 모아타운 관리계획 결정 및 관리지역 지정(안).
- 대상지: 성북구 석관동 334-69번지 일대, 석관동 261-22번지 일대.
- 상정사유.

모아타운(소규모주택정비 관리지역)의 선 지정을 통해 모아타운 내 소규모주택정비사업 요건 완화(사업면적 1만㎡→2만㎡, 노후도 67%→57%)를 적용함으로 사업을 활성화하고자 함.

○ 제2항 내지 제5항

사업시행자는 시장·군수등이 통합심의를 하는 경우 제1항 각 호와 관련된 서류를 제출하여야 한다. 이 경우 시장·군수등은 통합심의를 효율적으로 처리하기 위하여 제출기한 등을 정할 수 있다(본조 제2항).

시장·군수등은 통합심의를 하는 경우 다음 각 호의 어느 하나에 해당하는위원회의 위원이 포함된 공동위원회를 구성하여야 한다(본조 제3항).

1. 지방건축위원회.
2. 지방도시계획위원회.
3. 제1항제3호에 대하여 심의 권한을 가진 관련 위원회.

통합심의를 거친 경우에는 제1항 각 호에 대한 검토·심의·조사·협의·조정 또는 재정을 거친 것으로 본다(본조 제4항).

통합심의의 신청·방법 및 절차에 관하여는 주택법 §제18조제3항을 준용한다(본조 제5항).

▲ 유사조문

주택법

제18조(사업계획의 통합심의 등) ① 사업계획승인권자는 필요하다고 인정하는 경우에 도시계획·건축·교통 등 사업계획승인과 관련된 다음 각 호의 사항을 통합하여 검토 및 심의(이하 "통합심의")할 수 있다.

　1.「건축법」에 따른 건축심의.
　2.「국토계획법」에 따른 도시·군관리계획 및 개발행위 관련 사항.
　3.「대도시권 광역교통 관리에 관한 특별법」에 따른 광역교통 개선대책.
　4.「도시교통정비 촉진법」에 따른 교통영향평가.
　5.「경관법」에 따른 경관심의.
　6. 그 밖에 사업계획승인권자가 필요하다고 인정하여 통합심의에 부치는 사항.

② 제15조제1항 또는 제3항에 따라 사업계획승인을 받으려는 자가 통합심의를 신청하는 경우 제1항 각 호와 관련된 서류를 첨부하여야 한다. 이 경우 사업계획승인권자는 통합심의를 효율적으로 처리하기 위하여 필요한 경우 제출기한을 정하여 제출하도록 할 수 있다.

③ 사업계획승인권자가 통합심의를 하는 경우에는 다음 각 호의 어느 하나에 해당하는 위원회에 속하고 해당 위원회의 위원장의 추천을 받은 위원들과 사업계획승인권자가 속한 지방자치단체 소속 공무원으로 소집된 공동위원회를 구성하여 통합심의를 하여야 한다. 이 경우 공동위원회의 구성, 통합심의의 방법 및 절차에 관한 사항은 대통령령으로 정한다.

　1.「건축법」에 따른 중앙건축위원회 및 지방건축위원회.
　2.「국토계획법」에 따라 해당 주택단지가 속한 시·도에 설치된 지방도시계획위원회.
　3.「대도시권 광역교통 관리에 관한 특별법」에 따라 광역교통 개선대책에 대하여 심의 권한을 가진 국가교통위원회.

4. 「도시교통정비 촉진법」에 따른 교통영향평가심의위원회.

5. 「경관법」에 따른 경관위원회.

6. 제1항제6호에 대하여 심의권한을 가진 관련 위원회

④ 사업계획승인권자는 통합심의를 한 경우 특별한 사유가 없으면 심의 결과를 반영하여 사업계획을 승인하여야 한다.

⑤ 통합심의를 거친 경우에는 제1항 각 호에 대한 검토·심의·조사·협의·조정 또는 재정을 거친 것으로 본다.

주택법 시행령

제35조(통합심의의 방법과 절차) ① 법 제18조제3항에 따라 사업계획을 통합심의하는경우 사업계획승인권자는 공동위원회를 개최하기 7일 전까지 회의 일시, 장소 및 상정 안건 등 회의 내용을 위원에게 알려야 한다.

② 공동위원회의 회의는 재적위원 과반수의 출석으로 개의(開議)하고, 출석위원 과반수의 찬성으로 의결한다.

③ 공동위원회 위원장은 통합심의와 관련하여 필요하다고 인정하거나 사업계획승인권자가 요청한 경우에는 당사자 또는 관계자를 출석하게 하여 의견을 듣거나 설명하게 할 수 있다.

④ 공동위원회는 사업계획승인과 관련된 사항, 당사자 또는 관계자의 의견 및 설명, 관계 기관의 의견 등을 종합적으로 검토하여 심의하여야 한다.

⑤ 공동위원회는 회의시 회의내용을 녹취하고, 다음 각 호의 사항을 회의록으로 작성하여 「공공기록물 관리에 관한 법률」에 따라 보존하여야 한다.

1. 회의일시·장소 및 공개여부.

2. 출석위원 서명부.

3. 상정된 의안 및 심의결과.

4. 그 밖에 주요 논의사항 등

⑥ 공동위원회의 회의에 참석한 위원에게는 예산의 범위에서 수당 및 여비를 지급할 수 있다. 다만, 공무원인 위원이 소관 업무와 직접 관련되어 위원회에 출석하는 경우에는 그러하지 아니하다.

⑦ 이 영에서 규정한 사항 외에 공동위원회 운영에 필요한 사항은 위원회의 의결을 거쳐 위원장이 정한다.

건축법 시행령

제110조의7조(건축협정에 따른 특례) ② 허가권자는 법 제77조의13제6항 단서에 따라 법 제4조에 따른 건축위원회의 심의와 국토계획법 제113조에 따른 지방도시계획위원회의 심의를 통합하여 하려는 경우에는 다음 각 호의 기준에 따라 통합심의위원회를 구성하여야 한다.

1. 통합심의위원회 위원은 법 제4조에 따른 건축위원회 및 국토계획법 제113조에 따른 지방도시계획위원회의 위원 중에서 시·도지사 또는 시장·군수·구청장이 임명 또는 위촉할 것.

2. 통합심의위원회의 위원 수는 15명 이내로 할 것.

3. 통합심의위원회의 위원 중 법 제4조에 따른 건축위원회의 위원이 1/2 이상이 되도록 할 것.

4. 통합심의위원회의 위원장은 위원 중에서 시·도지사 또는 시장·군수·구청장이 임명 또는 위촉할 것.

③ 제2항에 따른 통합심의위원회는 다음 각 호의 사항을 검토한다.

1. 해당 대지의 토지이용 현황 및 용적률 완화 범위의 적정성.

2. 건축협정으로 완화되는 용적률이 주변 경관 및 환경에 미치는 영향.

■ 법 제35조의2(토지 등의 수용 또는 사용)
영 없음

소규모재개발사업 또는 가로주택정비사업(시장·군수등 또는 공공시행자로 지정된 토지주택공사등이 소규모주택정비 관리지역에서 시행하는 경우로 한정함)을 시행하기 위하여 필요한 경우 토지보상법 §3에 따른 토지·물건 및 권리를 수용 또는 사용할 수 있도록 함.

본조는 21.9.21 법 개정, 시행됨.

□ 개정 연혁

[시행 21.9.21] [법률 제18314호, 21.7.20 일부개정]

제35조의2(토지 등의 수용 또는 사용) ① 사업시행자는 소규모재개발사업 또는 가로주택정비사업(시장·군수등 또는 §18①에 따라 공공시행자로 지정된 토지주택공사등이 관리지역에서 시행하는 경우로 한정한다)을 시행하기 위하여 필요한 경우에는 토지보상법 §3에 따른 토지·물건 및 권리를 수용 또는 사용할 수 있다. <신설>

② 제1항에 따른 토지·물건 및 권리에 대한 수용·사용 및 손실보상에 관하여는 이 법에 특별한 규정이 있는 경우를 제외하고는 토지보상법을 적용한다. 다만, 사업의 시행에 따른 이주대책 수립 등 손실보상의 기준 및 절차는 대통령령으로 정할 수 있다. <신설>

③ §30①10의2에 따른 수용 또는 사용의 대상이 되는 토지·물건 및 권리의 세목을 포함하는 사업시행계획인가 고시가 있는 때에는 토지보상법 §20① 및 §22에 따른 사업인정 및 사업인정의 고시가 있는 것으로 본다. <신설>

④ 제1항에 따른 수용 또는 사용에 대한 재결의 신청은 토지보상법 §23① 및 §28①에도 불구하고 사업시행계획인가(사업시행계획변경인가를 포함한다)를 할 때 정한 사업시행기간 이내에 하여야 한다. <신설>

부 칙 <법률 제18314호, 21.7.20>

제1조(시행일) 이 법은 공포 후 2개월이 경과한 날부터 시행한다.

□ **법 제35조의2(토지 등의 수용 또는 사용)제1항**

사업시행자는 소규모재개발사업 또는 가로주택정비사업(시장·군수등 또는 §18①에 따라 공공시행자로 지정된 토지주택공사등이 관리지역에서 시행하는 경우로 한정한다.)을 시행하기 위하여 필요한 경우에는 토지보상법 §3에 따른 토지·물건 및 권리를 수용 또는 사용할 수 있다.

가로주택정비사업의 경우 법 §35 매도청구의 방법을 취하게 됨. 다만 가로주택정비사업(시장·군수등 또는 토지주택공사등이 관리지역에서 시행하는 경우로 한정한다.)을 시행하기 위하여 사업시행자는 토지·물건 및 권리를 수용 또는 사용할 수 있도록 예외규정을 둠.

소규모재개발사업의 사업시행자는 분양신청을 하지 아니한 자 등에 대하여 토지보상법 §3에 따른 토지·물건 및 권리를 수용 또는 사용할 수 있도록 함.

○ **제2항**

제1항에 따른 토지·물건 및 권리에 대한 수용·사용 및 손실보상에 관하여는 이 법에 특별한 규정이 있는 경우를 제외하고는 토지보상법을 적용한다.

다만, 사업의 시행에 따른 이주대책 수립 등 손실보상의 기준 및 절차는 대통령령으로 정할 수 있다.

— **이주대책의 수립 등 손실보상**

사업시행예정구역 지정·고시일 또는 소규모주택정비관리계획 승인고시일(소규모주택정비 관리지역에서 소규모재개발사업을 시행하는 경우에는 사업시행예정구역 지정·고시일과 소규모주택정비관리계획 승인·고시일 중 빠른 날짜로 하며, 이하 이 조에서 "지정·고시일등")부터 계약체결일 또는 수용재결일까지 계속하여 거주하고 있지 않은 건축물의 소유자는 법 §35의2② 단서 및 토지보상법 시행령 §40⑤2에 따라 이주대책대상자에서 제외함.

다만, 같은 호 각 목(같은 호 마목은 제외한다)에 해당하는 경우에는 그렇지 않음(영 §34의2①).

소규모재개발사업 또는 소규모주택정비 관리지역에서 시행하는 가로주택정비사업으로 인한 영업의 폐지 또는 휴업에 대한 손실을 평가하는 경우 영업의 휴업기간은 4개월 이내로 함. 다만, 다음 각 호의 어느 하나에 해당하는 경우에는 실제 휴업기간으로 하며, 그 휴업기간은 2년을 초과할 수 없음(동조 제2항).
1. 해당 정비사업을 위한 영업의 금지 또는 제한으로 4개월 이상의 기간 동안 영업을 할 수 없는 경우.
2. 영업시설의 규모가 크거나 이전에 고도의 정밀성을 요구하는 등 해당 영업의 고유한 특수성으로 4개월 이내에 다른 장소로 이전하는 것이 어렵다고 인정되는 경우.

위 제2항에 따라 영업손실을 보상하는 경우 보상대상자의 인정시점은 지정고시일등으로 하며(동조 제3항), 주거이전비를 보상하는 경우 보상대상자의 인정 시점은 지정·고시일등으로 함(동조 제4항).

○ 제3항

§30①10의2에 따른 수용 또는 사용의 대상이 되는 토지·물건 및 권리의 세목을 포함하는 사업시행계획인가 고시가 있는 때에는 토지보상법 §20① 및 §22에 따른 사업인정 및 사업인정의 고시가 있는 것으로 본다.

― 토지보상법

제20조(사업인정) ① 사업시행자는 §19에 따라 토지등을 수용하거나 사용하려면 대통령령으로 정하는 바에 따라 국토부장관의 사업인정을 받아야 한다.

제22조(사업인정의 고시) ① 국토부장관은 §20에 따른 사업인정을 하였을 때에는 지체 없이 그 뜻을 사업시행자, 토지소유자 및 관계인, 관계 시도지사에게 통지하고 사업시행자의 성명이나 명칭, 사업의 종류, 사업지역 및 수용하거나 사용할 토지의 세목을 관보에 고시하여야 한다.
② 제1항에 따라 사업인정의 사실을 통지받은 시·도지사(특별자치도지사는 제

외한다)는 관계 시장·군수 및 구청장에게 이를 통지하여야 한다.

③ 사업인정은 제1항에 따라 고시한 날부터 그 효력이 발생한다.

○ 제4항

제1항에 따른 수용 또는 사용에 대한 재결의 신청은 토지보상법 §23① 및 §28①에도 불구하고 사업시행계획인가(사업시행계획변경인가를 포함한다)를 할 때 정한 사업시행기간 이내에 하여야 한다.

─ 토지보상법

제23조(사업인정의 실효) ① 사업시행자가 §22①에 따른 사업인정의 고시가된 날부터 1년 이내에 §28①에 따른 재결신청을 하지 아니한 경우에는 사업인정고시가 된 날부터 1년이 되는 날의 다음 날에 사업인정은 그 효력을 상실한다.

제28조(재결의 신청) ① §26에 따른 협의가 성립되지 아니하거나 협의를 할 수 없을 때(§26② 단서에 따른 협의 요구가 없을 때를 포함한다)에는 사업시행자는 사업인정고시가 된 날부터 1년 이내에 대통령령으로 정하는 바에 따라 관할 토지수용위원회에 재결을 신청할 수 있다.

■ 법 제43조의2(소규모주택정비 관리계획의 수립)

영 §38의2, 영 §38의3

□ 개정 연혁

[시행 21.9.21] [법률 제18314호, 21.7.20, 일부개정]

제43조의2(소규모주택정비 관리계획의 수립) ① 시장·군수등은 다음 각 호의 어느 하나에 해당하는 경우로서 대통령령으로 정하는 요건을 갖춘 지역에 대하여 소규모주택정비 관리계획(이하 "관리계획")을 수립(변경수립을 포함한다. 이하 이 조, §43의4① 및 §50②에서 같다)하여 시·도지사에게 승인을 신청할 수 있다. 이 경우 토지주택공사등은 시장·군수등에게 관리계획의 수립을 제안할 수 있다. <신설>

1. 노후·불량건축물에 해당하는 단독주택 및 공동주택과 신축 건축물이 혼재하여 광역적 개발이 곤란한 지역에서 노후·불량건축물을 대상으로 소규모주택정비사업이 필요한 경우.

2. 빈집밀집구역으로서 안전사고나 범죄발생의 우려가 높아 신속히 소규모주택정비사업을 추진할 필요가 있는 경우.

3. 재해 등이 발생할 경우 위해의 우려가 있어 신속히 소규모주택정비사업을 추진할 필요가 있는 경우.

> ➡ 토지주택공사등은 구청장에게 입안제안 할 수 있으며, 구청장은 소규모주택정비 관리지역에 대하여 '소규모주택정비 관리계획'을 수립하여 시·도지사에게 신청할 수 있도록 함. 관리계획 입안제안이 주민 아닌 토지주택공사등만이 가능함.

② 시·도지사가 제1항에 따라 관리계획을 승인하려면 14일 이상 지역 주민에게 공람하여 의견을 수렴하여야 하고 지방도시계획위원회의 심의 또는 「도시재생 활성화 및 지원에 관한 특별법」 §8에 따른 지방도시재생위원회의 심의(§27③ 각 호 중 둘 이상의 심의를 거쳐야 하는 경우에는 통합심의를 말한다)를 거쳐야 한다. 다만, 대통령령으로 정하는 경미한 사항을 변경하는 경우에는 주민 공람 및 §27③ 각 호의 심의를 거치지 아니할 수 있다. <신설>

③ 시·도지사는 관리계획을 승인한 경우에는 지체 없이 해당 지방자치단체의 공보에 고시하여야 하며, 이를 국토부장관에게 보고하여야 한다. <신설>

④ 관리계획의 수립과 승인에 필요한 기준·절차 및 방법은 국토부장관이 정하여 고시한다. <신설>

부 칙 <법률 제18314호, 21.7.20>

제1조(시행일) 이 법은 공포 후 2개월이 경과한 날부터 시행한다.

[시행 23.10.19] [법률 제19385호, 23.4.18 일부개정]

제43조의2(소규모주택정비 관리계획의 수립) ① 시장·군수등은 다음 각 호의 어느 하나에 해당하는 경우로서 대통령령으로 정하는 요건을 갖춘 지역에 대하여 소규모주택정비 관리계획을 수립(변경수립을 포함한다. 이하 이 조, §43의4① 및 §50②에서 같다)하여 시·도지사에게 승인을 신청할 수 있다. 이 경우 주민(이해관계자를 포함한다) 또는 토지주택공사등은 국토부령으로 정하는 바에 따라 시장·군수등에게 관리계획의 수립을 제안할 수 있다. <개정 23.4.18>

1~3: 앞과 같음.

▶ 토지주택공사등과 함께 주민(이해관계자를 포함)도 관리계획 수립 제안이 가능하도록 함.

② 시장·군수등은 제1항에 따라 관리계획을 수립하려는 경우에는 14일 이상 주민에게 공람하여 의견을 들어야 하며, 제시된 의견이 타당하다고 인정되면 이를 관리계획에 반영하여야 한다. 다만, 대통령령으로 정하는 경미한 사항을 변경하는 경우에는 주민 공람을 거치지 아니할 수 있다. <신설 23.4.18>

▶ 구청장이 관리계획 수립하는 경우에는 시행령에서 정하는 경미한 사항 변경 시에는 법 §27③의 심의를 제외한 주민공람만 생략하도록 신설함.

③ 시·도지사가 제1항에 따른 관리계획을 승인하려면 지방도시계획위원회의 심의 또는 「도시재생 활성화 및 지원에 관한 특별법」 §8에 따른 지방도시재생위원회의 심의(§27③ 각 호 중 둘 이상의 심의를 거쳐야 하는 경우에는 통합심의를 말한다)를 거쳐야 한다. 다만, 대통령령으로 정하는 경미한 사항을 변경하는 경우에는 §27③ 각 호의 심의를 거치지 아니할 수 있다.<개정 23.4.18>

④ 시·도지사는 관리계획을 승인한 경우에는 지체 없이 해당 지방자치단체의 공보에 고시하여야 하며, 이를 국토부장관에게 보고하여야 한다. 이 경우 관리지역에 관한 지형도면 고시 등에 대하여는 「토지이용규제 기본법」 §8에 따른다. <개정 23.4.18>

▶ 지형도면 고시 등을 위해 「토지이용규제기본법」 §8에 따르도록 함(효력발생시기 23.4.18).

⑤ 관리계획의 수립과 승인에 필요한 기준·절차 및 방법은 국토부장관이 정하여 고시한다.

<개정 23.4.18>

[본조신설 21.7.20]

부 칙 <제19385호, 23.4.18>

제1조(시행일) 이 법은 공포 후 6개월이 경과한 날부터 시행한다. 다만, §43의2④의 개정규정은 공포한 날부터 시행한다.개발이 곤란한 지역에서 노후·불량건축물을 대상으로 소규모 주택정비사업이 필요한 경우.

☐ **법 제43조의2(소규모주택정비 관리계획의 수립) 제1항**

시장·군수등은 다음 각 호의 어느 하나에 해당하는 경우로서 대통령령으로 정하는 요건을 갖춘 지역에 대하여 소규모주택정비 관리계획을 수립(변경수립을 포함한다. 이하 이 조, §43의4① 및 §50②에서 같다)하여 시·도지사에게 승인을 신청할 수 있다. 이 경우 주민(이해관계자를 포함한다) 또는 토지주택공사등은 시장·군수등에게 관리계획의 수립을 제안할 수 있다.

1. 노후·불량건축물에 해당하는 단독주택 및 공동주택과 신축 건축물이 혼재하여 광역적 개발이 곤란한 지역에서 노후·불량건축물을 대상으로 소규모주택정비사업이 필요한 경우.
2. 빈집밀집구역으로서 안전사고나 범죄발생의 우려가 높아 신속히 소규모주택정비사업을 추진할 필요가 있는 경우.
3. 재해 등이 발생할 경우 위해의 우려가 있어 신속히 소규모주택정비사업을 추진할 필요가 있는 경우.

21년 2.4대책 및 「3080+ 주택공급대책」으로 저층주거지의 난개발 방지 및 계획적 소규모 주택정비 추진을 위해 당시 변창흠 국토부장관은 "소규모 재개발사업"과 "소규모주택정비 관리지역 제도"를 발표하는 등 소규모주택정비사업의 공공 직접시행, 참여사업의 기틀을 마련함.

21.9.21 시행된 법 §43의2①에서 토지주택공사등만 관리계획 수립 제안이 가능했으나, 23.10.19 주민(이해관계자를 포함)도 토지주택공사등과 같이 관리계획 수립 제안이 가능하게 됨.

또한, 최초 수립 외에도 변경수립 제안의 경우에도 같음.

― **소규모주택정비관리계획 수립대상 요건**

위 제1항 각 호 외의 부분 전단에서 "대통령령으로 정하는 요건을 갖춘 지역"이란 다음 각 호의 요건을 모두 갖춘 지역을 말한다(영 §38의2).

1. 대상 지역의 면적이 10만㎡ 미만일 것.
2. 다음 각 목의 어느 하나에 해당할 것.
   가. 노후·불량건축물 수가 해당 지역의 전체 건축물 수의 1/2 이상일 것.
   나. 「건축법」에 따른 지하층의 전부 또는 일부를 주거용도로 사용하는 건축물의 수가 해당 지역의 전체 건축물 수의 1/2 이상일 것.
   다. 「국토계획법」 §37①4에 따른 방재지구가 해당 지역의 전체 면적의 1/2 이상일 것.
   라. 상습적으로 침수되거나 침수가 우려되는 지역으로서 시장·군수등이 해당 지역의 재해 예방이 필요하다고 인정하는 경우일 것.
3. 다음 각 목에 따른 구역·지구에 해당하지 않을 것.
   가. 「도시정비법」 §2-1의 정비구역과 같은 법 §5-9의 정비구역으로 지정할 예정인 구역. 다만, 같은 법 §23①1에 해당하는 방법으로 시행하는 주거환경개선사업의 정비구역과 정비구역으로 지정할 예정인 구역은 제외한다.
   나. 「도시재정비법」 §2-1의 재정비촉진지구. 다만, 같은 법 §2-6의 존치지역은 제외한다.
   다. 「도시개발법」 §2①1의 도시개발구역.
   라. 그 밖에 광역적 개발이 필요한 구역·지구로서 시도 조례로 정하는 구역·지구.

23.10.18 소규모주택정비법 시행령의 개정. 시행으로 제2호 나~라목이 신설됨.
시장·군수 등은 「건축법」에 따른 지하층의 전부 또는 일부를 주거용도로 사용하는 건축물의 수가 해당 지역의 전체 건축물 수의 1/2 이상 지역, 「국토계획법」에 따른 방재지구가 해당 지역의 전체 면적의 1/2 이상인 지역, 상습적으로 침수되거나 침수가 우려되는 지역 등 재해 예방이 필요한 지역에 대해서도 소규모주택정비 관리계획을 수립할 수 있도록 함.

정비구역, 정비예정구역, 재정비촉진구역(단 존치지역은 제외), 도시개발구역은 관리계획 수립대상이 아님.

"그밖에 광역적 개발이 필요한 구역·지구로서 시도 조례로 정하는 구역·지구"에 대해 서울시는 소규모주택정비조례에서 이에 대한 규정을 두지 않고 있음.

주민이 관련 계획의 수립을 제안할 수 있는 규정으로는 「국토계획법」 §26(도시·군관리계획 입안의 제안), 「경관법」 §8(경관계획 수립의 제안), 「농어촌정비법」 §5(농어촌경관의 보전관리) 등이 있음.

제2항

시장·군수등은 제1항에 따라 관리계획을 수립하려는 경우에는 14일 이상 주민에게 공람하여 의견을 들어야 하며, 제시된 의견이 타당하다고 인정되면 이를 관리계획에 반영하여야 한다.
다만, 대통령령으로 정하는 경미한 사항을 변경하는 경우에는 주민 공람을 거치지 아니할 수 있다.

21.7.20 신설된 법 §43의2②에서는 시·도지사가 관리계획 승인 시에 14일 이상 지역 주민에게 공람하여 의견을 수렴하도록 규정하였음.

관리계획의 주민공람 절차는 승인권자인 시·도지사가 아닌 해당 지역의 주민의 충분한 의견수렴에 한계가 있다는 지적에 따라 해당 기초자치단체인 시장, 군수 등이 14일 이상 해당 주민에게 공람하도록 하게 됨.

23.4.18 기존 제1항 전단에 있던 주민공람에 대해 제2항에서 시장·군수에게 공람하도록 독자적 규정을 둠.

관리계획 수립 시에는 14일 이상 주민공람하여 의견을 들어야 하는데, 아래와 같은 경미한 사항을 변경 시에는 주민 공람을 생략할 수 있음.

— 소규모주택정비관리계획의 경미한 변경

법 §43의2② 단서에서 "대통령령으로 정하는 경미한 사항을 변경하는 경우"란 다음 각 호의 경우를 말함(영 §38의3).

1. 소규모주택정비 관리지역의 면적을 5/100 범위에서 증감하는 경우.

2. 사업시행기간을 계획된 기간의 3년 이내에서 연장하거나 단축하는 경우.
3. 소규모주택정비관리계획을 법 §43의3 제5호 및 7호의 사항을 완화하지 않는 범위에서 변경하는 경우.

> 법 제43조의3(소규모주택정비 관리계획의 내용) 관리계획에는 다음 각 호의 사항이 포함되어야 한다. 다만, 제6호부터 제9호까지의 사항은 필요한 경우로 한정한다. <개정 23.4.18>
> 5. 건폐율·용적률 등 건축물의 밀도계획.
> 7. 용도지구·용도지역의 지정 및 변경에 관한 계획.

4. 정비기반시설·공동이용시설의 규모를 확대하거나 그 면적을 10/100 범위에서 축소하는 경우.
5. 계산착오·오기·누락이나 이에 준하는 명백한 오류를 수정하는 경우.
6. 그 밖에 제1호부터 제5호까지의 규정에 준하는 경우로서 시도 조례로 정하는 사항을 변경하는 경우.

> **서울시 소규모주택정비조례**
> 제44조의2(소규모주택정비 관리계획의 경미한 변경) 영 §38의3-6에서 "시·도조례로 정하는 사항을 변경하는 경우"란 다음 각 호의 사항을 말한다.
> 1. 관리계획 명칭의 변경
> 2. §30에 따른 통합심의 결과를 반영하기 위한 변경
> 3. 관계 법령 또는 조례 등의 개정내용을 반영하기 위한 변경
> [본조신설 21.12.30]
> [종전 §44의2는 §44의4로 이동 <21.12.30>]

○ 제3항

시·도지사가 제1항에 따른 관리계획을 승인하려면 지방도시계획위원회의 심의 또는 「도시재생법」§8에 따른 지방도시재생위원회의 심의(§27③ 각 호 중 둘 이상의 심의를 거쳐야 하는 경우에는 통합심의를 말함)를 거쳐야 한다. 다만, 대통령령으로 정하는 경미한 사항을 변경하는 경우에는 §27③ 각호의 심의를 거치지 아니할 수 있다.

21.7.20 제2항이었으나, 제2항에서 분리되어 제3항으로 이동한 조문임.

통합심의의 경우 지방건축위원회, 지방도시계획위원회, 그 밖에 시장·군수등이 필요하다고 인정하여 통합심의에 부치는 사항의 통합심의(법 §27③)를 하여야 함.

이 통합심의를 생략할 수 있는 경미한 변경사항은 앞서 설명한 주민공람을 생략할 수 있는 시행령 §43의2①에서 같이 규정하고 있음.

서울시는 소규모주택정비 관리계획을 심의하는 위원회를 시·도시재생위원회로 정하였음. 향후의 진행사항을 알려면 독자들은 도시재생위원회 심의결과를 주목하기 바람.

— **지방도시재생위원회 심의 생략**

지방도시재생위원회는 위원장 및 부위원장 각 1명을 포함하여 다음 각 호의 구분에 따른 수의 위원으로 구성함(도시재생법 §10①).

1. 특별시·광역시·특별자치시·도 또는 특별자치도: 25명 이상 30명 이내.
2. 「지방자치법」 §198①에 따른 서울특별시와 광역시 및 특별자치시를 제외한 인구 50만 이상의 대도시: 20명 이상 25명 이내3. 제2호에 따른 대도시를 제외한 시·군 또는 구: 15명 이상 25명 이내.
3. 제2호에 따른 대도시를 제외한 시·군 또는 구: 15명 이상 25명 이내.

○ **제4항**

시·도지사는 관리계획을 승인한 경우에는 지체 없이 해당 지방자치단체의 공보에 고시하여야 하며, 이를 국토부장관에게 보고하여야 한다. 이 경우 관리지역에 관한 지형도면 고시 등에 대하여는 「토지이용규제기본법」 §8에 따른다.

소규모주택정비 관리계획 수립·고시된 서울시 대표적인 곳은 강북구 번동 429-114, 중랑구 면목동 86-3, 금천구 시흥3동 1005, 시흥4동 817, 시흥5동 922-61 등 5곳이 있음.

---

8. 서울시 소규모주택 정비에 관한 조례[시행 23.10.4] [조례 제8961호, 23.10.4 일부개정]
   제30조(소규모주택정비 통합심의위원회 설치) ③ 법 §43의2에 따라 관리계획을 심의하는 위원회는 시·도시재생위원회로 한다. <신설 21.12.30, 22.10.17>

종전 법에서는 지역·지구등이 정해지는 각각의 고시 시점에 「토지이용규제기본법」 §8에 따른 지형도면 고시에 대한 준용 규정이 없어 해당 절차가 누락될 우려가 있었음.

이에 23.4.18 법 개정으로 제4항이 신설됨.

「토지이용규제 기본법」은 개발행위의 제한 또는 토지이용과 관련된 인가·허가 등을 받도록 하는 등 토지의 이용 및 보전에 관한 제한을 하는 일단(一團)의 토지를 지역·지구 등으로 정하도록 함.

같은 법 §5 별표에 규정된 지역·지구등의 지정 효력은 같은 법 §8에 따라 지형도면의 경우, 지적이 표시된 지형도에 용도지역·지구 등 각종 도시계획사항을 명시한 도면임.

국내 최초 모아주택 관리계획 결정 및 지형도면 고시에서 그 이유로 「빈집 및 소규모주택 정비에 관한 특례법」 §43의2에 따라 소규모주택정비 관리계획 결정 및 소규모주택 관리지역으로 지정하며, 「토지이용규제기본법」 §8 및 같은 법 시행령 §7에 따라 지형도면을 고시함.

번동 429-114번지일대 모아타운(소규모주택정비) 관리계획 결정 및 지형도면 고시

서울시 강북구 번동 429-114번지 일대 모아주택사업 시행을 위하여 「빈집 및 소규모주택 정비에 관한 특례법」 §43의2에 따라 소규모주택정비 관리계획 결정 및 소규모주택 관리지역으로 지정하며, 「토지이용규제기본법」 §8 및 같은 법 시행령 §7에 따라 지형도면을 고시함.

2022년 5월 26일
서 울 특 별 시 장

Ⅰ. 관리지역의 규모 및 정비방향
○ 관리계획명 : 번동 429-114번지 일대 모아타운(소규모주택정비) 관리계획
○ 관리지역의 명칭 : 번동 429-114번지 일대 소규모주택정비 관리지역
○ 관리지역 지정요건 충족 여부
(이하 생략)

○ **제5항**

관리계획의 수립과 승인에 필요한 기준·절차 및 방법은 국토부장관이 정하여 고시한다.

관리계획의 수립과 승인에 필요한 기준·절차 및 방법에 대해 국토부장관은 「소규모주택정비 관리계획 수립 지침(국토부고시 제2022-36호)」을 시행함.

국토부 수립지침을 반영하여 서울시는 그 여건에 맞춰 세부적인 지침인 모아타운 관리계획 수립지침(22.7월)을 제정, 시행하고 있음.

국토부고시 제2022-36호
소규모주택정비 관리계획 수립 지침
제1장 총 칙

제1절 지침의 목적

1-1-1. 이 지침은 「빈집 및 소규모주택정비에 관한 특례법」(이하 "법") §43의2④에 따라 소규모주택정비 관리계획의 수립과 승인에 필요한 기준·절차 및 방법을 정하는 데 그 목적이 있다.

1-1-2. 관리계획과 관련하여 법, 「빈집 및 소규모주택정비에 관한 특례법 시행령」(이하 "영"), 「빈집 및 소규모주택정비에 관한 특례법 시행규칙」(이하 "규칙") 및 이 지침이 정한 범위 내에서 특별시장·광역시장·특별자치시장·도지사·특별자치도지사(이하 "시·도지사")는 해당 지역 여건에 따라 별도의 세부지침을 마련하여 운영할 수 있다.

1-1-3. 이 지침은 관리계획의 수립과 승인에 필요한 사항을 정한 것으로서 지침의 내용과 해당 지역 여건을 종합적으로 고려하여 적용한다.

제2절 관리계획의 의의

1-2-1. 관리계획은 법 §2①9에 따른 소규모주택정비 관리지역을 계획적이고 체계적으로 정비·관리하기 위하여 수립하는 것으로, 관리지역 내 소규모주택정비사

업의 활성화 및 정비기반시설·공동이용시설의 확충 등을 통해 주거생활의 질을 높이고자 하는데 그 의의가 있다.

1-2-2. 관리계획은 관리지역 내 소규모주택정비사업의 개발 방향과 지침을 정하는 공공계획으로서 개별 사업의 무질서한 개발을 방지하고, 법 §2①4에 따른 소규모주택정비사업을 시행하는 구역(이하 "사업시행구역")과 주변지역 간의 조화를 이룰 수 있는 개발을 유도하여 쾌적한 주거환경 조성이 이루어지도록 하여야 한다.

1-2-3. 관리계획은 관리지역 내 토지·건축물, 정비기반시설 등 물리적 현황과 사회·경제·문화 등 비물리적 현황을 분석하고 다양한 개발수요에 대응하여 단계 별로 소규모주택정비사업이 이루어지도록 함으로써 소규모주택정비사업이 합리적이고 효율적으로 추진되도록 하여야 한다.

제3절 관리계획의 지위와 성격

1-3-1. 관리계획은 관리지역 내 사업시행구역과 주변 지역이 상호 유기적이며 효율적으로 정비될 수 있는 체계를 확립하고, 관리지역의 토지이용계획과 정비기반시설·공동이용시설의 설치계획 등을 구체화하는 법정계획이다.

1-3-2. 관리계획은 관리지역 전체에 대한 정비·관리의 방향을 설정함과 동시에, 관리지역 내 소규모주택정비사업을 활성화하기 위하여 필요한 특례를 적용하기 위한 요건과 정비기반시설·공동이용시설의 설치 규모 및 재원조달계획 등을 설정하여 구체적으로 집행할 수 있도록 물적으로 표현하는 계획이다.

1-3-3. 관리계획 및 관리지역은 법 §43의4①에 따라 국토계획법의 지구단위계획 및 지구단위계획구역으로 보되, 관리계획의 내용에 적합하게 추진하는 사업시행구역은 같은 조 제2항, 제3항에 따른 관리지역에 대한 특례 등을 적용할 수 있으며, 그 외 구역은 종전의 국토계획법 §2-4에 따른 도시·군관리계획을 따른다.

제4절 기준년도 및 목표년도

1-4-1. 관리계획의 기준 년도는 계획수립에 착수하여 인구현황, 토지이용현황, 주택현황 등 기초조사를 시작하는 시점으로 한다.

1-4-2. 관리계획의 목표년도는 관리지역 지정 당시 정한 목표년도를 기준으로 하

되, 최소 10년 이상으로 하며, 관리지역 내 개별 소규모주택정비사업의 목표년도는 주민의 사업추진 의지, 구역의 지정요건 등 사업여건을 감안하여 결정한되, 최소 10년 이상으로 하며, 관리지역 내 개별 소규모주택정비사업의 목표년도는 주민의 사업추진 의지, 구역의 지정요건 등 사업여건을 감안하여 결정한다.

1-4-3. 관리계획은 5년마다 관리지역 내 소규모주택정비사업의 추진상황 등을 검토하고, 그 결과를 반영하여 관리계획을 변경한다.

제2장 계획수립 일반원칙

제1절 기본원칙

2-1-1. 관리계획은 국토계획법 §2-3에 따른 도시·군기본계획, 도시·군관리계획 등 상위계획 및 관련계획의 내용과 취지를 반영하여야 한다.

2-1-2. 관리계획은 관리지역 내 소규모주택정비사업의 추진상황과 향후 개발수요를 고려하여 장래 토지이용에 관한 계획 위주로 수립하며, 생활권 단위를 고려한 정비기반시설·공동이용시설의 설치계획을 제시함으로써 주민의 삶의 질 향상과 미래 도시수요에 대비할 수 있도록 수립하여야 한다.

2-1-3. 관리계획은 관리지역 내 소규모주택정비사업을 활성화하기 위하여 법 §43의4②, ③에 따른 관리지역에 대한 특례 등을 적용하되, 정비기반시설 부담 등을 고려하여 적절한 개발밀도가 유지되도록 하는 등 환경친화적으로 수립하여야 한다.

2-1-4. 관리계획 수립 시 주민의견을 충분히 수렴할 수 있도록 토지등소유자 등 이해당사자를 포함한 지역주민을 대상으로 설문조사, 주민설명회 등을 실시할 수 있다.

제2절 관리계획의 수립 및 승인

2-2-1. 관리계획은 법 §43의2에 따라 특별자치시장·특별자치도지사·시장·군수 또는 자치구 구청장(이하 "시장·군수등")이 수립하여 시·도지사가 승인하며, 시·도지사는 제출받은 관리계획을 승인하려면 14일 이상 지역 주민에게 공람하여 의견을 수렴하여야 하고 지방도시계획위원회의 심의 또는 「도시재생 활성화 및 지원

에 관한 특별법」(이하 "도시재생법") §8에 따른 지방도시재생위원회의 심의(§27③ 각 호 중 둘 이상의 심의를 거쳐야 하는 경우에는 통합심의를 말한다.)를 거쳐야 하며, 관리계획을 승인한 경우에는 지체 없이 해당 지방자치단체 공보에 고시하여야 하고, 이를 국토부장관에게 보고하여야 한다.

다만, 영 §38의3에 따른 경미한 사항을 변경하는 경우에는 주민 공람 및 법 §27③ 각 호의 심의를 거치지 아니할 수 있다.

2-2-2. 시장·군수등은 법 §43의2① 및 영 §38의2 각 호의 요건을 충족한 경우로서 다음의 어느 하나에 해당하는 경우에 관리계획을 수립할 수 있다.

(1) 사업시행구역, 법 §17의2에 따른 소규모재개발사업의 시행예정구역 또는 법 §56①에 따라 동의서에 검인(檢印)을 부여받은 구역 등 소규모주택정비사업이 추진 중인 구역(이하 "사업추진구역")이 둘 이상 인접해 있어 계획적·효율적으로 사업을 추진할 필요가 있는 경우.

(2) 소규모주택정비사업의 활성화를 위하여 정비기반시설·공동이용시설의 확충 또는 법 §43의4②, ③에 따른 관리지역에 대한 특례 등을 적용할 필요가 있는 경우.

(3) 사업추진구역 인근에서 토지등소유자와의 협의를 통하여 소규모주택정비사업의 시행을 유도할 필요가 있는 경우.

(4) 법 §43의2① 단서에 따라 「한국토지주택공사법」에 따라 설립된 토지주택공사 또는 「지방공기업법」에 따라 주택사업을 시행하기 위하여 설립된 지방공사(이하 "토지주택공사등")가 관리계획의 수립을 제안한 경우.

2-2-3. 시장·군수등은 관리계획에 법 §18 또는 법 §19에 따른 사업시행자의 지정, 법 §22에 따른 주민합의체 구성의 신고 또는 법 §23에 따른 조합설립인가를 받은 사업시행구역에 관한 사항을 포함하려는 경우에는 토지등소유자를 대상으로 설문조사, 주민설명회 등을 실시하고, 그 결과에 따라 관리계획을 수립하여야 한다.

2-2-4. 시장·군수등은 관리계획에 국토계획법, 도시정비법, 도시재생법 또는 「건축법」 등 다른 법령에 따른 평가·협의를 받아야 하는 사항이나 정비기반시설 및 국·공유지의 귀속 및 처분에 관한 사항을 포함하려는 경우에는 해당 사항에 대하여 미리 관계기관이나 해당 관리청과 협의를 하고, 그 결과에 따라 관리계획을 수립하여야 한다.

2-2-5. 시장·군수등은 관리계획에 용도지구·용도지역의 지정 및 변경에 관한 계획을 포함하려는 경우에는 해당 사항에 대하여 미리 시·도지사와 협의를 하고, 그 결과에 따라 관리계획을 수립하여야 한다. 이 경우 시·도지사는 관리계획을 승인하려면 법 §27① 및 법 §43의2②에 따라 통합심의를 거쳐야 한다.

2-2-6. 토지주택공사등은 법 §43의2① 단서에 따라 시장·군수등에게 관리계획의 수립을 제안하려는 경우에는 다음의 사항에 대한 제안서를 작성하여 시장·군수등에게 제출하여야 한다.

(1) 관리계획 수립의 필요성
(2) 관리지역의 경계와 면적
(3) 관리지역 내 노후·불량건축물 현황
(4) 법 §43의2① 및 영 §38의2 각 호의 요건 충족 여부
(5) 법 §43의3-3에 따른 시장·군수등 또는 토지주택공사등이 법 §17③ 또는 법 §18①에 따라 공동 또는 단독으로 시행하는 소규모주택정비사업(이하 "거점사업")에 관한 계획.

2-2-7. 법 §43의2③에 따라 관리계획의 수립에 대한 승인·고시가 있은 경우에는 해당 관리지역의 경계가 결정되고, 관리지역 내 개별 소규모주택정비사업의 사업시행계획인가의 고시를 통하여 정비기반시설 설치계획, 건축물의 밀도계획 등을 확정하는 경우 법 §43의4①에 따라 국토계획법에 따른 지구단위계획으로 결정·고시된 것으로 본다.

제3절 관리계획의 수립내용

2-3-1. 관리계획은 법 §43의3 및 영 §38의4 각 호에 따른 사항을 포함하며, 관리계획서, 관련도면 및 부속서류 등으로 구성한다.

2-3-2. 관리계획서는 법 §43의3 및 영 §38의4 각 호의 내용과 별표를 토대로 다음과 같이 작성한다. 다만, 법 §43의3 단서에 따라 부문별 관리계획에서 (4)의 ⑤ 및 ⑧부터 ⑫까지 사항은 필요한 경우로 한정하며, 해당 사항이 없을 경우에는 '해당 없다'는 내용을 표기하여야 한다.

(1) 관리계획의 개요

① 계획의 배경 및 목적

② 계획의 범위

③ 계획의 수립절차(과정) 및 추진 현황

(2) 현황 분석

① 상위계획 및 관련 계획 검토

② 일반현황 분석

③ 사업추진 여건 분석

(3) 관리계획의 기본구상기본방향 및 정비방향

(4) 부문별 관리계획

① 관리지역의 규모와 정비방향

② 토지이용계획

③ 정비기반시설·공동이용시설 설치계획

④ 교통계획

⑤ 거점사업에 관한 계획

⑥ 거점사업 이외의 소규모주택정비사업에 대한 추진계획

⑦ 건폐율·용적률 등 건축물의 밀도계획

⑧ 임대주택의 공급 및 인수계획

⑨ 용도지구·용도지역의 지정 및 변경에 관한 계획

⑩ 「건축법」 §69에 따른 특별건축구역 및 같은 법 §77의2에 따른 특별가로구역에 관한 계획

⑪ 공공이 시행하는 사업과의 연계계획

⑫ 영 §38의4-3에 따른 시·도조례로 정하는 사항

2-3-3. 관리계획의 관련 도면에는 다음 도면을 첨부하여야 한다.

(1) 관리지역 위치도(주변지역을 파악할 수 있는 축척)

(2) 관리지역의 경계 결정도(축척 1/5,000 이상의 지형도)

(3) 토지 현황도(축척 임의)

(4) 건축물 현황도(축척 임의)

(5) 현황종합분석도(축척 임의)

(6) 도시·군관리계획 현황도(축척 임의)

(7) 관리계획 기본구상도(축척 임의) : 교통계획, 거점사업에 관한 계획, 거점사업 이외의 소규모주택정비사업에 대한 추진계획, 용도지구·용도지역의 지정 및 변경에 관한 계획 등을 포함한다.

2-3-4. 관리계획의 부속서류는 2-3-2. 및 2-3-3.에 따른 관리계획서 및 관련 도면에 수록되지 아니한 기타 도면과 관리계획의 내용에 대한 근거나 이를 설명하는 자료 및 기초조사 결과를 포함한다.

제3장 기초조사

제1절 기본원칙

3-1-1. 기초조사는 관리계획 수립에 기본이 되는 자료로서 조사내용의 충실도에 따라 관리계획 수립에 많은 영향을 줄 수 있으므로 상세하고 정확하게 조사하여야 한다.

3-1-2. 기초조사는 조사를 시작하는 시점을 기준년도로 하여 조사하되, 기준년도의 자료를 취득하는 것이 불가능한 항목은 가장 최근의 공식적인 자료를 활용한다.

3-1-3. 모든 기초조사 자료는 자료의 출처와 연도를 명기한다.

제2절 조사내용

3-2-1. 기초조사는 영 §3 및 조례에 따른 소규모주택정비사업의 대상 지역 요건을 검토하고 법 §43의2① 각 호, 영 §38의2 각 호 및 2-2-2.에서 규정하고 있는 관리계획의 수립대상 지역 요건에 적합한지 여부를 확인하여야 한다.

3-2-2. 기초조사는 관리지역 전체에 대하여 「도시·군기본계획 수립지침」 별표를 참고하여 다음의 내용을 조사하여야 한다.

 (1) 상위계획 및 관련계획 : 도시·군기본계획, 도시·군관리계획, 도시정비법 §5③에 따른 정비기본계획, 같은 법 §9④에 따른 도시·주거환경정비계획 및 도시재생법 §2①5에 따른 도시재생활성화계획 등.

 (2) 일반현황

　가. 입지, 지형, 인구 및 토지이용현황.

　나. 토지, 주택 및 건축물의 현황(나대지, 국·공유지, 노후·불량건축물, 최근 3년간 신축한

주택 및 빈집 현황을 포함한다).

　다. 도시·군계획시설 및 정비기반시설·공동이용시설의 설치현황(규칙 §2③각 호에 따른 도로 및 시설을 포함한다).

　라. 관리지역 및 주변지역의 교통여건.

(3) 사업추진 여건

　가. 영 §3 및 조례에 따른 소규모주택정비사업의 대상 지역 요건을 충족한 구역(이하 "사업가능구역").

　나. 2-2-2. (1)에 따른 사업추진구역 등 소규모주택정비사업 추진현황.

　다. 각종 개발계획 및 개발사업 현황(영 §38의4 각 호에 따른 사업계획을 포함한다).

　라. 정비기반시설·공동이용시설의 확충수요(「국가도시재생기본방침」에 따른 기초생활인프라 국가적 최소기준에 대한 분석을 포함한다).

(4) 그 밖에 시·도지사가 정하는 사항

제3절 방법 및 관리

3-3-1. 기초조사는 각종 문헌이나 통계자료의 수집, 현장답사 등의 방법을 활용하되, 문헌이나 각종 통계자료를 조사한 후 현장답사 등을 통하여 현지 확인 및 검증함으로써 신뢰도를 높이도록 한다.

3-3-2. 기초조사 결과는 과거부터 추이·현황·향후 전망 등을 쉽게 파악할 수 있도록 종합적으로 분석하여 책자 또는 전자문서의 형태로 보관·관리하도록 한다.

3-3-3. 기초조사 결과를 이용하고자 하는 자에게는 정보공개와 관련된 법령에 저촉되지 않는 범위 내에서 이를 제공할 수 있다.

제4장 부문별 계획수립 기준

제1절 기본원칙

4-1-1. 기초조사에 따른 현황을 분석하고 관리지역 내 소규모주택정비사업의 추진 상황과 향후 개발수요를 반영하여 부문별 관리계획을 수립하되, 주민의 사업추진 의지, 구역의 지정요건 등 소규모주택정비사업의 단계별 추진 여건과 시행 기간을 유념하여 작성한다.

4-1-2. 각 부문별 관리계획은 관리계획의 목표, 기본방향, 부문별 계획간 위계 등이 유기적으로 상호 연관성이 있도록 작성하며, 법 §43의3 단서에 따라 부문별 관리계획 중 2-3-2(4)의 ⑤ 및 ⑧부터 ⑫까지 사항은 필요한 경우 작성할 수 있다.

4-1-3. 부문별 관리계획은 관리지역 전체에 대한 정비·관리의 방향을 토대로 작성하되, 개별 소규모주택정비사업의 추진 여건 등을 고려하여 부문별 관리계획 중 2-3-2(4)의 ⑤ 및 ⑦부터 ⑩까지 사항은 사업시행구역에 한정하여 작성할 수 있다.

4-1-4. 관리지역 내 소규모주택정비사업을 활성화하기 위하여 사업추진구역 및 사업가능구역을 중심으로 정비기반시설·공동이용시설의 설치계획을 결정하고, 법 §43의4②, ③에 따른 관리지역에 대한 특례 등을 적용하여 관리계획의 목표를 달성할 수 있도록 작성한다.

4-1-5. 관리계획은 법 §2①3 각 목에 따른 소규모주택정비사업의 모든 사업유형을 고려하여 작성하되, 영 §3 및 조례에 따른 소규모주택정비사업의 대상 지역 요건 등의 기초조사 결과를 반영하고 개별 사업의 여건 변화에 유연하게 대응할 수 있도록 작성한다.

제2절 관리지역의 규모와 정비방향

4-2-1. 관리지역의 규모는 법 §43의2① 각 호, 영 §38의2 각 호 및 2-2-2.에서 규정하고 있는 관리계획의 수립대상 지역 요건 등의 기초조사 결과를 토대로 사업 추진구역 및 사업 가능구역 등의 위치·면적 등을 반영하고 해당 관리지역 및 주변 지역의 행정구역, 토지이용, 경관현황, 교통여건, 개발계획 및 개발사업 현황 등을 종합적으로 고려하여 설정한다.

4-2-2. 관리지역의 경계 설정방법은 다음 기준에 따른다.

(1) 관리지역의 경계는 사업추진구역 및 사업가능구역을 중심으로 간선도로 도시계획 현황, 공공시설, 지형·행정구역, 주민의견 등을 종합적으로 고려하여 설정한다.

(2) 관리지역의 형태는 현재의 토지이용 상황을 고려하고 향후 소규모주택정비사업 시행 시 효율적인 토지이용이 될 수 있도록 최대한 정형화를 원칙으로 설정하며, 특히 도로변 자투리 잔여필지가 발생하지 않도록 설정한다.

(3) 관리지역의 경계선은 원칙적으로 도로를 기준으로 하되, 지적경계선을 기준으로 할 경우에는 가급적 정형화하여 굴곡이 심하지 않도록 설정한다.

(4) 관리지역을 구획할 때에는 해당 지역의 생활권 등을 함께 고려한다.

4-2-3. 관리지역 내 소규모주택정비사업을 활성화하되 개별 사업의 무질서한 개발을 방지하기 위하여 정비기반시설·공동이용시설을 적정하게 설치하며, 건축물의 밀도계획, 용도지구·용도지역의 지정 및 변경에 관한 계획 등 부문별 관리계획수립을 위한 기본방향을 제시한다.

제3절 토지이용계획

4-3-1. 토지이용계획은 관리지역 전체 토지이용의 효율성을 증대하고 현재의 토지이용 상황, 기반시설 등의 용량과 주변 환경과의 연속성 등을 고려하여 계획하며, 향후 소규모주택정비사업 추진에 따른 변경사항을 반영한다.

4-3-2. 토지이용계획 수립 시 소규모주택정비사업의 추진상황과 향후 개발수요를 고려하여 사업 추진구역 및 사업 가능구역으로 구분하고 개별 사업의 여건 변화에 유연하게 대응할 수 있도록 작성한다.

4-3-3. 토지이용계획 수립 시 소규모주택정비사업을 활성화하기 위하여 사업추진구역에 대하여는 현재의 토지이용 상황을 토대로 주변지역간의 적정한 규모와 밀도를 유지하면서 토지이용의 고도화를 도모할 수 있도록 용도지구·용도지역의 지정 및 변경에 관한 계획의 방향을 설정할 수 있다.

4-3-4. 토지이용계획 수립 시 관리지역 내에 신축 건축물을 포함하여 양호한 건축물이 다수 입지하고 있거나 영 §3 및 조례에 따른 소규모주택정비사업의 대상 지역 요건에 해당하지 않는 구역은 소규모주택정비사업 이외에 기존 건축물의 정비·개량에 관한 사항을 고려한다.

제4절 정비기반시설·공동이용시설 설치계획

4-4-1. 정비기반시설이란 도시정비법 §2-4 및 영 §3에 따른 시설을 말하며, 공동이용시설이란 같은 법 §2-5 및 영 §4에 따른 시설을 말한다.

4-4-2. 정비기반시설·공동이용시설의 설치계획은 도시·군기본계획 등 관련 계획상의 기반시설계획, 시설 수요에 대한 기초조사 결과 등을 토대로 관리지역 내 설치가 필요한 시설을 도출하고, 해당 시설별로 설치주체, 설치기간 및 운영방안, 재원조달

등을 종합적으로 고려하여 수립한다.

4-4-3. 정비기반시설·공동이용시설의 설치계획 수립 시 소규모주택정비사업과 연계하여 법 §43①부터 제3항까지에 따라 사업시행자가 해당 시설을 설치하는 것을 원칙으로 계획하되, 사업가능구역에 대하여는 국·공유지 또는 미집행 도시계획시설의 활용, 도시계획시설의 결정, 빈집정비사업과 연계 등의 설치방법을 고려한다.

4-4-4. 관리지역 내 소규모주택정비사업의 시행으로 개발밀도가 현재보다 현저히 늘어날 것이 예상되는 경우 또는 도로·공원 등의 정비기반시설이 부족한 경우에는 사업으로 건설하는 건축물을 도로에서 일정거리 후퇴시켜 건축하도록 건축한계선을 지정하는 등 정비기반시설의 확충계획을 제시할 수 있다.

4-4-5. 공동이용시설의 설치계획은 사업추진구역 및 사업가능구역에 접하는 도로를 보행자 중심의 가로로 조성하기 위하여 사업으로 건설하는 건축물에 공동이용시설을 가로공간에 대응하여 배치하고, 시설이 중복되지 않도록 구역별로 권장 시설을 제시할 수 있다.

4-4-6. 공동이용시설의 설치규모는 해당 시설의 운영·관리상의 지장이 있거나 주변 지역에 불필요한 피해가 발생하지 않도록 적정하게 계획한다.

4-4-7. 2-2-7.에 따라 정비기반시설 설치계획에 국토계획법에 따른 지구단위계획에 관한 사항을 포함하는 경우에는 법 §43의4①에 따라 관리계획의 승인·고시가 있은 때에 국토계획법에 따른 지구단위계획으로 결정·고시된 것으로 본다.

제5절 교통계획

4-5-1. 교통계획은 도시·군관리계획 등의 교통체계 개선과 관련한 계획을 반영하고 현재의 토지이용현황과 향후 소규모주택정비사업의 시행에 따른 교통량 증가 등을 면밀히 분석하여 관리지역과 접한 주요 도로로부터의 차량 진·출입 동선계획, 대중교통 결절점과 연결되거나 일상생활에 필요한 교육시설, 공공시설 등에 연결되는 보행 동선계획 등을 수립한다.

4-5-2. 관리지역 내에 차량과 보행에 필요한 현황 도로는 존치를 원칙으로 하되, 영 §3①2 가목 단서에 따라 시행하는 가로주택정비사업 등 소규모주택정비사업의 시행에 따라 도로의 폐지를 검토하는 경우에는 대체 도로 등을 계획하여 원활한 교

통흐름과 보행자의 접근성을 확보한다.

4-5-3. 관리지역 내 난개발을 방지하기 위하여 소규모주택정비사업의 시행에 따른 교통량 증가 등 향후 토지이용계획에 부합되고 주변지역의 교통량과 도로용량 등 주변 교통체계와 연계하여 도로의 확폭 및 정비 등 가로망 계획을 수립한다.

4-5-4. 교통계획 수립 시 사업추진구역에 대하여는 향후의 개발밀도를 감안한 교통영향 등을 검토하여 교통상황이 취약하거나 「주택건설기준 등에 관한 규정」에서 정하고 있는 진입도로 폭원 규정에 미달되는 경우에는 향후 사업 시행 시 개선될 수 있도록 개선방안을 제시한다.

제6절 거점사업에 관한 계획

4-6-1. 관리계획에 거점사업에 관한 계획을 포함하려는 경우 해당 구역의 토지등소유자의 과반수 동의를 받아야 한다.

4-6-2. 거점사업에 관한 계획은 관리지역 내 소규모주택정비사업의 활성화를 위하여 공용주차장 복합개발 등 정비기반시설·공동이용시설의 설치계획과 연계하여 수립할 수 있다. 이 경우 법 §44①에 따라 거점사업으로 설치하는 시설의 설치 비용의 전부 또는 일부를 보조하거나 융자할 수 있다.

4-6-3. 관리지역 내 거점사업에 대하여 법 §48⑤ 및 제6항에 따라 서로 연접한 사업시행구역을 하나의 사업시행구역으로 통합하여 시행하려는 경우에는 관리계획에 다음의 내용을 포함한다.

(1) 거점사업 통합 시행의 사유
(2) 사업시행구역의 위치, 경계 및 면적
(3) 사업시행(예정)자
(4) 사업시행방법 및 사업시행(예정)기간
(5) 영 §40의2④에 따라 시도 조례로 정하는 사항

제7절 거점사업 이외의 소규모주택정비사업에 대한 추진계획

4-7-1. 소규모주택정비사업에 대한 추진계획은 기초조사 결과를 토대로 사업추진구역과 사업 가능구역에 대하여 다음의 사항을 작성하되, 주민의 사업추진의지, 구

역의 지정요건 등 개별 사업의 여건 변화에 유연하게 대응할 수 있도록 작성한다.

(1) 각 구역별 위치, 경계 및 면적

(2) 각 구역별 사업 추진상황

(3) 각 구역별 사업시행(예정)자

(4) 각 구역별 사업시행방법 및 사업시행(예정)기간

(5) 그 밖에 시·도지사가 정하는 사항

4-7-2. 관리지역 내 난개발을 방지하기 위하여 개별 소규모주택정비사업의 시행에 따른 정비기반시설·공동이용시설의 설치계획과 연계하여 수립한다.

4-7-3. 2-2-3.에 따라 사업시행구역에 대하여는 사업시행방법 등에 관하여 토지등소유자를 대상으로 설문조사, 주민설명회 등을 실시하고, 그 결과를 반영하여 구체적으로 추진계획을 수립하여야 한다.

4-7-4. 관리계획에 영 §3②1에 따라 도로 및 시설로 둘러싸인 일단의 지역이 아닌 구역에서 가로주택정비사업의 추진계획을 포함하려는 경우에는 주변지역의 교통량과 도로용량 등을 검토하여야 한다.

4-7-5. 사업가능구역에 대하여는 영 §3①2에 따른 가로구역의 범위 요건을 충족하는 구역은 가로주택정비사업을 계획하고, 접도율이 낮은 구역 등은 도로 확폭 등과 연계하여 정비사업을 계획하는 등 해당 구역의 여건에 적합한 사업유형을 설정하여 주민들에게 제시할 수 있다.

4-7-6. 관리지역 내에서 시행하는 자율주택정비사업 및 가로주택정비사업에 대하여는 법 §22, §35 및 §35의2에 따른 주민합의체의 구성요건 완화, 주민합의체 동의 여부 촉구, 토지의 수용 및 사용 등의 특례사항을 적용한 추진계획을 작성하여 주민들에게 제시할 수 있다.

제8절 건폐율·용적률 등 건축물의 밀도계획

4-8-1. 관리계획 수립 시 사업시행구역에 대하여는 건폐율·용적률 등 건축물의 밀도계획을 구체적으로 수립하되, 정비기반시설 부담, 도시경관 관리, 임대주택의 공급 및 인수계획 등을 종합적으로 고려하여야 한다.

4-8-2. 관리계획 수립 시 사업시행구역 이외에 사업추진구역에 대하여는 관련 계획

에 따라 사업의 시행에 따라 허용할 수 있는 최대치의 건폐율과 용적률의 상한을 제시할 수 있다.

4-8-3. 관리지역 내에서 법 §43의5① 및 법 §49①에 따라 임대주택을 공급하는 경우에는 변경된 용도지역에서 국토계획법 §78에 따라 시도 조례로 정한 용적률에도 불구하고 법적상한용적률까지 건축할 수 있다.

4-8-4. 2-2-7.에 따라 건축물의 밀도계획에 국토계획법에 따른 지구단위계획에 관한 사항을 포함하는 경우에는 법 §43의4①에 따라 관리계획의 승인·고시가 있은 때에 국토계획법에 따른 지구단위계획으로 결정·고시된 것으로 본다.

제9절 임대주택 공급 및 인수계획

4-9-1. 관리지역 내에서 법 §43의5①에 따라 용도지역을 변경하거나 법 §49조제1항에 따라 소규모주택정비사업의 시행으로 법적상한용적률까지 건설하는 경우에는 임대주택 공급계획을 수립하되, 향후 사업 시행 시 해당 임대주택의 인수를 위한 절차와 방법 등을 고려하여야 한다.

제10절 용도지구·용도지역의 지정 및 변경에 관한 계획

4-10-1. 관리지역 내 소규모주택정비사업의 활성화를 위하여 사업시행구역에 대해 용도지구·용도지역의 지정 및 변경에 관한 계획을 관리계획에 포함하려는 경우에는 건축물의 밀도계획 등 다른 부문별 계획도 함께 고려하여 건축계획과 기반시설이 조화를 이루고 지역 전체의 경관이 향상되도록 한다.

4-10-2. 용도지구·용도지역의 지정 및 변경에 관한 계획은 그 지역의 교통 및 기반시설, 잠재력, 주변 환경 등과 도시기본계획에 나타난 토지이용계획의 기본방향 등을 함께 고려함으로써 사업시행구역의 토지이용과 시·군 전체의 토지이용계획 및 기반시설의 용량이 상호조화를 이루도록 한다.

4-10-3 2-2-7.에 따라 용도지구·용도지역의 지정 및 변경에 관한 계획에 국토계획법에 따른 지구단위계획에 관한 사항을 포함하는 경우에는 법 §43의4①에 따라 관리계획의 승인·고시가 있은 때에 국토계획법에 따른 지구단위계획으로 결정·고시된 것으로 본다.

제11절 특별건축구역 및 특별가로구역에 관한 계획

4-11-1. 특별건축구역이란 건축법 §69에 따라 조화롭고 창의적인 건축물의 건축을 통하여 도시경관의 창출 등을 도모하기 위하여 지정하는 구역을 말하며, 특별가로구역이란 같은 법 §77의2에 따라 도로에 인접한 건축물의 건축을 통한 조화로운 도시경관의 창출을 위하여 지정하는 구역을 말한다.

4-11-2. 관리계획 수립 시 사업시행구역에 대하여 토지등소유자의 동의를 받아 특별건축구역 또는 특별가로구역의 지정계획을 포함할 수 있으며, 세부 추진절차는 「건축법」의 관련 규정에 따른다.

4-11-3. 시·도지사는 특별건축구역 또는 특별가로구역의 지정에 관한 사항이 포함된 관리계획을 승인하려는 경우에는 법 §43의2②에 따라 지방건축위원회를 포함하여 통합심의를 거쳐야 한다.

제12절 공공이 시행하는 사업과의 연계계획

4-12-1. 관리지역 내에서 영 §38의4-1 각 목에 따른 사업의 시행으로 공급하는 공공임대주택을 법 §43조제4항에 따른 임시거주시설로 공급할 수 있으며, 임시거주시설의 공급 기준은 영 §38②·③에 따른다.

4-12-2. 관리지역 내 영 §38의4-1 나목에 따른 도시재생사업의 시행으로 정비기반시설·공동이용시설의 설치계획이 있는 경우에는 이를 연계하여 관리계획을 수립한다.

제5장 운영 및 관리

제1절 관리계획의 승인 신청

5-1-1. 시장·군수등이 시·도지사에게 관리계획 승인 신청 시에는 다음 각 호의 서류와 도면을 첨부한다.

(1) 관리계획 수립 및 관리지역 지정 신청서(공문)
(2) 관리지역 지정도서(2-3-1에 따른 관리계획서, 관련도면 및 부속서류 등)
(3) 그 밖에 관련부서(기관) 협의내용 등

제2절 관리계획의 운영 및 관리

5-2-1. 시장·군수등은 필요한 경우 법 §50①에 따라 정비지원기구에 관리계획의 수립 및 소규모주택정비사업의 관리에 관하여 지원을 요청할 수 있다.

5-2-2. 시장·군수등은 관리계획의 내용에 적합하게 소규모주택정비사업이 추진될 수 있도록 사업의 단계적 추진상황과 정비기반시설·공동이용시설의 설치현황 등을 검토하여 관리계획을 변경하여야 하고, 필요한 경우 사업의 활성화를 위하여 시설 설치비용의 전부 또는 일부에 대해 보조·융자, 임시거주시설을 포함한 주민이주대책 등을 지원할 수 있다.

5-2-3. 시장·군수등은 관리계획에 따라 소규모주택정비사업을 유도하기 위하여 관리계획의 운영 및 관리 업무를 담당하는 총괄계획가를 위촉·운영할 수 있다.

제3절 재원의 조달 및 집행

5-3-1. 관리계획 수립 시 정비기반시설·공동이용시설 설치 등 계획기간에 발생할 재정수요를 파악하고 필요한 경우 해당 시설별로 소요재원, 재원조달 주체 및 집행계획 등을 고려하여 재원조달계획을 수립한다.

5-3-2. 재원조달계획은 소규모주택정비사업과 관련하여 배정 가능한 예산을 중심으로 추정하되, 민간자본을 유치하는 재원계획을 포함할 수 있다.

5-3-3. 재원의 집행은 관리지역 내 소규모주택정비사업의 추진상황과 정비기반시설·공동이용시설의 설치상황 등을 검토하여 단계적으로 한다.

제6장 행정사항

6-1. (재검토기한) 국토부장관은 「훈령·예규 등의 발령 및 관리에 관한 규정」에 따라 이 고시에 대하여 22.1.1 기준으로 매 3년이 되는 시점(매 3년째의 6월 30일까지를 말함)마다 그 타당성을 검토하여 개선 등의 조치를 하여야 한다.

부칙

이 지침은 고시한 날로부터 시행한다.

■ 법 제43조의3(소규모주택정비 관리계획의 내용)

영 §38의4

종전법에서는 구청장 또는 토지주택공사등 공공주체가 시행하는 소규모주택정비사업(거점사업)에 대한 추진계획은 필요한 경우에 한하여 관리계획에 포함하도록 하고, 그 외의 소규모주택정비사업에 대한 추진계획은 관리계획에 의무적으로 포함하였음.

이후 23.4.18 민간도 관리계획 입안 제안이 가능해, 공공과 민간 구별 없이 사업추진계획을 의무적으로 관리계획에 포함하도록 함.

□ 개정 연혁

[시행 21.9.21] [법률 제18314호, 21.7.20, 일부개정]

제43조의3(소규모주택정비 관리계획의 내용) 관리계획에는 다음 각 호의 사항이 포함되어야 한다. 다만, 제3호 및 제6호부터 제9호까지의 사항은 필요한 경우로 한정한다. <신설>

1. 관리지역의 규모와 정비방향.

2. 토지이용계획, 정비기반시설·공동이용시설 설치계획 및 교통계획.

3. 시장·군수등 또는 토지주택공사등이 §17③ 또는 §18①에 따라 공동 또는 단독으로 시행하는 소규모주택정비사업(이하 "거점사업")에 관한 계획.

4. 거점사업 이외의 소규모주택정비사업에 대한 추진계획.

5. 건폐율·용적률 등 건축물의 밀도계획.

6. §43의5 또는 §49에 따른 임대주택의 공급 및 인수 계획.

7. 용도지구·용도지역의 지정 및 변경에 관한 계획.

8. 「건축법」§69에 따른 특별건축구역 및 같은 법 §77의2에 따른 특별가로구역에 관한 계획.

9. 그 밖에 대통령령으로 정하는 사항.

부 칙 <법률 제18314호, 21.7.20>

제1조(시행일) 이 법은 공포 후 2개월이 경과한 날부터 시행다.

[시행 23.10.19] [법률 제19385호, 23.4.18 일부개정]

제43조의3(소규모주택정비 관리계획의 내용) 관리계획에는 다음 각 호의 사항이 포함되어야 한다. 다만, 제6호부터 제9호까지의 사항은 필요한 경우로 한정한다. <개정 23.4.18>

  1. 관리지역의 규모와 정비방향
  2. 토지이용계획, 정비기반시설·공동이용시설 설치계획 및 교통계획
  <u>3. 소규모주택정비사업에 대한 추진계획</u>
  ~~4. 거점사업 이외의 소규모주택정비사업에 대한 추진계획~~
  <u>4. 삭제 <23.4.18></u>
  5. 건폐율·용적률 등 건축물의 밀도계획
  6. §43의5 또는 §49에 따른 임대주택의 공급 및 인수 계획
  7. 용도지구·용도지역의 지정 및 변경에 관한 계획
  8. 「건축법」§69에 따른 특별건축구역 및 같은 법 §77의2에 따른 특별가로구역에 관한 계획
  9. 그 밖에 대통령령으로 정하는 사항

부 칙 <제19385호, 23.4.18>

제1조(시행일) 이 법은 공포 후 6개월이 경과한 날부터 시행한다.

☐ 법 제43조의3(소규모주택정비 관리계획의 내용) 제1항

관리계획에는 다음 각 호의 사항이 포함되어야 한다. 다만, 제6호부터 제9호 까지의 사항은 필요한 경우로 한정한다.

  1. 관리지역의 규모와 정비방향
  2. 토지이용계획, 정비기반시설·공동이용시설 설치계획 및 교통계획

3. 소규모주택정비사업에 대한 추진계획

4. 삭제 <23.4.18>

5. 건폐율·용적률 등 건축물의 밀도계획

6. §43의5 또는 §49에 따른 임대주택의 공급 및 인수 계획

7. 용도지구·용도지역의 지정 및 변경에 관한 계획

8. 「건축법」§69에 따른 특별건축구역 및 같은 법 §77의2에 따른 특별가로구역에 관한 계획

9. 그 밖에 대통령령으로 정하는 사항

23.4.18 법 개정으로 종전의 제3호인 "토지주택공사등이 §17③ 또는 §18①에 따라 공동 또는 단독으로 시행하는 소규모주택정비사업인 거점사업에 관한 계획", 제4호인 "거점사업 이외의 소규모주택정비사업에 대한 추진계획"이 삭제됨.

따라서 필요한 경우에 제안하도록 한정된 것을 상시적으로 제안이 가능하도록 함.

법 §43의3-9에서 "대통령령으로 정하는 사항"이란 다음 각 호의 사항을 말함(영 §38의4).

1. 시장·군수등이나 토지주택공사등이 시행하는 다음 각 목의 사업계획.
   가. 「공공주택특별법」 §2-3의 공공주택사업 시행계획.
   나. 「도시재생 활성화 및 지원에 관한 특별법」 §2①7의 도시재생사업 시행계획.
2. 정비기반시설·공동이용시설의 설치를 위한 재원조달에 관한 사항.
3. 그 밖에 소규모주택정비사업 시행에 필요한 사항으로서 시도 조례로 정하는 사항.

— 서울시 소규모주택정비 관리계획의 내용

영 §38의4-3에서 "시도 조례로 정하는 사항"이란 다음 각 호의 사항을 말한다. 다만, 제2호부터 제3호의 사항은 필요한 경우로 한정함(소규모주택정비조례 §44의3).

1. 「한옥 등 건축자산의 진흥에 관한 법률」 §2의 건축자산 및 한옥 등 역사·문

화자원의 보전 및 활용계획(해당하는 사항이 있는 경우로 한정한다).

2. 건축물의 배치·형태·색채 또는 건축선에 관한 계획.

3. 환경관리계획 또는 경관계획.

4. 그 밖에 시장이 필요하다고 인정하는 사항.

서울시장은 별도로 인정하는 사항을 정하지 않고 있음.

소규모주택정비 관리계획 관련 경관지구 재정비 가능여부(서울시 전략사업과 21.12.23)

Q. 강서구 등촌2동 일원의 소규모주택정비 관리계획 수립과 관련하여 관리계획을 통해 자연경관지구 재정비가 가능한지?

A. 「빈집 및 소규모주택 정비에 관한 특례법」 §43의3(소규모주택정비 관리계획의 내용) 제7호에 의한 용도지구·용도지역 지정 및 변경에 관한 사항에 대해 같은 법 §43의4(소규모주택정비 관리지역에 대한 특례)에 의거 일부 용도지역 변경에 대해서만 시행령으로 위임하여 별도 정하고 있으나, 용도지구 변경은 시행령으로 위임된 사항이 없어 문의하신 관리계획을 통해 자연경관지구를 재정비하는 것은 불가함.

■ 법 제43조의4(소규모주택정비 관리지역에 대한 특례)

영 §38의5(소규모주택정비 관리지역에 대한 특례)

□ 개정 연혁

[시행 21.9.21] [법률 제18314호, 21.7.20, 일부개정]

제43조의4(소규모주택정비 관리지역에 대한 특례) ① §43의2③에 따라 관리계획의 수립에 대한 승인·고시가 있는 경우 해당 관리지역 및 관리계획 중 「국토계획법」§52① 각 호의 어느 하나에 해당하는 사항은 같은 법 §50에 따라 지구단위계획구역 및 지구단위계획으로 결정·고시된 것으로 본다. <신설>

② 관리계획에 §43의3-7의 사항이 포함된 경우 관리지역은 관리계획이 고시된 날부터 「국토계획법」§36①1 가목 및 같은 조 제2항에 따라 주거지역을 세분하여 정하는 지역 중 대통령령으로 정하는 지역으로 결정·고시된 것으로 본다. <신설>

③ 관리지역에서 소규모주택정비사업의 시행으로 건축물 또는 대지의 일부에 공동이용시설을 설치하는 경우 §48②에도 불구하고 「국토계획법」§78에 따라 해당 지역에 적용되는 용적률에 공동이용시설의 용적률을 더한 범위에서 용적률을 정할 수 있다. <신설>

➡ 소규모주택정비 관리지역에서 소규모주택정비사업 시행으로 공동이용시설을 설치하는 경우 「국토계획법」§78에 따른 해당지역의 용적률에 공동이용시설의 용적률을 더한 범위에서 용적률을 정할 수 있도록 함.

④ 관리지역에서 소규모주택정비사업의 시행으로 건축물을 분양받을 권리에 관하여는 §28의2를 준용한다. 이 경우 "§17의2⑥에 따른 고시"는 "§43의2③에 따른 관리계획의 고시"로, "시장·군수등"은 "시·도지사"로, "사업시행예정구역 지정 고시"는 "관리계획 승인·고시"로 각각 본다. <신설>

부 칙 <법률 제18314호, 21.7.20>
제1조(시행일) 이 법은 공포 후 2개월이 경과한 날부터 시행한다.

[시행 23.4.18] [법률 제19385호, 23.4.18, 일부개정]

제43조의4(소규모주택정비 관리지역에 대한 특례) ① ~ ③ 앞과 같음

④ 관리지역에서 소규모주택정비사업의 시행으로 건축물을 분양받을 권리에 관하여는 §28의2를 준용한다. 이 경우 "§18②, §19②, §22⑩ 또는 §23⑨에 따른 고시"는 "§43의2④에 따른 관리계획의 고시"로, "시장·군수등"은 "시·도지사"로, "사업시행자의 지정, 주민합의체의 구성 또는 조합설립인가 고시"는 "관리계획 승인·고시"로 각각 본다. <개정 23.4.18>

부칙 <제19385호, 23.4.18>
제1조(시행일) 이 법은 공포 후 6개월이 경과한 날부터 시행한다. 다만, §43의2④의 개정규정은 공포한 날부터 시행한다.

□ 법 제43조의4(소규모주택정비 관리지역에 대한 특례) 제1항

§43의2④에 따라 관리계획의 수립에 대한 승인·고시가 있은 경우 해당 관리지역 및 관리계획 중 「국토계획법」 §52① 각 호의 어느 하나에 해당하는 사항은 같은 법 §50에 따라 지구단위계획구역 및 지구단위계획으로 결정·고시된 것으로 본다.

21.9.21 법 개정, 시행되면서 신설됨.

— 유사조문
도시정비법 제17조(정비구역 지정·고시의 효력 등) ① 정비구역의 지정·고시가 있는 경우 해당 정비구역 및 정비계획 중 「국토계획법」 §52① 각 호의 어느 하나에 해당하는 사항은 같은 법 §50에 따라 지구단위계획구역 및 지구단위계획으로 결정·고시된 것으로 본다.

○ 제2항
관리계획에 §43의3-7의 사항이 포함된 경우 관리지역은 관리계획이 고시된 날부터 국토계획법 §36①1 가목 및 같은 조 제2항에 따라 주거지역을 세분하여 정하는 지역 중 대통령령

으로 정하는 지역으로 결정·고시된 것으로 본다.

법 §43의4②에서 "대통령령으로 정하는 지역"이란 다음 각 호의 구분에 따라 각 호에서 정하는 지역을 말함(영 §38의5).

 1. 종전 용도지역이 「국토계획법 시행령」 §30①1 나목(1)의 제1종일반주거지역인 경우: 같은 목 (2)의 제2종일반주거지역.

 2. 종전 용도지역이 「국토계획법 시행령」 §30①1 나목(2)의 제2종일반주거지역인 경우: 같은 목 (3)의 제3종일반주거지역하는 경우 해당 지구단위계획구역은 정비구역으로 지정·고시된 것으로 본다.

○ 제3항

관리지역에서 소규모주택정비사업 시행으로 건축물 또는 대지의 일부에 공동이용시설을 설치하는 경우 §48②에도 불구하고 국토계획법 §78조에 따라 해당 지역에 적용되는 용적률에 공동이용시설의 용적률을 더한 범위에서 용적률을 정할 수 있다.

─ 국토계획법상 용도지역에서의 용적률

법 §36에 따라 지정된 용도지역에서 용적률의 최대한도는 관할 구역의 면적과 인구 규모, 용도지역의 특성 등을 고려하여 다음 각 호의 범위에서 대통령령[9] 국토계획법 시행령 제85조(용도지역 안에서의 용적률)으로 정하는 기준에 따라 특별시·광역시·특별자치시·특별자치도·시 또는 군의 조례로 정한다(법 §78①).

 1. 도시지역
  가. 주거지역: 500% 이하
  나. 상업지역: 1천500% 이하
  다. 공업지역: 400% 이하
  라. 녹지지역: 100% 이하
 2. 관리지역

---

[9]. 국토계획법 시행령 제85조(용도지역 안에서의 용적률)

　　　　가. 보전관리지역: 80% 이하
　　　　나. 생산관리지역: 80% 이하
　　　　다. 계획관리지역: 100% 이하
　　3. 농림지역: 80% 이하
　　4. 자연환경보전지역: 80% 이하

○ 제4항

관리지역에서 소규모주택정비사업의 시행으로 건축물을 분양받을 권리에 관하여는 §28의2를 준용한다. 이 경우 "§18②, §19②, §22⑩ 또는 §23⑨에 따른 고시"는 "§43의2④에 따른 관리계획의 고시"로, "시장·군수등"은 "시·도지사"로, "사업시행자의 지정, 주민합의체의 구성 또는 조합설립인가 고시"는 "관리계획 승인·고시"로 각각 본다.

소규모재개발사업에서의 사업시행예정구역 지정고시가 삭제되고 관리지역에서의 권리산정기준일은 법 §28의2를 준용함.

효력발생시기는 공포한 날인 23.4.18 임.

▲ 유사조문

도시정비법

제17조(정비구역 지정·고시의 효력 등) ① 정비구역의 지정·고시가 있는 경우 해당 정비구역 및 정비계획 중 「국토계획법」 §52① 각 호의 어느 하나에 해당하는 사항은 같은 법 §50에 따라 지구단위계획구역 및 지구단위계획으로 결정·고시된 것으로 본다.

② 「국토계획법」에 따른 지구단위계획구역에 대하여 §9① 각 호의 사항을 모두 포함한 지구단위계획을 결정·고시(변경 결정·고시하는 경우를 포함한다)하는 경우 해당 지구단위계획구역은 정비구역으로 지정·고시된 것으로 본다.

■ 법 제43조의5(관리지역에서의 임대주택의 공급 및 인수)

영 §38의6(소규모주택정비 관리지역에서의 임대주택의 인수)

□ 개정 연혁

[시행 21.9.21] [법률 제18314호, 21.7.20, 일부개정]

　제43조의5(관리지역에서의 임대주택의 공급 및 인수) ① 사업시행자는 관리지역에서 소규모주택정비사업의 시행으로 §43의4②에 따라 용도지역이 변경된 경우 변경된 용도지역에서의 용적률에서 종전의 용도지역의 용적률을 뺀 용적률의 50/100 이하로서 시도 조례로 정하는 비율에 해당하는 면적에 임대주택을 건설하여 시·도지사, 시장·군수등 또는 토지주택공사등에 공급하여야 한다. 이 경우 사업시행자는 건축설계가 확정되기 전에 미리 주택에 관한 사항을 시·도지사, 시장·군수등 또는 토지주택공사등과 협의한 후 이를 사업시행계획서에 반영하여야 한다. <신설>

　② 관리지역에서 시행하는 거점사업의 사업시행자는 제1항에도 불구하고 변경된 용도지역에서 용적률에서 종전의 용도지역의 용적률을 뺀 용적률의 15/100 이상 30/100 이하의 범위에서 시도 조례로 정하는 비율 이상이 되도록 임대주택을 건설하여야 한다.<신설>

　③ 제1항에 따른 임대주택의 공급가격은 「공공주택특별법」 §50의4에 따라 국토부장관이 고시하는 공공건설임대주택의 표준건축비로 하며, 부속토지는 시·도지사, 시장·군수등 또는 토지주택공사등에게 기부채납한 것으로 본다.<신설>

　④ 제1항부터 제3항까지의 규정에 따라 인수된 주택은 대통령령으로 정하는 임대주택으로 활용하여야 한다. 이 경우 주택의 인수를 위한 절차와 방법 등에 필요한 사항은 대통령령으로 정한다.<신설>

부　칙 <법률 제18314호, 21.7.20>
제1조(시행일) 이 법은 공포 후 2개월이 경과한 날부터 시행한다.

[시행 23.10.19] [법률 제19385호, 23.4.18, 일부개정]
　제43조의5(관리지역에서의 임대주택의 공급 및 인수) ① 사업시행자는 관리지역에서 소규모주택

정비사업의 시행으로 §43의4②에 따라 용도지역이 변경된 경우 변경된 용도지역에서의 용적률에서 종전의 용도지역에서의 특별시·광역시·특별자치시·특별자치도·시 또는 군의 조례(이하 "시·군 조례")로 정한 용적률을 뺀 용적률의 50/100 이하로서 시·도 조례로 정하는 비율에 해당하는 면적에 임대주택을 건설하여 시·도지사, 시장·군수등 또는 토지주택공사등에 공급하여야 한다. 이 경우 사업시행자는 건축설계가 확정되기 전에 미리 주택에 관한 사항을 시·도지사, 시장·군수등 또는 토지주택공사등과 협의한 후 이를 사업시행계획서에 반영하여야 한다. <개정 23.4.18>

② 시장·군수등 또는 토지주택공사등이 관리지역에서 §17③ 또는 §18①에 따라 공동 또는 단독으로 소규모주택정비사업을 시행하는 경우 사업시행자는 제1항에도 불구하고 변경된 용도지역에서의 용적률에서 종전의 용도지역의 용적률을 뺀 용적률의 15/100 이상 30/100 이하의 범위에서 시·도 조례로 정하는 비율 이상이 되도록 임대주택을 건설하여야 한다. <개정 23.4.18>

③~④ : 앞과 같음

부 칙 <제19385호, 23.4.18>

제1조(시행일) 이 법은 공포 후 6개월이 경과한 날부터 시행한다.

☐ **법 제43조의5(관리지역에서의 임대주택의 공급 및 인수)제1항**

사업시행자는 관리지역에서 소규모주택정비사업의 시행으로 §43의4②에 따라 용도지역이 변경된 경우 변경된 용도지역에서의 용적률에서 종전의 용도 지역에서의 특별시·광역시·특별자치시·특별자치도·시 또는 군의 조례(이하 "시·군 조례")로 정한 용적률을 뺀 용적률의 50/100 이하로서 시도 조례로 정하는 비율에 해당하는 면적에 임대주택을 건설하여 시·도지사, 시장·군수등 또는 토지주택공사등에 공급하여야 한다.

이 경우 사업시행자는 건축설계가 확정되기 전에 미리 주택에 관한 사항을 시·도지사, 시장·군수등 또는 토지주택공사등과 협의한 후 이를 사업시행 계획서에 반영하여야 한다.

법 §43의5① 전단에 따른 임대주택은 시·도지사, 시장·군수등, 토지주택공사등의 순서로 인수할 수 있음(영 §38의6①).

위 제1항에 따른 임대주택의 인수 절차와 방법 등에 관하여는 영 §33②[10] 및 §41②·③[11] 을 준용함(동조 제2항).

법 §43의5①에 따라 "시·도조례로 정하는 비율"은 50/100으로 함(소규모주택정비조례 §44의4①).

○ **제2항**

시장·군수등 또는 토지주택공사등이 관리지역에서 §17③ 또는 §18①에 따라 공동 또는 단독으로 소규모주택정비사업을 시행하는 경우 사업시행자는 제1항에도 불구하고 변경된 용도지역에서의 용적률에서 종전의 용도지역의 용적률을 뺀 용적률의 15/100 이상 30/100 이하의 범위에서 시·도 조례로 정하는 비율 이상이 되도록 임대주택을 건설하여야 한다.

---

10. 영 제33조(공공지원민간임대주택의 인수절차 및 가격 등) ② 공공지원민간임대주택의 인수계약 체결을 위한 사전협의, 인수계약의 체결, 인수대금의 지급방법 등 필요한 사항은 인수자(법 §34⑤에 따른 국토부장관, 시장·군수등 또는 토지주택공사등을 말한다)가 따로 정하는 바에 따른다. <개정 18.7.16>
11. 제41조(임대주택 건설에 따른 특례) ② 시·도지사는 사업시행자가 법 §30에 따른 사업시행계획서를 작성하기 전까지 법 §49②에 따른 인수자(이하 이 조에서 "인수자")가 정해지지 않은 경우에는 국토부장관에게 인수자 지정을 요청해야 한다. <신설 19.10.22>
③ 국토부장관은 제2항에 따라 시·도지사로부터 인수자 지정 요청을 받은 경우에는 30일 이내에 인수자를 지정하여 시·도지사에게 통보해야 하며, 시·도지사는 지체 없이 이를 시장·군수등에게 알려 그 인수자와 공공임대주택의 공급에 관하여 협의하게 해야 한다. <신설 19.10.22, 22.8.2>

제2항은 민간사업시행자인 소규모주택정비조합이 아닌 공공/참여 소규모주택정비사업시행자가 관리계획을 수립하는 경우(거점사업시행자)의 임대주택 건설 비율을 정하고 있음.

— **서울시 관리지역에서의 임대주택의 공급비율**

법 §43의5②에 따라 "시도 조례로 정하는 비율"은 30/100으로 함(소규모주택정비조례 §44의4②).

관리지역에서 토지보상법을 준용하지 않은 가로주택정비사업의 사업시행자가 토지보상법을 준용하여 세입자 손실보상을 하는 경우 위 임대주택 공급 비율(50/100)을 최대 30/100까지 완화하여 적용할 수 있으며, 그 구체적인 기준은 시장이 따로 정함(동조 제3항).

이 규정은 22.10.17 신설되었음.

○ 제3항

제1항에 따른 임대주택의 공급가격은 「공공주택특별법」 §50의4에 따라 국토부장관이 고시하는 공공건설임대주택의 표준건축비로 하며, 부속토지는 시·도지사, 시장·군수등 또는 토지주택공사등에게 기부채납한 것으로 본다.

00.7.27 제정된 공공건설임대주택 표준건축비는 8차 개정을 통해 23.2.1(국토부고시 제2023-64호) 시행됨.

— **공공건설임대주택 표준건축비**

(단위 : 천원/㎡)

구분(주거전용면적기준)		건축비 상한가격 (주택공급면적에 적용)
5층 이하 5층 이하	40㎡ 이하	1,126.7
	40㎡ 초과 ~ 50㎡ 이하	1,145.2
	50㎡ 초과 ~ 60㎡ 이하	1,109.5
	60㎡ 초과	1,120.8

	40㎡ 이하	1,209.8
6~10층 이하	40㎡ 초과 ~ 50㎡ 이하	1,226.1
	50㎡ 초과 ~ 60㎡ 이하	1,188.5
	60㎡ 초과	1,192.3
	40㎡ 이하	1,143.0
11~20층 이하	40㎡ 초과 ~ 50㎡ 이하	1,154.1
	50㎡ 초과 ~ 60㎡ 이하	1,119.3
	60㎡ 초과	1,118.8
	40㎡ 이하	1,162.6
21층 이상	40㎡ 초과 ~ 50㎡ 이하	1,173.8
	50㎡ 초과 ~ 60㎡ 이하	1,139.2
	60㎡ 초과	1,138.4

* 주택공급면적이란 「주택공급에 관한 규칙」 §21⑤에 따른 공급면적 중 그 밖의 공용면적을 제외한 면적을 말하며 표준건축비에는 부가가치세가 포함되었음.

— 개정된 표준건축비 적용시점

23년 개정안 고시 이후 최초로 입주자모집공고의 승인을 신청하는 분(국가·지방자치단체·토지주택공사 또는 지방공사인 경우에는 입주자모집공고를 말함) 또는 분양전환에 관한 승인을 신청하는 분(공공건설임대주택의 분양전환가격을 산정하는 경우를 말함)부터 적용한다.

○ 제4항

제1항부터 제3항까지의 규정에 따라 인수된 주택은 대통령령으로 정하는 임대주택으로 활용하여야 한다. 이 경우 주택의 인수를 위한 절차와 방법 등에 필요한 사항은 대통령령으로 정한다.

법 §43의5④ 전단에서 "대통령령으로 정하는 임대주택"이란 「공공주택특별법시행령」 §2①2·제3호·제3호의2 및 제4호의 국민임대주택·행복주택·통합공공임대주택 및 장기전세주택을 말함(영 §38의6③).

후단의 "주택의 인수를 위한 절차와 방법 등에 필요한 사항을 대통령령으로 정한다."고 규정하고 있으나 입법화되지 못함.

■ 법 제43조의6(소규모주택정비 관리지역의 해제 등)

영 없음.

소규모주택정비사업의 추진상황으로 보아 관리계획의 수립 목적을 달성하였거나 달성할 수 없다고 인정하는 경우 등에 대하여 소규모주택정비 관리지역을 해제할 수 있는 절차를 신설하여 23.10.19부터 효력 발생됨.

□ 개정 연혁

[시행 23.10.19] [법률 제19385호, 23.4.18 일부개정]

제43조의6(소규모주택정비 관리지역의 해제 등) ① 시·도지사는 다음 각 호의 어느 하나에 해당하는 경우에는 §43의2③에 따른 심의를 거쳐 관리지역을 해제할 수 있다.

1. 소규모주택정비사업의 추진상황으로 보아 관리계획의 수립 목적을 달성하였다고 인정하는 경우.

2. §43의2④에 따라 관리계획을 고시한 날부터 3년 이내에 §18 또는 §19에 따른 사업시행자의 지정, §22에 따른 주민합의체 구성의 신고 또는 §23에 따른 조합설립인가의 신청이 없는 경우 등 관리계획의 수립 목적을 달성할 수 없다고 인정하는 경우.

3. 시장·군수등이 제2항에 따라 관리지역의 해제를 요청한 경우.

② 시장·군수등은 제1항제1호 또는 제2호에 해당하는 경우에는 시·도지사에게 관리지역의 해제를 요청할 수 있다.

③ 제1항에 따라 관리지역을 해제하려는 시·도지사는 §43의2③에 따른 심의 전에 14일 이상 지역 주민에게 공람하여 의견을 수렴하여야 한다.

④ 제1항부터 제3항까지에 따라 관리지역이 해제된 경우 관리계획 결정의 효력은 상실된 것으로 본다.

⑤ 제1항부터 제3항까지에 따라 관리지역을 해제하는 경우 주민합의체 구성, 조합의 설립 또는 사업시행자 지정에 동의한 토지등소유자의 과반수가 해당 소규모주택정비사업을 계속 시행하기를 원하는 사업시행구역에서는 이 법 또는 관계 법률에 따른 종전의 지정·인가·허가·승인·신고·등록·협의·동의·심사 등(이하 이 조에서 "인가등")이 유효한 것으로 본다. 이 경

우 시장·군수등 또는 사업시행자는 종전의 인가등을 변경하여야 한다.

⑥ 시·도지사는 제1항부터 제3항까지에 따라 관리지역을 해제한 경우에는 지체 없이 해당 지방자치단체의 공보에 고시하여야 하며, 이를 국토부장관에게 보고하여야 한다.

부 칙 <법률 제19385호, 23.4.18>

제1조(시행일) 이 법은 공포 후 6개월이 경과한 날부터 시행한다.

☐ 법 제43조의6(소규모주택정비 관리지역의 해제 등)제1항

시·도지사는 다음 각 호의 어느 하나에 해당하는 경우에는 §43의2③에 따른 심의를 거쳐 관리지역을 해제할 수 있다.

1. 소규모주택정비사업의 추진상황으로 보아 관리계획의 수립 목적을 달성하였다고 인정하는 경우.
2. §43의2④에 따라 관리계획을 고시한 날부터 3년 이내에 §18 또는 §19에 따른 사업시행자의 지정, §22에 따른 주민합의체 구성의 신고 또는 §23에 따른 조합설립인가의 신청이 없는 경우 등 관리계획의 수립 목적을 달성할 수 없다고 인정하는 경우.
3. 시장·군수등이 제2항에 따라 관리지역의 해제를 요청한 경우.

관리지역의 지정 목적을 달성하였거나 달성할 수 없다고 인정되는 경우 시·도지사가 관리지역을 해제할 수 있도록 요건 및 절차를 규정하고 있음.

○ 제2항 내지 제6항

시장·군수등은 제1항제1호 또는 제2호에 해당하는 경우에는 시·도지사에게 관리지역의 해제를 요청할 수 있다(본조 제2항).

위 제1항제1호, 제2호에 해당하면 시장, 군수 등은 시, 도지사에게 관리지역의 해제 요청이 가능함.

제1항에 따라 관리지역을 해제하려는 시·도지사는 §43의2③에 따른 심의 전에 14일 이상 지역 주민에게 공람하여 의견을 수렴하여야 한다(본조 제3항).

제1항부터 제3항까지에 따라 관리지역이 해제된 경우 관리계획 결정의 효력은 상실된 것으로 본다(본조 제4항).

제1항부터 제3항까지에 따라 관리지역을 해제하는 경우 주민합의체 구성, 조합의 설립 또는 사업시행자 지정에 동의한 토지등소유자의 과반수가 해당 소규모주택정비사업을 계속 시행하기를 원하는 사업시행구역에서는 이 법 또는 관계 법률에 따른 종전의 지정·인가·허가·승인·신고·등록·협의·동의·심사 등(이하 이 조에서 "인가등")이 유효한 것으로 본다. 이 경우 시장·군수 등 또는 사업시행자는 종전의 인가등을 변경하여야 한다(본조 제5항).

시·도지사는 제1항부터 제3항까지에 따라 관리지역을 해제한 경우에는 지체없이 해당 지방자치단체의 공보에 고시하여야 하며, 이를 국토부장관에게 보고하여야 한다(본조 제6항).

23.4.18 신설되어 23.10.19 효력 발생됨.

관리지역의 지정 시 시장·군수등이 시·도지사에게 승인을 신청하고, 시·도지사는 주민공람 후 도시계획위원회의 심의를 거쳐 승인하여야 하지만, 관리지역 지정 후 관리지역을 해제할 수 있는 절차가 없었음.

또한, 관리지역의 지정 유지가 곤란한 지역에서 관리지역 지정이 유지될 경우 주거지역 간 종상향에 따른 용적률 특례가 계속 적용되면 다른 개발행위 시 문제점이 발생할 수 있어, 관리지역의 해제 절차를 신설하게 된 것으로 보임.

■ 법 제44조(보조 및 융자)

영 없음, 조례 §45, 조례 §46, 조례 시행규칙 §13~§17

□ 개정 연혁

[시행 18.2.9] [법률 제14569호, 17.2.8 제정]

제44조(보조 및 융자) 지방자치단체는 시장·군수등이 아닌 사업시행자가 시행하는 빈집정비사업 또는 소규모주택정비사업에 드는 비용의 일부를 보조 또는 출자·융자하거나 융자를 알선할 수 있다.

부칙

제1조(시행일) 이 법은 공포 후 1년이 경과한 날부터 시행한다(효력발생시기 18.2.9).

[시행 21.10.14][법률 제18049호, 21.4.13, 일부개정]

제44조(보조 및 융자) ① 시·도지사는 시장, 군수, 자치구의 구청장 또는 토지주택공사등이 시행하는 다음 각 호의 어느 하나에 해당하는 비용의 전부 또는 일부를 보조하거나 융자할 수 있다. <신설 21.4.13>

1. §4에 따른 빈집정비계획 수립 비용
2. §5에 따른 실태조사 비용
3. §9에 따른 빈집정비사업 비용
4. §43에 따른 정비기반시설 또는 공동이용시설의 설치 비용

② 시·도지사, 시장·군수 또는 자치구의 구청장은 시장·군수등이 아닌 사업시행자가 시행하는 빈집정비사업 또는 소규모주택정비사업에 드는 비용의 일부를 보조 또는 출자·융자하거나 융자를 알선할 수 있다. <개정 21.4.13>

부 칙 <법률 제18049호, 21.4.13>

제1조(시행일) 이 법은 공포 후 6개월이 경과한 날부터 시행한다.

시·도지사는 시장, 군수, 자치구 구청장 또는 토지주택공사등이 시행하는 빈집정비계획 수

립과 실태조사, 빈집정비사업 등에 필요한 비용을 보조·융자할 수 있도록 함.

[시행 21.10.14] [법률 제18314호, 21.7.20, 일부개정]

제44조(보조 및 융자) ① 국가 또는 시·도지사는 §43의2③에 따라 승인·고시된 관리계획에 따라 시장, 군수, 자치구의 구청장 또는 토지주택공사등이 설치하는 정비기반시설 또는 공동이용시설 설치 비용의 전부 또는 일부를 보조하거나 융자할 수 있다. <신설>

▶ 국가 또는 시·도지사는 소규모주택정비 관리계획에 따라 시장, 군수, 자치구 구청장 또는 토지주택공사등이 설치하는 정비기반시설 또는 공동이용시설 설치에 드는 비용의 전부 또는 일부를 보조하거나 융자할 수 있도록 함.

② 앞과 같음.

③ 시·도지사는 시장, 군수, 자치구의 구청장 또는 토지주택공사등이 시행하는 다음 각 호의 어느 하나에 해당하는 비용의 전부 또는 일부를 보조하거나 융자할 수 있다.

1. §4에 따른 빈집정비계획 수립 비용
2. §5에 따른 실태조사 비용
3. §9에 따른 빈집정비사업 비용
4. §43에 따른 정비기반시설 또는 공동이용시설의 설치 비용

▶ 종전 제1항이 제2항으로 이동

부 칙 <법률 제18314호, 21.7.20>

제1조(시행일) 이 법은 공포 후 2개월이 경과한 날부터 시행한다. 다만, 법률 제18049호 소규모주택정비법 일부개정법률 §44의 개정규정은 21.10.14부터 시행한다.

종전 법에서는 관리계획의 고시절차는 국토부장관에 보고(제3항)와 고시(제4항)로 구분되어 있었음.

23.4.13 개정법에서는 제3항과 제4항을 통합한 법 §43의2④으로 개정됨(즉, 법 §43의2⑤→§43의2④).

□ 법 제44조(보조 및 융자) 제1항 내지 제3항

국가 또는 시·도지사는 §43의2④에 따라 승인·고시된 관리계획에 따라 시장, 군수, 자치구 구청장 또는 토지주택공사등이 설치하는 정비기반시설 또는 공동이용시설 설치 비용의 전부 또는 일부를 보조하거나 융자할 수 있다(본조 제1항).

시·도지사, 시장·군수 또는 자치구 구청장은 시장·군수등이 아닌 사업시행자가 시행하는 빈집정비사업 또는 소규모주택정비사업에 드는 비용의 일부를 보조 또는 출자·융자하거나 융자를 알선할 수 있다(본조 제2항).

시·도지사는 시장, 군수, 자치구 구청장 또는 토지주택공사등이 시행하는 다음 각 호의 어느 하나에 해당하는 비용의 전부 또는 일부를 보조하거나 융자할 수 있다(본조 제3항).
  1. §4에 따른 빈집정비계획 수립 비용
  2. §5에 따른 실태조사 비용
  3. §9에 따른 빈집정비사업 비용
  4. §43에 따른 정비기반시설 또는 공동이용시설의 설치 비용

21.10.14 법 개정, 시행으로 국가 또는 시·도지사는 시장, 군수, 자치구 구청장 또는 토지주택공사등은 §43의4②에 따라 승인·고시된 관리계획에 따라 정비기반시설 또는 공동이용시설 설치에 드는 비용의 전부 또는 일부를 보조하거나 융자할 수 있도록 함.

▲ 서울시 사업비 보조 및 융자
소규모주택정비조례 §45, §46/조례 시행규칙 §13~§17.

① 사업비의 보조 등
시장은 법 §44에 따라 빈집정비사업 또는 소규모주택정비사업을 시행하는 구청장이 아닌 사업시행자에게 다음 각 호의 사항에 필요한 비용의 각 50% 이내에서 보조할 수 있음(§45①).

1. 주민 이주비 융자에 따른 이자.

2. 빈집의 개량비용.

3. 도시경관 향상을 위한 설계 개선비용.

시장은 빈집정비사업 또는 소규모주택정비사업을 시행하는 구청장에게 다음 각 호의 사항에 필요한 비용의 각 50% 이내에서 보조할 수 있음(동조 제2항).

1. 기초조사비(다만, 기초조사비에 포함되는 항목 중 사업분석 비용은 전액을 보조할 수 있다).

2. 정비기반시설 및 임시거주시설의 사업비.

3. 빈집의 안전조치에 소요되는 비용.

4. 빈집정비계획, 빈집실태조사 등 빈집정비사업에 소요되는 비용.

시장은 법 §43의2에 따른 관리계획의 수립에 소요되는 비용의 70% 범위에서 「서울시 지방보조금 관리조례」 §4[12]에 따라 구청장에게 보조할 수 있음(동조 제3항).

② 사업비의 융자 등

시장은 법 §44에 따라 빈집정비사업 또는 소규모주택정비사업을 시행하는 자에게 다음 각 호의 사항에 필요한 비용의 각 60% 이내에서 융자하거나 융자를 알선할 수 있음. 이 경우 토지주택공사등과 공동으로 시행하는 경우에는 80%까지 융자하거나 융자를 알선할 수 있음 (§46①).

1. 기초조사비.

2. 정비기반시설 및 임시거주시설의 사업비.

3. 세입자 보상비.

4. 주민 이주비.

5. 주민합의체 및 조합의 운영자금.

---

12. 서울시 지방보조금 관리조례[시행 23.5.22] [조례 제8750호, 23.5.22 일부개정]
    제4조(차등보조율의 적용) ① 시장은 필요하다고 인정되는 지방보조사업에 대해서는 해당 자치구의 재정 사정 등을 고려하여 차등보조율을 적용할 수 있다.
    ② 제1항의 차등보조율과 적용대상이 되는 자치구의 범위 및 적용기준 등은 규칙으로 정한다.

6. 설계비 등 용역비.

7. 건축공사비.

융자 한도는 제1항에서 정하는 범위 안에서 다음 각 호의 기준에 따라 융자할 수 있음(동조 제2항).

1. 융자금에 대한 대출 이율은 한국은행의 기준금리를 고려하여 정책자금으로서의 기능을 유지하는 수준에서 시장이 정하되, 주민합의체·조합의 운영자금 및 용역비 등 융자 비목에 따라 대출이율을 차등 적용할 수 있다.

2. 사업시행자는 사업의 준공인가 신청 전에 융자금을 상환하여야 한다.

빈집정비사업 또는 소규모주택정비사업의 사업시행자는 다음 각 호의 어느 하나에 해당하는 경우 시장에게 융자를 신청할 수 있음(동조 제3항).

1. 빈집정비사업에서 빈집 소유자가 직접 시행하거나 법 §10① 각 호에 해당하는 자와 공동으로 시행하는 경우: 빈접정비계획에 따라 시행되는 빈집정비사업.

2. 소규모주택정비사업에서 토지등소유자가 직접 시행하거나 법 §17① 각 호의 어느 하나에 해당하는 자와 공동으로 시행하는 경우: 토지등소유자의 전원 합의.

3. 소규모주택정비사업에서 조합이 직접 시행하거나 해당 조합이 조합원의 과반수 동의를 받아 법 §17① 각 호의 어느 하나에 해당하는 자와 공동으로 시행하는 경우: 조합 총회의 의결.

제3항에 따른 융자를 신청할 경우 다음 각 호의 내용이 포함된 운영규정 또는 정관(사업시행자가 토지등소유자인 경우 주민합의서)을 제출하여야 함(동조제4항).

1. 융자금액 상환에 관한 사항.

2. 융자 신청 당시 담보 등을 제공한 조합장(사업시행자가 토지등소유자인 경우 주민합의체 대표자) 등이 변경될 경우 채무 승계에 관한 사항.

제1항부터 제4항까지 정한 것 이외에 융자에 관하여 필요한 사항은 규칙으로 정함(동조 제5항).

■ 법 제48조(건축규제의 완화 등에 관한 특례)

영 §40의2, 조례 §49의2, 조례 §50

민간시행자가 관리지역에서 추진하는 소규모주택정비사업의 경우에도 서로 연접한 사업시행구역을 하나의 사업시행구역으로 통합하여 시행할 수 있도록 통합시행의 적용을 확대함.

이에 따라 공급해야 하는 공공임대주택 비율을 전체 20/100 미만의 범위에서 시·도 조례로 정하는 비율 이상으로 규정함.

□ 개정 연혁

[시행 21.9.21] [법률 제18314호, 21.7.20, 일부개정]

제48조(건축규제의 완화 등에 관한 특례) ⑤ 시장·군수등 또는 토지주택공사 등은 관리지역에서 거점사업을 시행하는 경우 대통령령으로 정하는 바에 따라 서로 연접한 사업시행구역을 하나의 사업시행구역으로 통합하여 시행할 수 있다. <신설>

➡ 민간시행자가 아닌 시장·군수등 또는 토지주택공사등에 한해, 연접한 사업시행구역을 하나의 사업시행구역으로 통합하여 시행할 수 있도록 함.

⑥ 제5항에 따라 서로 연접한 사업시행구역을 하나의 사업시행구역으로 통합하여 시행하는 경우에는 §49①에 따른 공공임대주택의 임대주택 비율을 해당사업시행구역마다 적용하지 아니하고 전체 사업시행구역의 전부 또는 일부를 대상으로 통합하여 적용할 수 있다. <신설>

부 칙 <법률 제18314호, 21.7.20>
제1조(시행일) 이 법은 공포 후 2개월이 경과한 날부터 시행한다.

[시행 23.10.19] [법률 제19385호, 23.4.18 일부개정]

제48조(건축규제의 완화 등에 관한 특례) ⑤ 사업시행자는 관리지역에서 소규모주택정비사업을 시행하는 경우 대통령령으로 정하는 바에 따라 서로 연접한 사업시행구역을 하나의 사업시행구역으로 통합하여 시행할 수 있다. 이 경우 공공임대주택 또는 공공지원민간임대주택을 임대

주택 비율(건축물의 전체 연면적 대비 임대주택 연면적의 비율 또는 전체 세대수 대비 임대주택 세대수의 비율을 의미함. 이하 §49에서 같다)이 20/100 미만의 범위에서 시·도 조례로 정하는 비율 이상이 되도록 공급하여야 한다. <신설 21.7.20, 23.4.18>

⑥ 제5항에 따라 서로 연접한 사업시행구역을 하나의 사업시행구역으로 통합하여 시행하는 경우에는 §49①에 따른 공공임대주택의 임대주택 비율을 해당 사업시행구역마다 적용하지 아니하고 전체 사업시행구역의 전부 또는 일부를 대상으로 통합하여 적용할 수 있다. <신설 21.7.20>

➡ 민간시행자가 관리지역에서 추진하는 소규모주택정비사업의 경우에도 서로 연접한 사업시행구역을 하나의 사업시행구역으로 통합하여 시행할 수 있도록 통합시행의 적용을 확대하고, 이에 따라 공급해야 하는 공공임대주택 등의 비율을 전체 20/100 미만의 범위에서 시도 조례로 정하는 비율 이상으로 규정함.

부 칙 <제19385호, 23.4.18>

제1조(시행일) 이 법은 공포 후 6개월이 경과한 날부터 시행한다.

□ 법 제48조(건축규제의 완화 등에 관한 특례) 제1항

사업시행자는 자율주택정비사업(「도시재생법」 §2①6 나목에 따른 근린재생형 활성화계획에 따라 시행하거나 빈집밀집구역, 관리지역에서 시행하는 경우 또는 시·도 조례로 정하는 경우로 한정한다), 가로주택정비사업, 소규모재건축사업, 소규모재개발사업 또는 취약주택정비사업의 시행으로 건설하는 건축물에 대하여 다음 각 호의 어느 하나에 해당하는 사항은 대통령령으로 정하는 범위에서 지방건축위원회의 심의를 거쳐 그 기준을 완화받을 수 있다.

1. 「건축법」 §42에 따른 대지의 조경기준.
2. 「건축법」 §55에 따른 건폐율의 산정기준(경사지에 위치한 가로구역으로 한정한다).
3. 「건축법」 §58에 따른 대지 안의 공지기준.
4. 「건축법」 §60 및 §61에 따른 건축물의 높이 제한.
5. 「주택법」 §35①3 및 제4호에 따른 부대·복리시설의 설치기준.

6. 제1호부터 제5호까지에서 규정한 사항 외에 사업의 원활한 시행을 위하여 대통령령[13]으로 정하는 사항.

─ 지방건축위원회 심의에 의한 건축규제 완화 특례

자율주택정비사업(관리지역에서 시행하는 경우, 도시재생법에 따른 빈집밀집구역 또는 시도 조례로 정하는 경우)[14] 서울시는 소규모주택정비조례 §49①에서 그 범위를 정하고 있음, 가로주택정비사업, 소규모재건축·재개발사업 또는 취약주택정비사업에 대해 지방건축위원회의 심의로 아래와 같이 건축규제 완화 특례를 둠.

법 §48① 각 호 외의 부분에서 "대통령령으로 정하는 범위"란 다음 각 호의 구분에 따른 범위를 말함(영 §40①).

1. 「건축법」 §42에 따른 대지의 조경기준: 1/2 범위.
2. 「건축법」 §55에 따른 건폐율의 산정기준: 건축면적에서 주차장면적을 제외.
3. 「건축법」 §58에 따른 대지 안의 공지기준: 1/2 범위.
4. 「건축법」 §60에 따른 건축물의 높이 제한 기준: 1/2 범위.
5. 「건축법」 §61②1에 따른 건축물(7층 이하의 건축물과 소규모주택정비 관리지역에 위치하는 15층 이하의 건축물로 한정)의 높이 제한 기준: 1/2 범위5의2. 「건축법」 §61②2에 따른 건축물(소규모주택정비 관리지역에 위치하는 건축물로 한정)의 높이 제한기준: 같은 법 시행령 §86③2 가목 및 나목에도불구하고 같은 목에 따라 건축조례로 정할 때 적용되는 같은 목에 따른 거리의 하한 기준 이상.
6. 「주택법」 §35①3 및 제4호에 따른 부대·복리시설의 설치기준.
    가. 「주택법」 §2-16 가목의 어린이놀이터의 설치기준: 「주택건설기준 등에

---

13. **소규모주택정비법 시행령**
    제40조(건축규제의 완화 등에 관한 특례) ② 법 §48①6에서 "대통령령으로 정하는 사항"이란 「주택건설기준 등에 관한 규정」 §6②2에 따른 단지안의 시설 설치기준을 말한다. 이 경우 「주택건설기준 등에 관한 규정」 §6②2에 따른 단지안의 시설 설치기준에도 불구하고 폭 6미터 이상인 일반도로에 연접하여 주택을 「건축법 시행령」 별표1 제3호에 따른 제1종 근린생활시설과 복합건축물로 건설할 수 있다.

14. 서울시는 소규모주택정비조례 §49①에서 그 범위를 정하고 있음.

관한 규정」 §55의2⑦2 다목의 적용배제.

나. 「주택법」 §2-14의 복리시설의 설치기준: 같은 법 §35①4 및 「주택건설기준 등에 관한 규정」에 따른 복리시설별 설치기준에도 불구하고 설치 대상 복리시설(어린이놀이터는 제외한다)의 면적 합계 범위에서 필요한 복리시설을 설치할 수 있다.

○ 제2항

사업시행자는 소규모주택정비사업 시행구역 내 건축물 또는 대지의 일부에 다음 각 호의 어느 하나에 해당하는 시설을 설치하는 경우에는 국토계획법 §78에 따라 해당 지역에 적용되는 용적률에 그 시설에 해당하는 용적률을 더한 범위에서 시도 조례로 정하는 용적률을 적용받을 수 있다. 이 경우 용적률의 산정방법 등에 관한 사항은 대통령령으로 정한다.

1. 정비기반시설.
2. 공동이용시설.
3. 주택법 §2-14에 따른 복리시설로서 대통령령으로 정하는 공동시설.

위 호에서 "대통령령으로 정하는 공동시설"이란 「주택건설기준 등에 관한 규정」 §2-3의 주민공동시설을 말함(영 §40③).

─ 정비기반시설·공동이용시설 설치에 따른 용적률 산정방법

법 §48② 후단에 따른 용적률의 산정방법은 다음 각 호와 같음(영 §40④).

1. 법 §48②1에 따른 시설을 설치하는 경우

해당 지역에 적용되는 용적률의 200% 이하의 범위에서 해당 시설의 면적이 해당 사업시행구역의 전체 면적에서 차지하는 비율을 기준으로 시도 조례가 정하는 바에 따라 산정.

2. 법 §48②2, 3에 따른 시설을 설치하는 경우

해당 지역에 적용되는 용적률에 해당 시설의 용적률을 더한 범위에서 해당 시설의 건축 연면적이 해당 사업시행구역의 전체 건축 연면적에서 차지하는 비율을 기준으로 시도 조례가 정하는 바에 따라 산정.

— 서울시 용적률 산정 방법

영 §40④1, 2에 따라 "시도 조례로 정하는 용적률"의 산정방법은 다음 각 호와 같음(소규모주택정비조례 §49②).

1. 법 §48②1에 따른 시설을 설치하는 경우: (1+1.3α)×「서울시 도시계획조례」 §55에 따른 용적률, 여기서 α란 공공시설부지로 제공한 후의 대지면적 대 공공시설부지로 제공하는 면적의 비율을 말하며, 이 경우 관리지역 외 및 소규모재개발사업의 사업시행구역에서는 각각, 「국토계획법」 §78 및 관계 법령에 따른 용적률의 상한을 초과하여 적용받을 수 없다.

2. 법 §48②2, 3에 따른 시설을 설치하는 경우: 「서울시 도시계획조례」 §55에 따른 용적률에 공동이용시설 등에 해당하는 용적률을 더한 용적률로 하되, 「국토계획법」 §78 및 관계 법령에 따른 용적률의 상한을 초과하여 적용받을 수 없다.

○ 제3항

시장·군수등은 사업시행자가 빈집정비사업 또는 소규모주택정비사업의 시행으로 건설하는 건축물에 대하여 대통령령으로 정하는 범위에서 「주차장법」 §2-1에 따른 주차장을 사용할 수 있는 권리(이하 "주차장 사용권")를 확보하는 경우 그에 상응하는 범위에서 주차장 설치기준을 완화할 수 있다.

— 주차장 설치기준의 완화

구청장은 법 §48③에 따라 빈집정비사업 또는 소규모주택정비사업의 시행으로 건설하는 건축물에 대하여 다음 각 호의 어느 하나에 해당하는 주차장을 사용할 수 있는 권리를 다음 각 호의 구분에 따른 비율 미만으로 확보하는 경우 그에 상응하는 범위에서 주차장 설치기준(주차장법에 따라 해당 건축물에 설치해야 하는 부설주차장의 주차단위구획 총수를 말함. 이하 이 조에서 같음)을 완화할 수 있다. 이 경우 주차장을 사용할 수 있는 권리를 확보하는 주차단위구획의 총수는 주차장 설치기준의 50/100 미만이어야 함(영 §40⑤).

1. 특별시장, 광역시장, 시장·군수등 또는 토지주택공사등이 직접 또는 위탁하여

관리·운영하는 주차장으로서 그 위치가 사업시행구역 안인 경우(도시재생법 §2①5에 따른 도시재생활성화지역에서 시행하는 빈집정비사업 또는 소규모주택정비사업인 경우에는 같은 항 제6호에 따른 도시재생활성화계획에 따라 설치되어 주차장의 위치가 사업시행구역 밖인 경우를 포함한다)

➡ 주차장 설치기준의 50/100.

 2. 주차장의 위치가 「주차장법 시행령」 §7② 각 호의 어느 하나에 해당하는 경우.

➡ 주차장 설치기준의 30/100.

○ 제4항

제3항에 따른 주차장 사용권의 확보를 위한 방법 및 절차, 비용의 산정기준 및 감액기준 등에 필요한 사항은 시도 조례로 정한다.

― 서울시의 경우

③ 법 §48③, ④에 따라 영 §40⑤ 각 호의 요건을 충족하는 노상 및 노외주차장(이하 "주차장")의 사용권 확보를 위한 방법은 해당 주차장의 설치에 드는 비용을 시장 또는 구청장에게 납부하는 방법으로 함(소규모주택정비조례§49③).

제3항에 따라 주차장 사용권을 확보하는 경우 주차장의 설치비용은 다음 각 호의 방법으로 산정함(동조 제4항).

 1. 주차장 설치비용의 총액은 해당 주차장의 주차구획 1면당 설치비용에 설치의무를 면제할 주차장의 주차대수를 곱하여 산정한다.

 2. 주차구획 1면당 설치비용은 해당 주차장 중 주차에 사용되는 총 설치비용(토지가액과 건축비를 포함한다)을 총 주차구획 수로 나누어 산정한다.

 3. 토지가액은 「부동산 가격공시에 관한 법률」 제3조제8항의 토지가격비준표에 따라 산정하되, 구청장이 필요하다고 인정하는 경우에는 「감정평가 및 감정평가사에 관한 법률」에 따른 감정평가법인등이 6개월 이내에 평가한 가액으로 할 수 있다.

4. 건축비는 해당 주차장의 건설에 소요된 건축비(설계비와 감리비를 포함한다)로 한다.

○ 제5항

사업시행자는 관리지역에서 소규모주택정비사업을 시행하는 경우 대통령령으로 정하는 바에 따라 서로 연접한 사업시행구역을 하나의 사업시행구역으로 통합하여 시행할 수 있다. 이 경우 공공임대주택 또는 공공지원민간임대주택을 임대주택 비율(건축물의 전체 연면적 대비 임대주택 연면적의 비율 또는 전체 세대수 대비 임대주택 세대수의 비율을 의미함. 이하 §49에서 같음)이 20/100 미만의 범위에서 시도 조례로 정하는 비율 이상이 되도록 공급하여야 한다.

23.10.19 법 개정, 시행된 조문임.

민간시행자가 관리지역에서 추진하는 소규모주택정비사업의 경우에도 서로 연접한 사업시행구역을 하나의 사업시행구역으로 통합하여 시행할 수 있도록 통합시행[15]의 적용을 확대함.

이에 따라 공급해야 하는 공공임대주택 등의 비율을 전체 20/100 미만의 범위에서 시도 조례로 정하는 비율 이상으로 정하도록 함.

— 소규모주택정비 관리지역에서의 거점사업 통합 시행

구청장 또는 토지주택공사등은 법 §48⑤에 따라 소규모주택정비관리지역에서 서로 연접한 사업시행구역을 하나의 사업시행구역으로 통합하여 가로주택정비사업을 실시할 수 있음(영 §40의2①).

영 §40의2①과 같이 구청장·토지주택공사·서울주택도시공사 등이 공공/참여시행자로서 통합하여 모아타운사업을 시행하는 경우, 서로 연접한 사업시행구역

---

15. **'통합시행'**
소규모주택정비 관리지역에서 소규모주택정비사업을 시행하는 경우, 대통령령으로 정하는 바에 따라 서로 연접한 사업시행구역을 하나의 사업시행구역으로 통합하여 시행하는 것을 의미함(개정 소규모주택정비법 §48⑤ 및 영 §40의2①)

의 토지등소유자는 주민합의체·조합 또는 주민대표회의를 통합하여 구성하거나 설립할 수 있음(동조 제2항).

토지등소유자가 제1항에 따라 주민합의체나 조합을 통합하여 구성하거나 설립하려는 경우에는 연접한 사업시행구역 별로 구분하여 각각 법 §22①에 따른 합의나 법 §23①에 따른 동의 요건을 갖춰야 함(동조 제3항).

위 제2항 및 제3항에서 규정한 사항 외에 서로 연접한 사업시행구역을 하나의 사업시행구역으로 통합하여 시행하는 방법과 절차 등에 관한 세부사항은 시·도 조례로 정함(동조 제4항).

23.4.18 법 개정으로 민간(이해관계자를 포함)도 관리계획 입안 제안이 가능해짐에 따라, 법 시행일인 23.10.19 소규모주택정비법 시행령 §40의2가 시행됨.

※ 23.10.19 개정 시행된 소규모주택정비법 시행령 §40의2

제40조의2(소규모주택정비 관리지역에서의 통합 시행방법 등) ① 사업시행자는 법 §48⑤에 따라 소규모주택정비 관리지역에서 서로 연접한 사업시행구역을 하나의 사업시행구역으로 통합하여 소규모주택정비사업을 시행하려는 경우에는 다음 각 호의 요건을 모두 갖추어야 한다.

1. 연접한 사업시행구역 각각에 대하여 법 §29에 따른 사업시행계획인가를 신청하기 전일 것
2. 통합하여 시행하려는 하나의 사업시행구역이 §3① 각 호의 구분에 따른 요건을 모두 갖출 것.

② 제1항에 따라 통합하여 소규모주택정비사업을 시행하는 경우 서로 연접하는 사업시행구역의 토지등소유자는 주민합의체, 법 §23에 따른 조합, 법 §25②에 따른 주민대표회의 또는 같은 조 제3항에 따른 토지등소유자 전체회의(이하 "주민합의체등")를 통합하여 구성하거나 설립해야 한다. 이 경우 종전의 주민합의체의 대표자 또는 조합은 시장·군수등에게 법 §22⑨에 따른 해산신고 또는 법 §23의2①에 따른 조합의 해산 요청을 해야 하며, 종전의 주민대표회의 및 토지등소유자 전체회의는 해산해야 한다. ③ 제2항에 따라 주민합의체등(법 §25③에 따른 토지등소유자 전체회의는 제외한다)을 통합하여 구성하거나 설립하기 위해 토지등소유자의

동의를 받으려는 경우에는 미리 다음 각 호의 사항을 토지등소유자에게 설명·고지해야 한다.

1. 통합 시행의 필요성
2. 통합 시행 사업의 개요
3. 통합 시행 전까지 소요된 비용
4. 그 밖에 시·도조례로 정하는 사항

④ 제1항부터 제3항까지에서 규정한 사항 외에 서로 연접한 사업시행구역을 하나의 사업시행구역으로 통합하여 시행하는 방법과 절차 등에 관한 세부사항은 시도 조례로 정한다.

[전문개정 23.10.18]

서울시 관리지역에서의 임대주택 공급비율

앞선 설명에서와 같이, 23.4.18 법 개정으로 관리지역에서 민간사업시행자가 추진하는 소규모주택정비사업에도 서로 연접한 사업시행구역을 하나의 사업시행구역으로 통합하여 시행할 수 있게 '통합시행'의 적용대상이 확대됨.

법 §48⑤ 및 영 §40의2④에 따른 통합 시행의 방법, 절차 등에 관하여는 시장이 따로 정하도록 하고, "시도 조례로 정하는 비율"은 10/100으로 함(조례 §49의2).

서울시는 통합개발에 따른 개발이익의 공익적 환수장치를 마련함.[16]

<통합시행에 따른 가로주택정비사업 사업성 비교(예시)>

구분	통합개발	별도개발		비 고
		1단지	2단지	
대지면적(㎡)	18,124	10.563	7,561	
사업부지면적(㎡)	15,763	8,793	6,969	
연면적(㎡)	56,730	31,572	21,856	3,302 ↑
용적률(%)	246.08	200.00	200.00	46.08 ↑

---

16. 서울시 소규모주택정비조례 일부개정 조례안 심사보고서(23.7월 서울시의회 주택공간위원회)에서 발췌

세대수	합계	432	181	141	110 ↑
	분양	345	181	141	23 ↑
	임대	87	0	0	87 ↑

* 자료 : 토지주택공사 (출처: 국토교통위원회, 소규모주택정비법 일부개정법률안 검토보고서, 2022.9, p.33) - 전문위원실 재가공

○ **제6항**

제5항에 따라 서로 연접한 사업시행구역을 하나의 사업시행구역으로 통합하여 시행하는 경우에는 §49①에 따른 공공임대주택의 임대주택 비율을 해당사업시행구역마다 적용하지 아니하고 전체 사업시행구역의 전부 또는 일부를 대상으로 통합하여 적용할 수 있다.

21.7.20 신설된 조문임.

■ 법 제49조(임대주택 건설에 따른 특례)

영 §41(임대주택 건설에 따른 특례), 조례 §50

─ 공공참여 소규모정비사업의 임대주택 인수 순위 변경

토지주택공사등이 단독 또는 공동으로 참여하여 소규모주택정비사업을 시행하는 경우, 건설되는 임대주택을 우선하여 인수할 수 있도록 규정함.

□ 개정 연혁

[시행 18.2.9] [법률 제14569호, 17.2.8 제정]

제49조(임대주택 건설에 따른 특례) ① 사업시행자는 빈집정비사업 또는 소규모주택정비사업의 시행으로 다음 각 호의 임대주택을 건설하는 경우 「국토계획법」§78에 따라 시도 조례로 정한 용적률에도 불구하고 같은 조 및 관계 법령에 따른 용적률의 상한까지 건축할 수 있다. 다만, 전체 연면적 대비 임대주택 연면적의 비율이 20% 이상의 범위에서 대통령령으로 정하는 비율 이상이어야 한다.

1. 공공임대주택
2. 준공공임대주택

➡ 소규모주택정비사업에 따른 공공·준공공 임대주택 건설 시 가로주택정비사업이나 소규모 재건축사업에 대해서도 법적상한용적률을 적용받도록 함.

② 시장·군수등은 사업시행자가 §51①에 따른 임대주택을 다세대주택이나 다가구주택으로 건설하는 경우 주차장 설치기준에 관하여 「주택법」§35에도 불구하고 대통령령으로 정하는 기준을 적용한다.

제56조(도시정비법 준용) 용적률 상한 등에 관하여는 같은 법 §54를 준용한다.

부칙

제1조(시행일) 이 법은 공포 후 1년이 경과한 날부터 시행한다(효력발생시기: 18.2.9).

[시행 19.10.24] [법률 제16387호, 19.4.23, 일부개정]

제49조(임대주택 건설에 따른 특례) ① 사업시행자는 빈집정비사업 또는 소규모주택정비사업의 시행으로 다음 각 호의 임대주택을 건설하는 경우 「국토계획법」 §78에 따라 시도 조례로 정한 용적률에도 불구하고 같은 조 및 관계 법령에 따른 용적률의 상한까지 건축할 수 있다. 이 경우 건축물의 전체 연면적 대비 임대주택 연면적의 비율 또는 전체 세대수 대비 임대주택 세대수의 20% 이상의 범위에서 시도 조례로 정하는 비율 이상이어야 한다.

1. 공공임대주택
2. 준공공임대주택

➡ 빈집정비사업 등의 시행으로 공공임대주택 등을 건설하는 경우 국토계획법 §78에 따라 시도 조례로 정한 용적률에도 불구하고 같은 조 및 관계 법령에 따른 용적률의 상한까지 건축할 수 있는 대상에 전체 세대수 대비 임대주택 세대수의 비율이 일정 비율 이상인 경우를 추가함.

② 사업시행자가 제1항 후단에 따라 전체 세대수의 20% 이상의 범위에서 시·도 조례로 정하는 비율 이상을 임대주택으로 건설하고 용적률을 완화받은 경우 그 임대주택을 국토부장관, 시·도지사, 시장·군수등, 토지주택공사등 또는 주택도시기금이 총지분의 50/100을 초과하여 출자한 「부동산투자회사법」에 따른 부동산투자회사(이하 이 조에서 "인수자")에 공급하여야 한다. <신설>

③ 사업시행자는 다음 각 호의 어느 하나에 해당하는 경우 건축설계가 확정되기 전에 미리 세대면적, 세대수 등 임대주택에 관한 사항을 인수자와 협의한 후 이를 사업시행계획서에 반영하여야 한다. <신설>

1. 공공임대주택을 건설하는 경우
2. 제2항에 따라 임대주택을 공급하는 경우

④ 제2항에 따른 임대주택의 인수가격은 건축비와 부속토지의 가격을 합한 금액을 기초로 산정하되, 사업여건 등을 고려하여 사업시행자와 인수자 간 협의로써 조정할 수 있다. <신설>

⑤ 제2항에 따른 임대주택의 공급 방법·절차, 제4항에 따른 건축비의 산정 및 부속토지의 가격 등에 관한 사항은 대통령령으로 정한다. <신설>

⑥ 시장·군수등은 사업시행자가 제51조제1항에 따른 임대주택을 다세대주택이나 다가구주택으로 건설하는 경우 주차장 설치기준에 관하여 「주택법」 §35에도 불구하고 대통령령으로 정하는 기준을 적용한다. <개정 19.4.23>

제56조(도시정비법 준용) 용적률 상한 등에 관하여는 같은 법 §54를 준용한다.

부 칙 <법률 제16387호, 19.4.23>

제1조(시행일) 이 법은 공포 후 6개월이 경과한 날부터 시행한다.

제4조(임대주택 건설 특례에 관한 적용례) §49의 개정규정은 이 법 시행 후 사업시행계 인가를 신청하는 경우부터 적용한다.

[시행 21.2.19] [법률 제17484호, 20.8.18 일부개정]

제49조(임대주택 건설에 따른 특례) ① 사업시행자는 빈집정비사업 또는 소규모주택정비사업의 시행으로 다음 각 호와 같이 임대주택을 건설하는 경우 「국토계획법」 §78에 따라 시도 조례로 정한 용적률에도 불구하고 다음 각 호에 따른 용적률의 상한까지 건축할 수 있다. <개정 18.1.16, 19.4.23, 20.8.18>

1. 공공임대주택 또는 공공지원민간임대주택을 임대주택 비율(건축물의 전체 연면적 대비 임대주택 연면적의 비율 또는 전체 세대수 대비 임대주택 세대수의 비율을 의미한다. 이하 같다)이 20% 이상의 범위에서 시도 조례로 정하는 비율 이상이 되도록 건설하는 경우: 국토계획법 §78 및 관계 법령에 따른 용적률의 상한.

➡ 1호는 20% 이상 공급하는 경우를 말함.

2. 공공임대주택을 임대주택 비율이 10% 이상 20% 미만이 되도록 건설하는 경우: 임대주택 비율에 비례하여 시·도 조례로 정하는 방법에 따라 산정된 용적률의 상한.

➡ 공공임대주택을 10%이상~ 20% 미만으로 공급하는 경우에도 해당 공공임대주택 공급량에 비례하여 시도 조례로 용적률을 완화할 수 있도록 함.

② 사업시행자가 전체 세대수의 10% 이상을 임대주택으로 건설하고 제1항에 따라 용적률을 완화받은 경우 그 임대주택을 국토부장관, 시·도지사, 시장·군수 등, 토지주택공사등 또는 주택도시기금이 총지분의 50/100을 초과하여 출자한 「부동산투자회사법」에 따른 부동산투자회사(이하 이 조에서 "인수자")에 공급하여야 한다. <신설 19.4.23, 20.8.18>

③ 사업시행자는 다음 각 호의 어느 하나에 해당하는 경우 건축설계가 확정되기 전에 미리 세대면적, 세대수 등 임대주택에 관한 사항을 인수자와 협의한 후 이를 사업시행계획서에 반영하여야 한다. <신설 19.4.23>

1. 공공임대주택을 건설하는 경우.

2. 제2항에 따라 임대주택을 공급하는 경우.

④ 제2항에 따른 임대주택의 인수가격은 건축비와 부속토지의 가격을 합한 금액을 기초로 산정하되, 사업여건 등을 고려하여 사업시행자와 인수자 간 협의로써 조정할 수 있다. <신설 19.4.23, 20.6.9>

⑤ 제2항에 따른 임대주택의 공급 방법·절차, 제4항에 따른 건축비의 산정 및 부속토지의 가격 등에 관한 사항은 대통령령으로 정한다. <신설 19.4.23>

⑥ 시장·군수등은 사업시행자가 §51①에 따른 임대주택을 다세대주택이나 다가구주택으로 건설하는 경우 주차장 설치기준에 관하여 「주택법」 §35에도 불구하고 대통령령으로 정하는 기준을 적용한다. <개정 19.4.23>

제56조(도시정비법 준용) 용적률 상한 등에 관하여는 같은 법 §54를 준용한다.

부 칙 <법률 제17484호, 20.8.18>
이 법은 공포 후 6개월이 경과한 날부터 시행한다.

[시행 21.9.21] [법률 제18314호, 21.7.20, 일부개정]

제49조(임대주택 건설에 따른 특례) ① 사업시행자는 빈집정비사업 또는 소규모주택정비사업의 시행으로 다음 각 호와 같이 임대주택을 건설하는 경우 「국토계획법」 §78에 따라 시도 조례로 정한 용적률에도 불구하고 다음 각 호에 따른 용적률의 상한까지 건축할 수 있다.

1. 공공임대주택 또는 공공지원민간임대주택을 임대주택 비율(건축물의 전체 연면적 대비 임대주택 연면적의 비율 또는 전체 세대수 대비 임대주택 세대수의 비율을 의미한다. 이하 이 항에서 같다)이 20% 이상의 범위에서 시도 조례로 정하는 비율 이상이 되도록 건설하는 경우: 「국토계획법」 §78 및 관계 법령에 따른 용적률의 상한

➡ 종전의 괄호안의 "이하 같다"를 "이하 이항에서 같다"로 개정함.

2. (앞과 같음)

②~⑥ (앞과 같음)

[시행 21.9.21] [법률 제18314호, 21.7.20, 일부개정]

제49조(임대주택 건설에 따른 특례) ① 사업시행자는 빈집정비사업 또는 소규모주택정비사업의 시행으로 다음 각 호와 같이 임대주택을 건설하는 경우 「국토계획법」 §78에 따라 시도 조례로 정한 용적률에도 불구하고 다음 각 호에 따른 용적률의 상한까지 건축할 수 있다.

1. 공공임대주택 또는 공공지원민간임대주택을 임대주택 비율(건축물의 전체연면적 대비 임대주택 연면적의 비율 또는 전체 세대수 대비 임대주택 세대수의 비율을 의미한다. 이하 이 항에서 같다)이 20% 이상의 범위에서 시도 조례로 정하는 비율 이상이 되도록 건설하는 경우: 「국토계획법」 §78 및 관계 법령에 따른 용적률의 상한 종전의 괄호안의 "이하 같다"를 "이하 이항에서 같다"로 개정함.

2. (앞과 같음)

② ~ ⑥ (앞과 같음)

제56조(도시정비법 준용) 용적률 상한 등에 관하여는 같은 법 §54를 준용한다.

부 칙 <법률 제18314호, 21.7.20>

제1조(시행일) 이 법은 공포 후 2개월이 경과한 날부터 시행한다.

[시행 22.1.20] [법률 제18510호, 21.10.19, 일부개정]

제49조(임대주택 건설에 따른 특례) ① 사업시행자는 빈집정비사업 또는 소규모주택정비사업의 시행으로 다음 각 호와 같이 임대주택을 건설하는 경우 「국토계획법」 §78에 따라 시·도 조례로 정한 용적률에도 불구하고 다음 각 호에 따른 용적률의 상한까지 건축할 수 있다.

1. 공공임대주택 또는 공공지원민간임대주택을 임대주택 비율(건축물의 전체 연면적 대비 임대주택 연면적의 비율 또는 전체 세대수 대비 임대주택 세대수의 비율을 의미한다. 이하 이 항에서 같다)이 20% 이상의 범위에서 시도 조례로 정하는 비율 이상이 되도록 건설하는 경우: 「국토계획법」 §78 및 관계 법령에 따른 용적률의 상한(이하 "법적상한용적률").

2. (앞과 같음)

② ~ ⑥ (앞과 같음)

⑦ 제1항에도 불구하고 소규모재건축사업을 시행하는 사업시행자는 「국토계획법」 §78에 따라 시도 조례로 정한 용적률에도 불구하고 제27조에 따른 통합심의를 거쳐 법적상한용적률까

지 건축할 수 있다. 이 경우 사업시행자(§18①1에 따라 소규모재건축사업을 시행하는 경우의 사업시행자는 제외한다)는 법적상한 용적률에서 시도 조례로 정한 용적률을 뺀 용적률의 20/100 이상 50/100 이하로서 시도 조례로 정하는 비율에 해당하는 면적에 국민주택규모 주택을 건설하여 국토부장관, 시·도지사, 시장·군수등 또는 토지주택공사등에 공급하여야 한다. <신설>

⑧ 공공소규모재건축사업을 시행 또는 대행하는 공공시행자등은 법적상한용적률에도 불구하고 §27에 따른 통합심의를 거쳐 법적상한용적률의 120/100까지 건축할 수 있다. <신설>

⑨ 공공시행자등은 제8항에 따라 건축하는 경우 제1항 및 제7항에도 불구하고 법적상한용적률을 초과하는 용적률에서 법적상한용적률을 뺀 용적률의 20/100 이상 50/100 이하로서 시도 조례로 정하는 비율에 해당하는 면적에 국민주택규모 주택을 건설하여 국토부장관, 시·도지사, 시장·군수등 또는 토지주택공사등에 공급하여야 한다. 다만, §18①1에 따라 공공소규모재건축사업을 시행하는 경우에는 그러하지 아니하다. <신설>

⑩ 제7항 및 제9항에 따른 국민주택규모 주택의 공급 및 인수에 관하여는 「도시정비법」 §55를 준용한다. <신설>

▶ 공한국토지주택공사 등 공공이 참여하는 소규모재건축사업에 대해서는 용적률 상향 등 규제를 완화하여 다수의 주택을 신속히 공급할 수 있도록 하는 한편, 증가되는 용적률에 따른 주택의 일부는 공공임대주택으로 기부채납 받고, 원주민 재정착을 위해 지분형주택 공급 등을 함.

제56조(도시정비법 준용) 용적률 상한 등에 관하여는 같은 법 §54를 준용한다.

부 칙 <법률 제18510호, 21.10.19>
이 법은 공포 후 3개월이 경과한 날부터 시행한다.

[시행 22.8.4][법률 제18831호, 22.2.3, 일부개정]
제49조(임대주택 건설에 따른 특례) ① 사업시행자는 빈집정비사업 또는 소규모주택정비사업의 시행으로 다음 각 호와 같이 임대주택을 건설하는 경우 「국토계획법」 §78에 따라 시도 조례로 정한 용적률에도 불구하고 다음 각 호에 따른 용적률의 상한까지 건축할 수 있다. <개정 18.1.16, 19.4.23, 20.8.18, 21.7.20, 21.10.19, 22.2.3>

1. 공공임대주택 또는 공공지원민간임대주택을 임대주택 비율(건축물의 전체 연면적 대비 임대

주택 연면적의 비율 또는 전체 세대수 대비 임대주택 세대수의 비율을 의미한다. 이하 이 조에서 같다)이 20% 이상의 범위에서 시·도조례로 정하는 비율 이상이 되도록 건설하는 경우: 「국토계획법」 §78 및 관계 법령에 따른 용적률의 상한(이하 "법적상한용적률").

    2. 공공임대주택을 임대주택 비율이 10% 이상 20% 미만이 되도록 건설하는 경우: 임대주택 비율에 비례하여 시·도조례로 정하는 방법에 따라 산정된 용적률의 상한.

  ② 사업시행자가 공공임대주택을 임대주택 비율이 10% 이상이 되도록 건설하고 제1항에 따라 용적률을 완화받은 경우 그 공공임대주택을 국토부장관, 시·도지사, 시장·군수등, 토지주택공사등 또는 주택도시기금이 총지분의 50/100을 초과하여 출자한 「부동산투자회사법」에 따른 부동산투자회사(이하 이 조에서 "인수자")에 공급하여야 한다. <신설 19.4.23, 20.8.18, 22.2.3>

  ③ 사업시행자는 다음 각 호의 어느 하나에 해당하는 경우 건축설계가 확정되기 전에 미리 세대면적, 세대수 등 임대주택에 관한 사항을 인수자와 협의한 후 이를 사업시행계획서에 반영하여야 한다. <신설 19.4.23, 22.2.3>

    1. 공공임대주택을 건설하는 경우
    2. 제2항에 따라 공공임대주택을 공급하는 경우

  ④ 제2항에 따른 공공임대주택의 인수가격은 건축비와 부속토지의 가격을 합한 금액을 기초로 산정하되, 사업여건 등을 고려하여 사업시행자와 인수자 간 협의로써 조정할 수 있다. <신설 19.4.23, 20.6.9, 22.2.3>

  ⑤ 제2항에 따른 공공임대주택의 공급 방법·절차, 제4항에 따른 건축비의 산정 및 부속토지의 가격 등에 관한 사항은 대통령령으로 정한다. <신설 19.4.23, 22.2.3>

  ⑥ 시장·군수등은 사업시행자가 §51①에 따른 임대주택을 다세대주택이나 다가구주택으로 건설하는 경우 주차장 설치기준에 관하여 「주택법」 §35에도 불구하고 대통령령으로 정하는 기준을 적용할 수 있다. <개정 19.4.2, 22.2.3>

  ⑦~⑩ 앞과 같음

제56조(도시정비법 준용) 용적률 상한 등에 관하여는 같은 법 §54를 준용한다.

부칙 <법률 제18831호, 22.2.3>
제1조(시행일) 이 법은 공포 후 6개월이 경과한 날부터 시행한다.

[시행 23.10.19][법률 제19385호, 23.4.18 일부개정]

제49조(임대주택 건설에 따른 특례) ① 사업시행자는 빈집정비사업 또는 소규모주택정비사업의 시행으로 다음 각 호와 같이 임대주택을 건설하는 경우 「국토계획법」 §78에 따라 시·군조례로 정한 용적률에도 불구하고 다음 각 호에 따른 용적률의 상한까지 건축할 수 있다. <개정 18.1.16, 19.4.23, 20.8.18, 21.7.20, 21.10.19, 22.2.3, 23.4.18>

  1. 공공임대주택 또는 공공지원민간임대주택을 임대주택 비율(건축물의 전체 연면적 대비 임대주택 연면적의 비율 또는 전체 세대수 대비 임대주택 세대수의 비율을 의미한다. 이하 이 조에서 같다)이 20/100 이상의 범위에서 시·도 조례로 정하는 비율 이상이 되도록 건설하는 경우: 「국토계획법」 §78 및 관계 법령에 따른 용적률의 상한(이하 "법적상한용적률").

  2. 공공임대주택을 임대주택 비율이 10/100 이상 20/100 미만이 되도록 건설하는 경우: 임대주택 비율에 비례하여 시도 조례로 정하는 방법에 따라 산정된 용적률의 상한.

② 사업시행자가 공공임대주택을 임대주택 비율이 10/100 이상이 되도록 건설하고 제1항에 따라 용적률을 완화받은 경우 그 공공임대주택을 국토부장관, 시·도지사, 시장·군수등, 토지주택공사등 또는 주택도시기금이 총지분 50/100을 초과하여 출자한 「부동산투자회사법」에 따른 부동산투자회사(이하 이 조에서 "인수자")에 공급하여야 한다. <신설 19.4.2.3, 20.8.18, 22.2.3, 23.4.18>

  ③~⑥: 앞과 같음

  ⑦ 삭제 <23.4.18>

  ⑧ 삭제 <23.4.18>

  ⑨ 삭제 <23.4.18>

  ⑩ 삭제 <23.4.18>

제56조(도시정비법 준용) 용적률 상한 등에 관하여는 같은 법 §54[17] 를 준용한다.

---

17.   **도시정비법**
    제54조(재건축사업 등의 용적률 완화 및 국민주택규모 주택 건설비율) ① 사업시행자는 다음 각 호의 어느 하나에 해당하는 정비사업(「도시재정비법」 §2-1에 따른 재정비촉진지구에서 시행되는 재개발사업 및 재건축사업은 제외한다. 이하 이 조에서 같다)을 시행하는 경우 정비계획(이 법에 따라 정비계획으로 의제되는 계획을 포함한다. 이하 이 조에서 같다)으로 정하여진 용적률에도 불구하고 지방도시계획위원회의 심의를 거쳐 「국토계획법」 §78 및 관계 법률에 따른 용적률의 상한(이하 이 조에서 "법적상한용적률")까지 건축할 수 있다. <개정 23.7.18>
    1. 「수도권정비계획법」 §6①1에 따른 과밀억제권역에서 시행하는 재개발사업 및 재건축사업(「국토계획법」 §78에 따른 주거지역 및 대통령령으로 정하는 공업지역으로 한정한다. 이하 이 조에서 같다)

부 칙 <제19385호, 23.4.18>

제1조(시행일) 이 법은 공포 후 6개월이 경과한 날부터 시행한다.

민간시행자가 관리지역에서 추진하는 소규모주택정비사업의 경우에도 서로 연접한 사업시행구역을 하나의 사업시행구역으로 통합하여 시행할 수 있도록 통합시행의 적용을 확대하고, 이에 따라 공급해야 하는 공공임대주택 등의 비율을 전체 20/100 미만의 범위에서 시도 조례로 정하는 비율 이상으로 규정함.

2. 제1호 외의 경우 시도 조례로 정하는 지역에서 시행하는 재개발사업 및 재건축사업
② 제1항에 따라 사업시행자가 정비계획으로 정하여진 용적률을 초과하여 건축하려는 경우에는 「국토계획법」§78에 따라 특별시·광역시·특별자치시·특별자치도·시 또는 군의 조례로 정한 용적률 제한 및 정비계획으로 정한 허용세대수의 제한을 받지 아니한다.
③ 제1항의 관계 법률에 따른 용적률의 상한은 다음 각 호의 어느 하나에 해당하여 건축행위가 제한되는 경우 건축이 가능한 용적률을 말한다.
1. 「국토계획법」§76에 따른 건축물의 층수제한
2. 「건축법」§60에 따른 높이제한
3. 「건축법」§61에 따른 일조 등의 확보를 위한 건축물의 높이제한
4. 「공항시설법」§34에 따른 장애물 제한표면구역 내 건축물의 높이제한
5. 「군사기지 및 군사시설 보호법」§10에 따른 비행안전구역 내 건축물의 높이제한
6. 「문화재보호법」§12에 따른 건설공사 시 문화재 보호를 위한 건축제한
7. 그 밖에 시장·군수등이 건축 관계 법률의 건축제한으로 용적률의 완화가 불가능하다고 근거를 제시하고, 지방도시계획위원회 또는 「건축법」§4에 따라 시·도에 두는 건축위원회가 심의를 거쳐 용적률 완화가 불가능하다고 인정한 경우
④ 사업시행자는 법적상한용적률에서 정비계획으로 정하여진 용적률을 뺀 용적률(이하 "초과용적률")의 다음 각 호에 따른 비율에 해당하는 면적에 국민주택규모 주택을 건설하여야 한다. 다만, §제24조제4항 §26①1 및 §27①1에 따른 정비사업을 시행하는 경우에는 그러하지 아니한다. <개정 21.4.13>
1. 과밀억제권역에서 시행하는 재건축사업은 초과용적률의 30/100 이상 50/100 이하로서 시도 조례로 정하는 비율
2. 과밀억제권역에서 시행하는 재개발사업은 초과용적률의 50/100 이상 75/100 이하로서 시도 조례로 정하는 비율
3. 과밀억제권역 외의 지역에서 시행하는 재건축사업은 초과용적률의 50/100 이하로서 시도 조례로 정하는 비율
4. 과밀억제권역 외의 지역에서 시행하는 재개발사업은 초과용적률의 75/100 이하로서 시도 조례로 정하는 비율

☐ 법 제49조(임대주택 건설에 따른 특례) 제1항

 사업시행자는 빈집정비사업 또는 소규모주택정비사업의 시행으로 다음 각 호와 같이 임대주택을 건설하는 경우 「국토계획법」 §78에 따라 시·군조례로 정한 용적률에도 불구하고 다음 각 호에 따른 용적률의 상한까지 건축할 수 있다.

 1. 공공임대주택 또는 공공지원민간임대주택을 임대주택 비율이 20/100 이상의 범위에서 시도 조례로 정하는 비율 이상이 되도록 건설하는 경우.

➡ 「국토계획법」 §78 및 관계 법령에 따른 용적률의 상한(이하 "법적상한용적률").

 2. 공공임대주택을 임대주택 비율이 10/100 이상 20/100 미만이 되도록 건설하는 경우.

➡ 「임대주택 비율에 비례하여 시도 조례로 정하는 방법에 따라 산정된 용적률의 상한.

─ 제1호(이하 이 항에서 같다)→(이하 이 조에서 같다)의 의미

 종전에는 제1호에서의 임대주택 비율이 제1항에서만 적용되는 의미로 해석되었으나, 22.2.3 개정으로 법 §49 전체에 적용되도록 그 뜻을 명확히 했으며, 종전의 제2항 내지 제5항의 임대주택은 위 제1항의 "공공임대주택"으로 명칭이 바뀜.

─ (서울시) 임대주택 건설에 따른 용적률 등 특례

 법 §49①에 따라 용적률을 완화 받으려는 경우 임대주택 비율(건축물의 전체연면적 대비 임대주택 연면적의 비율 또는 전체 세대수 대비 임대주택 세대수의 비율을 말함. 이하 같음)에 따른 용적률의 상한은 다음 각 호와 같음(소규모주택정비조례 §50①). <개정 20.12.31, 21.12.30, 22.10.17, 23.10.4>

➡ 「국토계획법」 제78조 및 관계 법령에 따른 용적률의 상한

 2. 공공임대주택을 임대주택 비율이 10% 이상 20% 미만이 되도록 건설하는 경우.

➡ 다음의 계산식에 따라 산출된 용적률의 상한으로 하되, 구체적인 기준은 시장이 따로 정한다.

> 용적률의 상한(%) = a + b + c + (해당 공공임대 주택건설비율 × 100(%) × α)
>
> α(적용계수) : 2.5
> a : 「서울특별시 도시계획조례」 §55에 따른 행당 용도지역의 용적률(%)
> b : 정비기반시설을 설치하는 경우에는 §49②1에 따라 증가된 용적률(%)
> C : 관리지역에서 「공익사업을 위한 토지 등의 취득 및 보상에 관한 법률」을 준용하지 않은 가로주택정비사업의 사업시행자가 「공익사업을 위한 토지 등의 취득 및 보상에 관한 법률」에 준용하여 세입자 손실보상을 하는 경우 해당 금액에 상당하는 용적률(%) (최대 25퍼센트 이내)

위 조례 §50①제1항에 따라 용적률을 완화 받고자 건설하는 임대주택 비율이 세대수를 기준으로 하는 경우에는 임대주택의 평균 전용면적이 40㎡ 이상이 되도록 하여야 함(동조 제2항).

종전의 조례 §50③, ④의 경우, 23.7.24 삭제됨.[18]

또한, 제1항에도 불구하고 소규모재개발사업의 시행으로 법 §49①에 따라 용적률을 완화 받으려는 경우 임대주택 비율에 따른 용적률의 상한은 다음 각호와 같다. <신설 23.10.4>

1. 공공임대주택 또는 공공지원민간임대주택 비율이 20% 이상인 경우

➡ 「국토계획법」 §78 및 관계 법령에 따른 용적률의 상한 내에서 다음의 계산식에 따라 산출된 용적률의 상한(단, 공공지원민간임대주택의 계획은 공공임대주택의 임대주택 비율이 20% 이상 확보된 경우로 한정하며 이에 따른 용적률 완화에 대한 사항은 시장이 따로 정한다)

> 용적률의 상한(%) = a + (임대주택 비율 × b)
>
> a : 「서울특별시 도시계획조례」 제55조에 따른 행당 용도지역의 용적률(%)
> b : 전체 계획용적률(%)

---

18. 서울시 소규모주택정비조례[시행 23.3.27] [조례 제8676호, 23.3.27 일부개정]
제50조(임대주택 건설에 따른 용적률 등에 관한 특례) ③ 법 §49⑦에 따라 "시도 조례로 정하는 비율"은 50/100으로 한다. <신설 22.7.11>
④ 법 §49⑨에 따라 "시·도조례로 정하는 비율"은 50/100으로 한다. 다만, 지역여건 등을 고려하여 사업을 추진하기 어렵다고 인정된 경우 도시재생위원회 심의를 거쳐 40/100까지 완화할 수 있다. <신설 22.7.11>

2. 공공임대주택을 임대주택 비율이 10% 이상 20% 미만이 되도록 건설하는 경우.

▶ 제1항제2호의 계산식에 따라 산출된 용적률의 상한(단, 준주거지역인 경우 α(적용계수)의 값은 5.0을 적용한다)

○ 제2항

사업시행자가 공공임대주택을 임대주택 비율이 10% 이상이 되도록 건설하고 제1항에 따라 용적률을 완화받은 경우 그 공공임대주택을 국토부장관, 시·도지사, 시장·군수등, 토지주택공사등 또는 주택도시기금이 총지분 50/100을 초과하여 출자한 「부동산투자회사법」에 따른 부동산투자회사(이하 이 조에서 "인수자")에 공급하여야 한다.

― 임대주택 건설에 따른 특례

법 §49②에 따른 공공임대주택의 공급에 대한 우선 순위는 다음 각 호의 순서에 따름(영 §41①).

1. 시·도지사.
2. 시장·군수 또는 자치구 구청장.
3. 토지주택공사등.
4. 주택도시기금이 총지분의 50/100을 초과하여 출자한 「부동산투자회사법」에 따른 부동산투자회사.

23.10.18 소규모주택정비법 시행령 개정으로 제2항을 신설함.

공공참여 소규모정비사업의 임대주택 인수 순위를 변경하여 토지주택공사등은 법 제17조제3항 또는 제18조제1항에 따라 소규모주택정비사업을 시행하는 경우에는 제1항 각 호의 순위에도 불구하고 해당 사업에 따라 공급되는 공공임대주택을 우선하여 인수할 수 있도록 함.

시·도지사는 사업시행자가 법 §30에 따른 사업시행계획서를 작성하기 전까지 법 §49②에 따른 인수자(이하 이 조에서 "인수자")가 정해지지 않은 경우에는 국토부장관에게 인수자 지정을 요청해야 함(동조 제3항).

국토부장관은 제3항에 따라 시·도지사로부터 인수자 지정 요청을 받은 경우에는 30일 이내에 인수자를 지정하여 시·도지사에게 통보해야 하며, 시·도지사는 지체 없이 이를 시장·군수등에게 알려 그 인수자와 임대주택의 공급에 관하여 협의하게 해야 함(동조 제4항).

○ 제3항
사업시행자는 다음 각 호의 어느 하나에 해당하는 경우 건축설계가 확정되기 전에 미리 세대면적, 세대수 등 임대주택에 관한 사항을 인수자와 협의한 후 이를 사업시행계획서에 반영하여야 한다.
1. 공공임대주택을 건설하는 경우
2. 제2항에 따라 공공임대주택을 공급하는 경우.

19.4.23 신설되었고, 2호는 22.2.3 임대주택을 공공임대주택[19]으로 개칭함.

○ 제4항
제2항에 따른 공공임대주택의 인수가격은 건축비와 부속토지의 가격을 합한 금액을 기초로 산정하되, 사업여건 등을 고려하여 사업시행자와 인수자 간 협의로써 조정할 수 있다.

---

19. 공공주택특별법[시행 23.10.24] [법률 제19763호, 23.10.24 일부개정]
　　제2조(정의) 이 법에서 사용하는 용어의 뜻은 다음과 같다. <개정 21.7.20>
　　1. "공공주택"이란 §4② 각 호에 규정된 자 또는 §4②에 따른 공공주택사업자가 국가 또는 지방자치단체의 재정이나 「주택도시기금법」에 따른 주택도시기금(이하 "주택도시기금")을 지원받아 이 법 또는 다른 법률에 따라 건설, 매입 또는 임차하여 공급하는 다음 각 목의 어느 하나에 해당하는 주택을 말한다.
　　　가. 임대 또는 임대한 후 분양전환을 할 목적으로 공급하는 「주택법」 §2-1에 따른 주택으로서 대통령령으로 정하는 주택(이하 "공공임대주택")
　　　나. 분양을 목적으로 공급하는 주택으로서 「주택법」 §2-5에 따른 국민주택규모 이하의 주택(이하 "공공분양주택")

공공임대주택의 인수가격 산정을 위한 건축비의 산정 및 부속토지의 가격 등에 관하여는 영 §33을 준용함. 이 경우 빈집정비사업으로 건설된 임대주택의 경우에는 영 §33① 중 "법 §26에 따른 심의 결과를 통지받은 날"은 "법 §4②에 따른 심의 결과를 통지받은 날"로 간주함. (영 §41⑤)

○ 제5항

제2항에 따른 공공임대주택의 공급 방법·절차, 제4항에 따른 건축비의 산정 및 부속토지의 가격 등에 관한 사항은 대통령령으로 정한다.

○ 제6항

시장·군수등은 사업시행자가 §51①에 따른 임대주택을 다세대주택이나 다가구주택으로 건설하는 경우 주차장 설치기준에 관하여 주택법 §35에도 불구하고 대통령령으로 정하는 기준을 적용한다.

19.4.23 대통령령으로 정하는 기준을 적용하도록 강제규정이었으나, 22.2.3 개정으로 적용할 수 있다고 임의규정으로 바뀜.

법 §49⑥에서 "대통령령으로 정하는 기준"이란 세대당 주차대수 0.6대(세대당 주거전용면적이 30㎡ 미만인 경우에는 0.5대) 이상을 말함(영 §41⑥)

○ 제7항 내지 제10항

23.10.19 법 개정, 시행되면서 제7항 내지 제10항 삭제

제1항에도 불구하고 소규모재건축사업을 시행하는 사업시행자는 「국토계획법」 §78에 따라 시도 조례로 정한 용적률에도 불구하고 §27에 따른 통합심의를 거쳐 법적상한용적률까지 건축할 수 있다. 이 경우 사업시행자(§18①1에 따라 소규모재건축사업을 시행하는 경우의 사업시행자는 제외)는 법적상한용적률에서 시도 조례로 정한 용적률을 뺀 용적률의 20/100 이상 50/100 이하로서 시도 조례로 정하는 비율에 해당하는 면적에 국민주

택규모 주택을 건설하여 국토부장관, 시·도지사, 시장·군수등 또는 토지주택공사등에 공급하여야 한다(본조 제7항).

공공소규모재건축사업을 시행 또는 대행하는 공공시행자등은 법적상한용적률에도 불구하고 §27에 따른 통합심의를 거쳐 법적상한용적률의 120/100까지 건축할 수 있다(본조 제8항).

공공시행자등은 제8항에 따라 건축하는 경우 제1항 및 제7항에도 불구하고 법적상한용적률을 초과하는 용적률에서 법적상한용적률을 뺀 용적률의 20/100 이상 50/100 이하로서 시도 조례로 정하는 비율에 해당하는 면적에 국민주택규모 주택을 건설하여 국토부장관, 시·도지사, 시장·군수등 또는 토지주택공사등에 공급하여야 함. 다만, §18①1에 따라 공공소규모재건축사업을 시행하는 경우에는 그러하지 아니함(본조 제9항).

제7항 및 제9항에 따른 국민주택규모 주택의 공급 및 인수에 관하여는 「도시정비법」 §55를 준용함(본조 제10항).

■ 법 제55조(다른 법률의 인허가등의 의제등)

영 없음, 조례 §53

구 도시재개발법, 구 주택건설촉진법, 도시정비법 등에도 유사한 조문이 있었음. 조합은 사업시행인가를 위해 도로를 점용하거나 국유재산을 사용하는 등의 절차가 필요해, 국유재산법·「공유재산 및 물품관리법」에 따른 사용·수익허가를 받거나, 국토계획법에 따른 개발행위의 허가 등을 받기 위해 별도의 절차를 밟는 것이 원칙임.

정비사업 등에 있어서 이와 별도로 이러한 절차를 진행하려면 상당한 시일이 소요되므로, 정비사업의 시행인가를 받으면 이러한 절차나 허가를 득한 것으로 간주해 주는 제도가 다른 법률의 인·허가 의제("집중효")라고 함.

□ 개정 연혁

[시행 19.11.21] [법률 제16496호, 19.8.20 일부개정]

제55조(다른 법률의 인·허가등의 의제 등) ① 사업시행자가 §12 및 §29에 따라 사업시행계획인가를 받은 때(시장·군수등이 직접 빈집정비사업 또는 소규모주택정비사업을 시행하는 경우에는 사업시행계획서를 작성한 때를 말한다. 이하 이 조에서 같다)에는 다음 각 호의 인·허가등이 있은 것으로 보며, §12③ 및 §29⑤에 따른 사업시행계획인가의 고시가 있은 때에는 다음 각 호의 관계 법률에 따른 인·허가등의 고시·공고 등이 있은 것으로 본다. <개정 19.8.20>

1. 「주택법」§15에 따른 사업계획의 승인.
2. 「공공주택특별법」§35에 따른 주택건설사업계획의 승인.
3. 「건축법」§11에 따른 건축허가, 같은 법 §20에 따른 가설건축물의 건축허가 또는 축조신고, 같은 법 §29에 따른 건축협의 및 같은 법 §77의6에 따른 건축협정 인가.

➡ 빈집정비사업 및 소규모주택정비사업이 효율적으로 추진될 수 있도록 인·허가 등 의제 대상에 건축협정 인가 등을 추가함.

4. 「도로법」§36에 따른 도로관리청이 아닌 자에 대한 도로공사 시행의 허가 및 같은 법 §61에 따른 도로의 점용 허가.

5. 「수도법」 §17에 따른 일반수도사업의 인가 및 같은 법 §52 또는 §54에 따른 전용상수도 또는 전용공업용수도 설치의 인가.

6. 「하수도법」 §16에 따른 공공하수도 사업의 허가 및 같은 법 §34②에 따른 개인하수처리시설의 설치신고.

7. 「국유재산법」 §30에 따른 사용허가.

8. 「공유재산 및 물품 관리법」 §20에 따른 사용·수익허가.

9. 「공간정보의 구축 및 관리 등에 관한 법률」 §86①에 따른 사업의 착수·변경 신고.

10. 「국토계획법」 §30에 따른 도시·군관리계획(같은 법 §2-4 다목의 계획 및 같은 호 마목의 계획 중 같은 법 §51①에 따른 지구단위계획구역 및 지구단위 계획만 해당한다)의 결정, 같은 법 §56에 따른 개발행위의 허가, 같은 법 §86에 따른 도시·군계획시설 사업시행자의 지정 및 같은 법 §88에 따른 실시계획의 인가.

11. 「전기사업법」 §62에 따른 자가용 전기설비공사계획의 인가 및 신고.

12. 「화재예방, 소방시설 설치·유지 및 안전관리에 관한 법률」 §7①에 따른 건축허가등의 동의, 「위험물안전관리법」 §6①에 따른 제조소등의 설치의 허가(제조소등은 공장건축물 또는 그 부속시설에 관계된 것으로 한정한다).

13. 「사도법」 §4에 따른 사도의 개설 등의 허가.

② 사업시행자는 제1항에 따른 인·허가등의 의제를 받으려는 경우에는 사업시행계획인가를 신청하는 때에 해당 법률이 정하는 관계 서류를 함께 제출하여야 한다. 다만, 사업시행계획인가를 신청한 때에 시공자가 선정되어 있지 아니하여 관계 서류를 제출할 수 없거나 제4항에 따라 사업시행계획인가를 하는 경우에는 시장·군수등이 정하는 기한까지 제출할 수 있다.

③ 시장·군수등은 사업시행계획인가를 하거나 사업시행계획서를 작성하는 경우 제1항 각 호에 따라 의제되는 인·허가등에 해당하는 사항이 있는 때에는 미리 관계 행정기관의 장과 협의하여야 하며, 협의를 요청받은 관계 행정기관의 장은 요청받은 날(제2항 단서의 경우에는 서류가 관계 행정기관의 장에게 도달된 날을 말한다)부터 20일 이내에 의견을 제출하여야 한다. 관계 행정기관의 장이 20일 이내에 의견을 제출하지 아니한 경우에는 협의된 것으로 본다.

④ 시장·군수등은 제3항에도 불구하고 천재지변이나 그 밖의 불가피한 사유로 긴급히 사업을 시행할 필요가 있다고 인정하는 경우에는 관계 행정기관의장과 협의를 마치기 전에 사업시행계획인가를 할 수 있다. 이 경우 협의를 마칠 때까지는 제1항에 따른 인·허가등을 받은 것

으로 보지 아니한다.

⑤ 제1항에 따라 사업에 대하여 다른 법률에 따른 인·허가등을 받은 것으로 보는 경우에는 관계 법률 또는 시·도조례에 따라 해당 인·허가등의 대가로 부과되는 수수료와 해당 국유지·공유지의 사용 또는 점용에 따른 사용료 또는 점용료를 면제한다.

부 칙 <법률 제16496호, 19.8.20>

제1조(시행일) 이 법은 공포 후 3개월이 경과한 날부터 시행한다.

제2조(다른 법률의 인·허가등의 의제 등에 관한 적용례) §55①의 개정규정은 이 법 시행 후 건축협정의 인가 등을 신청하는 경우부터 적용한다.

[시행 21.9.21] [법률 제18314호, 2021.7.20, 일부개정]

제55조(다른 법률의 인·허가등의 의제 등) ① 사업시행자가 §12 및 §29에 따라 사업시행계획인가를 받은 때(시장·군수등이 직접 빈집정비사업 또는 소규모주택정비사업을 시행하는 경우에는 사업시행계획서를 작성한 때를 말한다. 이하 이 조에서 같다)에는 다음 각 호의 인·허가등이 있은 것으로 보며, §12③ 및 §29⑤에 따른 사업시행계획인가의 고시가 있은 때에는 다음 각 호의 관계 법률에 따른 인·허가등의 고시·공고 등이 있은 것으로 본다. <개정 19.8.20, 20.3.31, 20.6.9>

1~12: 앞과 같음

② 사업시행자가 관리지역에서 소규모주택정비사업의 사업시행계획인가를 받은 때에는 제1항에 따른 인·허가등 외에 다음 각 호의 인·허가등이 있은 것으로 보며, §29⑤에 따라 사업시행계획인가를 고시한 때에는 다음 각 호의 관계 법률에 따른 인·허가등의 고시·공고 등이 있은 것으로 본다.

1. 「도시정비법」 §9에 따른 정비계획의 수립 및 변경
2. 「도시재생 활성화 및 지원에 관한 특별법」 §20에 따른 도시재생활성화계획의 수립 및 변경 <신설>

➡ 관리계획에 의한 관리지역에서 소규모주택정비사업의 시행계획인가를 받은 경우 정비계획의 수립, 변경, 도시재생활성화계획의 수립, 변경으로 의제됨.

③ 사업시행자가 공장이 포함된 구역에 대하여 소규모재개발사업의 사업시행계획인가를 받은 때에는 제1항에 따른 인·허가등 외에 다음 각 호의 인·허가등이 있은 것으로 보며, §29

⑤에 따라 사업시행계획인가를 고시한 때에는 다음 각 호의 관계 법률에 따른 인·허가등의 고시·공고 등이 있은 것으로 본다.

1. 「산업집적활성화 및 공장설립에 관한 법률」 §13에 따른 공장설립등의 승인 및 같은 법 §15에 따른 공장설립등의 완료신고.
2. 「폐기물관리법」 §29②에 따른 폐기물처리시설의 설치승인 또는 설치신고(변경승인 또는 변경신고를 포함한다).
3. 「대기환경보전법」 §23, 「물환경보전법」 §33 및 「소음·진동관리법」 §8에 따른 배출시설 설치의 허가 및 신고. <신설>

➡ 공장이 포함된 구역에 대하여 소규모재개발사업의 사업시행계획인가를 받은 때에는 제1호 내지 제3호는 관계 법률에 따른 인·허가등의 고시·공고 등이 있은 것으로 간주됨.

④ 사업시행자는 제1항부터 제3항까지에 따른 인·허가등의 의제를 받으려는 경우에는 사업시행계획인가를 신청하는 때에 해당 법률에서 정하는 관계 서류를 함께 제출하여야 한다. 다만, 사업시행계획인가를 신청한 때에 시공자가 선정되어 있지 아니하여 관계 서류를 제출할 수 없거나 제6항에 따라 사업시행계획인가를 하는 경우에는 시장·군수등이 정하는 기한까지 제출할 수 있다.

➡ 종전 제2항이 제4항으로 이동함.

⑤ 시장·군수등은 사업시행계획인가를 하거나 사업시행계획서를 작성하는 경우 제1항부터 제3항까지에 따라 의제되는 인·허가등에 해당하는 사항이 있는 때에는 미리 관계 행정기관의 장과 협의하여야 하며, 협의를 요청받은 관계 행정기관의 장은 요청받은 날(제4항 단서의 경우에는 서류가 관계 행정기관장에게 도달된 날을 말한다)부터 20일 이내에 의견을 제출하여야 한다. 관계 행정기관의 장이 20일 이내에 의견을 제출하지 아니한 경우에는 협의된 것으로 본다.

➡ 종전 제3항이 제5항으로 이동함.

⑥ 시장·군수등은 제5항에도 불구하고 천재지변이나 그 밖의 불가피한 사유로 긴급히 사업을 시행할 필요가 있다고 인정하는 경우에는 관계 행정기관의장과 협의를 마치기 전에 사업시행계획인가를 할 수 있다. 이 경우 협의를 마칠 때까지는 제1항부터 제3항까지의 규정에 따른 인·허가등을 받은 것으로 보지 아니한다.

➡ 종전 제4항이 제6항으로 이동함.

⑦ 제1항부터 제3항까지의 규정에 따라 사업에 대하여 다른 법률에 따른 인·허가등을 받은

것으로 보는 경우에는 관계 법률 또는 시·도조례에 따라 해당 인·허가등의 대가로 부과되는 수수료와 해당 국유지·공유지의 사용 또는 점용에 따른 사용료 또는 점용료를 면제한다.

➡ 종전 제5항이 제7항으로 이동함.

부 칙 <법률 제18314호, 21.7.20>
제1조(시행일) 이 법은 공포 후 2개월이 경과한 날부터 시행한다.

[시행 23.10.19] [법률 제19385호, 23.4.18, 일부개정]

제55조(다른 법률의 인·허가등의 의제 등) ① 사업시행자가 §12 및 §29에 따라 사업시행계획인가를 받은 때(시장·군수등이 직접 빈집정비사업 또는 소규모주택정비사업을 시행하는 경우에는 사업시행계획서를 작성한 때를 말한다. 이하 이 조에서 같다)에는 다음 각 호의 인·허가등이 있은 것으로 보며, §12③ 및 §29⑤에 따른 사업시행계획인가의 고시가 있은 때에는 다음 각 호의 관계 법률에 따른 인·허가등의 고시·공고 등이 있은 것으로 본다. <개정 19.8.20, 20.3.31, 20.6.9>

1~9, 11~13: 앞과 같음.

10. 「국토계획법」 §30에 따른 도시·군관리계획(같은 법 §2-4 가목·다목 및 마목의 계획 중 같은 법 §51①에 따른 지구단위계획구역 및 지구단위계획만 해당한다)의 결정, 같은 법 §56에 따른 개발행위의 허가, 같은 법 §86에 따른 도시·군계획시설 사업시행자의 지정 및 같은 법 §88에 따른 실시계획의 인가

②~⑦: 앞과 같음

부 칙 <법률 제19385호, 23.4.18>
제1조(시행일) 이 법은 공포 후 6개월이 경과한 날부터 시행한다.

□ 법 제55조(다른 법률의 인허가등의 의제등) 제1항

사업시행자가 §12 및 §29에 따라 사업시행계획인가를 받은 때(시장·군수등이 직접 빈집정비사업 또는 소규모주택정비사업을 시행하는 경우에는 사업시행계획서를 작성한 때를 말한다. 이하 이 조에서 같다)에는 다음 각 호의 인·허가등이 있는 것으로 보며, §12③ 및 §29⑤에 따른 사업시행계획인가의 고시가 있은 때에는 다음 각 호의 관계 법률에 따른 인·허가등의 고시·공고 등이 있은 것으로 본다.

1. 「주택법」 §15에 따른 사업계획의 승인.
2. 「공공주택특별법」 §35에 따른 주택건설사업계획의 승인.
3. 「건축법」 §11에 따른 건축허가, 같은 법 §20에 따른 가설건축물의 건축허가 또는 축조신고, 같은 법 §29에 따른 건축협의 및 같은 법 §77의6에 따른 건축협정 인가.
4. 「도로법」 §36에 따른 도로관리청이 아닌 자에 대한 도로공사 시행의 허가 및 같은 법 §61에 따른 도로의 점용 허가.
5. 「수도법」 §17에 따른 일반수도사업의 인가 및 같은 법 §52 또는 §54에 따른 전용상수도 또는 전용공업용수도 설치의 인가.
6. 「하수도법」 §16에 따른 공공하수도 사업의 허가 및 같은 법 §34②에 따른 개인하수처리시설의 설치신고.
7. 「국유재산법」 §30조에 따른 사용허가.
8. 「공유재산 및 물품 관리법」 §20조에 따른 사용·수익허가.
9. 「공간정보의 구축 및 관리 등에 관한 법률」 §86①에 따른 사업의 착수·변경 신고.
10. 「국토계획법」 §30에 따른 도시·군관리계획(같은 법 §2-4 가목, 다목 및 마목의 계획 및 같은 호 마목의 계획 중 같은 법 §51①에 따른 지구단위계획구역 및 지구단위계획만 해당한다)의 결정, 같은 법 §56에 따른 개발행위의 허가, 같은 법 §86에 따른 도시·군계획시설사업 시행자의 지정 및 같은 법 §88에 따른 실시계획의 인가.
11. 「전기안전관리법」 §8에 따른 자가용전기설비공사계획의 인가 및 신고.
12. 「화재예방, 소방시설 설치·유지 및 안전관리에 관한 법률」 §7①에 따른 건축허가등의 동의, 「위험물안전관리법」 §6①에 따른 제조소등의 설치의 허가(제조소등은 공장건축물 또는 그 부속시설과 관계있는 것으로 한정).

13. 「사도법」 §4에 따른 사도의 개설 등의 허가.

종전에는 인·허가 등 의제 대상에는 건축협정, 사도의 개설 허가 등이 포함되지 않아 소규모주택정비사업을 시행하면서 건축협정을 체결하는 경우 건축법에 따른 건축협정 인가를, 사도를 설치 시에는 「사도법」에 따른 사도의 개설허가 등의 절차를 다시 거쳐야 하는 어려움이 있었음.

19.11.21 법 개정, 시행으로 사업시행자가 소규모주택정비사업의 사업시행계획인가를 받은 때에는 "건축법 §29에 따른 건축협의 및 §77의6에 따른 건축협정인가를 받은 것" 또한 국토계획법에 따른 "도시·군관리계획 중 기반시설 설치계획과 지구단위계획의 결정"에 대해 인·허가로 의제됨.

또한, 사업시행계획인가의 고시가 있은 때에는 인·허가등의 고시·공고 등이 있은 것으로 간주(의제)됨.

23.10.19 법 개정·시행으로 국토계획법 §2-4[20]가목이 추가된, 도시·군관리 계획(국토계획법 §2-4 가목, 다목 및 마목의 계획 및 같은 호 마목의 계획 중, 같은 법 §51①에 따른 지구단위계획구역 및 지구단위계획만 해당한다)의 결정"등으로 간주(의제)됨.

---

20. **국토계획법 제2조(정의)** 이 법에서 사용하는 용어의 뜻은 다음과 같다.
    4. "도시 · 군관리계획"이란 특별시 · 광역시 · 특별자치시 · 특별자치도 · 시 또는 군의 개발 · 정비 및 보전을 위하여 수립하는 토지 이용, 교통, 환경, 경관, 안전, 산업, 정보통신, 보건, 복지, 안보, 문화 등에 관한 다음 각 목의 계획을 말한다.
    가. 용도지역 · 용도지구의 지정 또는 변경에 관한 계획
    나. 개발제한구역, 도시자연공원구역, 시가화조정구역(市街化調整區域), 수산자원보호구역의 지정 또는 변경에 관한 계획
    다. 기반시설의 설치 · 정비 또는 개량에 관한 계획
    라. 도시개발사업이나 정비사업에 관한 계획
    마. 지구단위계획구역의 지정 또는 변경에 관한 계획과 지구단위계획
    바. 입지규제최소구역의 지정 또는 변경에 관한 계획과 입지규제최소구역계획

'도시·군관리계획 중 기반시설 설치계획과 지구단위계획의 결정'외에도 '가목'인 "용도지역·용도지구의 지정 또는 변경에 관한 계획"도 추가 의제 됨.

— **도시정비법 §57(인허가 등의 의제 등)①과 비교**
건축법상 건축협의, 국토계획법상 도시·군계획시설 사업시행자의 지정 및 같은 법 §88에 따른 실시계획인가에 대해 의제됨.

○ 제2항

사업시행자가 관리지역에서 소규모주택정비사업의 사업시행계획인가를 받은 때에는 제1항에 따른 인·허가등 외에 다음 각 호의 인·허가등이 있는 것으로 보며, §29⑤에 따라 사업시행계획인가를 고시한 때에는 다음 각 호의 관계 법률에 따른 인·허가등의 고시·공고 등이 있는 것으로 본다.
1. 「도시정비법」§9에 따른 정비계획의 수립 및 변경
2. 「도시재생법」§20에 따른 도시재생활성화계획의 수립 및 변경

21.9.21 법 개정, 시행으로 소규모주택정비 관리계획 수립·변경 시, 정비계획의 수립, 변경 및 도시재생활성화계획 등이 변경되도록 의제하여 절차를 간소화함.

○ 제3항

사업시행자가 공장이 포함된 구역에 대하여 소규모재개발사업의 사업시행계획인가를 받은 때에는 제1항에 따른 인·허가등 외에 다음 각 호의 인허가등이 있는 것으로 보며, §29⑤에 따라 사업시행계획인가를 고시한 때에는 다음 각 호의 관계 법률에 따른 인·허가등의 고시·공고 등이 있는 것으로 본다.
1. 「산업집적활성화 및 공장설립에 관한 법률」§13에 따른 공장 설립등의 승인 및 같은 법 §15에 따른 공장설립등의 완료신고.
2. 「폐기물관리법」§29②에 따른 폐기물처리시설의 설치 승인 또는 설치신고(변경승인 또는 변경신고를 포함한다)
3. 「대기환경보전법」§23, 「물환경보전법」§33 및 「소음·진동관리법」§8에 따른 배출시설 설치의 허가 및 신고.

21.9.21 법 개정, 시행으로 소규모재개발사업의 사업시행계획인가를 받은 때에는 공장설립등의 완료신고, 폐기물처리시설의 설치승인 또는 설치신고(변경승인 또는 변경신고 포함), 배출시설 설치의 허가 및 신고한 것으로 의제.

— **도시정비법 §57③과 비교**

위 제1호 내지 제3호와 같지만, 도시정비법에서는 소규모주택정비법에 없는 "4. 「총포·도검·화약류 등의 안전관리에 관한 법률」 §25①에 따른 화약류저장소 설치의 허가"가 있음.

○ 제4항

사업시행자는 제1항부터 제3항까지에 따른 인·허가등의 의제를 받으려는 경우에는 사업시행계획인가를 신청하는 때에 해당 법률에서 정하는 관계 서류를 함께 제출하여야 한다. 다만, 사업시행계획인가를 신청한 때에 시공자가 선정되어 있지 아니하여 관계 서류를 제출할 수 없거나 제6항에 따라 사업시행계획인가를 하는 경우에는 시장·군수등이 정하는 기한까지 제출할 수 있다.

도시정비법 §57③과 같음.

○ 제5항

시장·군수등은 사업시행계획인가를 하거나 사업시행계획서를 작성하는 경우 제1항부터 제3항까지에 따라 의제되는 인·허가등에 해당하는 사항이 있는 때에는 미리 관계 행정기관의 장과 협의하여야 하며, 협의를 요청받은 관계 행정기관의 장은 요청받은 날(제4항 단서의 경우에는 서류가 관계 행정기관의 장에게 도달된 날을 말한다)부터 20일 이내에 의견을 제출하여야 한다. 관계 행정기관의 장이 20일 이내에 의견을 제출하지 아니한 경우에는 협의 된 것으로 본다.

도시정비법 §57④과 유사하나, 도시정비법에서는 20일이 아닌 30일로 규정됨.

○ 제6항

시장·군수등은 제5항에도 불구하고 천재지변이나 그 밖의 불가피한 사유로 긴급히 사업을 시행할 필요가 있다고 인정하는 경우에는 관계 행정기관의 장과 협의를 마치기 전에 사업시행계획인가를 할 수 있다. 이 경우 협의를 마칠 때까지는 제1항부터 제3항까지의 규정에 따른 인·허가등을 받은 것으로 보지 아니한다.

도시정비법 §57⑥과 같음.

○ **제7항**

제1항부터 제3항까지의 규정에 따라 사업에 대하여 다른 법률에 따른 인·허가등을 받은 것으로 보는 경우에는 관계 법률 또는 시도 조례에 따라 해당 인·허가등의 대가로 부과되는 수수료와 해당 국유지·공유지의 사용 또는 점용에 따른 사용료 또는 점용료를 면제한다.

도시정비법 §57⑦과 유사한 조문임.

— **서울시 수수료 또는 점용료의 면제**

법 §55①에 따라 인·허가등을 받은 것으로 보는 경우에는 법 §55⑤에 따라 해당 인·허가등의 대가로 부과되는 수수료와 해당 국유지·공유지의 사용 또는 점용에 따른 사용료 또는 점용료를 면제함(조례 §53).

▲ **유사조문**

도시정비법

제57조(인·허가등의 의제 등) ① 사업시행자가 사업시행계획인가를 받은 때(시장·군수등이 직접 정비사업을 시행하는 경우에는 사업시행계획서를 작성한 때를 말한다. 이하 이 조에서 같다)에는 다음 각 호의 인가·허가·결정·승인·신고·등록·협의·동의·심사·지정 또는 해제(이하 "인·허가등")가 있는 것으로 보며, §50⑨에 따른 사업시행계획인가의 고시가 있는 때에는 다음 각 호의 관계 법률에 따른 인·허가등의 고시·공고 등이 있는 것으로 본다.

1. 「주택법」 §15에 따른 사업계획의 승인.

2. 「공공주택특별법」 §35에 따른 주택건설사업계획의 승인.

3. 「건축법」 §11에 따른 건축허가, 같은 법 §20에 따른 가설건축물의 건축허가 또는 축조신고 및 같은 법§29에 따른 건축협의.

4. 「도로법」 §36에 따른 도로관리청이 아닌 자에 대한 도로공사 시행의 허가 및 같은 법 §61에 따른 도로의 점용 허가.

5. 「사방사업법」 §20에 따른 사방지의 지정해제.

6. 「농지법」 §34에 따른 농지전용의 허가·협의 및 같은 법 §35에 따른 농지전용신고.

7. 「산지관리법」 §14·§15에 따른 산지전용허가 및 산지전용신고, 같은 법 §15의2에 따른 산지일시사용허가·신고와 「산림자원의 조성 및 관리에 관한 법률」 §36①·⑤에 따른 입목벌채등의 허가·신고 및 「산림보호법」 §9① 및 같은 조 제2항제1호에 따른 산림보호구역에서의 행위의 허가. 다만, 「산림자원의 조성 및 관리에 관한 법률」에 따른 채종림·시험림과 「산림보호법」에 따른 산림유전자원보호구역의 경우는 제외한다.

8. 「하천법」 §30에 따른 하천공사 시행의 허가 및 하천공사실시계획의 인가, 같은 법 §33에 따른 하천의 점용허가 및 같은 법 §50에 따른 하천수의 사용허가.

9. 「수도법」 §17에 따른 일반수도사업의 인가 및 같은 법 §52 또는 §54에 따른 전용상수도 또는 전용공업용수도 설치의 인가.

10. 「하수도법」 §16에 따른 공공하수도 사업의 허가 및 같은 법 §34②에 따른 개인하수처리시설의 설치신고.

11. 「공간정보의 구축 및 관리 등에 관한 법률」 §15④에 따른 지도등의 간행 심사.

12. 「유통산업발전법」 §8에 따른 대규모점포등의 등록.

13. 「국유재산법」 §30에 따른 사용허가(재개발사업으로 한정)

14. 「공유재산 및 물품 관리법」 §20에 따른 사용·수익허가(재개발사업으로 한정).

15. 「공간정보의 구축 및 관리 등에 관한 법률」 §86①에 따른 사업의 착수·변경의 신고.

16. 「국토계획법」 §86에 따른 도시·군계획시설 사업시행자의 지정 및 같은 법 §88에 따른 실시계획의 인가.

17. 「전기안전관리법」 §8에 따른 자가용전기설비의 공사계획의 인가 및 신고.

18. 「소방시설 설치 및 관리에 관한 법률」 §6①에 따른 건축허가등의 동의, 「위험물안전관리법」 §6①에 따른 제조소등의 설치의 허가(제조소등은 공장건축물 또는 그 부속시설과 관계있는 것으로 한정한다).

19. 「도시공원 및 녹지 등에 관한 법률」 §16의2에 따른 공원조성계획의 결정

② 사업시행자가 공장이 포함된 구역에 대하여 재개발사업의 사업시행계획인가를 받은 때에는 제1항에 따른 인·허가등 외에 다음 각 호의 인·허가등이 있은 것으로 보며, §50⑨에 따른 사업시행계획인가를 고시한 때에는 다음 각 호의 관계 법률에 따른 인·허가 등의 고시·공고 등이 있은 것으로 본다.

1. 「산업집적활성화 및 공장설립에 관한 법률」 §13에 따른 공장설립등의 승인 및 같은 법 §15에 따른 공장설립등의 완료신고.

2. 「폐기물관리법」 §29②에 따른 폐기물처리시설의 설치승인 또는 설치신고(변경승인 또는 변경신고를 포함한다).

3. 「대기환경보전법」 §23, 「물환경보전법」 §33 및 「소음·진동관리법」 §8에 따른 배출시설설치의 허가 및 신고.

4. 「총포·도검·화약류 등의 안전관리에 관한 법률」 §25조제1항에 따른 화약류 저장소 설치의 허가.

③ 사업시행자는 정비사업에 대하여 제1항 및 제2항에 따른 인·허가등의 의제를 받으려는 경우에는 §50①에 따른 사업시행계획인가를 신청하는 때에 해당 법률에서 정하는 관계 서류를 함께 제출하여야 한다. 다만, 사업시행계획인가를 신청한 때에 시공자가 선정되어 있지 아니하여 관계 서류를 제출할 수 없거나 제6항에 따라 사업시행계획인가를 하는 경우에는 시장·군수등이 정하는 기한까지 제출할 수 있다.

④ 시장·군수등은 사업시행계획인가를 하거나 사업시행계획서를 작성하려는 경우 제1항 각 호 및 제2항 각 호에 따라 의제되는 인·허가 등에 해당하는 사항이 있는 때에는 미리 관계 행정기관의 장과 협의하여야 하고, 협의를 요청받은 관계 행정기관의 장은 요청받은 날(제3항 단서의 경우에는 서류가 관계 행정기관의 장에게 도달된 날을 말한다)부터 30일 이내에 의견을 제출하여야 한다. 이 경우 관계

행정기관의 장이 30일 이내에 의견을 제출하지 아니하면 협의된 것으로 본다.

⑤ 시장·군수등은 사업시행계획인가(시장·군수등이 사업시행계획서를 작성한 경우를 포함)를 하려는 경우 정비구역부터 200미터 이내에 교육시설이 설치되어 있는 때에는 해당 지방자치단체의 교육감 또는 교육장과 협의하여야 하며, 인가받은 사항을 변경하는 경우에도 또한 같다.

⑥ 시장·군수등은 제4항 및 제5항에도 불구하고 천재지변이나 그 밖의 불가피한 사유로 긴급히 정비사업을 시행할 필요가 있다고 인정하는 때에는 관계 행정기관의 장 및 교육감 또는 교육장과 협의를 마치기 전에 §50①에 따른 사업시행계획인가를 할 수 있다. 이 경우 협의를 마칠때까지는 제1항 및 제2항에 따른 인·허가등을 받은 것으로 보지 아니한다.

⑦ 제1항이나 제2항에 따라 인·허가등을 받은 것으로 보는 경우에는 관계 법률 또는 시도 조례에 따라 해당 인·허가등의 대가로 부과되는 수수료와 해당 국·공유지의 사용 또는 점용에 따른 사용료 또는 점용료를 면제한다.

■ 모아타운 근거법령 개정연역

■ 모아타운의
　탄생과 약진

21년 2.4대책 및 「3080+ 주택공급대책」으로 저층주거지의 난개발 방지 및 계획적 소규모 주택정비 추진을 위해 "소규모 재개발사업"과 '소규모주택정비 관리지역 제도' 기틀을 마련함. 동시에 소규모주택정비사업의 공공 직접시행, 참여사업이 마련됨.

서울시는 소규모주택 정비사업의 공공 직접시행 가능, 22.1.13 노후 저층주거지 정비방식인 '모아타운'과 '모아주택' 추진계획을 발표하고, 내부 방침을 통해 세부 실행방안 마련함.

1. 3080+ 대도시권 주택공급 확대방안

입지유형	공급 확대방안
❶ 재개발, 재건축 (도시정비법)	공공 직접시행 정비사업 신설 ＊ (지원) 토지주 수익보장, 절차간소화 및 사업성 개선 ＊ (공공성) 잔여이익은 생활SOC, 공공임대 등 공적활용
❷ 도심공공주택복합사업 (공공주택특별법)	입지 유형별 복합/특화 개발사업 신설 ＊ (구조) 공공시행 수용방식 + 토지주 우선 공급

1) 역세권
    (5천㎡ 이상)
    (승강장 350m 이내)
	주거상업고밀지구 신설
	＊ (지원) 용적률, 상업비율 및 주차장의무 완화 등

2) 준공업
    (5천㎡ 이상)
    (산업쇠퇴지역)
	주거산업융합지구 신설
	＊ (지원) 용도지역변경, 건축인센티브 부여 등

3) 저층노후
    (1만㎡ 이상)
    (공공개입要 노후지역)
	주택공급활성화지구 신설
	＊ (지원) 용적률 등 도시·건축 인센티브 부여

❸ 소규모정비사업 (소규모주택 정비법)	소규모 정비 절차 신설·정비 ＊ (구조) 민간자율 원칙, 토지주 동의로 공공 직접시행 가능

1) 역세권소규모
    (5천㎡ 미만)
  2) 준공업소규모
    (5천㎡ 미만)
	소규모재개발 신설
	＊ (구조) 지자체 구역지정, 조합 자율 시행
	＊ (지원) 도심공공주택복합사업과 동일 지원

3) 新舊혼재 노후주거 (1만㎡ 미만)	소규모주택정비 관리지역 신설 ＊ (구조) 지자체 관리계획 수립, 민간이 체계적 정비 ＊ (지원) 소규모정비 요건완화, 도시·건축규제 완화 등
❹ 도시재생 (도시재생 활성화 및 지원에 관한 특별법)	주거재생혁신지구 도입, 도시재생 인정제도 확대 ＊ (지원) 부지확보 용이성 제고, 재정지원 등

※ 21.7.20 개정으로 공공주택특별법상 도심공공주택복합지구 내 역세권소규모 5천㎡ 미만의 준공업지구가 포함됨. 같은 날 소규모주택정비법에서도 같은 규모의 소규모재개발사업이 신설됨.

— (서울시) 모아타운 진행 사항[21]

21.2.4 공공주택3080+대도시권 주택공급 확대방안 발표(국토부)

21.8.31 소규모주택 관리지역 선도사업 후보지 1차 20개소 선정(국토부)

21.10.28 공공참여 소규모재건축사업 2개소 선정(국토부)

21.11.18 소규모주택정비 관리지역 후보지 2차 9개소 선정(국토부)

21.12.22 공공가로주택(14개소), 자율주택정비 2개소 선정(국토부)

22.6.16 서울시 모아타운 대상지 21개소 선정(서울시)

22.7.27 소규모주택정비 관리지역 후보지 3차 선정 11개소 선정(국토부)

22.10.20 모아타운 대상지 26개소 선정(서울시)

22.11.7 모아타운 대상지 추가 1개소 선정(서울시)

23.2 모아타운 수시공모로 전환(서울시)

23.3.9 SH참여 모아타운 공공관리 시범사업 대상지 6개소 선정(서울시)

23.6.28 모아타운 수시공모 '양천구 목4동·관악구 성현동' 2개소 (22.6.27) 선정(서울시)

23.8.28 모아타운 2차 수시공모로 3개소 23.8.25 선정.(서울시)

23.9.25 도봉·관악·동작 등 5개소 모아타운 선정…총 75개소 추진(서울시)

위 진행사항은 국토부, 서울시 보도자료를 취합한 것으로, 모아타운 초창기에 공공참여 소규모정비사업으로 출발하여 이후 민간이 제안할 수 있도록 제도도 바뀜을 엿볼 수 있음.

또한 모아타운 공모방식도 신속통합기획 재개발사업과 같이 수시공모로 전환됨을 알 수 있음.

---

21. 부록 참조할 것.

2. 23.9.26 주택공급 활성화 방안
소규모주택정비사업의 사업성 개선

중점 추진과제		
공공 주택공급 확대		1. 공공주택 공급물량 확대 2. 패스트트랙을 위한 조기 공급 3. 기 추진 사업의 철저한 공정관리
민간 공급 활성화	사업 여건 개선	1. 공공택지 전매제한 완화 2. 조기 인허가 인센티브 3. 분양 → 임대전환 공급 촉진 4. 공사비 증액 기준 마련 5. 인허가 절차 개선 6. 건설인력 확충 7. 규제 정상화 입법 완료
	원활한 자금조달 지원	1. PF대출 보증 확대 2. PF 단계별 사업성 제고 및 금융공급 확대 3. 중도금 대출 지원
	비(非)아파트 사업 지원	1. 비(非)아파트 자금조달 지원 2. 비(非)아파트 규제 개선
	도심공급 기반 확충	1. 재개발·재건출 사업절차 개선 2. 소규모 정비사업 사업성 개선

▲ 신속한 정비사업 추진을 통한 도심공급기반 확충

① 재개발, 재건축 사업절차 개선

□ 분쟁 등으로 인한 중단·지연 없는 정비사업 추진기반 구축

• (공사비 분쟁) 계약 체결 시 전문기관의 컨설팅 지원, 분쟁 우려 시 즉시 조정 전문가 파견 및 분쟁조정협의체를 구성해 정상화 지원.

- 공사비 분쟁을 제도적으로 예방·조기해소하는 장치도 마련

＊(계약단계) 공사비증액기준 등 필수사항 반영 표준계약서 마련/(공사비 검증)

• (상가-주택 소유자 분쟁) 계상가 '지분쪼개기'로 인한 분쟁과 투기방지를 위해 상가도 주택과 동일하게 지분쪼개기 제한.

＊현재 주택은 지자체장 고시 날(기본계획 공람공고일~정비구역 지정 전)을 권리산정일로 하여 그 이후는 지분을 분할해도 분양권 미부여→상가도 동일적용(도시정비법 개정 기 발의)

□ **절차통합 및 전자총회 도입 등으로 사업속도 대폭 제고**

- (신탁방식 속도 제고) 신탁방식 추진 시 시행자 지정요건 완화, 정비사업계획 통합처리 등 절차 간소화로 최대 3년 단축.

  * (현행) 주민동의(3/4 이상)+토지면적 1/3 이상 신탁→(개선)주민동의(3/4 이상)/경미한 사항은 의사결정을 주민대표회의로 위임하여 사업속도 제고 등.

- (전자적 의결 도입) 총회 개최, 출석, 의결에 온라인(모바일) 방식을 도입하여 사업기간을 최대 1년 단축.

② **소규모주택 정비사업 사업성 개선**

□ **도심 수요에 신속 대응 가능한 소규모 정비사업의 사업성 보완**

- 기부채납부지는 사업시행 가능 면적요건(면적상한 1만㎡)에서 제외.
- 소규모 관리지역에서 공공이 참여해 연접한 구역을 통합 시행할 경우 최대 면적 기준을 현행 2만㎡→4만㎡ 이하로 완화.

  * 지자체가 전체 소규모정비 및 기반시설 계획 등을 사전 수립하는 지역

- 소규모정비사업 기금융자(사업비 50~70%, 1.9~2.2%)도 차질없이 지원

➡ **소규모정비사업 사업성개선 조치계획**

면적요건 완화: 소규모주택정비법 시행령 개정(국토부 도심주택공급협력과)

통합시행 면적기준 완화: 소규모주택정비법 시행령 개정(국토부 도심주택공급협력과)

기금 융자 지원: 계속(국토부 도심주택공급협력과)

3 모아타운의 개략적 절차

정비기본계획, 정비계획 수립, 추진위원회 단계가 없으며, 모아타운의 사업시행계획에 관리처분계획이 포함.

도시정비법에 의한 재개발, 재건축사업(평균 8~10년).

정비기본계획 수립(변경) → 정비계획 수립 → 추진위원회 → 정비조합 → 통합심의 → 사업시행계획인가 → 관리처분계획인가 →이주 및 착공.

소규모주택정비법상 모아타운, 모아주택사업(평균 4~5년)
~~정비기본계획 수립(변경)~~ → ~~정비계획 수립~~ → ~~추진위원회~~ → 관리계획 수립(조합설립, 주민협의체 구성) →통합심의 → 분양신청 →사업시행계획인가 → 관리처분계획인가 →이주 및 착공.

도시정비법상 재개발, 재건축사업의 경우 정비계획 수립 및 추진위원회를 구성하게 되지만, 모아타운은 이러한 과정이 없으며, 사업시행인가에 관리처분계획의 내용이 포함되어 있음.

4. 모아타운 내 모아주택

모아타운을 구성하는 개개의 모아주택 소규모주택정비사업에는 자율주택형, 가로주택형, 소규모재건축형, 소규모재개발형 모아주택이 있지만, 여러 가지 완화규정이 있는 가로주택형 모아주택이 대부분을 차지하고 있음.

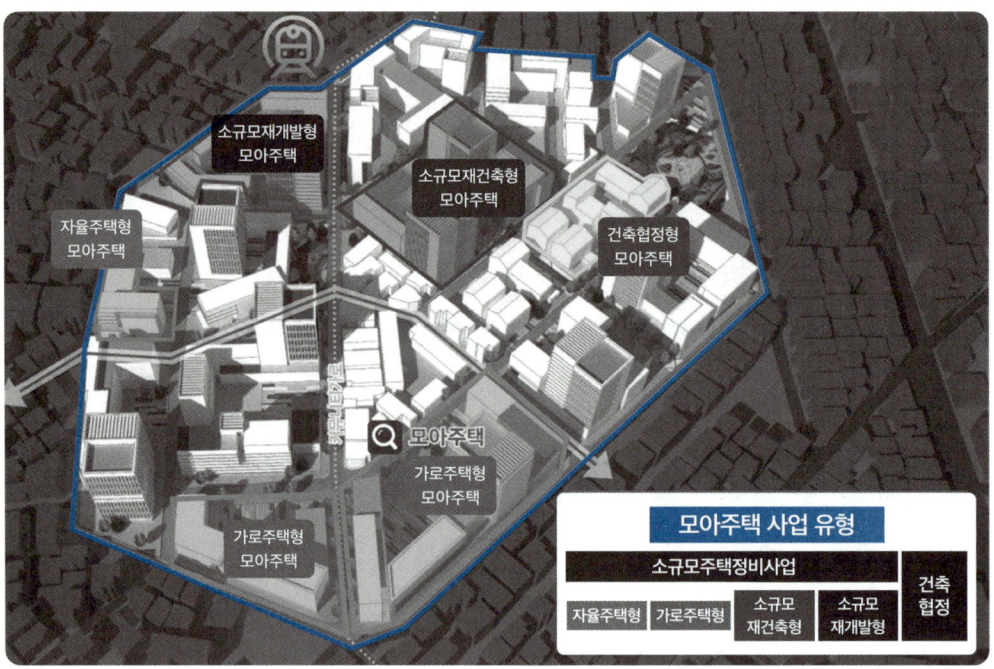

1) 모아주택 유형

모아주택 유형에는 소규모주택정비사업인 '자율주택형, 가로주택형, 소규모재건축형, 소규모재개발형'이 있으며, 모아주택 상호 간 역할을 통해 활성화 목적의 '건축협정'이 있음.

모아주택은 가로주택형이 대부분을 차지하고 있는데, 그 완화요건이 많은 가로주택형이 대부분을 차지하고 있음. 그러나 법률상 명확한 규정이 없어 기존의 가로주택정비사업 진행이 어려운 경우에도, 그 요건에 맞는다면, 기존 조합설립인가를 받은 곳과 신설 가로주택형이 통합될 수 있음.

서울시 최초 모아타운인 도봉구 번동의 경우, 조합설립인가를 받은 가로주택정비사업이 통합된 것으로, 이로 인한 종상향 등으로 수익성 제고를 위해 구성된 것으로 보임.

▲ 서울시 최초 모아타운, 강북구 번동 427~429, 430번지[22]

서울시 1호 모아타운인 강북구 번동 427~429, 430번지의 경우 5개의 가로주택정비사업은 신설이 아닌 조합설립인가를 받은 사업장이었음.[23]

- 관리지역 지정요건 충족 여부

대상지역의 면적이 10만㎡ 이하인 55,752㎡

노후·불량건축물 수가 해당 지역의 전체 건축물 수의 1/2 이상일 것인 전체 262동 중 노후·불량은 238동(90.84%)임.

---

22. **22.5.26. 서울시보 참조**
   서울시고시 제2022-232호/도봉구 번동 429-114번지 일대 모아타운(소규모주택정비) 관리계획 결정 및 지형도면 고시
23. **가로주택정비사업->모아주택(타운)의 사업변경 가능 여부(서울시 전략주택공급과 23.6.22)**
   Q. 현재 건축심의 단계인 가로주택정비사업에서 일부 다른 구역을 추가하여 사업시행 예정지 면적을 확대한 후 모아주택 모아타운으로 변경 추진 시,
   1) 기존 가로주택정비사업조합의 해체 또는 변경 필요성, 변경 시 필요 서류
   2) 기존 가로주택정비사업 동의서를 모아주택 모아타운에 동의한 것으로 간주하여 재사용 가능한지?
   3) 모아타운 모아주택 추진을 위해 주민(조합원)에게 받아야 할 서류 등 구비서류 종류는?
   A1. 모아타운은 모아주택(가로주택정비사업 등)을 계획적·효율적으로 추진하기 위한 관리계획을 수립하는 것으로써 기존 가로주택정비조합을 반드시 해산할 필요는 없고, 다만 사업구역의 위치를 변경하고 그 면적을 확대하는 경우 사업시행예정지 전체를 대상으로 조합설립을 위한 토지등소유자 동의 요건을 다시 만족해야 함. 조합설립을 위한 더 자세한 사항은 인가권자인 관할 자치구로 문의바람.
   A2. 또한 확대된 사업시행예정구역을 대상으로 모아타운 주민제안을 신청하려는 경우에는, 사업시행구역별 대상토지 면적 2/3 이상 동의(국공유지 제외)를 받아야 함.
   A3. 모아타운 주민제안 방식의 경우 주민이 아래의 주민제안 신청 동의서와 개략적인 사업계획서를 작성하여 자치구에 제출하도록 하고 있으며, 서식은 서울시 홈페이지에서 내려받으실 수 있음.
   1) 모아타운 관리계획 수립대상지 주민제안 신청에 대한 동의서
   2) 모아타운(소규모주택정비 관리지역) 주민제안 신청서와 사업계획서
   ※ 홈페이지에서 모아타운 검색(메뉴명: 주택 > 주택건축 > 주택공급 > 모아주택 모아타운)
   한편, 주민제안 방식의 경우 사업계획서 제출 이후 관리계획 수립의 적정범위 검토를 위하여 전문가 사전자문을 받도록 하고 있으니 관련 업무에 참고 바람.
   □ 소규모주택정비법
   제23조(조합설립인가 등) ⑤ 제1항·제2항 또는 제4항에 따라 설립된 조합은 인가받은 사항을 변경하는 경우 조합 총회에서 조합원의 2/3 이상의 찬성으로 의결한 후 제1항 각 호의 사항을 첨부하여 시장·군수등의 인가를 받아야 한다. 다만, 대통령령으로 정하는 경미한 사항을 변경하는 경우에는 조합 총회의 의결 없이 시장·군수등에게 신고한 후 변경할 수 있다. <개정 21.7.20>

- 제2종 일반주거지역 15,948㎡ 중 7,116㎡를 종상향하여, 3종 일반주거지역이 39,623㎡+7,116㎡로 증가함.

제2종일반주거지역(기준용적률 200%)에서 제3종일반주거지역(기준용적률 250%)으로 용도지역을 변경하며, 「소규모주택정비법」 §43의5에 따라 상향된 용도지역의 용적률에서 종전 용도지역의 용적률을 뺀 용적률의 50/100 범위 내 조례로 정하는 비율에 해당하는 임대주택 건설·공급.
- 가로주택형 모아주택 1~5구역의 통합적 계획을 유도하기 위해 건축법 §69에 따른 특별건축구역으로 지정하고 공동주택 35층으로 계획함.

<23.8.1 아시아경제>

강북구 번동 '서울시 1호 모아타운' 본격화
강북구 "서울시 최초 모아타운, 주민 기대에 부응하도록 최선 다할 것"

시는 지난달 31일 강북구 번동 429-114 일대 5개 모아주택에 대한 관리처분계획과 설계를 확정했고 사업시행계획인가를 통과했다고 발표했다.
번동 모아타운은 지난해 4월 '모아타운 관리계획 및 모아주택 사업시행계획' 통합심의를 통과했다. 조합원 분양공고 및 신청, 관리처분계획 수립을 위한 감정평가 등을 진행한 뒤 이번에 사업시행계획인가를 받게 됐다.
공사기간은 약 31개월로 26.7월 준공이 목표이며, 기존 870가구에서 372여 가구가 늘어났다. 번동 모아타운의 도시경관은 모아주택 취지에 맞게 기존 가로에 대응하는 연도형 동 배치와 함께 저층(8~10층)과 고층(28~35층)이 조화롭게 어우러지는 높이로 리듬감 있는 모습을 보여줄 계획이다.(중략)
대규모 지하주차장도 들어선다. 1~5구역 모아주택 간 건축협정을 통해 인접한 1, 2, 3구역과 4, 5구역 각각의 지하주차장을 통합해 기존에 129대에 불과했던 주차공간이 1279면의 통합주차장으로 뒤바뀐다. 폭 6m로 협소했던 진입도로도 10~15m로 넓어져 고질적인 주차난과 불법 주정차, 소방차량 진입 곤란 등에서 벗어나게 됐다.

---

2) 모아주택과 건축협정

'건축협정'은 모아주택 상호 간 역할을 통해 활성화 목적이 서울시 정책으로, 토지·건물 소유주가 소유권을 갖고 있으면서, 양측이 협정을 체결해 필지 규모를 활용하는 방식임.

건축협정 체결로 인허가 과정에서 서로 붙어 있는 2개 이상의 필지를 하나의 대지로 간주하여 대지경계선이 사라진 것으로 보므로, 건축물을 대지경계선으로부터 0.5m를 떼는 규정도 지킬 필요가 없으며 사선제한도 받지 않아 건축물을 더 높게 지을 수 있음.

서울시는 이 건축협정을 통해 모아주택을 확대해 모아타운에서 주차난을 해소하겠다는 것임. 다만 지하주차장에 누수가 발생하는 경우 방수공사비 부담주체의 문제로 갈등소지가 있음.

모아타운 내 건축협정 역할과 시기(서울시 전략주택공급과 23.9.15)
Q. 건축협정의 역할과 그 시기는?
A. 우리 시에서는 모아타운 내 지역의 불법주차 및 주차난 해소를 위해 모아 주택 사업간 건축협정을 통해 통합지하주차장 설치를 허용하고 있으며, 이 경우 건축협정은 관계 법령인 건축법을 준수하여야 하는 사항임.
다만, 소규모주택정비조합은 사업시행계획인가·고시가 있은 때에는 사업구역 내 토지 또는 건축물 등에 관한 사용·수익권을 취득할 수 있으므로 조합간 건축협정 체결을 추진하고자 할 때에는 사업시행계획인가를 받는 조건 등으로 사업시행계획인가권자인 자치구에, 판단하에 가능할 것으로 보임.

▶ 건축법 §77의4(건축협정의 체결), 영 §110의3(건축협정의 체결), 규칙 §38의8(건축협정 운영회의 설립신고), 서울시 건축조례 §35의3(건축협정의 체결)

3) 모아주택의 각종 완화 규정

유형	자율주택정비사업	가로주택정비사업	소규모재건축사업	소규모재개발사업
정의	단독, 다세대주택 및 연립주택을 스스로 개량 또는 건설(법 §2①2)	가로구역에서 종전의 가로를 유지하면서 소규모로 주거환경을 개선	정비기반시설이 양호한 지역에서 소규모로 공동 주택을 재건축	주거·산업·상업이 혼재된 노후지역을 소규모로 정비

대상지역	-소규모관리지역·도시활력증진지역 개발사업 시행구역 -지구단위계획구역 -정비예정구역·정비구역 해제지역, 도시재생활성화지역 등(영 §3①1) -사업면적 제한 없음	-가로구역 전부 또는 일부(영 §3①2) 1만㎡ 미만(관리지역, 공공성 요건 등 충족 시 1만→2만㎡ 미만)(영 §3①2 가)	-도시정비법§2-7 주택단지 사업시행구역 면적 1만㎡ 미만(영 §3①3)	-역세권, 준공업지역 5천㎡ 미만(영 §3①4)
동의요건	주민협의회 100% 동의 관리지역 토지등소유자 8/10 이상+토지면적 2/3 이상	토지등소유자 8/10 이상+토지면적 2/3 이상 (주민합의체:토지등소유자 100%)	전체 구분소유자 3/4 이상+토지면적3/4이상(주민합의체:토지등소유자 100%)	토지등소유자 8/10 이상+토지면적 2/3 이상
대상지요건 (영§3①)	-단독(10호) 및 다세대주택 20세대 미만 ※ 시·도조례로 1.8배 확대 가능(영 §3①1 나)	-단독(10호) 및 기존주택이 공동주택 20세대, 단독, 공동 혼재된 경우 20세대	-공동주택(주택단지) 200세대 미만	주거·산업·상업이 혼재된 노후지역을 소규모로 정비
	-노후·불량건축물의 수가 해당 사업시행구역의 전체 건축물 수의 2/3 이상/ 자율주택, 가로주택의 경우 57%로 완화/소규모 재건축은 완화 규정 없음			

(1) 노후·불량 건축물(노후도)

서울시 소규모주택정비조례 §2의2

소규모주택정비사업의 노후·불량건축물 기준은 도시정비법령 및 도시정비조례 §4에서 정하는 바에 따름(동조 제1항).

따라서 관리지역 내 공동주택 이외에 노후·불량 건축물에 해당하는지 여부는 서울시 도시정비조례 §4①2에 따르게 됨.

▶ 도시정비조례 §4①2

2. 공동주택 이외의 건축물

가. 철근콘크리트·철골콘크리트·철골철근콘크리트 및 강구조 건축물(「건축법 시행령」 별표1 제1호에 따른 단독주택을 제외한다): 30년.

나. 가목 이외의 건축물: 20년.

── 철근콘크리트 또는 강구조 등의 다세대주택: 20년 완화

법 §43의2①의 소규모주택정비 관리계획 수립을 위한 사업대상지 및 법 §2①9의 소규모주택정비 관리지역 내에서 주택으로 쓰는 바닥면적 합계가 660㎡ 이하 공동주택의 노후·불량건축물의 경우는 도시정비조례가 아닌 소규모주택정비 조례에서 경과연수 기준은 20년으로 규정함(조례 §2의2②).

── 다른 사업의 기준

지구단위계획구역과 역세권 청년주택사업, 도심공공주택복합사업의 경우 사용승인 후 20년 이상 경과 시 노후 건축물로 정하고 있음.

구분	자율주택정비사업	소규모재건축사업	소규모재개발사업
경과연수	- 20년 이상 경과한 건축물이 전체 건축물 수의 2/3 이상이거나, - 20년 이상 경과 건축물 50% 이상 + 준공 후 15년 이상 경과 다세대·다가구주택이 해당 지역건축물 수의 3/10 이상	20년 이상 경과한 건축물이 사업대상지 내 전체 건축물 수의 1/2 이상	20년 이상 경과 건축물 60%
근거법	서울시 도시계획조례 시행규칙 별표1(지구단위계획구역 지정대상이 되는 노후·불량건축물 기준 - §4관련)	서울시 청년안심주택 공급지원에 관한 조례[24] §5⑤(사업대상지)	공공주택업무처리지침 [별표1의10][25]

---

24. 16.7.14 제정, 시행된 「서울시 역세권 청년주택 공급지원에 관한 조례」는 7차례 개정을 거쳐 23.5.22 「서울시 청년안심주택 공급지원에 관한 조례」로 바뀌어 시행되고 있음.
   「서울시 청년안심주택 공급지원에 관한 조례」
   제5조(사업대상지) ⑤ 사업대상지의 노후건축물 기준은 「서울시 도시계획조례 시행규칙」 §4에도 불구하고 사용검사 후 20년 이상 경과한 건축물이 사업대상지 내 전체 건축물 수의 1/2 이상으로 완화하여 적용할 수 있다. 다만, 사업대상지 내 기존 건축물이 주택이 아닌 경우에는 노후건축물 기준을 만족한 것으로 본다. <개정 17.5.18, 18.10.4, 20.3.26>
25. 공공주택특별법 시행령 별표4의2에서 위임을 받아 용도지역·호수밀도 등 복합지구의 시·도별 세부유형 및 지정기준을 정하는 것을 목적으로 함.

(2) 소규모주택정비사업 대상 근거 규정

소규모주택정비사업의 "노후·불량건축물의 밀집 등 대통령령으로 정하는 요건에 해당하는 지역 또는 가로구역(街路區域)"이란 다음 각 호의 구분에 따른 지역을 말함(영 §3①).

① 자율주택정비사업

빈집밀집구역, 소규모주택정비 관리지역, 도시활력증진지역 개발사업의 시행구역, 지구단위계획구역, 정비예정구역·정비구역이 해제된 지역 또는 주민 스스로 주택 보전, 정비방법으로 시행하는 주거환경개선사업의 정비구역, 도시재생활성화지역 또는 인구 50만 이상 대도시의 조례(이하 "시도 조례")로 정하는 지역[26]으로서 다음 각 목의 요건을 모두 갖춘 지역 가. 노후·불량건축물의 수가 해당 사업시행구역의 전체 건축물 수의 2/3 이상일 것. 다만, 소규모주택정비 관리지역의 경우 15/100 범위에서 시도 조례로 정하는 비율로 증감할 수 있다.

➡ 여기에서의 조례란 소규모주택정비조례로 서울시는 최대치인 15/100으로 함.
노후·불량건축물의 수는 2/3 × 15/100 = 57%

> **서울시 소규모주택정비조례**
> 제3조(소규모주택정비사업의 대상범위 등) ② 영 §3①1 가목 및 제2호 나목에 따라 관리지역 내 노후 · 불량건축물의 수는 해당 사업시행구역 전체 건축물 수의 57% 이상으로 한다.
> <신설 21.12.30>

나. 해당 사업시행구역 내 기존 주택의 호수(戶數) 또는 세대수가 다음의 구분에 따른 기준 미만일 것. 다만, 지역 여건 등을 고려하여 해당 기준의 1.8배 이하의 범위에서 시도 조례로 그 기준을 달리 정할 수 있다.

➡ 서울시 소규모주택정비조례에서 최대치인 1.8배로 정 함.

---

26. **서울시 소규모주택정비조례**
    제3조(소규모주택정비사업의 대상범위 등) ① 영 §3①1에서 "시도 조례로 정하는 지역"이란 다음 각 호와 같다.
    <개정 19.3.28, 19.12.31, 20.3.26, 20.12.31, 23.3.27>
    1. 「도시재정비법」§2-6에 따른 존치지역.
    2. 「문화재보호법」§13①에 따른 역사문화환경 보존지역 중, 구 도시계획위원회의 심의를 받아 구청장이인정하는 지역.
    3. 「서울시 저층주거지 집수리 지원에 관한 조례」§6에 따른 주택성능개선지원구역.
    4. 「건축법」§2①5에 따른 지하층이 있는 주택을 포함한 사업시행구역.
    5. 「재난 및 안전관리 기본법 시행령」§34의2 D, E등급에 해당하는 건축물을 포함한 사업시행구역.
    6. 영 §8의2 3, 4등급에 해당하는 빈집을 포함한 사업시행구역.

> **서울시 소규모주택정비조례**
> 제3조(소규모주택정비사업의 대상범위 등) ③ 영 §3①1 나목 단서에서 위임된 해당 사업시행구역 내 기존주택의 호수 또는 세대수의 기준은 다음 각 호와 같다.
> 1. 기존주택이 모두 단독주택인 경우: 18호 미만일 것
> ➡ 18 × 1.8 = 18세대
> 2. 기존주택이 연립주택 또는 다세대주택으로 구성된 경우: 36세대(연립주택과 다세대주택의 세대수를 합한 수를 말한다) 미만일 것.
> ➡ 20 × 1.8 = 36세대
> 3. 기존주택의 구성이 다음의 어느 하나에 해당하는 경우: 36채(단독주택의 호수와 연립주택·다세대주택의 세대수를 합한 수를 말한다) 미만일 것.
> ➡ 20 × 1.8 = 36세대
>   가. 단독주택과 연립주택으로 구성
>   나. 단독주택과 다세대주택으로 구성
>   다. 단독주택, 연립주택 및 다세대주택으로 구성

　1) 기존주택이 모두 「주택법」 §2-2 단독주택인 경우: 10호

　2) 기존주택이 「건축법 시행령」 별표1 제2호 나목에 따른 연립주택 또는 같은 호 다목에 따른 다세대주택으로 구성된 경우: 20세대(연립주택과 다세대주택의 세대수를 합한 수를 말한다).

　3) 기존주택의 구성이 다음의 어느 하나에 해당하는 경우: 20채(단독주택의 호수와 연립주택·다세대주택의 세대수를 합한 수를 말한다)

　　가) 단독주택과 연립주택으로 구성

　　나) 단독주택과 다세대주택으로 구성

　　다) 단독주택, 연립주택 및 다세대주택으로 구성

다. 해당 사업시행구역에 나대지(裸垈地)를 포함하려는 경우에는 다음의 어느 하나에 해당하는 나대지로서 그 면적은 사업시행구역 전체 토지 면적의 1/2 이내일 것.

　1) 진입도로 등 정비기반시설의 설치에 필요한 나대지.

　2) 노후·불량건축물의 철거로 발생한 나대지.

　3) 빈집의 철거로 발생한 나대지.

　4) 그 밖에 지형여건·주변환경을 고려할 때 사업 시행상 불가피하게 포함되는 나대지로서 시도 조례로 정하는 기준을 충족하는 나대지.

> **서울시 소규모주택정비조례**
> 제3조(소규모주택정비사업의 대상범위 등) ④ 영 §3①1 다목의 4)에서 "시도 조례로 정하는 기준을 충족하는 나대지"란 「서울시 건축조례」§35의3-3에 해당하는 경우를 말한다. <신설 20.3.26, 21.12.30>
>
> ※ 서울시 건축조례 §35의3(건축협정의 체결) 법 §77의4①5에 따른 도시 및 주거환경개선이 필요하다고 인정하는 구역은 다음 각 호중 어느 하나에 해당하는 지역 또는 구역을 말한다.<개정 18.7.19>
> 3. 다음 각 목의 어느 하나에 해당하는 경우로 §5②에 따른 구 위원회의 심의를 받아 구청장이 인정하는 토지
> 가. 법 §57에 따른 면적보다 작은 토지인 경우
> 나. 법 §2①11에서 정한 도로에 접하지 않은 토지인 경우
> 다. 세장형 또는 부정형 토지로 단독개발이 어려운 경우
> 라. 하나의 토지가 각 목에 부적합하나 인접한 토지가 각 목 중 어느 하나에 해당하는 경우

② 가로주택정비사업

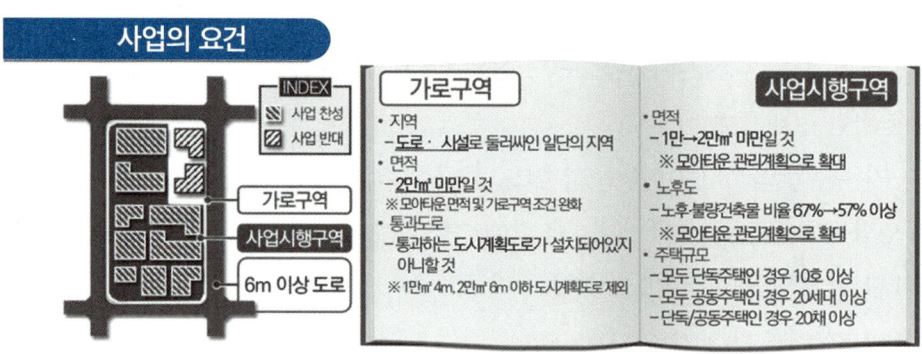

가로구역의 전부 또는 일부로서 다음 각 목의 요건을 모두 갖춘 지역.

가. 해당 사업시행구역의 면적이 1만㎡ 미만일 것. 다만, 사업시행구역이 소규모주택정비 관리계획이 승인·고시된 지역인 경우이거나 다음의 요건을 모두 갖춘 경우에는 2만㎡ 미만으로 할 수 있음.[27]

  1) 특별자치시장·특별자치도지사·시장·군수 또는 자치구의 구청장 또는 토

---

27. 23.10.18 국토부는 소규모주택정비법 시행령 §3 일부개정령 입법예고를 하여 "소규모주택정비 관리지역 내에서 지자체·토지주택공사 등 공공이 단독 또는 공동으로 가로주택정비사업을 시행하는 경우 사업시행구역 최대 면적을 4만㎡ 미만까지 확대"란 내용이 개정될 예정임.

지 주택공사등이 공동 또는 단독으로 사업을 시행할 것.
  2) 다음의 어느 하나에 해당하는 비율이 10% 이상일 것.
    가) 가로주택정비사업으로 건설하는 건축물의 전체 연면적 대비 공공임대주택 연면적의 비율.
    나) 가로주택정비사업으로 건설하는 주택 전체 세대수 대비 공공임대주택 세대 수 비율.
  3) 사업시행자는 사업시행계획서(사업시행구역 면적을 1만㎡ 미만에서 1만㎡ 이상 2만㎡ 미만으로 변경하는 경우로서 사업시행계획서를 변경하는 경우를 포함한다)를 작성하기 전에 다음의 요건을 모두 충족할 것. 이 경우 지구단위계획구역을 지정할 수 있거나 지정해야 하는 경우 또는 지구단위계획구역 및 지구단위계획이 지정·수립되어 있는 경우로서 국토계획법 §30⑤ 본문에 따라 이를 변경해야 하는 경우로 한정한다.
    가) 국토계획법 시행령 §19의2②2에 따른 토지소유자의 동의를 받을 것
    나) 가) 요건을 갖춘 후 특별자치시·특별자치도·시·군·구(자치구를 말한다)에 설치하는 지방도시계획위원회의 심의를 받을 것. 이 경우 지방도시계획위원회는 §2-2 나목에 따른 사항을 함께 심의할 수 있다.

나. 노후·불량건축물의 수가 해당 사업시행구역 전체 건축물 수의 2/3 이상일 것. 다만, 소규모주택정비 관리지역의 경우에는 15/100 범위에서 시도 조례로 정하는 비율로 증감할 수 있다.

> **서울시 소규모주택정비조례**
> 제3조(소규모주택정비사업의 대상범위 등) ② 영 §3①1 가목 및 제2호 나목에 따라 관리지역 내 노후·불량건축물의 수는 해당 사업시행구역 전체 건축물 수의 57% 이상으로 한다. <신설 21.12.30>

다. 기존주택의 호수 또는 세대수가 다음의 구분에 따른 기준 이상일 것
  1) 기존주택이 모두 단독주택인 경우: 10호

2) 기존주택이 모두 「주택법」 §2-3의 공동주택인 경우: 20세대
3) 기존주택이 단독주택과 공동주택으로 구성된 경우: 20채(단독주택의 호수와 공동주택의 세대수를 합한 수를 말한다. 이하 이 목에서 같다). 다만, 기존주택 중 단독주택이 10호 이상인 경우에는 기존주택의 총합이 20채 미만인 경우에도 20채로 본다.

③ 소규모재건축사업
「도시정비법」 §2-7 주택단지로서 다음 각 목의 요건을 모두 충족한 지역.
가. 해당 사업시행구역의 면적이 1만㎡ 미만일 것
나. 노후·불량건축물의 수가 해당 사업시행구역 전체 건축물 수의 2/3 이상일 것
다. 기존주택의 세대수가 200세대 미만일 것

23.4.18 법 개정에 따라 소규모재건축사업의 대상지역 요건 확대를 위해 주택단지의 범위를 둘 이상의 주택단지가 연접한 경우도 포함하여 확대함.

그리고 주택단지 사이에 도로가 있을 경우 해당 도로의 변경·폐지 절차 등을 시·도 조례로 위임하여 인·허가청이 사업예정구역의 제반 사정 등을 고려하고 협의토록 함.

④ 소규모재개발사업
다음 각 목의 지역
  가. 소규모재개발사업을 시행하려는 지역의 면적 과반이 「철도의 건설 및 철도시설 유지관리에 관한 법률」, 「철도산업발전기본법」 또는 「도시철도법」에 따라 건설·운영되는 철도역(개통 예정인 역을 포함한다)의 승강장 경계로부터 반경 350m 이내인 지역으로서 다음의 기준을 모두 충족하는 지역. 다만, 승강장 경계로부터 반경은 지역 여건을 고려해 30/100 범위에서 시·도 조례로 정하는 비율로 증감할 수 있다.

> **서울시 소규모주택정비조례**
> 제3조(소규모주택정비사업의 대상범위 등) ⑥ 영 §3①4 가목 단서에 따라 시·도조례로 증감하는 역세권의 범위는 250m로 한다. <신설 21.12.30>

1) 해당 사업시행구역의 면적이 5천㎡ 미만일 것

2) 노후·불량건축물의 수가 해당 사업시행구역의 전체 건축물 수의 2/3 이상일 것. 다만, 지역 여건 등을 고려해 25/100 범위에서 시도 조례로 정하는 비율로 증감할 수 있다.

> **서울시: 노후·불량건축물의 수를 완화하는 규정 없음**
> 부산시 제3조(소규모주택정비사업의 대상지역 등) ⑦ 영 §3①4 가목2)에 따라 노후·불량건축물의 수는 해당 사업 시행구역 전체 건축물 수의 50% 이상으로 한다.
>
> 대전시 제3조(소규모정비사업 대상 지역) ⑥ 영 §3①4 가목2) 단서에 따라 노후·불량건축물의 수는 25/100를 감(減)한다. <신설 22.8.12>

3) 해당 사업시행구역이 국토부령으로 정하는 도로에 접할 것

> 법 시행규칙 제2조(가로구역의 범위 등) ① 영 §3①4 가목3)에서 "국토부령으로 정하는 도로"란 다음 각 호의 도로 및 예정도로를 말한다. 다만, 해당 사업시행구역에 이러한 도로 또는 예정도로가 둘 이상 접한 경우로 한정한다. <신설 21.9.17>
> 1. 「국토계획법」 §2-7에 따른 도시·군계획시설인 도로 및 같은 법 §32④에 따라 신설·변경에 관한 지형도면의 고시가 된 도로
> 2. 「건축법」 §2①11에 따른 도로
> 3. 다음 각 목의 지정을 받거나 신고·신청을 하기 위하여 국토계획법, 사도법 또는 그 밖의 관계법령에 따라 도로를 신설·변경할 수 있는 계획을 제출한 경우 그 계획에 따른 예정도로
>   가. 법 §18 및 §19에 따른 사업시행자 지정
>   나. 법 §22에 따른 주민합의체 구성 신고
>   다. 법 §23에 따른 조합설립인가 신청
> ② 제1항에 따른 도로의 너비는 각각 4m 이상이어야 하며, 둘 이상의 도로 중 하나는 6m[지역여건을 고려하여 40%의 범위에서 특별시·광역시·특별자치시·도·특별자치도 또는 지방자치법에 따른 서울시·광역시 및 특별자치시를 제외한 인구 50만 이상 대도시의 조례(이하 "시도조례")로 넓게 정하는 경우에는 그 너비로 한다] 이상이어야 한다. <신설 21.9.17, 22.8.2>

나. 「국토계획법 시행령」 §30①3 다목의 준공업지역으로서 가목 1)부터 3)까지에서 규정한 기준을 모두 충족하는 지역

— 소규모재개발 사업시행예정구역

23.4.18 법 개정에 따라 같은 해 10.18 소규모주택정비법 시행령을 개정하여 조합설립인가 전 사업시행예정구역 지정 절차를 삭제[28]하여, 소규모재개발사업 활성화를 도모함.

다른 소규모주택정비사업인 자율주택정비사업, 가로주택정비사업, 소규모재건축사업과 절차를 같이 함.

---

28. **소규모주택정비법 시행령**
    제15조의4(소규모재개발사업의 시행예정구역 지정 등) ① 소규모재개발사업을 시행하려는 토지등소유자가 법 §17의2①에 따라 토지등소유자의 동의를 받으려는 경우에는 다음 각 호의 사항을 설명·고지하고 국토부령으로 정하는 동의서로 동의를 받아야 한다.
    1. 소규모재개발사업의 개요
    2. 동의를 받으려는 사항
    3. 동의와 동의 철회의 방법
    ② 법 §17의2②4에서 "대통령령으로 정하는 사항"이란 다음 각 호의 사항을 말한다.
    1. 소규모재개발사업의 명칭 및 시행기간
    2. 토지이용계획, 정비기반시설·공동이용시설 설치계획과 교통계획
    3. 그 밖에 소규모재개발사업과 관련된 사항으로서 시·도조례로 정하는 사항 ③ 시장·군수등은 법 §17의2③에 따라 주민설명회를 개최하려면 해당 지방자치단체의 공보와 인터넷 홈페이지에 다음 각 호의 사항을 주민설명회 개최 14일 전까지 공고해야 한다.
    1. 주민설명회의 개최 목적
    2. 주민설명회의 개최 예정 일시 및 장소
    3. 사업시행예정구역의 개요
    4. 그 밖에 주민설명회 개최에 필요한 사항
    ④ 시장·군수등은 법 §17의2③에 따라 주민 공람을 할 때에 제3항에 따른 주민설명회 개최에 관한 사항을 함께 공고할 수 있다.
    ⑤ 법 §17의2⑤에서 "대통령령으로 정하는 경미한 사항을 변경하는 경우"란 다음 각 호의 경우를 말한다.
    1. 사업시행예정구역의 면적을 5/100 범위에서 증감하는 경우. 다만, 증감으로 법 §17의2①에 따른 동의 요건을 갖추지 못하게 되는 경우는 제외한다.
    2. 사업시행기간을 단축하는 경우
    3. 정비기반시설·공동이용시설의 규모를 확대하거나 그 면적을 10/100 범위에서 축소하는 경우
    4. 계산착오·오기·누락이나 이에 준하는 명백한 오류를 수정하는 경우
    5. 그 밖에 제1호부터 제4호까지의 규정에 준하는 경우로서 시·도조례로 정하는 사항을 변경하는 경우
    ⑥ 시장·군수등은 법 §17의2⑦에 따라 사업시행예정구역 지정이 취소된 것으로 보는 경우에는 해당 지방자치단체의 공보에 그 내용을 고시해야 한다.
    ⑦ 제1항부터 제6항까지에서 규정한 사항 외에 사업시행예정구역의 지정 절차 및 방법 등에 필요한 사항은 시·도조례로 정할 수 있다.
    [본조신설 21.9.17]

5. 관리계획 수립 진행방법

모아타운을 구성하는 개개의 모아주택

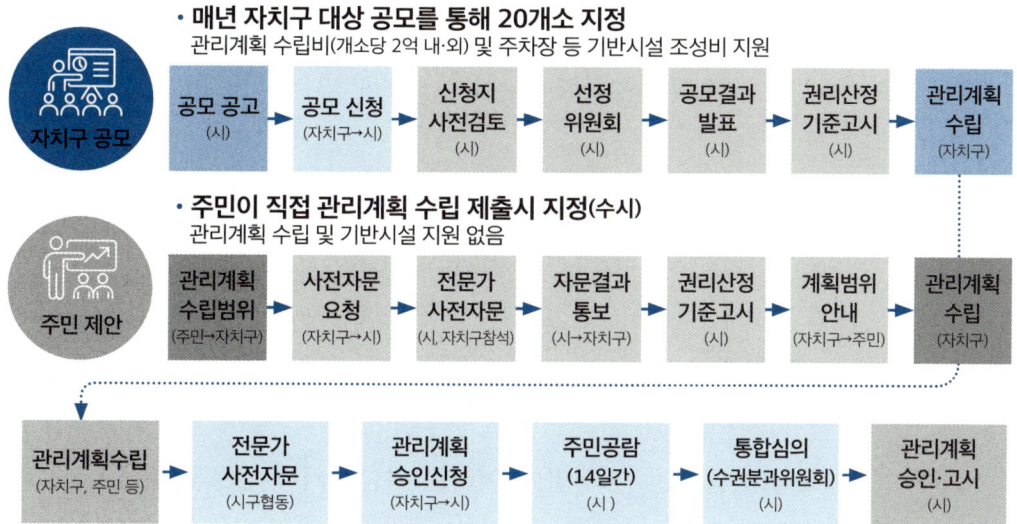

자치구 공모에 의하면 "관리계획 수립 및 기반시설 조성비 지원"이 가능하지만, 주민제안에는 지원이 없음.

1) 자치구 공모

자치구 공모를 위해 각 사업예정지의 30% 이상 소유자의 동의가 필요하며, 아래 ①, ② 요건 모두를 충족해야 함. 다만 사업 시행을 위해서는 별도 동의요건을 충족하여야 함.

조합이 설립되어 있으면 별도 주민동의는 필요 없지만, 조합과 사업예정지가 섞여 있으면 조합을 제외한 사업예정지의 30% 이상 동의가 필요하며, 모아주택의 대부분이 자치구 공모의 형태임.

① **주민동의** : 조합 3개소 또는 사업예정지 3개소 이상(각 주민동의 30% 이상).

※ 조합설립이 되어 있는 경우 별도 주민동의 필요 없으며, 조합과 사업예정

지가 혼재되어 있을 시, 합쳐서 3개소 이상이며 사업예정지 토지등소유자 수의 30% 이상 주민동의 필요함.

　(예) 1개 조합 + 2개 사업예정지(각 주민동의 30% 이상)

② **주민설명회**: 모아타운 공모 신청 사전 안내를 위한 주민설명회 개최이는 자치구에서 개최하여 설명회를 하며, 추진단체가 참석하게 됨.

― 모아타운(소규모주택정비 관리지역) 대상지 선정 공모·공고

모아타운(소규모주택정비 관리지역) 대상지 선정 공모·공고

서울시에서 22.1.13 발표한 「재개발이 어려운 저층주거지 새로운 정비방식, 모아주택」활성화를 위하여 모아타운(소규모주택정비 관리지역) 대상지를 선정코자 아래와 같이 공모 공고하오니 저층 주거지로서 재개발이 어렵고 노후·불량주택 및 기반시설의 정비가 필요한 자치구의 많은 참여 바람.

2023년 2월 28일
서울특별시장

1. 공모개요
○ 공모 명: 모아타운(소규모주택정비 관리지역) 대상지 선정 공모
○ 공모 기간: 공모공고일로부터 ~ 25.6.30까지
　※ 상기 기간 내 수시 접수하며 선정 절차에 따라 수시 선정 결과 발표
○ 공모대상: 재개발이 어려운 노후 저층주거지이며 정비가 필요한 지역으로 아래 요건을 모두 충족하는 지역
- 면적: 전체 3만㎡~10만㎡ 미만(조합, 사업예정지 3개소 및 3만㎡ 이상 포함)
　※ 조합·사업예정지는 소규모주택정비조합 또는 사업시행을 준비 중인 지역임
　- 노후도: 전체 50% 이상(사업예정지별 57% 이상)

※ 경과 년수: 철근콘크리트 구조가 아니거나 단독주택은 20년 이상, 철근콘크리트구조인 공동주택 및 일반건축물은 30년(바닥면적 660㎡ 이하 공동주택은 20년 이상)

> (제외지역)
> ① 도시정비법에 따른 정비구역, 정비예정구역(단, 주거환경개선사업 신청 가능)
> ② 도시재정비법에 따른 재정비촉진지구(단, 존치지역 신청 가능)
> ③ 도시개발법에 따른 도시개발구역
> ④ 신속통합기획 재개발·공공 재개발·도심공공주택복합사업 등 타 사업방식으로 공모 신청 중이거나 사업이 진행 중인 지역

2. 공모신청 방법

○ 자치구에서 별첨 공모신청서를 작성하여 공문 제출(수시)

- 제출서류

> 【구청 → 市 전략주택공급과】
> 1) 공모 신청서(신청서, 체크리스트, 사업계획서, 주민동의서 사본)
> 2) 주민설명회 시 주민 의견 등
> 3) 선정위원회 심사 관련 PPT 등

○ 아래 요건을 모두 충족하는 경우 신청 가능

① **주민동의** : 조합 3개소 또는 사업예정지 3개소 이상(각 주민동의 30% 이상)

※ 조합설립이 되어 있는 경우 별도 주민동의 필요 없음.

※ 조합과 사업예정지가 혼재되어 있을 시, 합쳐서 3개소 이상이며 사업예정지의 경우, 토지등소유자 수의 30% 이상 주민동의 필요(별첨 동의서 양식 활용).

(예시) 1개 조합 + 2개 사업예정지(각 주민동의 30% 이상).

② **주민설명회**: 모아타운 공모 신청 사전 안내를 위한 주민설명회 개최.

3. 선정계획

○ 선정절차: 신청지별로 사전검토 및 선정위원회를 개최하여 선정 여부 결정

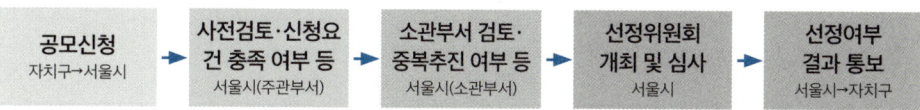

○ 선정 개소: 35개소 이상
- 선정지는 자치구 관리계획 수립 용역비 지원(시·구 7:3 매칭)
○ 단계별 추진 절차

① **사전검토**
- 자치구 공모신청서 적정 여부를 검토하여 대상지 및 신청요건에 맞지 않을 시 반려 또는 보완 요청 가능.

<체크 리스트>

구 분		기준	신청	적정 여부
대상 면적	전체	30,000~100,000㎡ 미만		
	사업시행구역	30,000㎡ 이상		
	1구역			
	2구역			
	3구역			
	.			
	.			
노후도	전체	50% 이상		
	1구역	57% 이상		
	2구역	57% 이상		
	3구역	57% 이상		
	.			
	.			
동의율	사업시행구역(1)			
	사업시행구역(2)			
	사업시행구역(3)			
	.			
	.			
주민설명회		주민설명회 개최 증빙서류 제출		
제외지역 여부		정비예정구역, 타 공모신청 여부 등		

② 소관부서 검토
- 사전검토 후 적정할 경우 지역 현황을 고려 소관부서별 적정성 여부를 검토하여 선정위원회 심사 시 활용.

총괄	도시재생활성화지역, 주거환경개선구역	재정비촉진지구 (존치지역)	자연경관지구 고도제한지구	지구단위계획
전략주택공급과	주거환경개선과	재정비촉진사업과	도시계획과	도시관리과

※ 문화재 등 협의가 추가로 필요할 경우 소관부서와 별도 협의 시행

③ 선정위원회 심사
- 공모신청서 및 소관부서 검토 의견 등을 고려하여 심사, 대상지 선정 여부 최종 결정.

4. 유의사항

○ 공모와 관련 자치구 등에 제출된 서류는 반환하지 않음.

○ 선정심사와 관련된 심사내용 등 관련 모든 자료는 공개하지 않음.

○ 본 공모는 자치구(모아타운 담당 부서)에서 대상지를 검토하여 서울시로 공모신청서를 제출하는 것이며, 주민들이 직접 자치구·서울시로 공모신청서를 제출하는 사항이 아님.

○ 제출된 서류의 내용이 사실과 다른 경우 평가대상에서 제외될 수 있으며, 선정된 후라도 선정이 취소될 수 있음.

○ 도시재생활성화지역, 주거환경개선구역은 서울시 주거환경개선과, 재정비촉진지구 내 존치지역은 서울시 재정비촉진사업과, 지구단위계획구역은 도시관리과와 사전협의 후공모 제출하기 바람.

○ 노후도는 공모신청서 제출일을 기준으로 하며 공모신청 동의서는 별첨 동의서 양식을 이용한 것만 인정함.

※ 서울시 홈페이지 등록된 주민제안 동의서 양식 인정, 이외 임의 동의서 양식 불인정.

○ 대상지로 선정된 후, 주민 반대가 심한 지역 및 타 사업으로 변경하여 추진하는 경우 자치구에서 충분한 주민 의견수렴 과정을 거쳐 제외 요청하면 서울시 자문을 통해 제외 검토될 수 있음.

○ 이번 공모로 대상지 선정되는 지역은 지분쪼개기, 비경제적인 건축행위, 분양사기 등 투기수요 차단을 위해 선정 결과 발표일 다음 날 기준으로 고시가 가능한 날을 권리산정기준일로 고시하여 투기 방지대책을 동시 추진함.
  - 권리산정기준일
▶ 목 적: 지분쪼개기 등 투기 억제
○ 권리산정기준일의 다음날 아래 행위는 현금청산 대상임(단, 권리산정기준일까지 건축허가 받아 착공신고를 득했을 경우 분양대상으로 인정함)
  1. 1필지의 토지가 여러 개의 필지로 분할되는 경우.
  2. 단독주택 또는 다가구주택이 다세대주택으로 전환되는 경우.
  3. 하나의 대지 범위에 속하는 동일인 소유의 토지 및 주택 등 건축물을 토지 및 주택 등 건축물로 각각 분리하여 소유하는 경우.
  4. 나대지에 건축물을 새로 건축하거나 기존 건축물을 철거하고 다세대주택, 그 밖의 공동주택을 건축하여 토지등소유자의 수가 증가하는 경우.
○ 아울러, 권리산정기준일까지 착공신고를 득하였을 경우라도 개별 소규모주택정비사업조합설립인가 전까지 소유권을 확보하고 관련 법률과 서울시 조례 규정에 충족되어야 분양대상이 될 수 있음.
  - 건축허가 제한, 토지거래허가구역 지정은 자치구 요청 시 또는 부동산 가격 모니터링 등을 통해 추후 지정될 수 있음.
  - 향후 추진될 모아타운(소규모주택정비 관리지역) 내 모아주택(소규모주택정비사업) 사업추진 시 소규모주택정비법 상 분양받을 권리를 산정하기 위한 기준일을 정하는 것이며 소유권 매매, 건축허가 행위 등을 제한하는 사항이 아님.

2) 주민제안 방식
서울시 모아타운 관리계획 수립지침(22.7월)

주민제안 방식은 아래 요건 충족 시 주민이 직접 관리계획(안)을 마련하여 자치구에 제출할 수 있음.
조합: 소규모주택정비사업 시행을 위해 설립된 조합 2개 이상
토지등소유자: 모아주택 사업시행 예정지(2개소 이상) 각각의 대상 토지면적 2/3 이상 동의(국·공유지 제외).

주민제안의 경우 관리계획 수립 이전에 사전협의 및 전문가 사전자문을 통하여 관리계획 수립을 위한 적정 대상범위를 결정함.
사전협의 시 제출서류: 지역 현황 및 모아타운 추진계획 등(자치구 공모방식 신청자료 준용하여 작성)

사전협의 및 전문가 사전자문을 통해 모아타운 적정 구역범위가 결정되면, 주민은 관리계획(안)을 마련하여 자치구청장에게 제출하고 자치구청장은 적정 여부를 검토하여 서울시에 관리계획 승인을 신청함.

주민제안 방식에서의 권리산정기준일은 전문가 사전자문을 통해 적정 구역 범위를 결정하여 자치구에 통보하는 날을 기준으로 고시가 가능한 날로 함.

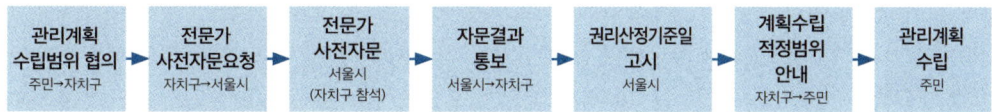

21.9.21 개정 시행된 법 §43의2①에서 토지주택공사등만 관리계획 수립 제안이 가능했음. 이후 23.10.19부터는 주민(이해관계자를 포함)도 토지주택공사등과 같이 관리계획 수립 제안이 가능하게 됨.

한편, 관리지역에서 소규모주택정비사업을 시행하는 경우 서로 연접한 사업시

행주택 또는 공공지원 민간임대주택을 임대주택 비율이 20/100 미만의 범위에서 시·도 조례로 정하는 비율 이상이 되도록 공급하는 규정을 둠(법 §48⑤,⑥).

— 서울시 모아타운 관리계획 수립지침 예상 Q&A

Q. 모아타운 관리계획 수립 범위는 어떻게 결정하는지?

A. 모아주택 사업시행구역을 고려하여 10만㎡ 미만으로 적정 범위를 결정하되 필요 시 자문 등을 거쳐 조정.
- (자치구 공모) 대상지 선정시 적정 범위 고려하여 선정 / 선정 이후 전문가 자문을 거쳐 조정 가능.
- (주민제안) 관리계획 수립 이전에 사전협의를 통해 적정 범위를 검토 / 이후 전문가 사전자문을 거쳐 계획수립 범위 결정.

Q. 주민제안에 따른 관리계획 수립 시에도 용도지역 변경이 가능한지?

A. 용도지구 및 용도지역은 자치구 공모 또는 주민제안 절차의 여부와 관계없이 지역 여건 등을 고려하여 전문가 사전자문을 통해 적정 여부를 검토하고 통합심의를 통해 결정.
용도지역이 변경되는 경우 개별 모아주택 사업시행을 전제로 상향하는 것으로, 사업시행인가 시점에 변경됨.
관리계획에 용도지역 변경에 관한 사항을 명시하되 모아주택 사업시행인가 시점에 변경함.

Q. 권리산정기준일을 설정하는 이유는 무엇이며, 설정시기는 언제로 적용하는지?

A. 모아타운으로 지정될 경우 대상지 내 무분별한 토지분할 등 투기를 억제하기 위하여 지역 주민의 피해를 최소화하고 소규모주택정비사업의 원활한 추진을 도모하기 위하여 권리산정기준을 설정함.
모아타운 대상지 선정방식에 따라 권리산정기준일을 다르게 적용하며 세부 내용은 아래와 같음.
- (자치구 공모) 공모대상지 선정 발표일 다음 날 기준으로 고시가 가능한 날.
- (주민제안) 전문가 사전자문을 통해 적정 구역범위를 결정하여 자치구에 통보하는 날을 기준으로 고시가 가능한 날.

▲ 서울시 유권해석

Q. 모아타운 주민제안 방식 및 결정은?

A. 모아타운 주민제안 방식은 아래 중 하나의 요건 충족 시 주민이 주민제안 신청 동의서와 개략적인 사업 계획서를 작성하여 자치구에 제출할 수 있고, 추후 서울시 전문가 사전자문을 통해 적정 대상범위(모아타운 규모 및 경계)를 결정하게 됨(서울시 전략주택공급과 23.7.26, 22.11.28).

가. 조합: 소규모주택정비사업 시행을 위해 설립된 조합 1개 이상.

나. 토지등소유자: 사업시행예정지(1개소 이상) 각각의 대상 토지면적2/3 이상 동의(국·공유지 제외).[29]

※ 단, 조합 또는 사업시행예정지가 1개소인 경우 사행시행면적 1만㎡ 이상 2만㎡ 미만.

Q. 모아타운 주민제안 방식의 요건은?

A. 주민이 직접 관리계획(안)을 마련하는 모아타운 주민제안 요건은 아래와 같음.

1) 조합이 설립된 경우

모아주택(소규모주택정비사업) 사업시행을 위해 설립된 2개 이상 조합.

2) 조합이 설립되지 않은 경우

모아주택 사업시행 예정지(2개소 이상) 각각의 대상 토지 면적 2/3 이상 동의(국·공유지 제외)를 받은 토지등소유자.

모아타운(소규모주택정비 관리지역) 지정대상 요건은 대상지역의 면적 10만㎡미만 및 노후·불량 건축물 수가 해당 지역의 전체 건축물 수의 1/2 이상이며 별도의 주민 동의율 확보 조건은 없음(서울시 전략주택공급과 23.8.28).

Q1. 사업시행예정지 일부에 대하여 조합이 설립되어 있는 경우 모아타운 신청 동의 요건은?

Q2. 가로주택정비사업 추진 시 기존조합에서 사업시행면적을 확대하는 조합설립변경인가

---

29. 모아타운 주민제안 요건 중 토지등소유자 동의율 산정시 국공유지 포함 여부 및 동의방법은 「서울시 모아타운 관리계획 수립지침(22.7)」 제2장의 4. 모아타운 관리계획 수립 및 승인절차에서 주민제안 방식의 경우 토지등소유자 동의율 산정 시 국공유지는 제외토록 정하고 있으며 국공유지 동의방법의 경우는 조합설립인가 절차 시 적용 가능한 사항임(서울시 전략주택공급과 23.7.3)

관련 조합원(토지등소유자) 동의 징구 범위는?

A. 모아타운 주민제안 시 사업시행예정지의 대상 토지면적의 2/3 이상의 동의를 받아야 하므로, 해당 사업지는 모아타운 주민제안 신청에 대한 동의로써 새로 편입되는 구역을 포함한 전체 사업시행구역에 대한 토지면적의 2/3 이상의 동의(국·공유지 제외)를 만족해야 함.
「소규모주택정비법」에서는 사업시행구역 확대로 인한 조합설립변경인가 시 동의서 징구범위를 별도로 규정하고 있지 않으나, 재건축사업의 경우 대법원 판례에서 경미한 사항의 변경을 제외한 조합설립변경인가는 원칙적으로 종전 구역과 추가된 구역을 합한 전체 구역을 대상으로 법정 동의 요건을 갖추어야 한다고 판결(12두13764)이 있음(서울시 전략주택공급과 23.9.13)

Q. 모아타운 관리계획 수립을 위한 대상지 선정 시 주민제안 신청 동의서와 자치구 공모 신청 동의서 양식이 각각 별도로 있는데, 주민제안 신청 동의서 확보 시 자치구 공모 신청 동의서와 혼용해서 동의율을 확보한 것으로 인정되는지?

A. 모아타운 대상지 선정은 자치구 공모 신청과 주민제안 등 2가지로 구분되며, 자치구 공모의 경우 자치구청장이 모아타운 관리계획의 수립권자로서 해당 구역에 대한 계획을 수립하고, 관리계획 수립시 서울시가 관리계획 수립비를 최대 70%까지 지원하고 있음. 주민제안 방식은 모아타운 내 토지등소유자가 해당 구역에 대한 관리계획을 직접 수립하며 계획 수립을 위한 비용 등은 주민이 직접 부담하게 됨.
이와 관련, 모아타운 대상지 선정을 위한 동의서 확보시, 자치구 공모방식과 주민제안 방식은 수립주체 및 비용 부담 등 세부 추진절차가 서로 상이하므로 혼용해서 사용할 수 없음. 다만, 해당 차이점에 대해 주민들에게 충분한 설명한 안내 및 주민들의 사전 동의가 있어 향후 관리계획 수립 추진시 문제가 없다고 자치구에서 판단되는 경우 주민제안 신청 동의서와 자치구 공모 신청 동의서를 혼용해서 사용이 가능할 것으로 사료됨(서울시 전략주택공급과 23.9.26).

※ 모아타운(소규모주택정비 관리지역) 주민제안 신청서(서울시)

신청인			
주 소			
성 명			(☎)
신청내용			
사업 시행 구역	노후도	☐ 50% 이상(%) ※ 노후도 50%미만 신청 불가		
	주택현황	☐ 아파트 ☐ 연립주택 ☐ 단독주택 ☐ 다가구·다세대		
	상위계획	☐ 지구단위계획 구역 ☐ 정비계획 구역 ☐ 기타( )		
	도시재생	☐ 활성화계획 수립구역 ☐ 미수립 ☐ 기타( )		
국공유지 현황			
주변여건			
필요시설			
사업목표			
사업 내용	모아주택 사업계획 (공공참여)	• 위치 : • 사업내용 (☐ 가로주택, ☐ 자율주택, ☐ 소규모재건축, ☐ 그 외) ※ 시행 중 또는 예정인 사업 현황 전부 기재, 거점사업 여부는 주민제안 필수요건 아님
	모아주택 사업계획 (민간시행)	• 위치 : • 사업내용 (☐ 가로주택, ☐ 자율주택, ☐ 소규모재건축, ☐ 그 외) ※ 시행 중 또는 예정인 사업 현황 전부 기재
	기반시설	• 위치 : • 사업내용 (☐ 공영주차장, ☐ 도로확충, ☐ 생활SOC( )) ※ 시행 중 또는 예정인 사업 현황 전부 기재

첨부: 모아타운(소규모주택정비 관리지역) 사업계획서

위와 같이 모아타운 관리계획 수립대상지 주민제안을 신청합니다.

년   월   일

신청인 ○○○ (서명 또는 인)

○○구청장 귀하

3) 서울시 선정위원회의 모아타운 대상지 선정

22.7.7 서울시 보도자료 발췌

- 선정위원회 개최

대상지 평가 결과 70점 이상 및 소관부서 검토 결과 선별된 대상지 중에서 전문가가 참여한 선정위원회 심의를 거쳐 "모아타운 대상지" 최종 선정함.

○ **모아주택 집단 추진 여부(20점)**

사업의 실행력을 고려하여 대상지 내 개별 가로주택정비사업 등 소규모주택 정비사업이 진행되고 있는 지역(사업 개소당 5점 부여)

※ 연번 동의서 부여 기준(공모 마감일 전까지 자치구에서 교부 시 배점 인정)

○ **모아타운 대상지 취지 부합 여부(60점)**

주차난(20), 공원·녹지 비율(10), 다세대 등 주택 밀집 여부(20), 과소필지 비율(10) 등 재개발이 어려우나 주거환경이 열악한 지역

○ **정비 시급성(20점)** 적정 대상지 면적(10)과 노후된 건축물(10)의 비율이 높은 지역

○ **가점(10점)**

모아주택 집단 추진 여부 평가점 기준 초과 시 가점 부여(1개소 초과 5점, 2개소 초과 10점)

4) 모아타운 2.0[30] 관련 Q&A(서울시)

22.7.7 서울시 보도자료 발췌

---

30. 모아주택·모아타운 추진계획 2단계(23.1.20 행정2부시장 방침 제15호)

주민이 모아타운 관리계획을 제안하려면 어떤 요건을 갖추어야 하는지?

☐ 아래 요건 중 하나를 갖춘 경우 주민이 직접 관리계획(안)을 마련하여 자치구에 제출

- (조합) 소규모주택정비사업 시행을 위해 설립된 조합이 2개 이상
- (토지등소유자) 모아주택 사업시행예정지(2개소 이상) 각각의 대상

➡ 토지면적 2/3 이상 동의(국·공유지 제외)를 받은 경우/단 1개소인 경우 사업 시행규모 1만㎡ 이상~2만㎡ 이내

※ 자치구 공모 시 토지등소유자 30% 동의 필요(법령 근거 없음)

모아타운 내에서 모아주택 추진 시 층수 완화가 가능한지?

☐ 현재 임대주택 건설 여부에 따라 2종 또는 2종(7층)일반주거지역에서 층수 기준 완화 가능

- 2종(7층)일반주거지역은 임대주택 건설 시 평균 13층 이하(최고 15층 이하)까지 완화 가능
- 소규모주택정비법 시행령(22.8월) 개정에 따른 조례 개정을 추진할 예정으로 개정 시 2종일반주거지역 층수제한 배제

➡ 영 제29조(주택의 규모 및 건설비율 등) ① 법 §32① 에 따라 가로주택정비사업으로 건설하는 건축물의 층수는 「국토계획법」 §76 및 시행령 §71에 따른다. 다만, 「국토계획법」에 따른 용도지역 중 제2종일반주거지역인 경우 가로구역의 규모와 도로 너비 등을 고려하여 시도 조례로 층수 제한을 따로 정하여 적용할 수 있다. <22.8.2 개정/22.8.4부터 시행>

서울시 소규모주택정비조례 제34조(제2종일반주거지역 내 가로주택정비사업의 건축물 층수)
① 영 §29① 단서에 따라 "시도 조례로 정하는 건축물 층수"는 7층 이하로 한다. 다만, 구 건축위원회 심의를 거쳐 평균층수를(「서울시 도시계획조례」 §28②의 "평균층수"를 말한다. 이하 같다) 7층 이하로 적용할 수 있다.
② 제1항에도 불구하고 시 통합심의위원회의 심의를 거쳐 건축물 층수를 완화할 수 있다. <개정 23.3.27, 23.10.4>
③ 삭제 <23.3.27>

기존 소규모주택정비사업을 모아주택으로 추진할 수 있는지?

☐ 기존 가로주택정비사업 등 소규모주택정비사업이 위치한 지역이 모아타운 지정요건을 충족할 경우 모아타운으로 지정하여 모아주택으로 추진 가능.

- 모아타운 지정요건을 충족할 경우 자치구 공모 또는 주민제안 절차를 통해 지정할 수 있음(모아타운 지정→사업시행계획(변경)→모아주택 추진)

➡ 법 §22⑧, §23⑥항으로 법 개정, 시행: 23.10.19 효력발생
  법 §22⑧, §23⑥항은 주민합의체 및 조합이 시행 중인 사업이 전환하려는 사업의 요건을 모두 충족하는 경우 이 법에 따른 다른 소규모주택정비사업으로 전환을 허용하려는 것으로, 행정절차를 최소화하여 소규모주택정비사업의 활성화에 기여함.

모아타운 내 추진하는 모아주택은 용도지역과 관계없이 건축규제를 완화 받을 수 있는지?

☐ 용 및 일반주거지역에서 추진 시 건축규제 완화 기준 적용.

- 주차장 사용권 확보 시 주차장의 50% 범위 내에서 완화하는 주차장 설치기준 완화는 적용 불가.

☐ 준주거지역 등 사업여건이 양호한 지역의 경우 건축규제 완화기준 적용을 배제.

주민제안에 따른 관리계획 수립 시에도 용도지역 변경이 가능한지?

☐ 용도지구 및 용도지역은 자치구 공모 또는 주민제안 절차의 여부와 관계없이 지역 여건 등을 고려하여 전문가 사전자문을 통해 적정 여부를 검토하고 통합심의를 통해 결정.

☐ 용도지역이 변경되는 경우 개별 모아주택 사업시행을 전제로 상향하는 것으로 사업시행인가 시점에 변경됨.

- 관리계획에 용도지역 변경에 관한 사항을 명시하되 모아주택 사업시행인가 시점에 변경함

정비기반시설 제공 시 법적상한용적률을 초과하여 용적률 완화를 받을 수 있는지?

□ 정비기반시설을 설치하는 경우 법 §48 및 조례 §49에 따라 국토계획법 §78에 따른 법적상한용적률을 초과하여 적용받을 수 있음.
- (정비기반시설) 조례 용적률 × (1+1.3a)

□ 한편, 공동이용시설을 설치하는 경우 법 §43의4에 따라 국토계획법 §78에 따른 법적상한용적률에 공동이용시설의 용적률을 더한 범위에서 용적률을 정할 수 있음.
- (공동이용시설) 법적상한용적률+공동이용시설 용적률

모아타운과 모아주택의 노후·불량건축물 산정기준 및 비율은?

□ 노후·불량건축물은 도시정비법 §20-3 및 서울시 도시정비조례 §4 등에서 세부기준을 정하고 있음.
- (공동주택) 준공된 후 20년 이상 경과된 건축물
- 철근콘크리트, 철골콘크리트, 철골철근콘크리트 및 강구조: 30년(※단, 층수 및 준공연도에 따라 세부 기준 상이)/ 그 외 공동주택: 20년
- (공동주택 이외) 준공된 후 20년 이상 경과된 건축물
- 단독주택을 제외한 건축물 중 철근콘크리트, 철골콘크리트, 철골철근콘크리트 및 강구조: 30년/그 외 건축물: 20년

□ 모아타운 지정 시 노후·불량건축물 수는 해당 지역의 전체 건축물 수의 1/2 이상(50% 이상)을 충족하여야 함.

□ 모아주택은 유형에 따라 노후·불량건축물 비율을 다르게 적용함.
- (자율주택형·가로주택형) 57% 이상(※ 660㎡ 이하 공동주택 경과년수 20년)
- (소규모재건축·재개발) 67%(전체 건축물 수의 2/3) 이상

➡ 서울시 소규모주택정비조례 제2조의2(노후·불량건축물) ① 법 §2②에 따라 소규모주택정비사업의 노후·불량건축물의 기준은 「도시정비법」 및 같은 조례 제4조에서 정하는 바에 따른다.
② 제1항에도 불구하고 법 §43의2①의 소규모주택정비 관리계획 수립을 위한 사업대상지 및 법 §2①9의 소규모주택정비 관리지역 내에서 주택으로 쓰는 바닥면적 합계가 660㎡ 이하 공동주택의 노후·불량건축물로 보는 경과연수 기준은 20년으로 한다. <개정 22.10.17>

권리산정기준을 설정하는 이유와 그 설정시기는 언제로 적용하는지?

☐ 모아타운으로 지정될 경우 대상지 내 무분별한 토지분할 등 투기를 억제하여 지역 주민의 피해를 최소화하고 소규모주택정비사업의 원활한 추진을 도모하기 위하여 권리산정기준을 설정함.

☐ 모아타운 대상지 선정방식에 따라 권리산정기준일을 다르게 적용하며 세부내용은 아래와 같음.

- (자치구 공모) 공모대상지 선정 발표일 다음 날 기준으로 고시가 가능한 날.
- (주민제안) 전문가 사전자문을 통해 적정 구역범위를 결정하여 자치구에 통보하는 날을 기준으로 고시가 가능한 날.

소규모주택정비 관리지역 해제

23.4.18 법 §43의6 관리지역의 지정 목적을 달성하였거나 달성할 수 없다고 인정되는 경우 시·도지사가 관리지역을 해제할 수 있도록 요건 및 절차를 신설함.

➡ 법 제43조의6(소규모주택정비 관리지역의 해제 등) ① 시·도지사는 다음 각 호의 어느 하나에 해당하는 경우에는 심의를 거쳐 관리지역을 해제할 수 있다.

1. 소규모주택정비사업의 추진상황으로 보아 관리계획의 수립 목적을 달성하였다고 인정하는 경우.
2. 관리계획을 고시한 날부터 3년 이내에 사업시행자의 지정, 주민합의체 구성의 신고 또는 조합설립인가의 신청이 없는 경우 등 관리계획의 수립 목적을 달성할 수 없다고 인정하는 경우.
3. 시장·군수등이 제2항에 따라 관리지역의 해제를 요청한 경우.

② 시장·군수등은 제1항제1호 또는 제2호에 해당하는 경우에는 시·도지사에게 관리지역의 해제를 요청할 수 있다.

③ 제1항에 따라 관리지역을 해제하려는 시·도지사는 §43의2③에 따른 심의 전에 14일 이상 지역 주민에게 공람하여 의견을 수렴하여야 한다.

④ 제1항부터 제3항까지에 따라 관리지역이 해제된 경우 관리계획 결정의 효력은 상실된 것으로 본다.

6. 소규모주택정비 관리계획(법 §43의2)

　모아타운은 신축과 구축 건물이 혼재돼 대규모 재개발이 어려운 10만㎡ 이내 노후 저층주거지를 모아 체계적인 주거지 정비를 통해 양질의 주택, 지하 주차장 등 편의시설을 확충하는 지역단위 정비방식임.
　즉 모아타운으로 지정되면 지역 내 이웃한 다가구·다세대주택 필지 소유자들이 개별 필지를 모아서 블록 단위(1,500㎡ 이상)로 아파트를 공동 개발하는 '모아주택'(소규모주택정비사업)을 추진할 수 있음.

　이를 구현하기 위해 21.9.21 개정법 시행으로 "노후·불량건축물에 해당하는 단독주택·공동주택과 신축건축물이 혼재하여 광역적 개발이 곤란한 지역에서 소규모주택정비사업이 필요한 경우" 등에 관리지역을 지정하고 블록별 관리계획이 수립된 이후 사업시행자가 소규모주택정비사업을 시행하게 됨.

1) 모아주택 슈퍼블럭 단위와 관리지역 내 사업시행 면적
모아타운 관리계획 수립단위(법 §38의2-1: 10만㎡ 미만)
모아주택 사업시행구역(영 §3②2 다목: 2만㎡ 미만)

─ 슈퍼블럭의 개념
　모아타운 관리계획 수립 검토 단계에서는 간선도로로 둘러싸인 15분 도보생활권(약 30만㎡ 내외), 이른바 '슈퍼블록' 단위를 검토범위로 정함.
　모아타운 사업을 추진할 수 있는 법적 규모는 10만㎡ 미만이지만 주변의 주민 생활환경까지 폭넓게 분석하여 지역에서 최우선으로 기반시설이나 공동이용시설이 확충될 수 있게 하기 위함.

　서울시는 슈퍼블록 내에서 ▲가로망 체계(도로 폭원, 보·차도 분리 등) ▲주차(불법주정차, 공영주차장 등) ▲녹지(공원, 녹지율 등) ▲공공시설(위치, 규모, 이용현황 등) 등 현황을 면밀하게 분석하고, 주민 의견을 수렴해 지역 여건에 맞는 생활편의시설

이 포함되도록 할 계획이라고 함.[31]

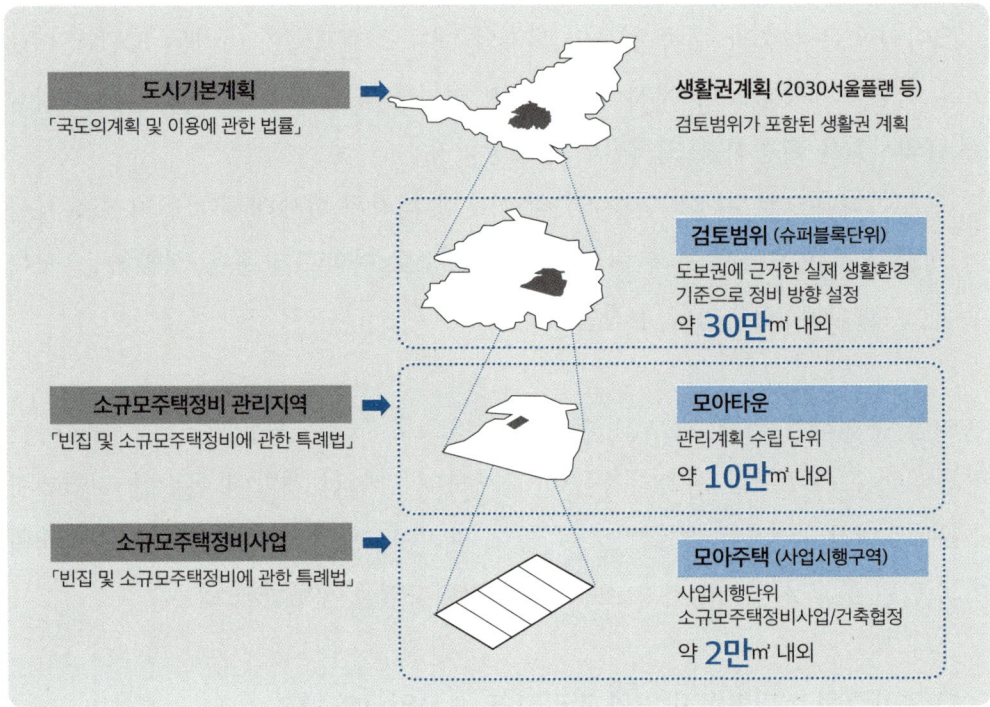

2) 모아타운 내 가로주택정비사업의 완화

'모아타운'은 개별 구성 모아주택형 사업의 활성화와 계획적 정비를 도모하고 부족한 주차장 등 기반시설을 확보할 수 있도록 10만㎡ 미만의 단위로 관리계획을 수립하는 사업임.

소규모주택정비법상 '소규모주택정비 관리지역'을 활용해 추진됨.

모아타운 내에서 가로주택형 모아주택으로 진행하는 경우 가로주택정비의 가로구역 요건 완화, 사업면적의 1만㎡ 이내→2만㎡ 이내로 확대, 용도지역 상향(1종→2종, 2종→3종). 기반시설 및 공동이용시설 조성 시에 법적상한용적률 초과 용적률 완화 등을 적용하게 됨.

---

31. 22.7.21 서울시 보도자료에서 발췌함.

─ 모아타운 내 가로주택정비사업의 완화 기준

22.10.6 서울시 보도자료에서 발췌

소규모재건축사업은 「재건축초과이익 환수에 관한 법률」에 의한 재건축부담금 대상[32]이면서, 노후불량건축물 수의 경우 전체 건축물 수의 2/3 이상으로 완화규정이 없음. 소규모재개발사업의 경우 노후·불량건축물 수가 2/3로서 25/100 범위에서 조례로 완화가 가능하지만, 서울시는 완화규정을 두지 않음.[33]

모아타운을 구성하는 모아주택은 가로주택형이 대부분으로. 완화규정은 다음과 같음.

구분		일반지역	모아타운
사업요건완화	가로주택가로구역요건 완화	도시계획도로 또는 폭 6m 이상 도로로 둘러싸인 1만3천㎡ 미만의 가로구역	가로구역 요건에 맞지 않아도 심의 거쳐 인정(영 §3②2 나목)
	가로주택가로구역요건 완화	도시계획도로 또는 폭 6m 이상 도로로 둘러싸인 1만3천㎡ 미만의 가로구역	가로구역 요건에 맞지 않아도 심의 거쳐 인정(영 §3②2 나목)
	노후도 완화	노후불량건축물은 사업시행구역 내 전체건축물 수의 67% 이상	노후불량건축물은 사업시행구역 내 전체건축물 수의 57% 이상(영 §3①2 나/빈집조례 §3②)
	경관년수 완화	공동주택은 철근콘크리트조일 경우 30년 이상	바닥면적 660㎡ 이하 공동주택은 철근콘크리트조일 경우 20년이상(조례 §2의2②)

32. **「재건축초과이익 환수에 관한 법률」**
 제2조(정의) 이 법에서 사용하는 용어의 정의는 다음과 같다.
 1. "재건축초과이익"이란 「도시정비법」 §2-2 다목에 따른 재건축사업 및 「소규모주택정비법」 §2①3 다목에 따른 소규모재건축사업(이하 "재건축사업")으로 인하여 정상주택가격상승분을 초과하여 다음 각 목의 어느 하나에 귀속되는 주택가액의 증가분으로서 §7에 따라 산정된 금액을 말한다.
 가. 「도시정비법」 §35에 따라 설립된 재건축조합[같은 법 §26①에 따라 지정된 공공시행자(같은 항 제1호에 따라 지정된 경우는 제외한다. 이하 "공공시행자") 및 같은 법 §27①3에 따라 지정된 신탁업자를 포함한다] 및 「소규모주택정비법」 §23에 따라 설립된 조합.
 나. 조합원(사업시행자가 공공시행자인 경우 「도시정비법」 §2-9 나목에 따른 토지등소유자를 말하며, 사업시행자가 신탁업자인 경우 위탁자를 말한다)
33. **서울시; 소규모주택정비조례 규정 없음**
 부산시 제3조(소규모주택정비사업의 대상지역 등) ⑦ 영 §3①4 가목2)에 따라 노후·불량건축물의 수는 해당 사업 시행구역 전체 건축물 수의 50% 이상으로 한다.
 대전시 제3조(소규모정비사업 대상 지역) ⑥ 영 §3①4 가목2) 단서에 따라 노후·불량건축물의 수는 25/100를 감(減)한다. <신설 22.8.12>

	지하통합허용	-	조합간 협정을 통해 도로용도폐지 및 입체결정을 통해 지하통
	용도지역 상향	-	관리계획에 반영한 경우(영 §38의5) 1종 일반주거 → 2종 일반주거 2종 일반주거 → 3종 일반주
건축 규제 완화	층수완화	가로주택정비사업 추진시 2종 일반주거지역은 15층 이하	가로주택정비사업 추진 시 2종 일반주거지역은 층수제한 폐지(조례 §34①)
	용적률 완화	법적상한용적률 이내	기반시설 및 공동이용시설 제공 시 법적상한 용적률 초과 용적률 완화 가능(법 §49의2)
	특별건축구역	적용 불가	적용 가능 (영 §24①3-2)
	채광방향 높이기준 완화	7층 이하 건축물에 한해 1/2 범위 내 완화	7층 초과 15층 이하 건축물도 1/2 완화 적용 (영 §40①5/건축법 §61)
	인동간격 완화	건축물 높이의 0.8배 한 동의 건축물이 마주보는 경우 0.5배	두 동의 경우에도 건축물 높이의 0.5배까지 완화(영 §40①5-2/건축법 시행령 86③2)

3) 모아타운 선(先)지정 방식

서울시 모아주택 2.0사업[34]

관리계획 수립·고시는 6개월~1년 이상 소요되지만, 그 이전에 사업 추진단체의 구성이 어려워 지체될 수 있다는 단점이 있음.

---

34. 제도 개선·현장지원 등 '모아주택 2.0 사업' 본격 추진 <서울시 전략주택공급과 23.1.31>
   신속 추진 위한 '주민제안' 요건 완화… 관리계획 수립 전이라도 '관리지역' 선 지정
   □ 다음으로 사업 활성화를 위해 '주민제안' 요건을 완화하고, 완화된 모아타운 기준을 적용받아 사업이 속도감 있게 진행될 수 있도록 관리계획 수립 전이라도 관리지역을 우선 지정한다.
   □ 현재는 모아주택 사업을 위한 소규모주택정비사업조합이 2개소 이상 설립되어 있거나 사업시행 예정지가 2개소 이상이어야 가능한 '주민제안'을 앞으로는 조합 1개소 이상 설립 또는 사업시행 예정지 1개소 이상이면 제안 가능하도록 개선한다.
   ○ 다만 각 사업예정지별 토지소유자 2/3 이상 동의를 얻어야 하는 요건은 동일하게 유지되며 사업시행 예정지가 1개소인 경우 사업 규모는 1만㎡ 이상~2만㎡ 미만이어야 한다.
   □ 모아주택 추진 시 사업면적, 노후도 등 완화된 기준을 적용하여 사업을 빠르게 진행할 수 있도록 관리계획 수립 전이라도 모아타운 대상지를 '관리지역'으로 우선 지정·고시 한다.
   ○ 이를 통해 사업면적 확대(1만㎡ 미만→ 2만㎡ 미만), 노후도(67% 이상→57% 이상) 등 '관리지역'으로 지정돼야만 받을 수 있었던 완화기준이 우선 적용돼 조합설립 등 사업의 속도를 높일 수 있게 되는 것이다.
   ○ 시는 자치구가 사업시행(예정) 대상지 중 완화기준이 조속히 적용돼야 할 곳에 대해 '소규모주택정비 관리지역 선(先)지정' 요청하면 위원회를 열어 관리지역으로 우선 지정, 이후 구가 관리계획을 수립하고 승인을 요청하면 심의를 거쳐 지정·고시 할 계획이다.

이를 개선하기 위해 소규모주택정비 관리지역으로 선지정 후에 관리계획을 지정·고시하겠다는 것이 「서울시 모아주택 2.0 추진계획」임.

'모아타운 선(先)지정 방식'은 조합설립 등 절차를 진행할 수 있도록 관리계획 수립·고시 전에 모아타운 대상지를 서울시에서 먼저 '관리지역'으로 지정한 뒤, 자치구의 관리계획 수립 뒤 서울시에 승인요청의 절차를 거쳐 관리계획 지정·고시로 진행하려는 것임.

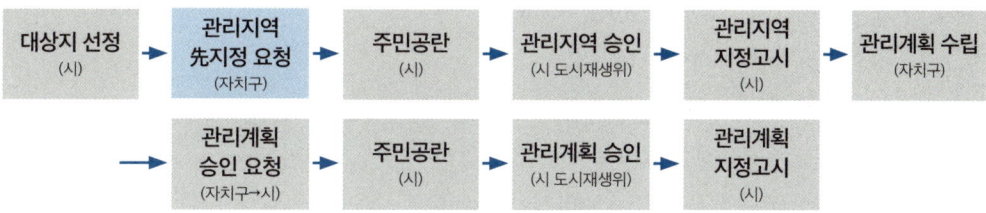

― 모아타운 선지정방식 추진 사례

구분	면적	사업시행구역	추진단계
중랑구 중화1동 4-30일원	73,625㎡	모아주택 6개소	• 사업시행계획인가 1개소 • 조합설립 추진 2개소 • 동의서 징구 중 3개소
중랑구 면목본동 297-28일원	55,385㎡	모아주택 5개소	• 조합설립인가 2개소 • 동의서 징구 중 3개소
중랑구 면목3.8동 44-6일원	76,525㎡	모아주택 5개소	• 착공 1개소 • 동의서 징구 중 4개소
중랑구 망우3동 427-5일원	98,171㎡	모아주택 8개소	• 조합설립인가 1개소 • 동의서 징구 중 7개소

위 사례를 보면, 이미 조합설립인가 후 사업시행계획인가를 받은 지역, 착공중인 지역 및 조합설립 동의서 징구 중인 지역이 혼재된 곳으로 2개소 이상인 소규모주택정비 관리지역에 대해 선지정 대상으로 하고 있음.

이 과정에서 동의서 징구 중인 지역에 대해 조합설립인가를 준비하고, 관리계획 수립되면 사업시행자로서 통합심의를 신청하여 기간 단축 및 조합비용을 절약하는 이점이 있음. 최근 모아타운 대상지로 선정된 강남구 일원대청마을의 경우, 관리계획 수립 전에 관리지역의 선지정 신청을 준비 중에 있어 그 결과가 주목됨.

모아타운 先지정을 위한 소규모주택정비관리계획 수립(안) 주민 공람·공고

사당동 202-29번지 일대 모아타운 先지정을 위한 소규모주택정비 관리계획 수립(안)에 대하여 「소규모주택정비법」 §43의2에 따라 주민의견을 청취하고자 다음과 같이 공람·공고함.

2023년 7월 28일
서울특별시장

가. 공람기간: 23.7.28 ~ 23.8.10(14일간)
나. 공람장소: 동작구청 도시정비2과
※ 관리계획 관련 문의
　　서울시청 주택정책실 전략주택공급과, 동작구청 도시정비2과
※ 의견서 제출 동작구청 도시정비2과
다. 공람사유
사당동 202-29번지 일대 모아타운 先지정을 위한 소규모주택정비관리계획 수립(안) 주민공람.
라. 공람내용
사당동 202-29번지 일대 모아타운 先지정을 위한 소규모주택정비관리계획 수립(안)
마. 기타 사항
본 공람공고에서 토지이용계획, 건폐율, 용적률, 건축물의 층수, 임대주택 공급세대수, 기타 계획내용 등은 소규모주택정비관리지역 지정 절차 이행과정에서 변경될 수 있음.
바. 관계도서: 생략(공람 장소에 비치)
사. 의견제출: 공람기간 내 공람 장소에 서면으로 제출 바람.

— 모아타운 선지정 방식을 통한 사업추진 기간 단축[35]

35.　23.7.20 서울시 모아타운 주민설명회 자료에서 발췌

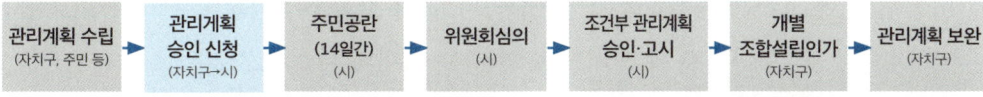

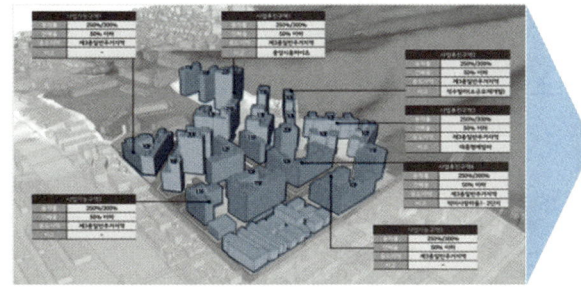

　일반적으로 소규모주택정비 관리지역(모아타운) 지정 전에는 완화기준(예 노후도 57%, 사업시행면적 등)을 적용해서 조합설립인가 신청이 불가함.

　우선 모아타운 관리계획 대상지로 선정된 이후에 해당 자치구에서 관리지역 지정 전 필수적으로 서울시로 선지정 요청을 하여야 함. 이후 모아타운이 선지정되면 관리계획 수립고시 전에도 완화기준을 적용하여 조합설립인가 신청이 가능함.

● **모아타운 선지정 관련 유권해석**

Q. 모아타운 대상지로 선정된 지역에서 소규모주택정비 관리지역으로 先 지정·고시를 받기 위해서는 어떻게 해야 하는지?

A. 우리 시는 모아타운 대상지로 선정된 지역의 사업활성화 및 신속한 사업추진 지원을 위해 관리계획 승인·고시 전 완화기준을 우선적으로 적용하여 조합설립을 희망하는 지역에 대해서 관리지역 선지정·고시할 예정이며, 이를 위해서는 관리계획 수립권자인 자치구에서 관리지역 선 지정 요청을 하여야 함.

　한편, 완화기준 우선 적용을 위하여 관리지역 선 지정이 필요한 경우 자치구에서 관리지역 선 지정 요청토록 안내하였음.(서울시 전략주택공급과 23.4.4)

Q. 모아타운 대상지로 선정된 지역에서 소규모주택정비 관리지역으로 선지정·고시를 받기 위해서는 자치구에서 서울시에 신청하여야만 가능한지?

A. 우리 시는 모아타운 대상지로 선정된 지역의 사업활성화 및 신속한 사업추진 지원을 위해 관리계획 승인·고시 전 완화기준을 우선적으로 적용하여 조합설립을 희망하는 지역에 대해서 관리지역 선지정·고시할 예정이며, 이를 위해서는 자치구에서 관리지역 선 지정 요청을 하여야 함. (서울시 전략주택공급과 23.2.27)

▲ **(선지정) 소규모주택정비 관리계획 승인·고시문 사례**

다음은 23.8.10 중랑구 중화1동 4-30번지 일대 소규모주택정비 관리계획(모아타운 관리계획)으로, 모아타운의 선지정을 위한 관리계획 승인·고시문임.

선지정 관리계획 고시문은 소규모주택정비 관리계획과는 내용이 달라 그 차이점을 살펴보길 바람.

토지이용계획, 건폐율, 용적률, 건축물의 층수, 임대주택 공급세대수, 기타 계획내용 등은 소규모주택정비 관리지역 지정 이행과정에서 변경될 수 있음.

중화1동 4-30번지 일대
소규모주택정비 관리계획(모아타운 관리계획) 승인 및 지형도면 고시

서울특별시 중화동 4-30번지 일대 모아타운(소규모주택정비 관리지역) 지정을 위하여 「빈집 및 소규모주택 정비에 관한 특례법」 §43의2에 따라 소규모주택정비 관리계획(모아타운 관리계획) 승인 및 「토지이용규제기본법」 제8조 및 같은 법 시행령 §7에 따라 지형도면을 고시함.

2023년 8월 10일
서 울 특 별 시 장

1. 관리지역의 규모 및 정비방향
가. 관리지역의 명칭: 중화1동 4-30번지 일대 모아타운(소규모주택정비 관리지역)
나. 관리지역 지정요건 충족 여부

구분	위치	관리계획 요건	노후·불량건축물	비고
기준	중랑구 중화1동 4-30번지 일대	대상지역의 면적이 10만㎡ 미만일 것	노후·불량건축물 수가 해당지역의 전체 건축물 수의 2분의 1 이상일 것.	-
현황		73,625.8㎡	전체 : 283동 노후·불량: 211동(74.6%)	-

다. **정비방향**: 소규모주택정비사업 활성화를 위한 정비기반시설 계획과 주민들의 생활 편의를 위한 공동이용시설 계획을 통해 저층 노후주거지의 계획적 공동개발 유도.

관리지역의 규모 및 정비방향
법 §43의3(소규모주택정비관리계획의 내용) 제1호: "관리지역의 규모와 정비방향"의 사항이 포함되어야 함.

관리계획의 대상지역 면적이 10만㎡ 이하인 73,625㎡이며, 노후도는 해당지역 전체 건축물 수의 1/2 이상으로, 현황은 노후도가 74.6%임.

2. 관리지역의 지정 및 관리계획

가. 관리지역의 지정

- 관리지역의 지정 조서

구분	관리지역 명칭	위치	면적㎡			비고
			가정	변경	변경후	
-	중화1동 4-30번지 일대 모아타운	중랑구 중화1동 4-30번지 일대	-	증)73,625.8	73,625.8	-

나. 토지이용계획(안)

- 모아타운(소규모주택정비 관리지역)의 선 지정을 위해 연번부여 및 조합설립인가 현황 기준으로 작성하였으며, 세부적인 계획 수립 및 관리계획 변경 시 관련부서 협의 및 심의 등을 통해 결정하고자 함.

구분				면적㎡	구성비(%)	비고
합계				73,625.8	100.0	
시행구역	공동주택용지		소계	50,260.8	68.2	
		A1	사업추진구역1 (가로주택정비사업)	7,402.0	10.0	
		A2	사업추진구역2 (가로주택정비사업)	3,269.0	4.4	
		A3	사업추진구역3 (가로주택정비사업)	5,859.6	8.0	
		A4	사업추진구역4 (가로주택정비사업)	8,215.0 (8,552.0)	11.2	(공공공지 포함 연번부여 기분)
		A5	사업추진구역5 (가로주택정비사업)	8,112.9	11.0	
		A6	사업추진구역6 (가로주택정비사업)	17,402.3	23.6	
	정비기반		도로	10,734.8	14.6	
			공원	248.0	0.3	
			공공공지	337.0	0.5	
			공공청사	730.0	1.0	
시설시행구역 외	B1-B4		주택용지 등	11,315.2	15.4	

법 §43의3(소규모주택정비 관리계획의 내용) 제2호: 관리계획에는 토지이용계획, 정비기반시설·공동이용시설 설치계획 및 교통계획의 사항이 포함되어야 함.

위 모아타운에는 가로주택형 모아주택 6개로 구성돼 있으며, 정비기반시설에 도로, 공원, 공공공지, 공공청사가 포함됨. 또한, 모아타운의 선지정을 위해 연번 부여로 작성함.

다. 정비기반시설·공동이용시설 설치계획(안) ※ 사업시행구역 내 개별 사업시행인가 시 결정

■ 도로 결정(변경) 조서
- 모아타운(소규모주택정비 관리지역)의 선 지정을 위해 기결정 도로에 대한 사항만을 고시하고자 함.
- 관리지역 내 기존 미지정 도로에 대한 도시계획시설 결정 및 도로의 설치계획(안)은 세부적인 계획 수립 및 관리계획 변경 시 관련부서 협의 및 심의 등을 통해 결정하고자 함.

구분	관리지역 명칭				기능	연장(m)	기점	종점	사용형태	주요경과지	최종결정일	비고
	등급	류별	번호	폭원(m)								
기정	소로	2	23	8	국지도로	258(90)	상봉동 315-62	중화동 154-84	일반	-	서울시고시 제1974-47호 (1974.04.20)	-
기정	소로	2	23	8	국지도로	44	중화동 127-4	중화동 127-12	일반	-	서울시고시 제1974-47호 (1974.04.20)	
기정	소로	3	30	6	국지도로	173	상봉동 254-1	중화동 122-6	일반	-	서울시고시 제1974-47호 (1974.04.20)	
기정	소로	3	·	6	국지도로	115	중화동 154-81	중화동 190-206	일반	-	서울시고시 제1974-47호 (1974.04.20)	

■ 공원 계획(안)
- 모아타운(소규모주택정비 관리지역)의 선 지정을 위해 기결정 공원에 대한 사항만을 고시하고자 함.
- 관리지역 내 공원의 설치계획(안)은 세부적인 계획 수립 및 관리계획 변경 시 관련부서 협의 및 심의 등을 통해 결정하고자 함.

구분	도면표시번호	시설명	시설의 종류	위치	면적(㎡)			최초 결정일	비고
					기정	변경	변경후		
기정	①	2	어린이공원	중화동 131-20	248.0	-	248.0	1967.01.21	-

- ■ 공공공지 계획(안)
  - 모아타운(소규모주택정비 관리지역)의 선 지정을 위해 기결정 공공공지에 대한 사항만을 고시하고자 함.
  - 관리지역 내 공공공지의 설치계획(안)은 세부적인 계획 수립 및 관리계획 변경 시 관련부서 협의 및 심의 등을 통해 결정하고자 함.

구분	도면 표시 번호	시설명	위치	면적(㎡)			최초 결정일	비고
				기정	변경	변경후		
기정	①	봉현 마을마당	상봉동 200-4	337.0	-	337.0	중랑구고시 제1998-45호 (88.7.6)	-

모아타운(소규모주택정비 관리지역)의 선 지정을 위해 기 결정 공공청사에 대한사항만을 고시함.

- ■ 공공청사 계획(안)
  - 모아타운(소규모주택정비 관리지역)의 선 지정을 위해 기결정 공공청사에 대한 사항만을 고시하고자 함.
  - 관리지역 내 공공청사의 설치계획(안)은 세부적인 계획 수립 및 관리계획 변경 시 관련부서 협의 및 심의 등을 통해 결정하고자 함.

구분	도면 표시 번호	시설명	위치	면적(㎡)			최초 결정일	비고
				기정	변경	변경후		
기정	①	상봉1동 주민센터	상봉동 240-1	730.0	-	730.0	중랑구고시 제1994-40호 (94.7.30)	-

- ■ 공공이용시설 설치 계획(안)
  - 모아타운(소규모주택정비 관리지역) 내 공동이용시설의 설치계획(안)은 세부적인 계획 수립 및 관리계획 변경 시 관련부서 협의 및 심의 등을 통해 결정하고자 함.

라. 교통계획(안)　　　　　　　　　　　　※ 사업시행구역 내 개별 사업시행인가 시 결정
  - 모아타운(소규모주택정비 관리지역) 내 교통계획(안)은 세부적인 계획 수립 및 관리계획 변경 시 관련부서 협의 및 심의 등을 통해 결정하고자 함.

마. 거점사업 이외의 모아주택사업에 대한 추진계획(안)　　※ 사업시행구역 내 개별 사업시행인가 시 결정

- 모아타운(가로주택정비) 사업 6개 구역 추진현황
- 모아타운(소규모주택정비 관리지역) 내 거점사업 이외의 소규모주택정비사업에 대한 추진계획은 세부적인 계획 수립 및 관리계획 변경시 관련부서 협의 및 심의 등을 통해 결정하고자 함.

도면표시	사업구역	위치	면적(㎡)	사업계획			비고
				토지등소유자	시행자	추진단계	
	합계		50,597.8	-	-	-	
A1	대명·삼보연립 가로주택정비사업	중화1동 1-1번지 일대	7,402.0	-	조합	사업시행인가	
A2	중화1동 2구역 가로주택정비사업	중화1동 4-30번지 일대	3,269.0	32	조합(예정)	동의서 징구	
A3	중화1동 3구역 가로주택정비사업	중화1동 133-7번지 일대	5,859.6	59	조합(예정)	동의서 징구	
A4	중화1동 4구역 가로주택정비사업	상봉1동 304-4번지 일대	8,552.0	110	조합(예정)	조합설립 추진 중	
A5	중화1동 5구역 가로주택정비사업	상봉1동 215-6번지 일대	8,112.9	102	조합(예정)	조합설립 추진 중	
A6	중화1동 6구역 가로주택정비사업	상봉1동 190-88번지 일대	17,402.3	206	조합(예정)	동의서 징구	

※ 개별 사업구역 면적은 연번부여 및 조합설립인가 현황 기준임.

교통계획(안)에는 차량 진출입 출허구간, 차량 진출입구간, 입체결정 도로구간, 공공보행통로 등이 포함하는데, 선지정에서 이를 뒤로 미룸.

또한, 모아주택 통합계획(안)도 생략함.

바. 건폐율·용적률 등 건축물의 밀도계획(안)
※ 사업시행구역 내 개별 사업시행인가 시 결정
- 건축물의 밀도계획은 현재 용도지역을 바탕으로 수립함.

구분		내용	비고
시행구역 내	건폐율	60% 이하	A1 - A6
	용적률	기준 200% 이하 / 상한 250% 이하	
	높이	용도지역 층수 적요	
시행구역 외	건폐율	60% 이하	B1 - B4
	용적률	기준 200% 이하	
	높이	검축법 및 건축조례 허용높이	

3. 관련도면
- 붙임 참조(세부 관계도면은 열람장소에 비치된 도면 참조)

4. 관계도서
- 서울특별시 전략주택공급과 및 중랑구 주택개발추진단에 비치·열람하고 있음.

※ 기타 자세한 내용은 열람장소에 비치된 결정도서 참조

※ 첨부된 지형도면 등(그 외 세부도면은 첨부 생략)은 참고용 도면이므로 측량 또는 그 밖의 용도로 사용할 수 없음.

※ 고시문 및 지형도면은 토지이음(http://www.eum.go.kr)에 게시할 예정이오니 참고하시기 바람.

그 외에도 일반적 소규모주택정비 관리계획 고시문에는 "건축물의 배치, 형태, 용도, 건축선 등에 관한 계획, 임대주택의 공급 및 인수계획, 용도지역의 지정 및 변경에 관한 계획, 특별건축구역에 관한 계획, 공공이 시행하는 사업과의 연계계획, 경미한 변경에 관한 계획" 등이 생략되어 있음.

4) 소규모주택정비 관리계획 수립 절차

(1) 관리계획의 내용(법 §43의3, 영 §38의4, 조례 §44의3)

관리계획에는 다음 각 호의 사항이 포함되어야 하며, 다만, 제6호부터 제9호까지의 사항은 필요한 경우로 한정함(법 §43의3).

1. 관리지역의 규모와 정비방향.
2. 토지이용계획, 정비기반시설·공동이용시설 설치계획 및 교통계획.
3. 소규모주택정비사업에 대한 추진계획.
4. 삭제. <23.4.18>
5. 건폐율·용적률 등 건축물의 밀도계획.
6. §43의5 또는 §49에 따른 임대주택의 공급 및 인수 계획.

7. 용도지구·용도지역의 지정 및 변경에 관한 계획.
8. 「건축법」 §69에 따른 특별건축구역 및 같은 법 §77의2에 따른 특별가로구역에 관한 계획.
9. 그 밖에 대통령령으로 정하는 사항.

종전 제3호는 "시장·군수등 또는 토지주택공사등이 §17③ 또는 §18①에 따라 공동 또는 단독으로 시행하는 소규모주택정비사업(이하 "거점사업")에 관한 계획"이었음. 즉 필요한 경우에 공공/참여 소규모주택정비사업인 거점사업의 관리계획을 세우도록 했음.

종전의 제4호 "거점사업 이외의 소규모주택정비사업에 대한 추진계획"이 삭제되고, 23.10.19 법 개정, 시행되면서 거점사업에도 관리계획을 수립하도록 의무화함.

위 제9호인 "그 밖에 대통령령으로 정하는 사항"이란 다음 각 호의 사항을 말함(영 §38의4).
1. 시장·군수등이나 토지주택공사등이 시행하는 다음 각 목의 사업계획.
    가. 「공공주택특별법」 §2-3의 공공주택사업 시행계획.
    나. 「도시재생법」 §2①7의 도시재생사업 시행계획.
2. 정비기반시설·공동이용시설의 설치를 위한 재원조달에 관한 사항.
3. 그 밖에 소규모주택정비사업 시행에 필요한 사항으로서 시·도 조례로 정하는 사항.

— **서울시의 경우**

위 제3호의 "그 밖에 소규모주택정비사업 시행에 필요한 사항으로서 시·도 조례로 정하는 사항"이란 다음 각 호의 사항을 말함. 다만, 제2호부터 제3호의 사항은 필요한 경우로 한정함(서울시 소규모주택정비조례 §44의3).
1. 「한옥 등 건축자산의 진흥에 관한 법률」 §2의 건축자산 및 한옥 등 역사·문화자원의 보전 및 활용계획(해당하는 사항이 있는 경우로 한정함).
2. 건축물의 배치·형태·색채 또는 건축선에 관한 계획.

3. 환경관리계획 또는 경관계획.

4. 그 밖에 시장이 필요하다고 인정하는 사항.

(2) 소규모주택정비 관리계획 수립 절차(법 §43의2)

① 관리계획 수립 후 승인신청(구청장→시·도지사)

관리계획 수립(변경)·승인 신청

주민, 토지주택공사등 →구청장에게 수립제안

구청장은 다음 각 호의 어느 하나에 해당하는 경우로서 요건을 갖춘 지역에 대하여 소규모주택정비 관리계획을 수립(변경수립 포함)하여 시·도지사에게 승인을 신청할 수 있음. 이 경우 주민(이해관계자를 포함) 또는 토지주택공사등[30]은 시행규칙 §10의2에 정하는 바에 따라 구청장에게 관리계획의 수립을 제안할 수 있음(동조 제1항).

1. 노후·불량건축물에 해당하는 단독주택 및 공동주택과 신축 건축물이 혼재하여 광역적 개발이 곤란한 지역에서 노후·불량건축물을 대상으로 소규모주택정비사업이 필요한 경우.

2. 빈집밀집구역으로서 안전사고나 범죄 발생의 우려가 높아 신속히 소규모주택정비사업을 추진할 필요가 있는 경우.

3. 재해 등이 발생할 경우 위해의 우려가 있어 신속히 소규모주택정비사업을 추진할 필요가 있는 경우.

---

36. 소규모주택정비법 §2②에서는 "이 법에서 따로 정의하지 아니한 용어는 「도시정비법」에서 정하는 바에 따른다."고 규정하고 있음. 예를 들어, 서울시의 경우라면 주민이나 토지주택공사나 서울주택도시공사가 관리계획 입안 제안이 가능함.

도시정비법
제2조(정의) 이 법에서 사용하는 용어의 뜻은 다음과 같다.
10. "토지주택공사등"이란 「한국토지주택공사법」에 따라 설립된 한국토지주택공사 또는 「지방공기업법」에 따라 주택사업을 수행하기 위하여 설립된 지방공사를 말한다.

② 관리계획 수립 전 14일 이상 주민공람

구청장은 관리계획을 수립하려는 경우에는 14일 이상 주민에게 공람하여 의견을 들어야 하며, 제시된 의견이 타당하다고 인정되면 이를 관리계획에 반영하여야 한다. 다만, 경미한 사항을 변경하는 경우에는 주민 공람을 거치지 아니할 수 있음(동조 제2항).

③ 관리계획 승인 전, 서울시 도시계획위원회 심의 필요

관리계획을 승인하려면 지방도시계획위원회의 심의를 거쳐야 하지만, 경미한 사항을 변경하는 경우에는 법 §27③ 각 호의 심의를 거치지 아니할 수 있음(동조 제3항).

④ 관리계획 승인 시 서울시보 고시 및 국토부장관에 보고

서울시장은 관리계획을 승인한 경우에는 지체 없이 해당 지방자치단체의 공보에 고시하여야 하며, 이를 국토부장관에게 보고하여야 함. 이 경우 관리지역에 관한 지형도면 고시 등에 대하여는 「토지이용규제 기본법」 §8에 따름(동조 제4항).

※ 관리계획 수립(안) 마련 과정

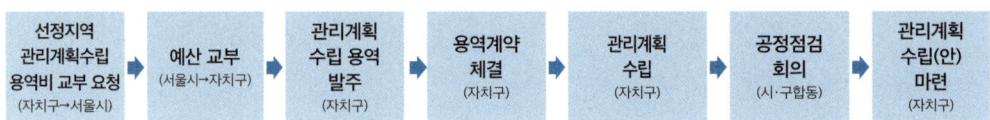

5) 관리지역 지정에 따른 특례(관리계획 승인·고시의 효력)

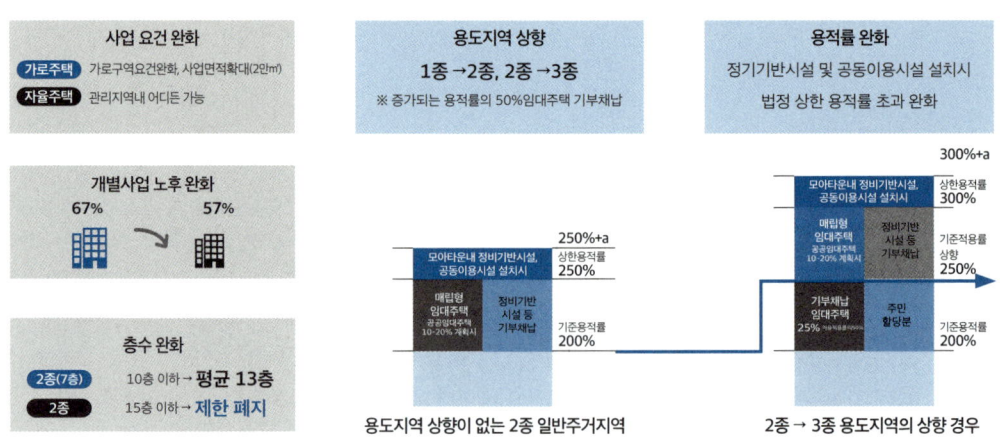

(1) 지구단위계획구역, 지구단위계획 결정·고시로 의제

관리계획의 수립에 대한 승인·고시가 있은 경우 해당 관리지역 및 관리계획 중 「국토계획법」 §52① 각 호의 어느 하나에 해당하는 사항은 지구단위계획구역 및 지구단위계획으로 결정·고시된 것으로 의제함(법 §43의4①).

의제 규정은 절차 중복을 방지하려는 것으로, 효율적인 추진을 위한 규정임.

(2) 종상향

관리계획에 "용도지구·용도지역의 지정 및 변경에 관한 계획"이 포함된 경우 관리지역은 관리계획이 고시된 날부터 「국토계획법」 §36①1 가목 및 제2항에 따라 주거지역을 세분하여 정하는 지역 중 대통령령으로 정하는 지역으로 결정·고시된 것으로 간주함(동조 제2항).

위 "대통령령으로 정하는 지역"이란 다음 각 호에 따라 정하는 지역을 말함(영 §38의5).

1. 종전 용도지역이 「국토계획법 시행령」 §30①1 나목(1)의 제1종일반주거지역인 경우: 같은 목 (2)의 제2종일반주거지역.
2. 종전 용도지역이 「국토계획법 시행령」 §30①1 나목(2)의 제2종일반주거지역 경우: 같은 목 (3)의 제3종일반주거지역.

(3) 관리지역에서 시행되는 소규모주택정비사업에 추가 용적률

관리지역에서 소규모주택정비사업의 시행으로 건축물 또는 대지의 일부에 공동이용시설을 설치하는 경우 법 §48②에도 불구하고 국토계획법 §8에 따라 해당 지역에 적용되는 용적률에 공동이용시설의 용적률을 더한 범위에서 용적률을 정할 수 있음(법 §43의4③).

(4) 관리지역에서 시행되는 소규모주택정비사업에 권리산정기준일 적용

관리지역에서 소규모주택정비사업의 시행에 따른 건축물의 분양받을 권리에 대해 법 §28의2(소규모재개발사업의 권리산정기준일 규정)를 준용함.

이 경우 "§18②, §19②, §22⑩ 또는 §23⑨에 따른 고시"는 "§43의2④에 따른 관리계획의 고시"로, "시장·군수등"은 "시·도지사"로, "사업시행자의 지정, 주민합의체의 구성 또는 조합설립인가 고시"는 "관리계획 승인·고시"로 각각 의제됨(동조 제4항).

Q1. 모아타운 선정 시 용도지역 상향이 1단계만 되는지, 2단계도 가능한지?
Q2. 용도지역 상향 시 모아주택 임대주택 설치조건은?
Q3. 모아주택 층수 규정은 어떻게 되는지?
Q4. 모아주택 건축 인센티브에 관한 내용은 어떤 것들이 있는지?

A1. 모아타운 대상지 선정지역의 경우 관할 자치구에서 모아타운 관리계획을 수립하여야 하며, 관리계획 수립 시 개발밀도를 높이기 위해 용도지역 상향을 포함할 수 있음. 다만, 용도지역 상향은 소관 위원회인 도시재생위원회에서 대상지 주변여건 등을 종합적으로 검토하여 결정하는 사항임

A2. 「소규모주택정비법」 §43의5① 및 「서울시 소규모주택정비조례」 §44의4①에 따라 소규모주택정비 관리지역(모아타운)에서 모아주택의 시행으로 용도지역이 상향된 경우 변경된 용도지역에서의 용적률에서 종전 용도지역의 용적률을 뺀 용적률의 50/100(공공기관 등과 공동사업 시행 시 30/100)을 임대주택으로 건설하여야 함.

A3. 모아타운으로 선정되었다고 하여 층수제한이 없어지는 것은 아니며 관계법령에 따른 용도지역별 층수기준을 준수하여야 함.
이에 따라, 제1종일반주거지역 및 제2종(7층 이하)일반주거지역의 경우 서울시 도시계획조례에 따라 각각 5층 이하, 평균 13층 이하로 층수 제한을 두고 있음. 한편, 제2종, 제3종일반주거지역의 경우 모아주택 층수 제한은 없으나 통합심의 시 도시재생건축위원회에서 대상지 주변 여건 등을 종합적으로 검토하여 최고층수가 결정하는 사항임.

A4. 모아타운 지정을 통한 모아주택으로 사업을 추진할 경우 관계 법령인 소규모주택정비법에 따라 용도지역 상향, 특별건축구역 지정, 기반시설 및 공동이용시설
설치 시 용적률 완화, 채광방향 높이기준 완화 등의 건축규제 완화사항이 있음.(서울시 전력주택공급과 23.6.12).

6) 소규모주택정비 관리계획 승인 고시문 사례

다음은 22.12.22 중랑구 면목동 86-3번지 일대 소규모주택정비 관리계획 지형도면 고시문으로, 이는 모아타운의 선지정을 위한 관리계획 승인·고시문임.

면목동 86-3번지 일대 소규모주택정비
관리계획(모아타운 관리계획) 승인 및 지형도면 고시

서울특별시 중랑구 면목동 86-3번지 일대 모아주택사업(소규모주택정비사업) 시행을 위하여 「빈집 및 소규모주택 정비에 관한 특례법」 §43의2에 따라 소규모주택정비 관리계획(모아타운 관리계획) 승인 및 「토지이용규제기본법」 제8조 및 같은 법 시행령 §7에 따라 지형도면을 고시함.

2022년 12월 22일

서 울 특 별 시 장

1. 관리지역의 규모 및 정비방향

가. 관리지역의 명칭: 면목동 86-3 일대 모아타운(소규모주택정비 관리지역)

나. 관리지역 지정요건 충족 여부

구분	위치	관리계획 요건	노후·불량건축물	비고
기준	중랑구 면목동 86-3번지 일대	대상지역의 면적이 10만㎡ 미만일 것	노후·불량건축물 수가 해당지역의 전체 건축물 수의 2분의 1 이상일 것.	-
현황		97,000.59㎡	전체 : 440동 노후·불량: 371동(84.32%)	-

다. 정비방향: 저층 노후주거지의 소규모주택정비사업 활성화를 위한 정비기반시설 계획과 주민들의 생활편의를 위한 공동이용시설의 배치 및 보행환경 개선.

- 관리지역의 규모 및 정비방향

법 §43의3(소규모주택정비 관리계획의 내용) 제1호: "관리지역의 규모와 정비방향"이 포함되어야 함.

- **관리지역의 명칭**: 면목동 86-3일대 모아타운(소규모주택정비 관리지역)

관리지역 지정요건 충족 여부: 대상지역 면적이 10만㎡ 이하인 97,000㎡며, 노후·불량건축물 수가 전체 수의 1/2 이상인 전체 440동 중 노후·불량의 수는 371동인 84.32%임.

- **정비방향** : 저층 노후주거지의 소규모주택정비사업 활성화를 위한 정비기반시설 계획과 주민들의 생활편의를 위한 공동이용시설의 배치 및 보행환경 개선으로 밝히고 있음.

2. 관리지역의 지정 및 관리계획

가. 관리지역의 지정

- 관리지역의 지정 조서

구분	관리지역 명칭	위치	면적㎡			비고
			가정	변경	변경후	
-	면목동 86-3 일대 번지 모아타운 (소규모주택정비 관리지역)	중랑구 면목동 86-3번지 일대	-	증)97,000.59	97,000.59	-

나. 토지이용계획(안)

※ 사업시행구역 내 개별 사업시행인가 시 결정

구분				면적㎡	구성비(%)	비고
합계				97,000.59	100.0	
시행구역	공동주택용지	소계		62,706.90	64.65	
		A1	모아주택구역1 (가로주택정비사업)	13,889.50	14.32	면목역 1구역 (조합설립인가)
		A2	1 모아주택구역2 (가로주택정비사업)	9,975.90	10.28	면목역 2구역 (조합설립인가)
			2 모아주택구역3 (가로주택정비사업)	6,118.60	6.31	면목역 3구역 (조합설립 추진중)
		A3	1 모아주택구역4 (가로주택정비사업)	10,550.80	10.88	면목역 4구역 (조합설립인가)
			2 모아주택구역5 (가로주택정비사업)	7,589.80	7.82	면목역 5구역 (조합설립인가)
		A4	모아주택구역6 (가로주택정비사업)	8,120.30	8.37	면목역 6구역 (조합설립인가)
		A5	모아주택구역7 (가로주택정비사업)	6,462.00	6.66	가친 면목역 11구역 (동의서 징구)
	정비기반	입체 결정 도로		1,423.00	-	※ 합계면적 미포함
		도로		12,837.39	13.23	
		공원(주차장)		1,005.00	1.04	
시행구역 외	대지	B1	주택용지 등	2,540.30	2.62	
		C1	주택용지 등	2,369.80	2.24	
		D1	주택용지 등	5,441.10	5.61	
		D2	주택용지 등	8,259.00	8.51	
	정비기반시설	도로		1,058.90	1.09	
		주차장		782.20	0.81	

※ 개별 사업시행구역 면적은 조합설립인가 및 연번부여 현황 면적과 상이하며, 효율적·체계적 정비를 위하여 구역계 조정(안)으로 제시함.

■ **토지이용계획**

법 §43의3(소규모주택정비 관리계획의 내용) 제2호: 토지이용계획, 정비기반시설·공동이용시설 설치계획 및 교통계획 사항이 포함되어야 함.

기존 조합설립인가를 받은 곳이 5개로, A2를 나눈 A-2 및 A5만 동의서 징구 중인 가로주택형 모아주택으로 전부 구성됨. 기존 조합설립인가를 받았더라도 일부 지역을 포함해서 모아타운을 형성할 수 있음.

정비기반시설로는 입체결정 도로, 도로, 공원(주차장)이 있음.

• 도시계획시설(입체결정, 중복결정 활용)

입체결정은 사업시행구역 내 개별 사업시행계획 인가 시에 결정하는 것으로 하여, 함께 진행하며, 공원과 주차장이 계획 내용임.

공원시설도 일반적으로 지하에 건축계획이 없지만, 주차장과 중복결정을 함. 이미 결정된 공영주차장이 1개소 있지만, 사업구역 내 편입하여 중복결정(1,005㎡)으로 주차난을 해소하기 위해 추가 확보했음.

다. 정비기반시설, 공동이용시설 설치계획(안) ※ 사업시행구역 내 개별 사업시행인가 시 결정

도로 계획(안): 생략

도로 입체결정 계획(안): 생략

공원계획(안)

주차장 계획(안)

어린이집 및 노인복지시설 계획(안)

도시계획시설(주차장, 어린이집 및 노인복지지설) 중복결정(안)

라. 교통계획(안) ※ 사업시행구역 내 개별 사업시행인가 시 결정

도로 계획(안): 생략

구분	적용지역	계획내용	비고
차량진출입 불허구간	상봉로, 상봉로 15길(주가로), 면목로 84가길, 면목로 78길, 겸재로 49길, 상봉로 15나길, 상봉로 15가길	- 간선도로인 상봉로 변으로 차량 진출입 불허 - 가각부 진출입 제한을 위해 상봉로 15길, 면목로 78길 등 일부 불허	

보행자 우선도로	상봉로 15나길(소로3-5), 상봉로 11길(소로3-6) (소로3-7)	- 모아주택 4, 5, 6구역간 건축협정 및 입체결정을 통해 커뮤니디가로(상봉로 15나길) 일부구간 보행자 우선도로 조성 - 기존 전통시장가로(상봉로 11길) 보행자 우선도로 지정

■ **교통(처리)계획(안)**

법 §43의3(소규모주택정비 관리계획의 내용) 제2호: 토지이용계획, 정비기반시설·공동이용시설 설치계획 및 교통계획 사항이 포함되어야 함.

저층 노후주거지 정비를 위해 차량진·출입 불허, 보행자 우선도로, 공공보행통로를 설치하도록 함/'커뮤니티 가로'란 용어 사용.

마. 거점사업에 관한 계획(안)   ※ 사업시행구역 내 개별 사업시행인가 시 결정

• 해당없음

"거점사업"이란 구청장 또는 토지주택공사등이 공동(단독) 시행하는 소규모주택정비사업으로, 관리계획이 필요한 사업임. 종전법에서는 필요한 경우에 한해서 공공/참여 소규모주택정비사업의 관리계획을 세우도록 했으나, 23.4.18 법 개정되면서 거점사업에서도 의무적으로 세우도록 함.

여기에서는 사업시행자가 공공 또는 참여 소규모정비사업이 아닌 민간사업시행자인 조합이란 점에서 해당 사항이 없음.

바. 거점사업 이외의 모아주택사업에 대한 추진계획(안)   ※ 사업시행구역 내 개별 사업시행인가 시 결정

• 모아주택(가로주택정비)사업 추진현황 및 추진계획(안)

도면 표시 번호		사업구역	위치	사업추진현황						계획(안)	비고
				면적 (㎡)	토지등 소유자	기존 호수	시행자	추진단계	최초 결정일	면적 (㎡)	
합계				53,820.17	819명	1250호	-	-	-	62,706.90	
A1		모아주택 1구역 (가로주택정비사업)	면목동 236-6번지 일대	8,775.32	120명	175호	조합	조합설립 인가	2022.08.18.	13,889.50	
A2	1	모아주택 2구역 (가로주택정비사업)	면목동 236-6번지 일대	8,965.98	148명	272호	조합	조합설립 인가	2022.03.29.	9,975.90	
	2	모아주택 3구역 (가로주택정비사업)	면목동 236-6번지 일대	6,439.60	137명	187호	조합 (예정)	조합설립 추진 중	-	6,118.60	

도면표시번호		사업구역	위치	면적	세대수	호수	시행주체	추진단계	조합설립인가일	면적
A3	1	모아주택 4구역 (가로주택정비사업)	면목동 236-6번지 일대	8,630.37	118명	214호	조합	조합설립인가	2022.06.27.	10,550.80
	2	모아주택 5구역 (가로주택정비사업)	면목동 236-6번지 일대	7,040.95	115명	138호	조합	조합설립인가	2022.07.05.	7,589.80
A4		모아주택 6구역 (가로주택정비사업)	면목동 236-6번지 일대	7,658.95	96명	164호	조합	조합설립인가	2022.02.28.	8,120.30
A5		모아주택 7구역 (가로주택정비사업)	면목동 236-6번지 일대	6,309.00	85명	100호	조합(예정)	동의서 징구	-	6,462.00

※ 개별 사업시행구역 면적은 조합설립인가 및 연번부여 현황 면적과 상이하며, 효율적·체계적 정비를 위하여 구역계 조정(안)으로 제시함.

■ **거점사업 이외의 모아주택사업에 대한 추진계획(안)**

법 §43의3(소규모주택정비 관리계획의 내용) 제3호: 소규모주택정비사업에 대한 추진계획 사항이 포함되어야 함.

사업추진현황 및 추진계획을 기재하고 있는데, 조합설립인가, 연번 부여 기준으로 작성함.

사. 모아주택 통합계획(안)   ※ 사업시행구역 내 개별 사업시행인가 시 결정

• 모아주택(가로주택정비)사업 1~7구역 건축협정 체결 및 특례 적용 계획(안)

구분			위치	면적(㎡)	특례 사항	특례 적용 사유	비고
도면표시번호	사업구역						
A1	모아주택 1구역 (가로주택정비사업)		면목동 236-6번지 일대	13,889.50	-공통사항 건축법 제61조 일조 등의 확보를 위한 건축물의 높이 제한 완화 -4구역~7구역 건축법 제53조 지하층, 주차장법 제19조에 따른 부설주차장 통합설치	-공통사항 경관 특화를 위한 창의적인 배치 및 건축물 계획 -4구역~7구역 쾌적한 가로환경 및 주차난 해소를 위한 통합 설치	
A2	1	모아주택 2구역 (가로주택정비사업)	면목동 1251-4번지 일대	9,975.90			
	2	모아주택 3구역 (가로주택정비사업)	면목동 96-114번지 일대	6,118.60			
A3	1	모아주택 4구역 (가로주택정비사업)	면목동 99-41번지 일대	10,550.80			
	2	모아주택 5구역 (가로주택정비사업)	면목동 100-38번지 일대	7,589.80			
A4		모아주택 6구역 (가로주택정비사업)	면목동 86-19번지 일대	8,120.30			
A5		모아주택 7구역 (가로주택정비사업)	면목동 87-64번지 일대	6,462.00			

※ 상기의 건축협정에 관한 특례사항 및 사유 등은 사업시행인가, 준공인가 등 사업시행 과정에서 변동될 수 있음.

■ **건축협정 체결 및 특례 적용계획(안)**
- 경관특화를 위한 창의적인 배치 및 건축물 계획을 위해 건축법 §61조 일조 등의 확보를 위한 건축물의 높이 제한 완화.
- 쾌적한 가로환경 및 주차난 해소를 위한 통합설치를 위한 건축법 §53 지하층, 주차장법 §19에 따른 부설주차장 통합설치.

통합정비란 사업시행구역(조합)의 통합 또는 사업시행구역 간 건축협정을 통해 통합계획을 수립하는 것으로, 사업주체. 사업범위 간 통합하여 진행하면 일체적 정비가 가능하다는 점에서 수립한 것으로 보임.

아. 건폐율·용적률 등 건축물의 밀도 계획(안) ※ 사업시행구역 내 개별 사업시행인가 시 결정

- 건축물의 밀도계획은 사업시행구역별 정비(안)과 통합 정비(안)으로 구분하여 계획함.
- 통합 정비란 사업시행구역(조합)의 통합 또는 사업시행구역 간 건축협정을 통해 통합계획을 수립하는 것을 말함.

■ **사업시행구역별 정비(안)**

구분		내용	비고
시행구역 내	건폐율	60% 이하	A1 ~ A4
		50% 이하	A5
	용적률	기준 200% 이하 법적 상한 250% 이하	A1 ~ A4
		기준 250% 이하 법적 상한 3000% 이하	A5
	높이	용도지역 층수 적용	A1 ~ A5
시행구역 외	건폐율	60% 이하	C1
		50% 이하	B1, D1, D2
	용적률	기준 200% 이하	C1
		기준 250% 이하	B1, D1, D2
	높이	건축법 및 건축조례 허용높이	B1, C1, D1, D2

※ A1 ~ 5, B1, C1, D1 ~ 2는 대공방어협조구역으로 관련법령에 따라 적용할 것
※ B1, C1. D1 ~ 2의 건축물의 밀도에 관한 사항은 건축법 및 관련 법령에 따라 적용할 것.
※ 정비기반시설 및 공동이용시설 설치하는 경우 법적 상한용적률 초과 가능.

■ 건폐율, 용적률 등 건축물의 밀도계획

법 §43의3(소규모주택정비 관리계획의 내용) 제5호: 건폐율·용적률 등 건축물의 밀도계획의 사항이 포함되어야 함.

통합정비 시에 용도지역 상향보다 더 높은 밀도계획이 가능함.
예 A1~A4구역은 사업시행별로 개발로 기준 200% 법적상한용적률 250%며, 통합정비 시에는 기준 250%, 법적상한용적률 300% 이하에서 계획함.

자. 건축물의 배치·형태·용도·건축선 등에 관한 계획(안)   ※ 사업시행구역 내 개별 사업시행인가 시 결정

구분	적용지역	계획 내용	비고
건축한계선	모아주택 사업시행구역 (1~7구역)	- 건축한계선 3m 적용	- 가로 환경 및 보행 환경 개선
가로활성화시설 배치구간	모아주택 3구역 모아주택 4구역 모아주택 5구역 모아주택 6구역	- 가로활성화시설 배치 - 가로활성화시설의 권장용도 • 「주택법」 제2조 13호, 14호에 의한 부대·복리시설 • 「서울특별시 빈집 및 소규모주택정비에 관한 조례」 제44조 공동이용시설	- 커뮤니티 가로활성화를 위한 개방형 공동이용 시설 배치 유도
담장 미설치	모아주택 사업시행구역 (1~7구역)	- 도로변 및 구역간 담장 미설치	

○ 건축물의 용도: 관계법령에 따름

■ 건축물의 배치, 형태, 용도, 건축선 등에 관한 계획(안)
서울시 소규모주택정비조례 §44의3(소규모주택정비 관리계획의 내용)
영 §38의4-3 "시도조례로 정하는 사항"중 하나로 필요한 경우에 "건축물의 배치·형태·색채 또는 건축선에 관한 계획"이 관리계획의 내용에 포함되도록 함.

- 건축한계선 3미터 적용
- 가로활성화시설 배치구간: 주택법 §2-12, 14의 부대·복리시설, 서울시 소규모주택정비조례 §44 공공이용시설.
- 담장 미설치.

차. 임대주택의 공급 및 인수 계획(안) ※ 사업시행구역 내 개별 사업시행인가 시 결정

○ 공공임대주택 총 578호 공급예정

구분		위치	전체세대수	임대주택 세대수	임대주택 인수예정자	비고
도면 표시 번호	사업구역					
합계			1,850	578	-	31.24%
A1	모아주택 1구역	면목동 236-6번지 일대	428	138	한국토지주택공사 서울주택도시공사	32.24%
A2	모아주택 2, 3구역	면목동 1251-4번지 일대	488	157		32.17%
A3	모아주택 4, 5구역	면목동 99-41번지 일대	521	171		32.82%
A4	모아주택 6구역	면목동 86-19번지 일대	236	76		32.20%
A5	모아주택 7구역	면목동 87-64번지 일대	177	36		20.34%

※ 사업시행계획인가 전까지 임대주택 인수예정자와 협상 예정
※ 상기의 세대수, 임대주택 세대수 등은 사업시행인가, 준공인가 등 사업 시행 과정에서 변동될 수 있음.

■ **임대주택의 공급 및 인수계획(안)**

법 §43의3(소규모주택정비 관리계획의 내용) 제6호: 필요한 경우에 §43의5 또는 §49에 따른 임대주택의 공급 및 인수계획의 사항을 포함됨.

건립되는 전체 세대수 1,850세대 중 공공임대주택을 578세대 공급, 인수예정자는 LH, SH임.

카. 용도지역의 지정 및 변경에 관한 계획(안) ※ 사업시행구역 내 개별 사업시행인가 시 결정

- 모아타운 내 용도지역의 지정 및 변경에 관한 계획은 사업시행구역별 정비(안)과 통합정비(안)으로 구분하여 계획함
- 용도지역 상향은 사업시행구역 간 통합 정비 시 또는 기반 시설에 대한 공공기여 등을 고려하여 심의를 통해 결정함.

○ 사업시행구역별 정비(안)

구분	면적(㎡)			구성비(%)	비고
	기정	변경	변경후		
합계	97,000.59	-	97,000.59	100	
제1종 일반주거지역	1,005.00	-	1,005.00	1.04	공원
제2종 일반주거지역 (7층 이하)	69,473.59	감) 64,284.00	5,225.59	5.39	
제2종 일반주거지역	-	증) 64,284.00	64,248.00	66.23	
제3종 일반주거지역	26,522.00	.	26,522.00	27.34	

○ 통합 정비(안)

구분	면적(㎡)			구성비(%)	비고
	기정	변경	변경후		
합계	97,000.59	-	97,000.59	100	
제1종 일반주거지역	1,005.00	-	1,005.00	1.04	공원
제2종 일반주거지역 (7층 이하)	69,473.59	감) 63,621.59	5,852.00	6.03	
제3종 일반주거지역	26,522.00	증) 63,621.59	90,143.59	92.93	

※ 용도지역 상향은 사업시행구역간 통합 정비 시 도는 기반시설에 대한 공공기여 등을 고려하여 심의를 통해 결정

용도지구·용도지역의 지정 및 변경에 관한 계획

법 §43의3(소규모주택정비 관리계획의 내용) 제7호: 필요한 경우에 한하여 용도지구·용도지역의 지정 및 변경에 관한 계획의 사항이 포함되도록 함.

■ **사업시행구역별 정비(안)**

1종일반주거지역 1,005㎡는 공원임. 2종일반주거지역(7층 이하) 69,473㎡ 중 64,284㎡는 2종일반주거지역으로 상향하고 나머지(5,225㎡)는 그대로 둠. 3종일반주거지역(26,522㎡)은 변경 없음.
통합정비 시 2종일반주거지역(7층 이하) 중 63,621㎡를 3종일반주거지역으로 상향해주고, 5,852㎡는 그대로 둠(일반적 지구단위계획에서는 1단계 상향이 원칙임).

타. 특별건축구역에 관한 계획(안)　　　　　　　　※ 사업시행구역 내 개별 사업시행인가 시 결정

구분	도면표시	위치	면적(㎡)			비고
			기정	변경	변경후	
-	특별건축구역	모아주택 1~7구역	-	증) 66,738	66,738	

※ 상기 특별건축구역의 특례 사항 및 사유 등은 사업 시행과정에서 변경될 수 있으며, 사업시행시기가 동일할 경우 적용 가능.

○ 「건축법」§73에 따른 특별건축구역 특례 및 §74에 따른 통합적용계획에 대한 사항

구분	도면표시	비고
건축법	대지안의 조경(§42), 건폐율(§55), 용적율(§56) 대지안의 공지(§58), 건축물의 높이제한(§60), 일조 등의 확보를 위한 건축물의 높이제한(§61) 등	
주택법 (주택건설기준 등에 관한 규정)	공동주택의 배치(§10), 기준척도(§13), 비상급수시설(§35), 난방설비 등(§37) 등	
통합적용	「문화예술진흥법」§9에 따른 건축물에 대한 미술작품의 설치 「주차장법」§19에 따른 부설주차장의 설치 「도시공원 및 녹지 등에 관한 법률」에 따른 공원의 설치	

법 §43의3(소규모주택정비 관리계획의 내용) 제8호: 필요한 경우에 한하여 「건축법」§69에 따른 특별건축구역[37] 및 같은 법 §77의2에 따른 특별가로구역에 관한 계획의 사항이 포함되어야 함.

저층 주거지들은 일반적으로 건축계획에 많은 제약 요소가 있음.
모아타운 내 특별건축구역에 관해서 건축법 §73에 따른 특별건축구역 특례 및 §74의 통합적용계획 적용을 둠.

37.　건축법 제69조(특별건축구역의 지정) ① 국토부장관 또는 시·도지사는 다음 각 호의 구분에 따라 도시나 지역의 일부가 특별건축구역으로 특례 적용이 필요하다고 인정하는 경우에는 특별건축구역을 지정할 수 있다.
　　　<개정 13.3.23, 14.1.14>
　　　1. 국토부장관이 지정하는 경우
　　　　　가. 국가가 국제행사 등을 개최하는 도시 또는 지역의 사업구역
　　　　　나. 관계 법령에 따른 국가정책사업으로서 대통령령으로 정하는 사업구역

파. 공공이 시행하는 사업과의 연계 계획

• 해당 없음

하. 경미한 변경에 관한 계획

• 경미한 변경에 관한 결정조서
- 모아타운의 면적을 5/100범위에서 증감하는 경우.
- 사업시행기간을 계획된 기간의 3년 이내에서 연정하거나 단축하는 경우.
- 모아타운 관리계획을 법 §43의3-5,7의 사항을 완화하지 않는 범위에서 변경하는 경우.

2. 시 · 도지사가 지정하는 경우

가. 지방자치단체가 국제행사 등을 개최하는 도시 또는 지역의 사업구역
나. 관계법령에 따른 도시개발 · 도시재정비 및 건축문화 진흥사업으로서 건축물 또는 공간환경을 조성하기 위하여 대통령령으로 정하는 사업구역
다. 그 밖에 대통령령으로 정하는 도시 또는 지역의 사업구역
② 다음 각 호의 어느 하나에 해당하는 지역 · 구역 등에 대하여는 제1항에도 불구하고 특별건축구역으로지 정할 수 없다.
1. 「개발제한구역의 지정 및 관리에 관한 특별조치법」에 따른 개발제한구역
2. 「자연공원법」에 따른 자연공원
3. 「도로법」에 따른 접도구역
4. 「산지관리법」에 따른 보전산지
5. 삭제 <16.2.3>
③ 국토부장관 또는 시 · 도지사는 특별건축구역으로 지정하고자 하는 지역이 「군사기지 및 군사시설보호법」에 따른 군사기지 및 군사시설 보호구역에 해당하는 경우에는 국방부장관과 사전에 협의하여야 한다.
<신설 16.2.3>
제77조의2(특별가로구역의 지정) ① 국토부장관 및 허가권자는 도로에 인접한 건축물의 건축을 통한 조화로운 도시경관의 창출을 위하여 이 법 및 관계 법령에 따라 일부 규정을 적용하지 아니하거나 완화하여 적용할 수 있도록 다음 각 호의 어느 하나에 해당하는 지구 또는 구역에서 대통령령으로 정하는 도로에 접한 대지의 일정 구역을 특별가로구역으로 지정할 수 있다. <개정17.1.17>
1. 삭제 < 17.4.18>
2. 경관지구
3. 지구단위계획구역 중 미관유지를 위하여 필요하다고 인정하는 구역
② 국토부장관 및 허가권자는 제1항에 따라 특별가로구역을 지정하려는 경우에는 다음 각 호의 자료를 갖추어 국토부장관 또는 허가권자가 두는 건축위원회의 심의를 거쳐야 한다.
1. 특별가로구역의 위치 · 범위 및 면적 등에 관한 사항
2. 특별가로구역의 지정 목적 및 필요성
3. 특별가로구역 내 건축물의 규모 및 용도 등에 관한 사항
4. 그 밖에 특별가로구역의 지정에 필요한 사항으로서 대통령령으로 정하는 사항
③ 국토부장관 및 허가권자는 특별가로구역을 지정하거나 변경 · 해제하는 경우에는 국토부령으로 정하는 바에 따라 이를 지역 주민에게 알려야 한다.

- 정비기반시설·공동이용시설의 규모를 확대하거나 그 면적을 10/100 범위에서 축소하는 경우

- 계산착오·오기·누락이나 이에 준하는 경우로써 조례로 정하는 사항을 변경하는 경우

- 그 밖에 제1호부터 제5호까지의 규정에 준하는 경우로써 조례로 정하는 사항을 변경하는 경우

경미한 변경

소규모주택정비법 시행령 §38의2(소규모주택정비관리계획의 경미한 변경)

서울시 소규모주택정비조례 §44의2(관리계획의 경미한 변경)

인허가 절차에 있어서 경미한 변경사항이 포함되어 있음

고시문에 적시한 경미한 사항

- 모아타운의 면적을 5/100 범위에서 증감하는 경우

- 사업시행기간을 계획된 기간의 3년 이내에서 연장하거나 단축하는 경우

- 모아타운 관리계획을 법 §43의3 제5호 및 제7호를 완화하지 않는 범위에서 변경하는 경우

- 정비기반시설, 공동이용시설의 규모를 확대하거나 그 면적을 10/100 범위에서 축소하는 경우

- 계산 착오, 오기, 누락이나 이에 준하는 명백한 오류를 수정하는 경우

- 그 밖에 위 5가지에 준하는 경우로서 조례로 정하는 사항을 변경하는 경우

▶ 서울시 소규모주택정비조례 §44의2(관리계획의 경미한 변경)
  §44의2(소규모주택정비 관리계획의 경미한 변경) 영 §38의3-6에서 "시도조례로 정하는 사항을 변경하는 경우"란 다음 각 호의 사항을 말한다.
  1. 관리계획 명칭의 변경
  2. §30에 따른 통합심의 결과를 반영하기 위한 변경
  3. 관계 법령 또는 조례 등의 개정내용을 반영하기 위한 변경

3. 관련 도면
생략

4. 관계도서
생략

■ 모아타운의 행위제한, 권리산정기준일 등
(모아주택)소규모재개발·재건축, 가로주택정비사업

원래 소규모주택정비법상 소규모주택정비사업에 권리산정기준일 조문이 없었지만, 서울시는 소규모주택정비조례에 조합설립인가일을 권리산정기준일로 정해, 가로주택정비사업의 경우 이에 해당하는 자를 현금청산자로 함[38].

21년 2.4대책 및 「3080+ 주택공급대책」으로 "소규모재개발사업"과 '소규모주택정비 관리지역 제도"의 기틀을 마련함.

그 후속 법제화로 21.7.20 소규모주택정비 관리지역인 모아타운의 기초를 만들면서 역세권·준공업지역에서 소규모로 주거환경 또는 도시환경을 개선하기 위한 '소규모재개발사업'이 가능하도록 하는 제도의 신설과 함께 시장·군수가 권리산정기준일을 정할 수 있도록 함.

이후 22.2.3(시행 8.4) 법 개정으로, 소규모주택정비사업 시행구역에서 건축물의 건축, 공작물의 설치, 토지의 형질변경 등의 행위를 제한하는 규정이 마련되어 있지 않아 사업의 원활한 추진에 차질이 빚어질 우려가 있으므로 행위제한의 근거 및 절차를 마련함.

1. 행위제한

---

[38]. **서울시 소규모주택 정비에 관한 조례**
제2조(정의) ① 이 조례에서 사용하는 용어의 뜻은 다음과 같다.<개정 20.12.31>
6. "권리산정기준일"은 소규모주택정비사업으로 인하여 주택 등 건축물을 공급하는 경우 다음 각 목에 정한 날을 말한다.
가. 토지등소유자가 사업시행자인 경우에는 주민합의체 구성을 신고한 날
나. 조합이 사업시행자인 경우에는 조합설립인가일
다. 구청장, 「한국토지주택공사법」에 따라 설립된 토지주택공사 또는 「서울시 서울주택도시공사 설립 및 운영에 관한 조례」에 따른 서울주택도시공사(이하 "토지주택공사등")등이 사업시행자인 경우에는 법 §18② 에 따른 고시일
라. 법 §19①에 따른 지정개발자가 사업시행자로 지정된 경우에는 법 §19②에 따른 고시일

소규모주택정비사업 시행구역에서 건축물의 건축, 공작물의 설치, 토지의 형질변경 등의 행위를 제한하는 규정이 마련되어 있지 않아 사업의 원활한 추진에 차질이 빚어질 우려가 있으므로 행위제한의 근거 및 절차를 마련함.

22.8.4 개정 시행령 이후 공공시행자 및 지정개발자 지정·고시, 주민합의체 구성·고시 또는 조합설립인가·고시가 있는 경우부터 적용함(부칙 §3).

※ 소규모주택정비법 제23조의3(행위제한 등).
법 제23조의3(행위제한 등) ① 소규모주택정비사업의 사업시행구역에서 다음 각 호의 다음 날부터 건축물의 건축, 공작물의 설치, 토지의 형질변경, 토석의 채취, 토지의 분할·합병, 물건을 쌓아놓는 행위 등 행위를 하려는 자는 시장·군수등의 허가를 받아야 하고, 허가받은 사항을 변경하려는 경우에도 또한 같다. 다만, 공공시행자 또는 지정개발자의 지정이 취소되거나 주민합의체가 해산되는 경우 또는 조합설립인가가 취소되는 경우에는 그러하지 아니하다.
② 다음 각 호의 어느 하나에 해당하는 행위는 제1항에도 불구하고 허가를 받지 아니하고 할 수 있다.
1. 재해복구 또는 재난수습에 필요한 응급조치를 위한 행위.
2. 기존 건축물의 붕괴 등 안전사고의 우려가 있는 경우 해당 건축물에 대한 안전조치를 위한 행위.
3. 그 밖에 대통령령으로 정하는 행위
③ 제1항에 따라 허가를 받아야 하는 행위로서 제1항 각 호에 따른 고시 당시 이미 관계 법령에 따라 행위허가를 받았거나 허가를 받을 필요가 없는 행위에 관하여 그 공사 또는 사업에 착수한 자는 대통령령으로 정하는 바에 따라 시장·군수등에게 신고한 후 이를 계속 시행할 수 있다.
④ 시장·군수등은 제1항을 위반한 자에게 원상회복을 명할 수 있다. 이 경우 명령을 받은 자가 그 의무를 이행하지 아니하는 때에는 시장·군수등은 「행정대집행법」에 따라 대집행할 수 있다.
[본조신설 22.2.3]

부 칙 <법률 제18831호, 22.2.3>

제1조(시행일) 이 법은 공포 후 6개월이 경과한 날부터 시행한다(효력발생시기 22.8.4)
제3조(행위제한 등에 관한 적용례) §23의3 개정규정은 이 법 시행 이후 공공시행자 및 지정개발자 지정·고시, 주민합의체 구성·고시 또는 조합설립인가·고시가 있는 경우부터 적용한다.

― 정비사업과 차이점

도시정비법상 재건축·재개발사업에 대한 행위제한은 정비구역 지정·고시 후에는 별도 고시 없이 행위제한됨. 또한, 정비기본계획 수립(변경) 공람 중인 정비예정구역 또는 정비계획 수립 중인 지역의 경우 정비구역 지정·고시 전 시도지사는 행위제한이 가능함(도시정비법 §19⑦).

소규모주택정비사업의 사업시행구역에서 위와 같은 과정이 없으므로, "공공시행자 및 지정개발자의 지정·고시가 있은 날, 주민합의체 구성·고시가 있은 날, 조합설립인가·고시가 있은 날"의 다음 날부터 건축물의 건축, 공작물의 설치, 토지의 형질변경, 토석의 채취, 토지의 분할·합병, 물건을 쌓아놓는 행위 등 행위를 하려는 자는 시장·군수등의 허가를 받도록 함.

즉 조합설립인가·고시 전에 모아타운 내 신축쪼개기가 일어나는 경우, 도시정비법 §19⑦과 같은 사전 행위제한 조치를 할 수 없어 보완책이 요구됨.[39]

<파이낸셜뉴스 2022.10.7>

전문가들은 모아주택은 서울 주택공급 효과가 큰 사업이라고 평가하면서도 투기 차단을 위한 법안 마련이 시급한 상황이라고 지적했다. 서울시는 입주권을 노린 지분쪼개기를 막기 위해 권리산정기준일을 도입했다.

다만, 모아타운 내 신축주택이 생기는 것을 제한하기 위한 건축 '행위제한'에 빈구멍이 있는 상황이다. 모아타운 내 신축주택이 생기면 노후도가 떨어져 사업진행이 어려워지고 현금청산을 노린 투기가 벌어질 수 있기 때문이다.

소규모주택정비법상 행위제한은 조합설립인가 고시일을 기준으로 이뤄지기 때문에 모아타운 대상지 선정일 이후부터 모아주택사업을 위한 조합설립인가 고시일 사이의 공백기간이 있다. 서울시는 지난 달 관련 문제를 해결하기 위해 유경준 국민의힘 의원이 법 개정안을 발의했다고 설명했다. 개정안에는 모아타운 내 사업시행 가능 지역 등에 대해 행위제한을 할 수 있도록 하는 내용이 담겼다.

---

39. 22.9.1 소규모주택정비법 개정안(유경준 대표발의)
    관리지역 지정고시 이후 조합설립인가 전까지 투기수요가 발생할 수 있어 행위제한을 할 수 있도록 함

2. 권리산정기준일
법 §28의2①, §43의4④ (23.4.18부터 효력발생)

─ 소규모재개발사업의 권리산정기준일

소규모재개발사업을 통하여 분양받을 건축물이 다음 각 호의 어느 하나에 해당하는 경우에는 제18조제2항, 제19조제2항, 제22조제10항 또는 제23조제9항에 따른 고시가 있는 날 또는 시장·군수등이 투기를 억제하기 위하여 사업시행자의 지정, 주민합의체의 구성 또는 조합설립인가 고시전에 따로 정하는 날(이하 이 조에서 "기준일")의 다음 날을 기준으로 건축물을 분양받을 권리를 산정한다. <개정 2023.4.18>

1. 1필지의 토지가 여러 개의 필지로 분할되는 경우
2. 단독주택 또는 다가구주택이 다세대주택으로 전환되는 경우
3. 하나의 대지 범위에 속하는 동일인 소유의 토지 및 주택 등 건축물을 토지 및 주택 등 건축물로 각각 분리하여 소유하는 경우
4. 나대지에 건축물을 새로 건축하거나 기존 건축물을 철거하고 다세대주택, 그 밖의 공동주택을 건축하여 토지등소유자의 수가 증가하는 경우

② 시장·군수등은 제1항에 따라 기준일을 따로 정하는 경우에는 기준일, 지정사유, 건축물을 분양받을 권리의 산정기준 등을 해당 지방자치단체의 공보에 고시하여야 한다.

[본조신설 2021.7.20]

➡ **법 제18조제2항**
시장·군수등이 직접 가로주택정비사업, 소규모재건축사업 또는 소규모재개발사업을 시행하거나, 토지주택공사등을 사업시행자로 지정·고시

법 제19조제2항
신탁업자를 사업시행자 지정·고시

법 제22조제10항
주민합의체 구성의 신고

법 제23조제9항
가로주택정비사업, 소규모재건축사업, 소규모재개발조합ㅂ설립인가·고시가 있는 날.

― **모아타운의 경우, 법 제28조의2 준용**

모아주택인 자율주택정비사업, 가로주택정비사업, 소규모재건축·재개발사업의 권리산정기준일 적용.

모아타운을 위한 관리지역에서 소규모주택정비사업의 시행으로 건축물을 분양받을 권리는 법 §28의2를 준용함.

이 경우 "§18②(토지주택공사등을 사업시행자로 지정·고시), §19②(신탁업자를 사업시행자로 지정·고시), §22⑩(주민합의체 신고) 또는 §23⑨(조합설립인가고시)"에 따른 고시는 "§43의2④에 따른 관리계획의 고시"로, "시장·군수등"은 "시·도지사"로, "사업시행자의 지정, 주민합의체의 구성 또는 조합설립인가고시"는 "관리계획 승인·고시"로 각각 봄(법 §43의4④)

1) 권리산정기준일 연혁

① 18.12.31~21.9.20

서울시 소규모주택정비조례상 권리산정기준일

가로주택정비사업은 구 도시정비법으로 진행되어 서울시 소규모주택정비조례에서 분양대상자를 선정하였음.

소규모주택정비법에 권리산정기준일 규정이 없이, 서울시 소규모주택정비조례 §2-6에 권리산정기준일이 규정되어 있고, 같은 조례 §37②, ③에서 가로주택정비사업에서의 분양대상을 선정하는 기준을 규정하고 있음.

② 21.9.21~23.4.17

가로주택정비사업의 경우 도시정비조례상 권리산정기준일을 적용함.

이와는 달리, 21.9.21 개정 소규모주택정비법이 시행되면서 사업시행예정구역이 지정·고시된 소규모재개발사업에 대해 조례 아닌 법률에서 정한 권리산정기준일을 적용하도록 함.

※ 소규모주택정비법

제28조의2(소규모재개발사업의 분양받을 권리의 산정 기준일) ① 소규모재개발사업을 통하여 분양받을 건축물이 다음 각 호의 어느 하나에 해당하는 경우에는 §17의2⑥에 따른 고시가 있은 날 또는 시장·군수등이 투기를 억제하기 위하여 사업시행예정구역 지정 고시 전에 따로 정하는 날(이하 이 조에서 "기준일")의 다음 날을 기준으로 건축물을 분양받을 권리를 산정한다.

1. 1필지의 토지가 여러 개의 필지로 분할되는 경우.
2. 단독주택 또는 다가구주택이 다세대주택으로 전환되는 경우.
3. 하나의 대지 범위에 속하는 동일인 소유의 토지 및 주택 등 건축물을 토지 및 주택 등 건축물로 각각 분리하여 소유하는 경우.
4. 나대지에 건축물을 새로 건축하거나 기존 건축물을 철거하고 다세대주택, 그 밖의 공동주택을 건축하여 토지등소유자의 수가 증가하는 경우.

② 시장·군수등은 제1항에 따라 기준일을 따로 정하는 경우에는 기준일, 지정사유, 건축물을 분양받을 권리의 산정기준 등을 해당 지방자치단체의 공보에 고시하여야 한다.

[본조신설 21.7.20]

정비사업의 경우 정비기본계획이나 정비계획 단계가 있어 사전에 기준일의 시점을 정할 수 있지만, 모아타운의 경우 이러한 제도가 없어 시·도지사의 고시일이 권리산정기준일임.

법 제43조의4(소규모주택정비 관리지역에 대한 특례) ④ 관리지역에서 소규모주택정비사업의 시행으로 건축물을 분양받을 권리에 관하여는 §28의2를 준용함. 이 경우 "§17의2⑥에 따른 고시"는 "§43의2③에 따른 관리계획의 고시"로, "시장·군수등"은 "시·도지사"로, "사업시행예정구역 지정·고시"는 "관리계획 승인·고시"로 각각 간주함.

부 칙 <법률 제18314호, 21.7.20>

제1조(시행일) 이 법은 공포 후 2개월이 경과한 날부터 시행한다.

제4조(건축물을 분양받을 권리의 산정에 관한 특례) §28의2① 및 §43의4④(시장·군수등 또는 공공시행자로 지정된 토지주택공사등이 관리지역에서 시행하는 가로주택정비사업에 한정한다)의 개정규정에 따른 건축물을 분양받을 권리의 산정일은 이 법을 국회가 의결한 날을 기준으로 한다.

관리지역에서 소규모주택정비사업의 시행으로 건축물을 분양받을 권리에 관하여는 소규모재개발사업의 권리산정기준일을 준용함.

"공공시행자로 지정된 토지주택공사등이 관리지역에서 시행하는 가로주택정비사업에 한정한다"는 규정에서의 권리산정기준일은 국회 본회의 의결일인 21.6.21을 기준일로 정함.

③ 23.4.18~ 현재

서울시 소규모주택정비조례 §2-6과 모아타운 내 가로주택정비사업, 소규모재개발·재건축사업의 권리산정기준일이 동일하게 법 개정됨에 따라 양자의 구별이 불필요하게 됨.

소규모재개발사업의 활성화를 위해 소규모재개발사업의 시행예정구역 제안 및 지정 절차를 삭제하고, 법 §18②, §19②, §22⑩ 또는 §23⑨에 따른 고시가 있는 날을 권리산정기준일로 정할 수 있도록 함.

모아타운 내 소규모주택정비사업인 모아주택에도 이를 준용하여 권리산정기준일로 정할 수있게 됨.

※ 소규모주택정비법

제28조의2(소규모재개발사업의 분양받을 권리의 산정 기준일) ① 소규모재개발사업을 통하여 분양받을 건축물이 다음 각 호의 어느 하나에 해당하는 경우에는 §18②, §19②, §22⑩ 또는 §23⑨에 따른 고시가 있는 날 또는 시장·군수등이 투기를 억제하기 위하여 사업시행자의 지정, 주민합의체의 구성 또는 조합설립인가 고시 전에 따로 정하는 날(이하 이 조에서 "기준일")의 다음 날을 기준으로 건축물을 분양받을 권리를 산정한다. <개정 23.4.18>

1. 1필지의 토지가 여러 개의 필지로 분할되는 경우
2. 단독주택 또는 다가구주택이 다세대주택으로 전환되는 경우.
3. 하나의 대지 범위에 속하는 동일인 소유의 토지 및 주택 등 건축물을 토지 및 주택 등 건축물로 각각 분리하여 소유하는 경우.
4. 나대지에 건축물을 새로 건축하거나 기존 건축물을 철거하고 다세대주택, 그 밖의 공동주택을 건축하여 토지등소유자의 수가 증가하는 경우.

② 생략

[본조신설 21.7.20]

법 제43조의4(소규모주택정비 관리지역에 대한 특례) ④ 관리지역에서 소규모주택정비사업의 시행으로 건축물을 분양받을 권리에 관하여는 §28의2를 준용한다. 이 경우 "§18②, §19②, §22⑩ 또는 §23⑨에 따른 고시"는 "§43의4④에 따른 관리계획의 고시"로, "시장·군수등"은 "시·도지사"로, "사업시행자의 지정, 주민합의체의 구성 또는 조합설립인가 고시"는 "관리계획 승인·고시"로 각각 본다.

23.4.18 법 개정, 시행으로 "공공시행자나 지정개발자 지정, 주민합의체의 구성 신고 또는 조합설립인가·고시 전에 따로 정하는 날"이거나 또는 시장·군수등이 투기억제를 위하여 위 고시 전에 따로 정하는 날의 다음날을 권리산정기준일로 정함.

소규모주택정비 관리지역인 모아타운의 대상으로 자율주택정비사업, 소규모재개발사업, 재건축사업 및 가로주택정비사업인 모아주택에 적용됨.

부 칙 <법률 제19385호, 23.4.18>
제1조(시행일) 이 법은 공포 후 6개월이 경과한 날부터 시행한다. 다만, §28의2, §43의4④의 개정규정은 공포한 날부터 시행한다.

2) 모아타운의 권리산정기준일 일람표

서울시는 모아타운 사업장을 공모·선정하면서 지분쪼개기 등 투기세력 유입을 차단하기 위해 권리산정기준일을 미리 알린 바 있음.

권리산정기준일까지 건축허가를 받아 착공신고를 득하였을 경우 각자를 분양대상자로 인정하지만, 개별 모아주택(소규모주택정비사업)의 경우 조합설립인가 전까지 소유권을 확보해야 분양대상임(법 §24).

22.1.20 이후의 권리산정기준일 고시문에는 추가로 권리산정기준일까지 착공신고를 득하였을 경우라도 개별 소규모주택정비사업 조합설립인가 전까지 소유권을 확보하고 관련 법률과 서울시 조례 규정에 충족되어야 분양대상이 될 수 있는 단서가 달려 있음.

또한, 권리산정기준일로부터 2년 내에 모아타운으로 지정되지 않거나, 모아타운 계획(소규모주택정비 관리계획) 수립지역에서 제외되는 필지의 권리산정기준일은 자동 실효되도록 함.

다음은 22.1~23.8.31까지 서울시 모아타운 권리산정기준일 고시 일람표임.

아래 고시문에서는 소규모주택정비법 §28의2를 준용하여 "공공시행자나 지정개발자 지정, 주민합의체의 구성 신고 또는 조합설립인가·고시"를 관리계획 고시로 간주하여, 관리계획 고시 전에 따로 정하는 날을 권리산정기준일로 정함.

▲ 22.1.20 모아타운 권리산정기준일 고시

나대지, 단독, 다가구주택 등을 다세대주택 등으로 건축하여 지분을 분할하는 경우 권리산정기준일까지 건축허가분에 대해 각자 분양대상임.

주택등 건축물의 분양받을 권리의 산정 기준일 고시

모아타운(소규모주택정비 관리지역) 후보지에 대하여 소규모주택정비법 §28의2①, §43의4④에 따라 주택 등 건축물의 분양받을 권리산정기준일을 정하고 같은 법 §28의2②에 따라 이를 고시함.

2022년 1월 20일

서 울 특 별 시 장

1. 대상지

가. 명칭: 모아타운(소규모주택정비 관리지역) 후보지

나. 위치 및 면적(㎡)

중랑구 면목동 86-32일대 93,800: 관리지역 고시 완료(시범사업지)

강서구 화곡동 1087일대 64,000: 관리계획 수립 중

강서구 화곡동 354일대 93,000: 관리계획 수립 중

강서구 화곡동 359일대 64,000: 관리계획 수립 중

강서구 화곡동 424일대 59,000: 관리계획 수립 중

중구 신당동 50-21일대 99,950: 관리계획 수립 중

중구 신당동 122-3일대 82,000: 관리계획 수립 중

중구 신당동 156-4일대 70,000: 관리계획 수립 중

금천구 시흥동 796일대 70,000

서초구 방배동 977일대 16,916: 관리계획 수립 중

강동구 둔촌동 77-41일대 15,823: 관리계획 수립 중

2. 권리산정기준일: 22.1.20

※ 나대지, 단독, 다가구주택 등을 다세대주택 등으로 건축하여 지분을 분할하는 경우에는 권리산정기준일 이후 건축허가 분부터 적용.

3. 지정 사유

기존 세대수가 증가될 경우 지역 주민들의 사업비 부담 증가에 대한 피해 최소화 및 투기 억제를 위하여 모아주택(소규모주택정비사업)을 통하여 분양받을 건축물이 토지의 분할, 단독, 다가구주택의 다세대주택 전환, 토지와 건축물의 분리취득, 건축물의 신축 어느 하나에 해당하는 경우에는 기준일의 다음 날을 기준으로 건축물을 분양받을 권리를 산정함.

4. 건축물의 분양받을 권리의 산정기준

소규모주택정비법 §28의2①, §43의4④에 따름.

※ 소규모주택정비법 §43의2에 따라 관리계획이 수립되는 지역에 한하여 적용하되, 권리산정기준일로부터 2년 내에 관리계획이 승인되지 않거나, 관리계획 수립 지역에서 제외되는 필지에 대한 권리산정기준일은 자동실효.

본 고시는 향후 추진될 모아타운(소규모주택정비 관리지역) 내 모아주택(소규모주택정비사업) 추진 시, 소규모주택정비법상 분양받을 권리를 산정하기 위한 기준일만 정하되, 건축물의 신축, 토지분할 등의 행위를 제한하는 것이 아님.

▲ **22.6.23 모아타운 권리산정기준일 고시**

권리산정기준일까지 착공신고 한 경우 각자 분양대상이며, 개별 소규모주택정비사업 조합설립인가 전까지 소유권을 확보하고 관련 법률과 서울시 소규모주택정비조례에 충

족되어야 분양대상자임.[40]

22.1.20 고시된 내용과 비교해 보면, 개별 소규모주택정비사업 조합설립인가 전까지 소유권을 확보하고 관련 법률과 서울시 소규모주택정비조례에 충족되어야 한다는 조건이 추가됨.

이하 고시문에 같은 조건이 달려 있음.

주택등 건축물의 분양받을 권리의 산정 기준일 고시

모아타운(소규모주택정비 관리지역) 대상지에 대하여 「빈집 및 소규모주택 정비에 관한 특례법」 §28의2① 및 §43의4④에 따라 '주택등 건축물의 분양받을 권리의 산정 기준일'을 정하고 같은 §28의2②에 따라 이를 고시함.

2022년 6월 23일
서 울 특 별 시 장

1. 대상지

가. 명칭: 모아타운(소규모주택정비 관리지역) 대상지

나. 위치 및 면적

연번	자치구	위치	면적(㎡)	권리산정기준일	비고
1	금천구	시흥3동 1005	86,705	22.6.23	국토부 후보지 1차
2	금천구	시흥4동 804-21	98,180	22.6.23	국토부 후보지 1차
3	금천구	시흥5동 922-61	89,944	22.6.23	국토부 후보지 1차
4	강서구	등촌2동 516	97,430	22.6.23	국토부 후보지 1차

---

40. **Q. 개별 소규모주택정비사업의 권리산정기준일 및 조합원 지위승계는?**
    A. 우리 시에서는 지분쪼개기 및 비경제적인 건축행위를 방지하기 위하여 권리산정기준일을 22.6.23 지정 고시하였으며 다음 사항에 대해서는 현금청산대상(단, 권리산정기준일까지 건축허가를 받아 착공신고를 득했을 경우 분양대상으로 인정함)이며 정상적인 매매행위는 제한하지 않음.
    ① 1필지의 토지가 여러 개의 필지로 분할되는 경우 ② 단독주택 또는 다가구주택이 다세대주택으로 전환되는 경우 ③ 하나의 대지 범위에 속하는 동일인 소유의 토지 및 주택 등 건축물을 토지 및 주택 등 건축물로 각각 분리하여 소유하는 경우 ④ 나대지에 건축물을 새로 건축하거나 기존 건축물을 철거하고 다세대주택, 그 밖의 공동주택을 건축하여 토지등소유자의 수가 증가하는 경우.
    아울러, 권리산정기준일까지 착공신고를 득하였을 경우라도 개별 소규모주택정비사업 조합설립인가 전까지 소유권을 확보하고 관련 법률과 서울시 조례 규정에 충족되어야 분양대상이 될 수 있으며, 22.8.4 시행 예정인 『빈집 및 소규모주택 정비에 관한 특례법』 §24(조합원의 자격)에 따라 시행일 이후 조합설립인가 신청한 지역에서 해당 사업의 건축물 또는 토지를 양수한 자는 같은 법 및 시행령 §22에서 정하는 예외사항에 해당되지 않는 경우 조합원이 될 수 없음(서울시 전략사업과 22.8.2).

5	강서구	화곡동 1130-7	72,000	22.6.23	국토부 후보지 2차
6	마포구	대흥동 536-2	22,074	22.6.23	국토부 후보지 2차
7	중랑구	면목3·8동 44-6	76,525	22.6.23	22년 공모 선정 (국토부 후보지 1차)
8	중랑구	면목본동 297-28	55,385	22.6.23	22년 공모 선정 (국토부 후보지 1차)
9	중랑구	중화1동 4-30	75,015	22.6.23	22년 공모 선정 (국토부 후보지 1차)
10	종로구	구기동 100-48	64,231	22.6.23	22년 공모 선정 (국토부 후보지 1차)
11	성동구	마장동 457	75,382	22.6.23	22년 공모 선정 (국토부 후보지 1차)
12	성동구	사근동 190-2	66,284	22.6.23	22년 공모 신청
13	중랑구	망우3동 427-5	53,351	22.6.23	22년 공모 신청
14	강북구	번동 454-61	53,351	22.6.23	22년 공모 신청
15	도봉구	쌍문동 524-87	82,630	22.6.23	22년 공모 신청
16	도봉구	쌍문동 494-22	31,303	22.6.23	22년 공모 신청
17	노원구	상계2동 177-26	96,000	22.6.23	22년 공모 신청
18	서대문구	천연동 89-26	24,466	22.6.23	22년 공모 신청
19	마포구	성산동 160-4	83,265	22.6.23	22년 공모 신청
20	마포구	망원동 456-6	82,442	22.6.23	22년 공모 신청
21	양천구	신월동 173	61,500	22.6.23	22년 공모 신청
22	양천구	신월동 102-33	75,000	22.6.23	22년 공모 신청
23	강서구	방화동 592	72,000	22.6.23	22년 공모 신청
24	구로구	고척동 241	2,500	22.6.23	22년 공모 신청
25	구로구	구로동 728	64,000	22.6.23	22년 공모 신청
26	송파구	풍납동 483-10	43,339	22.6.23	22년 공모 신청
27	송파구	거여동 555	12,813	22.6.23	22년 공모 신청

2. 권리산정기준일: 2022.6.23

○ 권리산정기준일의 다음날 아래 행위는 현금청산 대상임.

(단, 권리산정기준일까지 건축허가를 받아 착공신고를 득했을 경우 분양대상으로 인정함)

1. 1필지의 토지가 여러개의 필지로 분할되는 경우.

2. 단독주택 또는 다가구주택이 다세대주택으로 전환되는 경우.

3. 하나의 대지 범위에 속하는 동일인 소유의 토지 및 주택 등 건축물을 토지 및 주택 등 건축물로 각각 분리하여 소유하는 경우.

4. 나대지에 건축물을 새로 신축하거나 기존 건축물을 철거하고 다세대주택, 그 밖의 공동주택을 건축하여 토지등소유자의 수가 증가하는 경우.

○ 아울러, 권리산정기준일까지 착공신고를 득하였을 경우라도 개별 소규모주택정비사업 조합설립인가 전까지 소유권을 확보하고 관련 법률과 서울시 조례 규정에 충족되어야 분양대상이 될 수 있음.

3. 지정사유
○ 기존 세대수가 증가될 경우 지역 주민들의 사업비 부담 증가에 대한 피해 최소화 및 투기 억제를 위하여 권리산정기준일의 다음 날을 기준으로 건축물을 분양받을 권리를 산정함.
○ 현재 모아타운 관리계획 수립 중이거나 수립 예정인 국토부 선도사업 후보지도 위의 사유와 같이 권리산정기준일을 금회 지정함.

4. 건축물의 분양받을 권리의 산정기준
○ 「빈집 및 소규모주택 정비에 관한 특례법」 §28의2① 및 §43의4④에 따름.
※ 「빈집 및 소규모주택 정비에 관한 특례법」 §28의2①에 따라 모타운 관리계획이 수립되는 지역에 한하여 적용하되, 권리산정기준일로부터 2년 내 관리계획이 승인되지 않거나, 모아타운 관리계획 수립지역에서 제외되는 필지에 대한 권리산정기준일은 자동 실효.

5. 관계도면: 붙임 참조

6. 안내사항
○ 본 모아타운 대상지 권리산정기준일 고시와 관련한 문의사항은 서울시 전략사업과로 문의하시기 바라며,
○ 지역 내 모아주택/모아타운 관련 사업추진 등에 대한 문ㅇ의 사항은 해당 자치구 담당부서에 문의바람.
※ 본 고시는 향후 추진될 모아타운(소규모주택정비 관리지역) 내 모아주택(소규모주택정비사업) 사업추진시 「빈집 및 소규모주택 정비에 관한 특례법」상 분양받을 권리를 산정히기 위한 기준일만 정하되, 소유권 이전 및 건축허가 등의 행위를 제한하는 것이 아님.
※ 첨부된 관계도면은 참고용이므로 측량, 그 밖의 용도로 사용할 수 없음.
※ 모아타운 관리계획과 수립 및 지정고시 시, 일부 면적이 변경이 있을 수 있음.

▲ 22.10.27 모아타운 권리산정기준일 고시

권리산정기준일까지 착공신고 한 경우 각자 분양대상이며, 다만, 개별 소규모주택정비사업 조합설립인가 전까지 소유권을 확보하고 관련 법률과 서울시 소규모주택정비조례 규정에 충족되어야 분양대상자임.

주택등 건축물의 분양받을 권리의 산정 기준일 고시

22년 하반기 모아타운(소규모주택정비 관리지역) 공모 신청지에 대하여 「빈집 및 소규모주택 정비에 관한 특례법」 §28의2① 및 §43의4④에 따라 '주택등 건축물의 분양받을 권리의 산정 기준일'을 정하고 같은법 §28의2②에 따라 이를 고시함.

2022년 10월 27일

서 울 특 별 시 장

1. 권리산정기준일 설정 지역

가. 대상지: 22년 하반기 모아타운 대상지 공모 신청지역 전체(총 39개소)

나. 위치 및 면적

연번	자치구	위치	면적(㎡)	권리산정기준일	비고
1	용산구	원효로4가 71 일원	24,962	22.10.27	
2	성동구	금호동1가 129 일원	17,743	22.10.27	
3	성동구	응봉동 265 일원	37,287	22.10.27	
4	성동구	옥수동 460 일원	15,383	22.10.27	
5	광진구	자양4동 12-10 일원	75,608	22.10.27	
6	동대문구	답십리동 4-255 일원	18,560	22.10.27	
7	중랑구	면목동 152-1 일원	88,040	22.10.27	
8	중랑구	면목동 63-1 일원	90,102	22.10.27	
9	성북구	석관동 344-69 일원	74,114	22.10.27	
10	성북구	석관동 261-22 일원	48,178	22.10.27	
11	성북구	장위동 214-52 일원	80,722	22.10.27	
12	강북구	번동 411 일원	79,218	22.10.27	
13	강북구	수유동 52-1 일원	73,549	22.10.27	
14	노원구	월계동 500 일원	85,165	22.10.27	
15	노원구	월계동 534 일원	51,621	22.10.27	
16	은평구	불광동 95 일원	98,449	22.10.27	
17	은평구	불광동 170 일원	51,523	22.10.27	
18	은평구	대조동 89 일원	40,848	22.10.27	
19	마포구	합정동 369 일원	90,243	22.10.27	

20	마포구	합정동 428 일원	85,515	22.10.27	
21	마포구	중동 78 일원	70,515	22.10.27	
22	강서구	공항동 55-327 일원	96,903	22.10.27	
23	강서구	화곡6동 957 일원	96,165	22.10.27	
24	구로구	개봉동 270-38 일원	38,627	22.10.27	
25	금천구	시흥1동 864 일원	74,447	22.10.27	
26	금천구	시흥3동 950 일원	58,867	22.10.27	
27	영등포구	도림동 247-48 일원	92,057	22.10.27	
28	영등포구	대림3동 786 일원	24,064	22.10.27	
29	동작구	노량진동 221-24 일원	31,783	22.10.27	
30	동작구	사당동 209-49 일원	84,311	22.10.27	
31	관악구	청룡동 1535 일원	92,870	22.10.27	
32	서초구	방배동 12-69	10,770	22.10.27	
33	서초구	반포동 726-3	43,860	22.10.27	
34	서초구	반포동 703-15	91,382	22.10.27	
35	강남구	일원동 619-641 일원	90,992	22.10.27	
36	강남구	일원동 663-686 일원	60,530	22.10.27	
37	강남구	역삼동 782 일원	99,712	22.10.27	
38	강남구	대치동 980-8 일원	48,560	22.10.27	
39	강동구	천호동 113-2 일원	55,521	22.10.27	

2. 권리산정기준일: 2022.10.27

○ 권리산정기준일의 다음날 아래 행위는 현금청산 대상임.

(단, 권리산정기준일까지 건축허가를 받아 착공신고를 득했을 겨우 분양대상으로 인정함)

1. 1필지의 토지가 여러개의 필지로 분할되는 경우.

2. 단독주택 또는 다가구주택이 다세대주택으로 전환되는 경우.

3. 하나의 대지 범위에 속하는 동일인 소유의 토지 및 주택 등 건축물을 토지 및 주택 등 건축물로 각각 분리하여 소유하는 경우.

4. 나대지에 건축물을 새로 신축하거나 기존 건축물을 철거하고 다세대주택, 그 밖의 공동주택을 건축하여 토지등소유자의 수가 증가하는 경우.

○ 아울러, 권리산정기준일까지 착공신고를 득하였을 경우라도 개별 소규모주택정비사업 조합설립인가 전까지 소유권을 확보하고 관련 법률과 서울시 조례 규정에 충족되어야 분양대상이 될 수 있음.

○ 금회 모아타운 대상지 공모신청 결과 미선정 및 대안지시 지역들도 선정지와 동일하게 권리산정기준일을 고시함.

※ 미선정된 지역의 경우 향후 모아타운 공모 및 주민제안 방식 등을 통해 대상지로 선정되면 기고시한 권리산정기준일 적용.

3. 지정사유

○ 기존 세대수가 증가될 경우 지역 주민들의 사업비 부담 증가에 대한 피해를 최소화하고 투기목적으로 행해지는 비경제적인 건축행위, 분양사기 등 방지를 위하여 권리산정기준일의 다음날을 기준으로 건축물을 분양받을 권리를 산정함.

4. 건축물의 분양받을 권리의 산정기준

○ 「빈집 및 소규모주택 정비에 관한 특례법」 §28의2① 및 §43의4④에 따름.

※ 「빈집 및 소규모주택 정비에 관한 특례법」 §28의2① 에 따라 모아타운 관리계획이 수립되는 지역에 한하여 적용하되, 권리산정기준일로부터 2년 내 관리계획이 승인되지 않거나, 모아타운 관리계획 수립지역에서 제외되는 필지에 대한 권리산정기준일은 자동 실효.

5. 관계도면: 붙임 참조

6. 안내사항

○ 본 모아타운 대상지 권리산정기준일 고시와 관련한 문의사항은 서울시 전략사업과로 문의하시기 바라며,

○ 지역 내 모아주택/모아타운 관련 사업추진 등에 대한 문의사항은 해당 자치구 담당부서에 문의하시기 바람.

※ 본 고시는 향후 추진될 모아타운(소규모주택정비 관리지역) 내 모아주택(소규모주택정비사업) 사업추진시 「빈집 및 소규모주택 정비에 관한 특례법」상 분양받을 권리를 산정하기 위한 기준일만 정하는 것이며 소유권 매매, 건축축허가 행위 등을 제한하는 것이 아님.

※ 첨부된 관계도면은 참고용이므로 측량, 그 밖의 용도로 사용할 수 없음.

※ 모아타운 관리계획과 수립 및 지정고시 시, 일부 면적이 변경이 있을 수 있음.

▲ **22.12.29 모아타운 권리산정기준일 고시**

권리산정기준일까지 건축허가를 받아 착공신고를 득했을 경우에 분양대상이며, 착공

신고를 득하였을 경우라도 개별 소규모주택정비사업 조합설립인가 전까지 소유권을 확보하고 관련 법률과 서울시 조례 규정에 충족되어야 분양대상자임.

주택등 건축물의 분양받을 권리의 산정 기준일 고시

모아타운(소규모주택정비 관리지역) 후보지에 대하여 소규모주택정비법 §28의2①, §43의4④에 따라 주택 등 건축물의 분양받을 권리산정기준일을 정하고 같은 법 §28의2②에 따라 이를 고시함.

2022년 12월 29일

서 울 특 별 시 장

1. 대상지

가. 명칭: 모아타운(소규모주택정비 관리지역) 대상지

나. 위치 및 면적(㎡)

연번	자치구	위치	면적(㎡)	권리산정기준일	비고
1	서초구	방배동977,978,980 일대	27,190		
			16,916	22.1.20	
			10,274	22.12.29	**구역 확대** 제9차 전문가 사전자문 22.12.15(의견: 적정)

2. 권리산정기준일: 22.12.29(구역확대 10,274㎡ 부분)

○ 권리산정기준일의 다음날 아래 행위는 현금청산 대상임.

(단, 권리산정기준일까지 건축허가를 받아 착공신고를 득했을 경우, 분양대상임).

① 1필지의 토지가 여러 개의 필지로 분할되는 경우.

② 단독주택 또는 다가구주택이 다세대주택으로 전환되는 경우.

③ 하나의 대지 범위에 속하는 동일인 소유의 토지 및 주택 등 건축물을 토지 및 주택 등 건축물로 각각 분리하여 소유하는 경우.

○ 아울러, 권리산정기준일까지 착공신고를 득하였을 경우라도 개별 소규모주택정비사업 조합설립인가 전까지 소유권을 확보하고 관련 법률과 서울시 조례 규정에 충족되어야 분양대상이 될 수 있음.

※ 관리계획 수립 시 변경될 수 있음

3. 지정 사유

기존 세대수가 증가될 경우 지역 주민들의 사업비 부담 증가에 대한 피해 최소화 및 투기억제를 위하여 권리산정기준일의 다음 날을 기준으로 건축물을 분양받을 권리를 산정함.

4. 건축물의 분양받을 권리의 산정기준

○ 소규모주택정비법 §28의2① 및 §43의4④에 따름

※ 소규모주택정비법 §43의2에 따라 관리계획이 수립되는 지역에 한하여 적용하되, 권리산정기준일로부터 2년 내에 관리계획이 승인되지 않거나, 관리계획 수립지역에서 제외되는 필지에 대한 권리산정기준일은 자동실효.

5. 관계도면 : 생략

▲ 23.7.6 모아타운 권리산정기준일 고시

권리산정기준일까지 착공신고 한 경우 각자 분양대상이며, 개별 소규모주택정비사업 조합설립인가 전까지 소유권을 확보하고 관련 법률과 서울시 소규모주택정비조례 규정에 충족되어야 분양대상자임.

주택등 건축물의 분양받을 권리의 산정 기준일 고시

23년 제1차 모아타운(소규모주택정비 관리지역) 공모 신청지에 대하여 『소규모주택정비법』 §28의2① 및 §43의4④에 따라 '주택등 건축물의 분양받을 권리의 산정 기준일'을 정하고 같은 법 §28의2②에 따라 이를 고시함.

2023년 7월 6일

서 울 특 별 시 장

1. 권리산정기준일 설정 지역

가. 대상지: 모아타운 대상지 공모 선정 지역(총 2개소)

나. 위치 및 면적

연번	자처구	위치	면적(㎡)	권리산정기준일	비고
1	양천구	목4동 724-1번지 일원	52,785	23.7.6	
2	관악구	성현동 1021번지 일원	81,623	23.7.6	

2. 권리산정기준일: 2023.7.6

○ 권리산정기준일의 다음날 아래 행위는 현금청산 대상임.

(단, 권리산정기준일까지 건축허가를 받아 착공신고를 득했을 겨우 분양대상으로 인정함)

1. 1필지의 토지가 여러 개의 필지로 분할되는 경우.
2. 단독주택 또는 다가구주택이 다세대주택으로 전환되는 경우.
3. 하나의 대지 범위에 속하는 동일인 소유의 토지 및 주택 등 건축물을 토지 및 주택 등 건축물로 각각 분리하여 소유하는 경우.
4. 나대지에 건축물을 새로 건축하거나 기존 건축물을 철거하고 다세대주택, 그 밖의 공동주택을 건축하여 토지등소유자의 수가 증가하는 경우.

○ 아울러, 권리산정기준일까지 착공신고를 득하였을 경우라도 개별 소규모주택정비사업 조합설립인가 전까지 소유권을 확보하고 관련 법률과 서울시 조례 규정에 충족되어야 분양대상이 될 수 있음.

3. 지정 사유

○ 기존 세대수가 증가될 경우 지역 주민들의 사업비 부담 증가에 대한 피해를 최소화하고 투기목적으로 행해지는 비경제적인 건축행위, 분양사기 등 방지를 위하여 권리산정기준일의 다음날을 기준으로 건축물을 분양받을 권리를 산정함.

4. 건축물의 분양받을 권리의 산정기준

○ 「소규모주택 정비법」§28의2① 및 §43의4④에 따름.

※ 「소규모주택 정비법」§43의2에 따라 모아타운 관리계획이 수립되는 지역에 한정하여 적용하되, 권리산정기준일로부터 2년 내 관리계획 수립 절차가 진행되지 않거나, 모아타운 관리계획 수립지역에서 제외되는 필지에 대한 권리산정기준일은 자동 실효됨.

5. 관계도면 : 붙임 참조

6. 안내사항

○ 본 모아타운 대상지 권리산정기준일 고시와 관련한 문의 사항은 서울시 전략주택공급과로 문의바라며,
○ 지역 내 모아주택/모아타운 관련 사업추진 등에 대한 문의 사항은 해당 자치구 담당부서에 문의바람.
※ 본 고시는 향후 추진될 모아타운(소규모주택정비 관리지역) 내 모아주택(소규모주택정업) 사업 추진 시 「소규모주택정비법」상 분양받을 권리를 산정하기 위한 기준일을 정하는 것이며 소유권 매매, 건축허가 행위 등을 제한하는 사항이 아님.
※ 첨부된 관계도면은 참고용이므로 측량, 그 밖의 용도로 사용할 수 없음.
※ 모아타운 관리계획 수립 및 지정고시 시, 일부 면적 변경이 있을 수 있음.

▲ 23.8.31 권리산정기준일 고시

권리산정기준일까지 착공신고 한 경우 각자 분양대상이며, 개별 소규모주택정비사업 조합설립인가 전까지 소유권을 확보하고 관련 법률과 서울시 소규모주택정비조례 규정에 충족되어야 분양대상자임.

주택등 건축물의 분양받을 권리의 산정 기준일 고시

23년 하반기 모아타운(소규모주택정비 관리지역) 공모 신청지에 대하여 「빈집 및 소규모주택 정비에 관한 특례법」§28의2① 및 §43의4④에 따라 '주택등 건축물의 분양받을 권리의 산정 기준일'을 정하고 같은법 §28의2② 에 따라 이를 고시함.

2023년 8월 31일

서 울 특 별 시 장

1. 권리산정기준일 설정 지역

가. 대상지: 모아타운 대상지 공모 신청 지역 (총 3개소)

나. 위치 및 면적

연번	자처구	위치	면적(㎡)	권리산정기준일	비고
1	양천구	송정동 97-3 일원	31,165	23.8.31	
2	중랑구	망우본동 354-2 일원	66,389	23.8.31	

3	중랑구	중화2동 329-38 일원	99,931	23.8.31	
4	서초구	서초구 양재동 374 일원	65,070	23.8.31	
5	서초구	서초구 양재동 382 일원	74,515	23.8.31	

2. 권리산정기준일: 2023.8.31

○ 권리산정기준일의 다음날 아래 행위는 현금청산 대상임.

　(단, 권리산정기준일까지 건축허가를 받아 착공신고를 득했을 겨우 분양대상으로 인정함)

1. 1필지의 토지가 여러 개의 필지로 분할되는 경우.
2. 단독주택 또는 다가구주택이 다세대주택으로 전환되는 경우.
3. 하나의 대지 범위에 속하는 동일인 소유의 토지 및 주택 등 건축물을 토지 및 주택 등 건축물로 각각 분리하여 소유하는 경우.
4. 나대지에 건축물을 새로 건축하거나 기존 건축물을 철거하고 다세대주택, 그 밖의 공동주택을 건축하여 토지등소유자의 수가 증가하는 경우.

○ 아울러, 권리산정기준일까지 착공신고를 득하였을 경우라도 개별 소규모주택정비사업 조합설립인가 전까지 소유권을 확보하고 관련 법률과 서울시 조례 규정에 충족되어야 분양대상이 될 수 있음.

3. 지정 사유

○ 기존 세대수가 증가될 경우 지역 주민들의 사업비 부담 증가에 대한 피해를 최소화하고 투기목적으로 행해지는 비경제적인 건축행위, 분양사기 등 방지를 위하여 권리산정기준일의 다음날을 기준으로 건축물을 분양받을 권리를 산정함.

4. 건축물의 분양받을 권리의 산정기준

○ 「빈집 및 소규모주택 정비에 관한 특례법」 §28의2① 및 §43의4④에 따름..

※ 「빈집 및 소규모주택 정비에 관한 특례법」 §43의2에 따라 모아타운 관리계획이 수립되는 지역에 한하여 적용하되, 권리산정기준일로부터 2년 내 관리계획 수립절차가 진행되지 않거나, 모아타운 관리계획 수립지역에서 제외되는 필지에 대한 권리산정기준일은 자동 실효.

▲ 23.9.27 권리산정기준일 고시

　권리산정기준일까지 건축허가를 받아 착공신고 한 경우 분양대상이며, 개별 소규모주택정비사업 조합설립인가 전까지 소유권을 확보하고 관련 법률과 서울시 소규모주택정비조례 규정에 충족되어야 분양대상자임.

23.9.27 서울시는 2회에 걸쳐 10개소의 모아타운 권리산정기준일을 고시함.

주택 등 건축물의 분양받을 권리의 산정 기준일 고시

23년 제2차 모아타운(소규모주택정비 관리지역) 공모 신청지에 대하여 「빈집 및 소규모주택 정비에 관한 특례법」 §28의2① 및 §43의4④에 따라 '주택등 건축물의 분양받을 권리의 산정 기준일'을 정하고 같은법 §28의2②에 따라 이를 고시함.

2023년 9월 27일

서 울 특 별 시 장

1. 권리산정기준일 설정 지역

가. 대상지: 23년 모아타운 대상지 수시공모 3차 선정 지역 5개소

나. 위치 및 면적

연번	자치구	위치	면적(㎡)	권리산정기준일	비고
1	도봉구	방학동 618 일원	97,864.03	23.9.27	
2	도봉구	쌍문동 460 일원	81,141.51	23.9.27	
3	관악구	운천동 635-540 일원	99,699	23.9.27	
4	관악구	운천동 938-5 일원	74,797	23.9.27	
5	동작구	상도동 242 일원	62,003.42	23.9.27	

2. 권리산정기준일: 2023.9.27

○ 권리산정기준일의 다음날 아래 행위는 현금청산 대상임.

(단, 권리산정기준일까지 건축허가를 받아 착공신고를 득했을 겨우 분양대상으로 인정함)

1. 1필지의 토지가 여러 개의 필지로 분할되는 경우

2. 단독주택 또는 다가구주택이 다세대주택으로 전환되는 경우

3. 하나의 대지 범위에 속하는 동일인 소유의 토지 및 주택 등 건축물을 토지 및 주택 등 건축물로 각각 분리하여 소유하는 경우

4. 나대지에 건축물을 새로 건축하거나 기존 건축물을 철거하고 다세대주택, 그 밖의 공동주택을 건축하여 토지등소유자의 수가 증가하는 경우

○ 아울러, 권리산정기준일까지 착공신고를 득하였을 경우라도 개별 소규모주택정비사업 조합설립인가 전까지 소유권을 확보하고 관련 법률과 서울시 조례 규정에 충족되어야 분양대상이 될 수 있음

3. 지정 사유

○ 기존 세대수가 증가될 경우 지역 주민들의 사업비 부담 증가에 대한 피해를 최소화하고 투기목적으로 행해지는 비경제적인 건축행위, 분양사기 등 방지를 위하여 권리산정기준일의 다음날을 기준으로 건축물을 분양받을 권리를 산정함

4. 건축물의 분양받을 권리의 산정기준

○ 「빈집 및 소규모주택 정비에 관한 특례법」 §28의2① 및 §43의4④에 따름.

※ 「빈집 및 소규모주택 정비에 관한 특례법」 §43의2에 따라 모아타운 관리계획이 수립되는 지역에 한하여 적용하되, 권리산정기준일로부터 2년 내 관리계획 수립절차가 진행되지 않거나, 모아타운 관리계획 수립지역에서 제외되는 필지에 대한 권리산정기준일은 자동 실효.

5. 관계도면 : 붙임 참조

6. 안내사항

○ 본 모아타운 대상지 권리산정기준일 고시와 관련한 문의 사항은 서울시 전략주택공급과로 문의바라며,

○ 지역 내 모아주택/모아타운 관련 사업추진 등에 대한 문의 사항은 해당 자치구 담당부서에 문의바람.

※ 본 고시는 향후 추진될 모아타운(소규모주택정비 관리지역) 내 모아주택(소규모주택정업) 사업 추진 시 「소규모주택정비법」상 분양받을 권리를 산정하기 위한 기준일을 정하는 것이며 소유권 매매, 건축허가 행위 등을 제한하는 사항이 아님.

※ 첨부된 관계도면은 참고용이므로 측량, 그 밖의 용도로 사용할 수 없음

※ 모아타운 관리계획 수립 및 지정고시 시, 일부 면적 변경이 있을 수 있음

주택 등 건축물의 분양받을 권리의 산정 기준일 고시

서울특별시고시 제2023-380호 (23.08.31) 로 고시된 주택 등 건축물의 분양받을 권리의 산정 기준일에 대하여 아래 같이 정정 고시함.

2023년 9월 27일

서 울 특 별 시 장

□ **정정내용**

1. 권리산정기준일 설정 지역: 오류사항 정정

[정정전]

가. 대상지: 모아타운 대상지 공모 선정 지역 (총 3개소)

나. 위치 및 면적: 정정없음

연번	자처구	위치	면적(㎡)	권리산정기준일	비고
1	성동구	송정동 97-3 일원	31,165	23.8.31	
2	중랑구	망우본동 354-2 일원	66,389	23.8.31	
3	중랑구	중화2동 329-38 일원	99,931	23.8.31	
4	서초구	서초구 양재동 374 일원	65,070	23.8.31	
5	서초구	서초구 양재동 382 일원	74,515	23.8.31	

[정정후]

가. 대상지: 23년 2차 수시공모 모아타운 대상지 공모 신청지역 (총 5개소)

나. 위치 및 면적: 정정없음

2. 권리산정기준일: 2023.8.31: 정정없음

3. 지정 사유: 정정없음

4. 건축물의 분양받을 권리의 산정기준: 정정없음

5. 관계도면 : 붙임 참조

6. 안내사항: 정정없음

※ 본 고시는 향후 추진될 모아타운(소규모주택정비 관리지역) 내 모아주택(소규모주택정업) 사업 추진 시「소규모주택정비법」상 분양받을 권리를 산정하기 위한 기준일을 정하는 것이며 소유권 매매, 건축허가 행위 등을 제한하는 사항이 아님.

※ 첨부된 관계도면은 참고용이므로 측량, 그 밖의 용도로 사용할 수 없음.

※ 모아타운 관리계획 수립 및 지정고시 시, 일부 면적 변경이 있을 수 있음.

● 유권해석

재정비촉진지구 내 모아타운 권리산정기준일(서울시 전략주택공급과 23.4.2.5)

Q. 재정비촉진지구 내 존치관리구역에 위치한 지역이 모아타운으로 지정될 경우, 도시재정비법과 소규모주택정비법 중 어느 권리산정기준일이 적용되는지?

A. 재정비촉진지구의 권리산정기준일은 「도시재정비법」 §33(토지 등 분할거래) 제1항 따라재정비촉진사업별로 해당 사업에 관하여 정하고 있는 관계 법률에 따라 주택 등 건축물을 공급하는 경우, 재정비촉진지구 지정 및 변경고시일 또는 시·도지사나 대도시 시장이 투기 억제 등을 위하여 따로 정하는 날로 규정하고 있음. 따라서 재정비촉진지구 내 존치관리구역의 권리산정기준일은 관련 고시문을 참고 바라며, 한편, 모아타운 대상지가 해당 재정비촉진지구에서 제척되었을경우에는 별도 고시한 모아타운 권리산정기준일이 적용됨.

모아타운 대상지 권리산정기준일(서울시 전략주택공급과 22.10.6)

Q. 모아타운 대상지 권리산정기준일에 따른 현금청산자 대상인지?

A. 권리산정기준일 적용 사항
- 22.1.20 권리산정기준일 모아타운 대상지: 기준일 이전까지 건축허가를 득하였을 경우 분양대상자로 인정.
- 22.6.23 권리산정기준일 모아타운 대상지: 기준일 이전까지 착공신고를 득하였을 경우 분양대상자로 인정
- 기타 사항

상기 사항 모두 조합설립인가 전까지 소유권을 확보하고 『소규모주택정비법』 §24 및 『서울시 소규모주택정비조례』 §37에 충족되어야 분양대상이 될 수 있음.

모아타운 권리산정기준일 및 분양권리(서울시 전략사업과 22.4.4)

Q1. 소규모주택정비사업(모아주택) 권리산정기준을 공모선정 발표 후, 최초 고시되는 날이 권리산정기준일인지?

Q2. 권리산정기준일 이후 건물소유주 동일인이 건물용도를 변경 시, 분양받을 권리는 소멸되는지?

A. 우리 시에서는 모아타운(소규모주택정비 관리지역) 대상지에 대하여 지분쪼개기 등 투기수요 억제를 위해 모아타운 대상지 선정 결과 발표일 이후 별도로 「소규모주택정비법」 §8의 2① 및 §43의4④에 따라 '주택등 건축물의 분양받을 권리의 산정 기준일'을 정하여 공보에 고시할 예정임. 권리산정기준일 이후 지분을 분할하는 경우에는 분양받을 권리가 상실됨.

3. 부동산거래신고 등
부동산거래신고법 §3

거래당사자는 다음 각 호의 어느 하나에 해당하는 계약을 체결한 경우 그 실제 거래가격 등 대통령령으로 정하는 사항을 거래계약의 체결일부터 30일 이내에 그 권리의 대상인 부동산등(권리에 관한 계약의 경우에는 그 권리의 대상인 부동산을 말한다)의 소재지를 관할하는 시장(구가 설치되지 아니한 시의 시장 및 특별자치시장과 특별자치도 행정시의 시장을 말함)·군수 또는 구청장(이하 "신고관청")에게 공동으로 신고하여야 한다. 다만, 거래당사자 중 일방이 국가, 지방자치단체, 대통령령으로정하는 자의 경우(이하 "국가등")에는 국가등이 신고를 하여야 함(법 §3①).

1. 부동산의 매매계약.
2. 택지개발촉진법, 주택법 등 대통령령으로 정하는 법률에 따른 부동산에 대한 공급계약.
3. 다음 각 목의 어느 하나에 해당하는 지위의 매매계약.
가. 제2호에 따른 계약을 통하여 부동산을 공급받는 자로 선정된 지위.
나. 도시정비법 §74에 따른 관리처분계획인가 및 소규모주택정비법 §29에 따른 사업시행계획인가로 취득한 입주자로 선정된 지위.

부동산거래신고법 §10에서는 토지거래허가구역의 지정을 규정하고 있는데, 이와 관련된 토지거래허가구역으로는 신속통합기획 재개발사업, 일반적 재개발, 재건축사업, 도시개발사업 등이 지정된 사례가 있음.

소규모주택정비법상 모아주택(대표적 가로주택정비사업)에 대해 토지거래허가구역으로 지정된 바 없으나, 공공재개발이나 신속통합기획 재개발신청을 하였다가 탈락된 지역으로서 모아타운으로 진행되는 사업장은 토지거래허가구역일 수 있어 주의를 요함.

■ 관리계획 고시 후 모아주택사업 진행

1. 자율주택정비사업, 가로주택정비사업, 소규모재건축사업

3종류 소규모주택정비사업인 모아주택사업은 관리계획 고시 후 조합설립인가 또는 주민합의체 구성을 하여 사업 진행을 하게 됨.

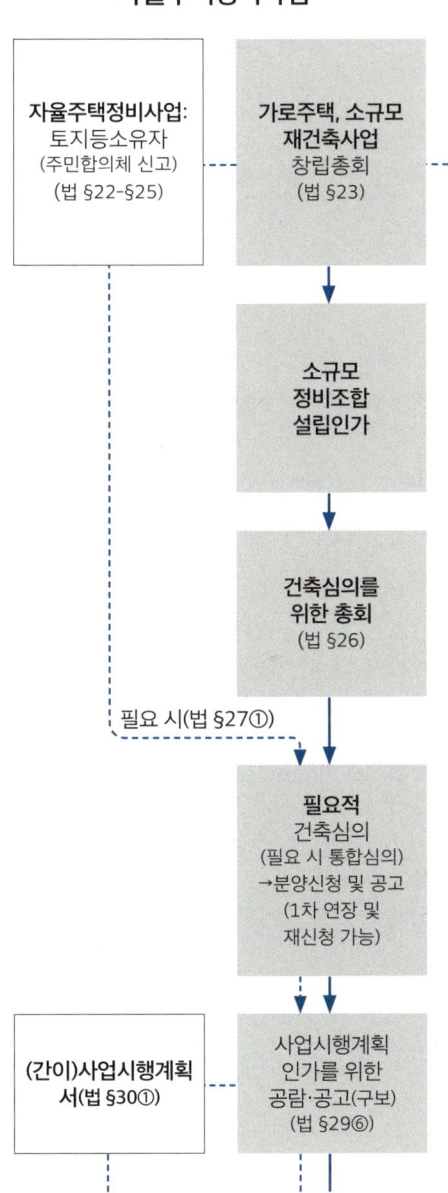

자율주택정비사업

- 자율주택정비사업: 토지등소유자 (주민합의체 신고) (법 §22-§25)
- (간이)사업시행계획서(법 §30①)

가로주택정비사업·소규모재건축사업

- 가로주택, 소규모 재건축사업 창립총회 (법 §23)
  ① 토지등소유자(주민합의체 신고) 토지등소유자 20명 미만(법 §17③1)/권리산정기준일은 주민합의체 신고일: 서울시 조례 (§2①6)
  ② 소규모주택정비조합(가로주택, 소규모 재건축)
  - 소규모 재건축: 공동주택의 각 동(복리시설은 하나의 동)별 구분소유자의 과반수 동의와 주택단지 안의 전체 구분소유자의 3/4 및 토지면적 3/4 이상 동의(법 §23②)/단독주택 포함 시 토지 또는 건축물소유자의 3/4 및 토지면적 2/3 이상(§23③)
  - 가로주택: 토지등소유자 수의 8/10, 면적의 2/3 이상 동별 과반수, 단독은 면적의1/2 이상(§23①)

- 소규모 정비조합 설립인가
  - 시공자, 정비업자 선정 : 2회 이상 유찰 시 수의계약(법 §20, 제21)
  - 공공시행자, 신탁회사 단독시행자 지정 동의 시 시공자 선정 가능(법 §20③)
  - 조합원 자격인정: 19세 이상/자녀분가요건(세대별 주민등록을 달리하고 실거주지를 분가한 경우로 한정)(도시정비법 §39①2)
  - 조합설립인가일이 권리산정기준일(법 §33③3 다, 서울시 조례 §2①6)

- 건축심의를 위한 총회 (법 §26)
  총회 의결
  - 조합원 과반수 찬성으로 총회의결. 다만, 공사비 등 소규모 정비사업에 드는 정비사업비가 10/100이상 늘어나는 경우에는 조합원 2/3이상 찬성으로 의결(법 §26②2)
  - 신탁업자가 시행자인 경우 토지등소유자의 과반수 동의 및 토지면적의 1/2이상 동의(법 §26②3)

- 필요 시(법 §27①)

- 필요적 건축심의 (필요 시 통합심의) → 분양신청 및 공고 (1차 연장 및 재신청 가능)
  - 건축심의(통합심의)결과를 기초로 종전평가를 실시해 평가액등을 90일 이내 소유자에게 통지(법 §28①)/건축심의결과 통지일로부터 30일 이내 최고(催告)로 매도청구 착수(법 §35)
  - 분양신청 및 공고: 토지등소유자에게 통지한 날부터 30일 이상 60일 이내, 20일 이내 한차례 연장(법 §28조②)/건축심의 결과통지를 받은날부터 90일 이내 신문공고(법 §28조①)
  - 사업시행계획변경인가 시 정관 또는 총회의결을 거쳐 재분양신청 가능(동조 ⑤)

- 사업시행계획인가를 위한 공람·공고(구보) (법 §29⑥)
  - 임대주택 및 소형주택의 건설계획
  - 건축물의 높이 및 용적률 등에 관한 건축계획
  - 정비사업비, 토지이용계획
  - 분양설계 등 관리처분계획
  - 시행규정 (구청장, 토지주택공사등, 신탁업자가 단독으로 시행하는 사업으로 한정)

■ 모아타운의 탄생과 약진 269

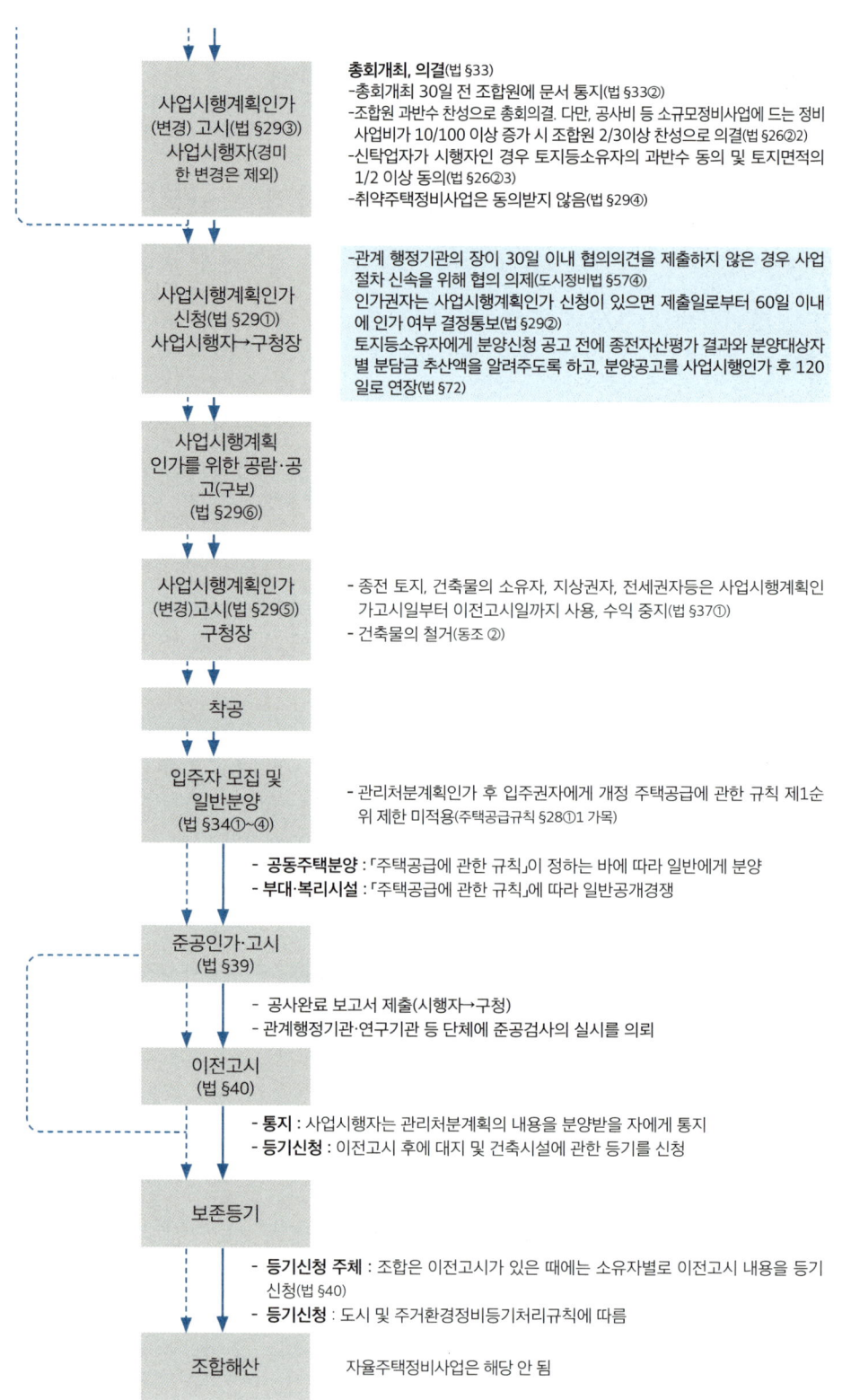

자율주택정비사업은 점선부분인 "토지등소유자의 주민합의체 신고→필요 시 통합심의(법 §27①)→사업시행계획인가 신청(법 §29①)→ 착공→입주자 모집 및 일반분양→준공인가·고시(법 §39)→보존등기"순으로 진행됨.

관리지역에서 자율주택정비사업은 토지등소유자의 8/10 이상 및 토지면적의 2/3 이상의 토지소유자 동의를 받은 경우 주민합의체를 구성할 수 있도록 함(법 §22②·③).

— 가로주택, 소규모재건축·재개발 사업요건 비교[41]

구분		가로주택정비사업	소규모재건축사업	소규모재개발사업
정의		가로구역에서 종전의 가로를 유지하면서 소규모로 주거환경을 개선	정비기반시설이 양호한 지역에서 소규모로 공동주택을 재건축	주거·산업·상업이 혼재된 노후지역을 소규모로 정비
대상 지역		가로구역의 전부 또는 일부	주택단지 한정(주택법 §2)	역세권, 준공업지역 ※ (역세권) 승강장 경계 350m 이내,
		1만㎡ 미만(공공성 요건 등 충족 시 1만→2만㎡ 미만)	1만㎡ 미만	5천㎡ 미만
기존 주택 요건	노후도	노후·불량건축물의 수가 해당 사업시행구역의 전체 건축물 수의 2/3 이상 ※ 소규모재개발사업 및 소규모주택정비 관리지역 내 가로주택정비사업은 시·도조례로 25% 증감 가능		
	기타	단독(10호) 또는 공동(20세대) 또는 단독·공동(20호)↑	공동주택(주택단지) 200세대 미만	연접도로 요건(2면 이상)
동의요건		토지등소유자의 8/10 이상 및 토지면적의 2/3 이상 ※ 공동주택 구분소유자, 그 외 토지소유자 요건 필요	공동주택 구분소유자 과반, 주택단지 전체 구분소유자 3/4 이상 및 토지면적 3/4 이상	토지등소유자의 8/10 이상 및 토지면적의 2/3 이상
미동의자		매도청구(건축심의 이후)		수용권 부여(사업시행인가 후) ※ 감정가액은 건축심의 완료일 기준
건축규제 완화		「건축법」, 「주택법」상 일부 규제 완화 등(소규모주택정비법 §48)		
용적률 특례 (임대주택 공급시)		20% 임대주택 공급 시, 법적상한용적률까지 허용		
		-	추가 용적률의 20~50% (시·도조례) 임대주택 공급 시 법적상한용적률까지 허용 ※ 공공시행의 경우, 법적상한용적률 120%	용도지역 1~2단계 상향 ※ 초과 용적률의 50% 이하 임대주택 공급
기금지원		기금융자 : 총사업비의 50~90%, 년 1.5% * 연면적 또는 총 건설세대수의 20% 이상 공적임대 공급 시 70%까지 한도 상향, ** 공공이 참여하여 공적임대를 연면적 또는 세대수의 20% 이상 공급시 90%까지 한도상향, 년 1.2% 적용	기금지원 없음	기금지원 없음

---

41. 소규모주택정비법 일부개정법률안 심사보고서(23.3국토교통위)에서 발췌

2. 소규모재개발사업

'「공공주도 3080+」 대도시권 주택공급 획기적 확대방안(21.2)'(2.4 부동산대책)에서 처음 도입되면서, 소규모재개발사업의 시행예정구역을 지정하도록 함.

소규모재개발사업은 역세권 또는 준공업지역에서 소규모로 주거환경 또는 도시환경을 개선하기 위한 사업(법 §2①3 라)으로, 그 사업요건은 영 §3①4, 규칙 §2①, ② 모두 충족해야 함.[42]

— 사업시행예정구역 지정 절차

토지등소유자 동의서 징구→구청장에게 지정 제안→주민설명회 개최→주민공람(30일)→지방의회/시·도지사 의견 청취→지자체 공보 고시

— 종전 소규모재개발사업의 추진절차 및 소요기간[43]

※ 추진절차 및 소요기간 : 약 5년

소규모재개발사업의 시행예정구역은 도입되면서 토지등소유자 1/4 이상 동의를 받아 예정구역의 지정·제안할 수 있도록 하였음.

최초 도입시에는 시행예정구역을 지정 제안할 수 있어 사업의 진입이 용이할 것으로 예상하였으나, 사업시행예정구역 지정을 위해서는 다수의 관련 서류 제

---

42. 소규모재개발의 사업요건은 "4. 모아타운 내 모아주택, (2) 소규모주택정비사업 대상 지역 근거 규정, ④ 소규모재개발사업"을 참조하기 바람

43. 소규모주택정비법 일부개정법률안 심사보고서(23.3. 국토교통위) 참조

출과 사업구역의 용도지역 상향을 위한 기본 설계 등 사전에 준비되어야 하는 등 진입장벽이 있었음.

소규모재개발사업 추진 대상지가 8개소에 그치는 등 저조하여 예정구역 지정 해제를 하게됨.

소규모재개발사업 추진 현황

순번	사업시행위치		공동시행자	추진단계
	시·도	시·군·구		
1	부산	동래구		예정구역 지정 전 사업 추진여부 검토중
2	부산	동래구		
3	서울	강서구	LH(예정)	
4	서울	강동구		
5	경기	시흥시	LH(예정)	
6	경기	안양시	LH(예정)	
7	경기	고양시	LH(예정)	
8	인천	서구		

자료 : 국토부

— 사업 진행절차

23.4.18 소규모재개발 사업시행예정구역 지정절차가 없어짐에 따라, 모아주택으로 진행되는 경우 관리계획 고시 후 진행절차는 다음과 같음.

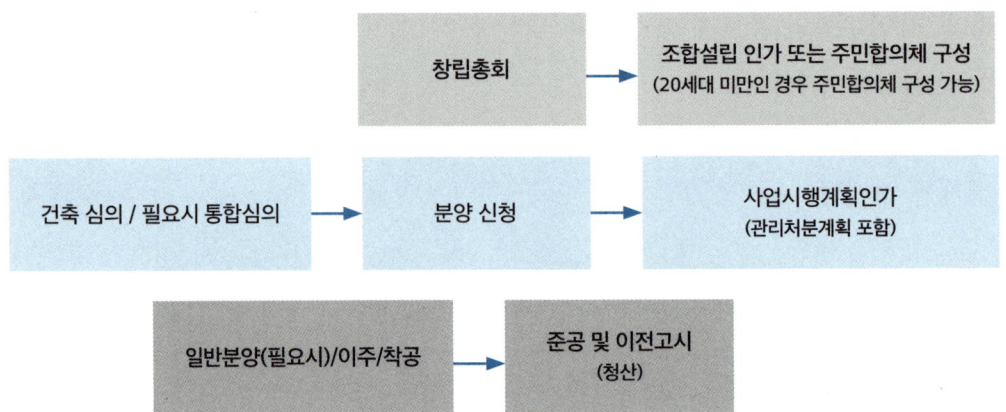

※ 시공사는 조합설립 인가 후 조합 총회 의결을 통해 선정

■ 모아타운사업과 아파트공급

소규모주택정비사업 종류별 토지등소유자의 구성원이 다름.

자율주택정비사업, 가로주택정비사업 또는 소규모재개발사업은 사업시행구역에 위치한 토지 또는 건축물의 소유자, 해당 토지의 지상권자로 서로 같음.

소규모재건축사업은 집합건물을 대상으로 하는 사업시행구역에 위치한 건축물 및 그 부속토지의 소유자를 말함.

이 토지등소유자는 조합설립인가를 거쳐 조합원으로서 건축심의 결과를 통지를 받으면 분양신청 절차를 거쳐 아파트를 공급받게 됨(법 §26① 참조).

따라서 조합을 구성하지 않는 지정개발자의 경우 지정개발자가 사업시행자이므로, 지정개발자인 신탁회사가 분양신청의 접수를 받아 분양설계 등의 절차를 거쳐 관리처분계획이 담긴 사업시행계획인가 준비를 하게 됨.

1. 신탁회사인 지정개발자, 사업대행자, 공동시행자

도시정비법 vs 소규모주택정비법

정비사업이나 소규모주택정비사업에서 민간사업시행자는 정비조합·소규모주택정비조합이 있으며, 그 외에 지정개발자나 사업대행자의 역할을 하는 신탁회사가 있음.

1) 도시정비법상 지정개발자와 사업대행자, 공동시행자

도시정비법 §27, §28

도시정비법상 신탁회사는 정비사업에서 지정개발자나 사업대행자 역할이 가능함.

구분	지정개발자	공동시행자
대상자	○ 시장·군수, 토지주택공사 등 ○ 탁업자, 민관합동 등 지정개발자	○ 시장·군수, 토지주택공사 등 ○ 신탁업자 등 지정개발자
법적지위	○ 사업시행자(§27)	○ 사업시행자(§28)
시행요건	○ 천재지변, 그 밖의 불가피한 사유로 긴급한 정비가 필요한 경우 ○ 업시행예정일부터 2년 이내 사업시행인가 미신청 또는 신청내용이 위법·부당하다고 인정되는 때 ○ 재개발·재건축조합 설립을 위한 동의요건 이상에 해당하는 자의 동의	○ 장기간 사업지연 또는 권리관계 분쟁 등으로 사업을 계속 추진 하기 어렵다고 시장·군수가 인정하는 때 ○ 토지등소유자의 과반수 동의로 요청하는 경우

(1) 사업시행자(지정개발자)

조합이 구성되지 않는 지정개발자

신탁회사의 지정개발자 지정은 "재개발·재건축사업의 조합설립을 위한 동의요건이상에 해당하는 자가 신탁업자를 사업시행자로 지정하는 것에 동의하는 때(제3호)"의 경우가 일반적임.

※ 도시정비법
제27조(재개발사업·재건축사업의 지정개발자) ① 시장·군수등은 재개발사업 및 재건축사업이 다음 각 호의 어느 하나에 해당하는 때에는 토지등소유자, 「사회기반시설에 대한 민간투자법」 §2-12에 따른 민관합동법인 또는 신탁업자로서 대통령령으로 정하는 요건[44]을 갖춘

---

44. 도시정비법 시행령
    제21조(지정개발자의 요건) 법 §27① 각 호 외의 부분에서 "대통령령으로 정하는 요건을 갖춘 자"란 다음 각 호의 어느 하나에 해당하는 자를 말한다. <개정 22.12.9>
    1. 정비구역의 토지 중 정비구역 전체 면적 대비 50% 이의 토지를 소유한 자로서 토지등소유자의 50% 이상의 추천을 받은 자.
    2. 「사회기반시설에 대한 민간투자법」 §2-12에 따른 민관합동법인(민간투자사업의 부대업으로 시행하는 경우에만 해당한다)으로서 토지등소유자의 50% 이상의 추천을 받은.
    3. 신탁업자로서 정비구역의 토지 중 정비구역 전체 면적 대비 1/3 이상의 토지를 신탁받은 자. 이 경우 정비구역 체 면적에서 국·공유지는 제외한다.

자(이하 "지정개발자")를 사업시행자로 지정하여 정비사업을 시행하게 할 수 있다.

1. 천재지변, 「재난 및 안전관리 기본법」 §27 또는 「시설물의 안전 및 유지관리에 관한 특별법」 §23에 따른 사용제한·사용금지, 그 밖의 불가피한 사유로 긴급하게 정비사업을 시행할 필요가 있다고 인정하는 때.
2. §16② 전단에 따라 고시된 정비계획에서 정한 정비사업시행 예정일부터 2년 이내에 사업시행계획인가를 신청하지 아니하거나 사업시행계획인가를 신청한 내용이 위법 또는 부당하다고 인정하는 때(재건축사업의 경우는 제외).
3. §35에 따른 재개발사업 및 재건축사업의 조합설립을 위한 동의요건 이상에 해당하는 자가 신탁업자를 사업시행자로 지정하는 것에 동의하는 때.

다음은 대전 유성구 장대C구역 재정비촉진구역 내 도시정비형 재개발사업에 대하여 유성구청장은 「도시정비법」 §27①3에 의거 신탁회사를 단독시행자인 지정개발자로 지정·고시한 사례임.

이 경우 조합이 존재하지 않으므로, 토지등소유자 전체회의를 통해 정비사업위원회를 구성하여 신탁회사와 함께 진행하게 됨.

대전시 유성구 고시 제2023-164호
장대C구역 재개발사업의 사업시행자(지정개발자) 지정·고시

유성시장 재정비촉진지구 재정비촉진계획 결정(변경) 고시(대전시고시 제2022-104호(22.5.26))에 따라 재정비촉진구역으로 지정된 대전 유성구 장대동 283-10번지 일원의 장대C구역 재개발정비사업에 대하여 「도시정비법」 §27 및 같은 법 시행령 §20에 의거 지정 개발자(신탁업자)를 사업시행자로 지정하고 다음과 같이 고시함.

2023년 8월 25일
대전시 유성구청장

1. 정비사업의 종류 및 명칭
　가. 정비사업의 종류: 재개발사업
　나. 정비사업의 명칭: 장대C구역 재개발사업

2. 사업시행자 성명 및 주소
  가. 주식회사 무궁화신탁(대표 ○○○), 서울 강남구 테헤란로 134번지
  나. 대한토지신탁 주식회사(대표 ○○○), 서울 강남구 영동대로 517번지
3. 정비구역의 위치 및 면적
  정비구역 전체 면적에서 국·공유지는 제외한다.
  가. 정비구역의 위치 : 대전 유성구 장대동 283-10번지 일원
  나. 정비구역의 면적 : 47,066㎡
4. 정비사업의 착수예정일 및 준공예정일
  가. 착수예정일 : 26.11월(예정)
  나. 준공예정일 : 30.6월(예정)

(2) 사업대행자

조합과 신탁회사가 공존

장기간 사업지연 또는 권리관계 분쟁 등으로 사업을 계속 추진하기 어려운 경우 등에 해당 시, LH, 지방공사, 신탁업자 등에게 사업시행을 대행하게 하는 방식임.

※ 도시정비법

제28조(재개발사업·재건축사업의 사업대행자) ① 시장·군수등은 다음 각 호의 어느 하나에 해당하는 경우에는 해당 조합 또는 토지등소유자를 대신하여 직접 정비사업을 시행하거나 토지주택공사등 또는 지정개발자에게 해당 조합 또는 토지등소유자를 대신하여 정비사업을 시행하게 할 수 있다.

1. 장기간 정비사업이 지연되거나 권리관계에 관한 분쟁 등으로 해당 조합 또는 토지등소유자가 시행하는 정비사업을 계속 추진하기 어렵다고 인정하는 경우.
2. 토지등소유자(조합을 설립한 경우에는 조합원을 말한다)의 과반수 동의로 요청하는 경우.

(3) 토지등소유자·조합과의 공동시행자
법 §25

─ 재개발사업

다음 각 호의 어느 하나에 해당하는 방법으로 시행할 수 있음(법 §25①).

1. 조합이 시행하거나 조합이 조합원의 과반수의 동의를 받아 시장·군수등, 토지주택공사등, 건설업자, 등록사업자 또는 대통령령으로 정하는 요건을 갖춘 자와 공동으로 시행하는 방법.

2. 토지등소유자가 20인 미만인 경우에는 토지등소유자가 시행하거나 토지등소유자가 토지등소유자의 과반수의 동의를 받아 시장·군수등, 토지주택공사등, 건설업자, 등록사업자 또는 대통령령으로 정하는 요건을 갖춘 자와 공동으로 시행하는 방법.

위 1호 및 2호에서의 대통령령으로 정하는 요건을 갖춘 자란 각각 「자본시장과 금융투자업에 관한 법률」 §8⑦에 따른 신탁업자와 「한국부동산원법」에 따른 한국부동산원을 말함(영 §18).

사업시행자가 조합 또는 토지등소유자인 경우의 재개발사업에서 조합원 또는 토지등소유자의 과반수 동의로 신탁회사와 공동시행이 가능함.

─ 재건축사업: 신탁회사 공동시행 불가

재건축사업은 조합이 시행하거나 조합이 조합원의 과반수의 동의를 받아 시장·군수등, 토지주택공사등, 건설업자 또는 등록사업자와 공동으로 시행할 수 있음(법 §25②).

재건축사업의 경우 신탁회사와 공공시행이 불가함.

2) 소규모주택정비법상 지정개발자와 사업대행자, 공동시행자

신탁회사를 소규모주택정비사업의 단독시행자 또는 사업대행자로 지정할 수 있는데, 신탁회사의 단독시행자 규정이 있으며, 사업대행자의 경우 도시정비법 §28을 준용함.

지정개발자와 사업대행자로 지정받으려면 조합설립 동의율 외에도 사업시행구역 면적의 1/3 이상의 토지를 신탁회사에 신탁하는 전제조건이 있음.

(1) 신탁회사의 사업시행자(지정개발자)

법 §19①, 영 §17

구청장은 가로주택정비사업, 소규모재건축·재개발사업의 조합설립을 위하여 조합설립 동의요건 이상에 해당하는 자가 사업시행구역 면적의 1/3 이상의 토지를 신탁받은 신탁업자(이하 "지정개발자")를 사업시행자로 지정하는 것에 동의하는 때에는 지정개발자를 사업시행자로 지정하여 해당 사업을 시행하게 할 수 있음(법 §19①, 영 §17).

지정개발자를 사업시행자로 지정하는 때에는 14일 이상 주민 공람을 거쳐 의견을 수렴하고 사업시행구역 등 사항을 해당 지방자치단체의 공보에 고시하여야 함(법 §19②).

사업시행자의 지정·고시가 있은 때에는 그 고시일 다음 날에 주민합의체의 신고 또는 조합설립인가가 취소된 것으로 봄(동조 제4항).

※ 소규모주택정비법

제19조(소규모주택정비사업의 지정개발자 지정) ① 시장·군수등은 가로주택정비사업, 소규모재건축사업 또는 소규모재개발사업의 조합설립을 위하여 §23에 따른 조합설립 동의요건 이상에 해당하는 자가 대통령령으로 정하는 요건[45]을 갖춘 신탁업자(이하 "지정개발자")를

---

45. **소규모주택정비법**
제17조(지정개발자의 요건) 법 §19①에서 "대통령령으로 정하는 요건을 갖춘 신탁업자"란 사업시행구역 면적의 1/3 이상의 토지를 신탁받은 신탁업자를 말한다.

사업시행자로 지정하는 것에 동의하는 때에는 지정개발자를 사업시행자로 지정하여 해당 사업을 시행하게 할 수 있다. <개정 21.7.20>

부천시 고시 제2020-116호
로얄아파트 가로주택정비사업 사업시행자 지정·고시(수정)

부천시 심곡본동 783-2번지 일원 로얄아파트 가로주택정비사업에 대하여 「빈집 및 소규모주택 정비에 관한 특례법」 §19 및 같은 법 시행령 §16에 의거 사업시행자를 지정하고 아래와 같이 고시(수정)함.

2020년 5월 4일

부 천 시 장

1. 사업의 종류 및 명칭

　가. 종 류 : 가로주택정비사업

　나. 명 칭 : 로얄아파트 가로주택정비사업

2. 사업시행자(신탁회사)의 성명 및 주소

　가. 법인의 명칭 : ㈜○○○신탁

　나. 사무소 소재지 : 서울시 강남구 ○○○로 ○○○(○○동 ○○○호)

　다. 대표자의 성명 : ○○○

　라. 사무소 전화번호 : 02-0000-0000

3. 사업구역의 위치 및 면적

　가. 위 치 : 경기도 부천시 심곡본동 783-2번지 일원

　나. 면 적 : 2,648.5㎡

4. 사업의 착수예정일 및 준공예정일

　가. 사업의 착수예정일: 21.6.1

　나. 사업의 준공예정일: 24.2.1(수정)

기타 자세한 사항의 문의가 있으실 경우 부천시청 재개발과로 문의바람.

— **지정개발자 지정(법 §24①3)과 조합설립인가**

"가로주택정비사업, 소규모재건축·재개발사업의 조합설립인가(조합설립인가 전

에 법 §19①에 따라 신탁업자를 사업시행자로 지정한 경우에는 사업시행자의 지정을 말함) 후 1명의 토지등소유자로부터 토지 또는 건축물의 소유권이나 지상권을 양수하여 여러 명이 소유하게 된 때"에는 대표하는 1인만 조합원으로 간주함(법 §24①3).

위의 신탁업자란 사업대행자가 아닌 지정개발자의 경우를 말함. 투기과열지구에서 신탁회사를 단독시행자로 지정·고시되면 이후에는 법 §24②인 조합원(가로주택, 소규모재건축·재개발사업)은 조합설립인가 후 지위승계 제한을 받게 됨.

제3호인 "조합설립인가 전에 법 §19①에 따라 신탁업자를 사업시행자로 지정한 경우에는 사업시행자의 지정을 말함"은 22.8.4 개정, 시행됨.

소규모재건축사업 시 지정개발자를 사업시행자로 지정할 경우 조합원의 자격(서울시 공동주택지원과 22.12.7)

Q. 소규모재건축사업 시 지정개발자를 사업시행자로 지정할 경우, 조합원의 자격이 있는지?

A. 「소규모주택정비법」 §24①에 따라 조합원은 사업시행자가 신탁업자인 경우 위탁자가 되며, 이 경우에도 같은 법 §24②에 따른 조합원 지위의 양도제한 규정도 동일하게 적용되며, 또한, 같은 법 §24①3에 의하면 조합설립인가(사업시행자 지정) 후 1명의 토지등소유자로부터 토지 또는 건축물의 소유권이나 지상권을 양수하여 여러 명이 소유하게 된 때에는 그 여러 명을 대표하는 1명을 조합원으로 보도록 규정하고 있음.

즉, 3호인 신탁회사를 단독시행자로 지정한 날이 조합설립인가일로 간주되어, 다물권자인 경우 지정개발자 지정 전에 양도하여야 함. 이 경우 조합원이 아닌, 위탁자로서 토지등소유자임(실무에서는 "권리자"로 부르기도 함).

(2) 신탁회사인 사업대행자
법 §56①(도시정비법의 준용)
지정개발자와 같이 토지면적의 1/3 신탁이 전제조건

단독시행자인 지정개발자인 경우 사업시행자가 신탁회사이지만, 사업대행자의 경우 소규모주택정비조합과 함께 병존하는 구조임.

사업 초기인 18.2.9에는 사업대행자인 신탁업자가 소규모주택정비사업을 시행할 수 있는 근거가 없었음.

19.11.21 법 개정, 시행된 법 §56①에 의거 가로주택정비사업, 소규모재건축·재개발사업의 사업대행자 지정은 도시정비법 §28을 준용함.[46]

이 경우 "재개발사업"은 "자율주택정비사업, 가로주택정비사업 또는 소규모재개발사업"으로, "재건축사업"은 "소규모재건축사업"으로 간주함(법 §56①).

(3) 신탁회사인 토지등소유자·조합과의 공동시행자
법 §17①, ③

― **자율주택정비사업**

2명 이상의 토지등소유자가 직접 시행하거나, 다음 각 호의 어느 하나에 해당하는 자와 공동으로 시행할 수 있음(법 §17①).

1. 시장·군수등,   2. 토지주택공사등,   3. 건설업자
4. 등록사업자,   5. 신탁업자,   6. 부동산투자회사

위 제1항에도 불구하고 토지등소유자 1인이 사업을 시행할 수도 있으며, 법 §2①3인 "단독주택, 다세대주택 및 연립주택을 스스로 개량 또는 건설하기 위한 사업" 지역 외에서도 사업시행이 가능함(동조 제2항).

― **자율주택정비사업**

가로주택정비사업, 소규모재건축·재개발사업은 다음 각 호의 어느 하나에 해당하는 방법으로 시행할 수 있음(법 §17③2).

---

46. **소규모주택정비법[법률 제16496호, 19.8.20 일부개정]**
    제56조(「도시정비법」의 준용) ① ~~~가로주택정비사업 및 소규모재건축사업의 사업대행자 지정에 관하여는 같은 법 제28조로 본다<개정 19.8.20>
    부 칙 <제16496호, 19.8.20>
    제1조(시행일) 이 법은 공포 후 3개월이 경과한 날부터 시행한다.

1. 토지등소유자가 20명 미만인 경우 토지등소유자가 직접 시행하거나 해당 토지등소유자가 제1항 각 호(구청장, 토지주택공사등, 건설업자, 등록사업자, 신탁자, 부동산투자회사) 중 하나인 신탁업자와 공동으로 시행하는 방법.

2. 조합이 직접 시행하거나 해당 조합이 조합원의 과반수 동의를 받아 제1항 각 호 중 하나인 신탁회사와 공동으로 시행하는 방법.

토지등소유자 수가 20명 미만의 경우 조합구성을 하지 않고, 토지등소유자들 자신이 사업시행자로서 신탁회사와 공동시행이 가능함.

사업 초창기인 18.2.9에는 자율주택정비사업과 함께 가로주택정비사업의 경우 공동시행이 가능하였으나, 19.8.20 소규모재건축사업, 21.7.20 소규모재개발사업까지 가능하도록 확대됨.

(4) 공공/참여 소규모주택정비사업과 공동시행자

법 §2①3 다목, 영 §3①2 가목3)
모아타운과 공공참여 소규모주택정비사업

공공/참여 소규모주택정비사업이란 조합과 토지주택공사등이 공동시행하거나 공공대행자를 말함.

이 사업 활성화 대책으로 「주택공급 활성화 방안(23.9.26)」을 발표함.

그 후속조치로 입법·행정예고 주요 내용은 다음과 같음.

- 「소규모주택정비법 시행령」 : 가로주택정비사업 면적 요건 완화
□ 소규모주택정비법 시행령 일부개정령안 입법예고를 23.10.18부터 11.2까지 15일간 실시한다.
ㅇ현재 소규모주택정비사업 중 가로주택정비사업은 기본 1만㎡ 미만까지, 공공성 요건 또는 소규모주택정비 관리지역 내 시행할 경우 최대 2만㎡ 미만까지 사업시행 가능하나,
ㅇ면적 제한으로 인해 사업대상지가 한정되어 있고 효율적 건물 배치 곤란 등 사업성에 한계가 있었다.
□ 개정안은 지자체·LH 참여 등 공공성이 확보되고, 소규모주택정비 관리지역 내에서 시행하는 가주택정비사업의 경우 최대 4만㎡ 미만까지 시행할 수 있도록 면적요건을 완화하는 방안이다.
ㅇ 이를 통해 가로주택정비사업의 대상지 확대 및 사업성 개선으로 노후·저층 주거지역 등 도심지 내 주택공급에 기여할 것으로 기대된다.

가로주택정비사업의 경우 공공참여 사업방식의 활성화를 위해, 시행령⟨ §3① 2 가목3)⟩을 바꾸겠다는 것임.

소규모주택정비 관리지역 내에서 지자체·토지주택공사 등 단독 또는 조합과 공동으로 가로주택정비사업을 시행하는 경우 사업시행구역 최대 면적을 4만㎡ 미만까지 확대한다는 것임.

이 경우, 일부 지역의 동의율이 부족한 경우 조합설립동의율 확보를 위한 목적으로 활용될 수도 있을 것임.

<서울시 22.11.8>

서울시, 모아타운 공모 강남구 대청마을 1곳 (22.11.7) 추가 선정선정된 곳 일원동 619-641 일대.

해당 지역은 지구단위계획에서 1종지역은 4층 이하, 2종지역은 7층 또는 12층 이하로 제한되어 있고, 아파트는 불허 용도로 되어 있어 향후 모아타운 관리계획 수립 시 규제사항을 완화하되 개발이익을 고려하여 공공기여를 제공토록 조건을 부여한 것임.

모아타운으로 선정된 지역 내라도 상가 소유자 등이 사업추진에 반대하는 곳은 사업시행구역에서 제척토록 하여 존치 또는 개별적으로 정비할 수 있게끔 관리계획을 수립할 예정임.

2. 23.9.26 주택공급 활성화 방안과 선(先) 토지신탁 1/3

민간주택공급 활성화를 위해 재개발, 재건축사업 절차를 개선하고 소규모정비사업의 수익성 개선을 꾀함

— **재개발·재건축 사업절차 개선**

- (신탁방식 속도 제고) 신탁방식 추진 시 시행자 지정요건 완화, 정비사업계획 통합처리 등 절차 간소화로 최대 3년 단축.
  * (현행)주민동의(3/4 이상)+토지면적 1/3 이상 신탁→(개선) 주민동의(3/4 이상)
  * 경미한 사항은 의사결정을 주민대표회의에 위임하여 사업속도 제고 등.

도시정비법상 재개발·재건축사업에서 신탁회사의 지정개발자 관련 규정이지만, 소규모주택정비사업(모아주택 포함)에서도 같은 영향이 미칠 것으로 보임.
조합설립 동의율(토지등소유자의 3/4 이상)이 충족되면, 토지면적의 1/3 이상선(先)신탁해야 하는 조건을 삭제한다는 것임. 이는 시행령 규정이므로, 소관부처인 국토부에서 개정하면 가능한 사안임.

3. 소규모주택정비조합과 조합원의 자격

관리계획 고시 후 조합 설립되면 "토지등소유자→ 조합원"/권리산정기준일 및 조합원 지위승계 제한.

가로주택정비사업, 소규모재개발사업의 토지등소유자는 사업의 동의여부에 불문하고 강제조합원임. 반면 소규모재건축은 사업에 동의한 자만 조합원이 되는 임의조합원임. 양자의 구별 실익으로 조합설립인가 이후의 각종 총회에 참석하여 의결권 행사 가능 여부를 가리는 데 있음.

즉 가로주택이나 소규모재개발사업의 토지등소유자는 모두가 조합원으로서 총회에 참석하여 의결권을 행사하게 됨. 반면 소규모재건축사업은 사업에 동의한 조합원만 총회에 참석하여 의결권을 행사하게 됨.

또한, 법 §24① 제1호 내지 제3호인 "토지나 건축물을 공유하거나, 여러 명의 토지등소유자가 1세대 또는 1인의 다주택자에게 양수하여 여러 사람이 소유하게 된 때"에 대표자로 선정된 1인만 조합원이 됨. 향후 이 대표하는 1인이 조합원으로서 분양신청을 하게 됨.

※ 법 제24조(조합원의 자격 등) ① 조합원(사업시행자가 신탁업자인 경우 위탁자. 이하 이조에서 같다)은 토지등소유자(소규모재건축사업은 사업에 동의한 자만 해당)로 하되, 다음 각 호의 어느 하나에 해당하는 때에는 그 여러 명을 대표하는 1명을 조합원으로 본다.

1. 토지 또는 건축물의 소유권과 지상권이 여러 명의 공유에 속하는 때.
2. 여러 명의 토지등소유자가 1세대에 속하는 때. 이 경우 동일한 세대별 주민등록표상에 등재되어 있지 아니한 배우자 및 미혼인 19세 미만의 직계비속은 1세대로 보며, 1세대로 구성된 여러 명의 토지등소유자가 조합설립인가 후 세대를 분리하여 동일한 세대에 속하지 아니하는 때에도 이혼 및 19세 이상 자녀의 분가(세대별 주민등록을 달리하며 실거주지를 분가한 경우로 한정)를 제외하고는 1세대로 본다.
3. 조합설립인가(조합설립인가 전에 신탁업자를 사업시행자 지정을 말한다. 이하 이 조에서 같다)

후 1명의 토지등소유자로부터 토지 또는 건축물의 소유권이나 지상권을 양수하여 여러 명이 소유하게 된 때.

사업시행자가 조합이거나, 신탁회사를 단독시행자인 지정개발자로 지정한 소규모정비사업의 경우, 위 1~3의 어느 하나에 해당하면 여러 사람 중 대표하는 1인이 조합원으로 됨.

4. 투기과열지구 내 조합원 지위양도 제한(법 §24②)

도시정비법과 달리, "가로주택정비사업, 소규모재건축·재개발사업" 모두 투기과열지구 내 조합설립인가 후에는 조합원 지위승계가 제한됨.

투기과열지구로 지정된 지역에서 가로주택정비사업, 소규모재건축, 소규모재개발사업을 시행하는 경우 조합설립인가 후 해당 사업의 건축물 또는 토지를 양수(매매·증여 그 밖의 권리의 변동을 수반하는 모든 행위를 포함하되, 상속·이혼으로 인한 양도·양수의 경우는 제외한다. 이하 이 조에서 같다)한 자는 조합원이 될 수 없다(법 §24②).

다만, 양도인이 다음 각 호의 어느 하나에 해당하는 경우 그 양도인으로부터 그 건축물 또는 토지를 양수한 자는 그러하지 아니하다.

1. 세대원(세대주가 포함된 세대의 구성원을 말함. 이하 이 조에서 같다)의 근무상 또는 생업상의 사정이나 질병치료(의료법 §3에 따른 의료기관장이 1년 이상의 치료나 요양이 필요하다고 인정하는 경우로 한정)·취학·결혼으로 세대원 모두 해당 사업시행구역이 위치하지 아니한 특별시·광역시·특별자치시·특별자치도·시 또는 군으로 이전하는 경우.

2. 상속으로 취득한 주택으로 세대원 모두 이전하는 경우

3. 세대원 모두 해외로 이주하거나 세대원 모두 2년 이상 해외에 체류하는 경우

4. 1세대(제1항제2호에 따라 1세대에 속하는 때를 말함) 1주택자로서 양도하는 주택에 대한 소유기간 및 거주기간(주민등록법 §7에 따른 주민등록표를 기준으로 하며, 소유자가 거주하지 않고 소유자의 배우자나 직계존비속이 해당 주택에 거주한 경우에는 그 기간을 합산함) 대통령령으로 정하는 기간 이상인 경우(소유자가 피상속인으로부터 주택을 상속받아 소유권을 취득한 경우에는 피상속인의 주택의 소유기간 및 거주기간을 합산함).

18.2.9부터 22.8.3까지 투기과열지구 내 소규모재건축사업에서만 조합설립인가 이후 조합원 지위승계 제한을 받았음.

22.8.4[47]부터 가로주택정비사업, 소규모재개발사업에도 조합원 지위승계 제한을 받도록 함.

즉, 부칙 §4와 같이 22.8.4 이전에 조합설립인가를 받지 않았더라도 신청만 되어 있으면, 가로주택정비사업이나 소규모재개발사업의 경우 조합원 지위양도 제한을 적용받지 않음(자유롭게 양도가 가능함).

22.8.4 이전에 가로주택정비사업을 위한 조합설립인가를 신청하는 경우 조합원 지위양도 제한 여부(서울시 전략주택공급과 22.9.14)

Q. 22.8.4 이전에 가로주택정비사업을 위한 조합설립인가를 신청하는 경우 조합원 지위양도 제한이 없다고 하는데 어떤 내용인지?

A. 질의하신 내용은 22.8.4부터 개정·시행 중인 「빈집 및 소규모주택정비에 관한 특례법」 §24②에 따른 사항으로, 투기과열지구로 지정된 지역에서 가로주택정비사업을 시행하는 경우 조합설립인가 후 해당 사업의 건축물 또는 토지를 양수한 자는 조합원이 될 수 없다는 내용임.

다만, 개정 법률 부칙 §4(조합원의 자격에 관한 적용례)에서 "§24②의 개정규정은 이 법 시행일 이후 조합설립인가를 신청하는 경우부터 적용한다."고 규정하고 있는바, 22.8.4 이전에 조합설립인가를 신청하였을 경우 조합원 지위양도 제한이 적용되지 않음.

— **법 §24②4~5/영 §22①·③**

법 제24조(조합원의 자격 등) ② 투기과열지구로 지정된 지역에서 가로주택정비사업, 소규모재건축·재개발사업을 시행하는 경우 <u>조합설립인가 후</u> 해당 사업의 건축물 또는 토지를 양수(매매·증여 그 밖의 권리의 변동을 수반하는 모든 행위를 포함

---

47. 22.2.3 소규모주택정비법(제18831호)이 개정 공포되어, 공포 후 6개월이 경과한 날부터 시행됨에 따라 그 효력발생일 22.8.4을 말하는 것임.

    부칙 <제18831호, 22.2.3>
    제1조(시행일) 이 법은 공포 후 6개월이 경과한 날부터 시행한다.
    제4조(조합원의 자격에 관한 적용례) §24②의 개정규정은 이 법 시행 이후 조합설립인가를 신청하는 경우부터 적용한다.

하되, 상속·이혼으로 인한 양도·양수의 경우는 제외한다. 이하 이 조에서 같다)한 자는 조합원이 될 수 없다. 다만, 양도인이 다음 각 호의 어느 하나에 해당하는 경우 그 양도인으로부터 그 건축물 또는 토지를 양수한 자는 그러하지 아니하다.

 4. 1세대(제1항제2호에 따라 1세대에 속하는 때를 말함) 1주택자로서 양도하는 주택에 대한 소유기간 및 거주기간(주민등록법 §7에 따른 주민등록표를 기준으로 하며, 소유자가 거주하지 않고 소유자의 배우자나 직계존비속이 해당 주택에 거주한 경우에는 그 기간을 합산한다)이 대통령령으로 정하는 기간 이상인 경우(소유자가 피상속인으로부터 주택을 상속받아 소유권을 취득한 경우에는 피상속인의 주택의 소유기간 및 거주기간을 합산한다).

23.10.19 법 개정, 시행으로 제4호 거주기간에 괄호안의 "주민등록법 §7에 따른 주민등록표를 기준으로 하며, 소유자가 거주하지 않고 소유자의 배우자나 직계존비속이 해당 주택에 거주한 경우에는 그 기간을 합산한다."는 내용이 추가됨.[48]

이 규정은 도시정비법 시행령 §37①2[49]와 같이 소유자가 거주하지 아니하고 소유자의 배우자나 직계존비속이 해당 주택에 거주한 경우에는 그 기간을 합산하도록 보완하였음.

Q. 소규모주택정비법 §24②에서는 투기과열지구로 지정된 지역에서 소규모재건축사업을 시행하는 경우 조합설립인가 후 해당 사업의 건축물 또는 토지를 양수(각주: 매매·증여 그 밖의 권리의 변동을 수반하는 모든 행위를 포함하되, 상속·이혼으로 인한 양도·양수의 경우는 제외하며, 이하 같음)한 자는 조합원이 될 수 없다고 규정하면서(본문)

---

48. **부칙 <법률 제19385호, 23.4.18>**
  제1조(시행일) 이 법은 공포 후 6개월이 경과한 날부터 시행한다.
49. **도시정비법 시행령**
  제37조(조합원) ① 법 §39②4에서 "대통령령으로 정하는 기간"이란 다음 각 호의 구분에 따른 기간을 말한다. 이 경우 소유자가 피상속인으로부터 주택을 상속받아 소유권을 취득한 경우에는 피상속인의 주택의 소유기간 및 거주기간을 합산한다.
  1. 소유기간: 10년
  2. 거주기간(「주민등록법」 §7에 따른 주민등록표를 기준으로 하며, 소유자가 거주하지 아니하고 소유자의 배우자나 직계존비속이 해당 주택에 거주한 경우에는 그 기간을 합산한다): 5년

양도인이 불가피한 사정으로 양도하는 경우로서 대통령령으로 정하는 경우에 그 건축물 또는 토지를 양수한 자는 조합원이 될 수 있다고 규정하고 있고(단서 및 제4호),

그 위임에 따라 같은 법 시행령 §22①1에서는 조합설립인가일부터 2년 이내에 사업시행계획인가(각주: 소규모주택정비법 §29에 따른 사업시행계획인가를 말하며, 이하 같음) 신청이 없는 경우로서 해당 사업의 건축물을 2년 이상 계속하여 소유하고 있는 경우를 규정하고 있는바,

조합설립인가일부터 2년 이내에는 사업시행계획인가 신청이 없었으나, 해당 사업의 건축물 양도 시점에는 사업시행계획인가 신청이 있는 경우로서 양도인이 그 건축물을 2년 이상 계속하여 소유하고 있으면 해당 양도인으로부터 건축물을 양수한 자는 조합원 자격이 있는지?

A. 이 사안의 경우 해당 사업의 건축물을 양수한 자는 조합원 자격이 없음(법제처 22.3.18, 민원인).

5. 「주택공급에 관한 규칙」과 재당첨 제한

17년 8.2대책의 영향으로 투기과열지구 내 「주택공급에 관한 규칙」(이하 "주택공급규칙")상 재당첨제한 외에도 도시정비법상 분양신청 제한 신설.

17년 당시 투기과열지구 내 재건축사업보다 소규모투자이면서 조합원 지위 승계가 자유로운 재개발사업을 주요 투기수단으로 판단함. 투기과열지구 내 재개발도 조합원 지위 승계를 제한하고, 재건축·재개발의 추가주택 매입을 저지하기 위해 분양신청 제한을 신설함.

분양신청 제한과 달리, 17.11.24 이전 투기과열지구 내 일반분양으로 공급되는 주택의 재당첨 제한(주택공급규칙 §54①6) 규정이 있었지만, 조합원분을 받은 세대에 속한 자가 또다시 조합원분양분 취득에 대한 규제는 없었음.

1) 주택공급규칙상 재당첨 제한과 도시정비법상 분양신청 제한의 균형

1년, 3년, 5년, 7년, 10년 중 5년(재당첨제한 기간) vs 5년(분양신청 제한)

18.5.4 주택공급규칙 §54를 개정하면서 5년의 재당첨제한 기간을 정하여, 도시정비법 §72⑥의 투기과열지구 내 분양신청 제한(5년)과 같은 재당첨제한 규정을 둠.

▲ **18.5.4 주택공급규칙 §54를 개정, 시행**

18.5.4부터 가로주택정비사업, 소규모재건축사업"의 경우 사업시행계획인가를 받은 이후 일반분양 당첨확정자는 재당첨 제한 대상임(다만 소규모재개발사업은 이에 해당 안 됨).

제3조(적용대상) ② 제1항에도 불구하고 다음 각 호의 주택을 공급하는 경우에는 해당 호에서 정하는 규정만을 적용한다. 다만, 다음 각 호의 주택을 해당자에게 공급하고 남은 주택(제4호, 제6호 및 제6호의2는 제외)이 법 §15①에 따른 호수 이상인 경우 그 남은 주택을 공급하는 경우에는 그렇지 않다.
1~6의2, 8~9 : 생략

7. 다음 각 목의 주택: §22, §57

가. 도시정비법에 따른 정비사업(주거환경개선사업은 제외) 또는 「소규모주택정비법」에 따른 가로주택정비사업, 소규모재건축사업으로 건설되는 주택으로서 도시정비법에 따른 관리처분계획 또는 소규모주택정비법에 따른 사업시행계획에 따라 토지등소유자 또는 조합원에게 공급하는 주택.

나. 생략.

제54조(재당첨 제한) ① 다음 각 호의 어느 하나에 해당하는 주택에 당첨된 자의 세대(당첨자의 경우 주택공급신청자 및 그 배우자만 해당한다)에 속한 자는 재당첨 제한기간 동안 다른 분양주택(분양전환공공임대주택을 포함하되, 투기과열지구 및 청약과열지역이 아닌 지역에서 공급되는 민영주택은 제외)의 입주자로 선정될 수 없다. <개정 17.11.24, 18.5.4, 18.12.11>

  1. §3②1·2·4·6, 7 가목(투기과열지구에서 공급되는 주택으로 한정) 및 8의 주택.

➡ 투기과열지구 내 재건축, 재개발사업, 가로주택정비사업, 소규모재건축사업으로 건설되는 주택에서 토지등소유자 또는 조합원에게 공급하는 주택(주거환경개선사업, 소규모재개발사업은 제외)

2~7 생략

② 제1항에 따른 재당첨 제한기간은 다음 각 호의 구분에 따른다. 이 경우 당첨된 주택에 대한 제한기간이 둘 이상에 해당하는 경우 그 중 가장 긴 제한기간을 적용한다.

  1. 당첨된 주택이 제1항제3호 및 제6호에 해당하는 경우: 당첨일부터 10년간.

  2. 당첨된 주택이 제1항제7호에 해당하는 경우: 당첨일부터 7년간.

  3. 당첨된 주택이 제1항제5호 및 §3②7 가목의 주택(투기과열지구에서 공급되는 주택으로 한정한다)인 경우: 당첨일부터 5년간.

  4. 당첨된 주택이 제1항제2호·제4호 및 §3②1·2·4·6·8에 해당하는 경우로서 85㎡ 이하인 경우.

  가. 수도권정비계획법에 따른 과밀억제권역에서 당첨된 경우: 당첨일부터 5년간.

  나. 과밀억제권역 외의 지역에서 당첨된 경우: 당첨일부터 3년간.

  5. 당첨된 주택이 제1항제2호·제4호 및 §3②1·2·4·6·8에 해당하는 경우로서 85㎡를 초과하는 경우.

가. 과밀억제권역에서 당첨된 경우: 당첨일부터 3년간.

나. 과밀억제권역 외의 지역에서 당첨된 경우: 당첨일부터 1년간.

부 칙 <국토부령 제512호, 18.5.4>

제1조(시행일) 이 규칙은 공포한 날부터 시행한다.

제6조(재당첨 제한에 관한 경과조치) 다음 각 호의 어느 하나에 해당하는 사업으로 건설되는 주택을 공급받는 경우에는 §54의 개정규정에도 불구하고 종전의 규정에 따른다.

1. 이 규칙 시행 전에 도시정비법 §74에 따라 관리처분계획인가를 받거나 신청한 정비사업(주거환경개선사업은 제외).
2. 이 규칙 시행 전에 「소규모주택정비법」 §29에 따라 사업시행계획인가를 받거나 신청한 가로주택정비사업·소규모재건축사업.

18.5.4 이후 투기과열지구에서 소규모주택정비법에 따른 사업시행계획에 따라 토지등소유자 또는 조합원분양분 주택에 대해 재당첨제한(분양신청 제한이 아님) 대상으로 함.

Q. 「소규모주택정비법」에 적용되는 가로주택정비사업과 소규모재건축을 투기과열지구 내에서 진행하고자 할 때, 이 역시 재당첨 제한에 적용되는지와 관련, 조문 「주택공급에 관한 규칙」 부칙 <제512호 18.5.4>을 보았을 때,

1) 18.5.4 전에 사업시행인가를 받거나 신청한 가로주택 정비사업과 소규모재건축만 재당첨 제한에 해당되지 않는지?

2) 18.5.4. 이후 투기과열지구 내에서 조합을 구성하는 가로주택 정비사업과 소규모재건축도 투기과열지구 재당첨 제한에 미포함되는지?

A. '재당첨제한'은 「도시정비법」 §72⑥에 의거 '투기과열지구의 정비사업'에서 분양받은 자가 최초 관리처분계획 인가일로부터 5년 이내 '투기과열지구의 정비사업'에서 분양신청을 할 수 없는 것을 말함.

다만, 소규모주택정비법에 따른 가로주택정비사업 또는 소규모재건축사업의 경우 별도의 제한 사항이 없음.(국토부 주택정비과 19.1.27)

투기과열지구 내 소규모주택정비법에 따른 가로주택정비사업 또는 소규모재건축사업의 입주권을 취득하는 경우 별도의 제한 사항이 없다는 것은 도시정비법상 분양신청 제한에 해당되지 않는다는 것이지 재당첨제한 대상이 아니란 뜻이 아님.

주택공급규칙 §54②3인 "당첨된 주택이 제1항제5호 및 §3②7 가목의 주택(투기과열지구에서 공급되는 주택으로 한정한다)인 경우(즉 소규모주택정비사업의 일반분양분을 취득하는 것을 말함)에는 당첨일부터 5년간"과 같이 동 규칙의 재당첨 제한(5년)을 적용받아 도시정비법상 분양신청 제한 5년과 균형을 맞추고 있음.

2) 유권해석

모아주택 조합원의 재당첨 제한(서울시 전략주택공급과 22.10.7)
Q. 가로주택정비형 모아주택사업의 조합원일 경우 분양권 재당첨이 제한되는지?
A. 투기과열지구 내 정비사업 조합원의 분양제한은 「도시정비법」 §72⑥에 따른 것으로 「소규모주택정비법」에 의한 모아주택사업(소규모주택정비사업)은 이를 적용받지 않아 재당첨 제한이 없음.

Q. 2개의 각기 다른 모아주택 사업지에 토지 또는 건축물을 각각 소유하고 있을 경우 분양권 재당첨이 제한되는지?
A. 투기과열지구 내 정비사업의 조합원 분양 재당첨제한은 「도시정비법」 §72⑥에 따른 것으로 「소규모주택정비법」에 의한 모아주택사업(소규모주택정비사업)은 이를 적용받지 않아 재당첨 제한이 없음(서울시 전략주택공급과 22.8.22)

투기과열지구(서울) 빌라 2주택자 재당첨 5년에 적용되는지(서울시 전략사업과 22.8.4)
Q. 가로주택형 모아주택의 경우, 5년 재당첨 제한에 해당되는지?
A. 투기과열지구 내 정비사업의 조합원의 분양제한은 「도시정비법」 §72⑥에 따른 것으로, 「빈집 및 소규모주택 정비에 관한 특례법」에 의한 소규모주택정비사업(모아주택사업)은 이를 적용받지 아니함.
단, 가로주택정비형 모아주택을 추진함에 있어 주택을 토지등소유자 또는 조합원에게 공급하고 남은 주택이 30세대 이상인 경우 그 남은 주택을 공급하는 경우 주택공급에 관한 규칙에 따라 재당첨 제한이 적용됨.

6. 아파트·상가 공급기준 등

1) 아파트 공급기준
법 §33, 소규모주택정비조례 §37, §38①

법 제33조(관리처분계획의 내용 및 수립기준) ③ 제1항에 따른 관리처분계획의 내용은 다음 각 호의 기준에 따른다.

1~2, 4~5: 생략

3. 너무 좁은 토지 또는 건축물이나 다음 각 목에 따라 사업시행구역이 확정된 후 분할된 토지를 취득한 자에게는 현금으로 청산할 수 있다.
   가. 공공시행자 또는 지정개발자의 지정·고시
   나. 주민합의체 구성의 신고
   다. 조합설립인가

6. 1세대 또는 1명이 하나 이상의 주택 또는 토지를 소유한 경우 1주택을 공급하고, 같은 세대에 속하지 아니하는 2명 이상이 1주택 또는 1토지를 공유한 경우에는 1주택만 공급한다.

7. 제6호에도 불구하고 다음 각 목의 경우에는 각 목의 방법에 따라 주택을 공급할 수 있다.
   가. 2명 이상이 1토지를 공유한 경우로서 시도 조례로 주택공급을 따로 하고 있는 경우에는 시도 조례로 정하는 바에 따라 주택을 공급할 수 있다.
   나. 다음 어느 하나에 해당하는 토지등소유자에게는 소유한 주택 수만큼 공급할 수 있다.
   1) 과밀억제권역에 위치하지 아니한 소규모재건축사업의 토지등소유자.
   2) 근로자(공무원인 근로자를 포함) 숙소, 기숙사 용도로 주택을 소유하고 있는 토지등소유자.
   3) 국가, 지방자치단체 및 토지주택공사등.
   4) 공공기관지방이전 및 혁신도시 활성화를 위한 시책 등에 따라 이전하는 공공소유한 주택을 양수한 자.

다. 종전자산가격의 범위 또는 종전 주택의 주거전용면적의 범위에서 2주택을 공급할 수 있고, 이 중 1주택은 주거전용면적을 60㎡ 이하로 한다. 다만, 60㎡ 이하로 공급받은 1주택은 이전고시일 다음 날부터 3년이 지나기 전에는 주택을 전매(매매·증여나 그 밖에 권리의 변동을 수반하는 모든 행위를 포함하되 상속의 경우는 제외)하거나 전매를 알선할 수 없다.

라. 가로주택정비사업의 경우에는 3주택 이하로 한정하되, 다가구주택을 소유한 자에 대하여는 종후자산 가격을 분양주택 중 최소분양단위 규모의 추산액으로 나눈 값(소수점 이하는 버림)만큼 공급할 수 있다.

마. 과밀억제권역에서 투기과열지구에 위치하지 아니한 소규모재건축사업의 경우에는 토지등소유자가 소유한 주택 수의 범위에서 3주택 이하로 한정하여 공급할 수 있다.

가로주택정비사업의 경우 동일인이 3채의 주택을 소유하고 있다면 3주택까지 공급이 가능한지(서울시 전략주택공급과 23.8.21)

Q1. 가로주택정비사업의 경우 동일인이 3채의 주택을 소유하고 있다면 3주택까지 공급이 가능한지?

Q2. 가로주택정비사업에서 다가구주택 소유자에 대한 조합원 주택공급기준은?

A. 「빈집 및 소규모주택 정비에 관한 특례법」 §33③7 라목에 따라 가로주택정비사업은 3주택까지 공급할 수 있으나, 동일인이 3채의 주택을 소유하고 있다고 하여 3주택 공급이 반드시 가능한 사항은 아니며, 이에 대해 조합정관 및 관리처분계획에서 구체적으로 정할 사항임.

한편, 다가구주택을 소유한 자에 대하여는 같은 조 제1항제5호에 따른 가격(종전토지 또는 건축물 가격)을 최소분양 규모의 추산액으로 나눈 값(소수점 이하는 버림)만큼 공급할 수 있다고 규정하고 있고, 이 경우 최대로 공급할 수 있는 세대수에 대해서는 별도의 제한을 두고 있지는 않음.

Q. 가로주택정비사업의 조합원 입주권이 있는지?

A. 가로주택정비사업의 조합원 입주권 해당 여부는 '조합원 자격'과 '분양자격'을 확인하여 판단할 수 있는 사항임. 이는 아래 명시한 상기 규정에 대한 적합 여부를 검토하여 관리처분계획인가로 확정되오니 참고바람.

조합원 자격에 대한 사항은 「빈집 및 소규모주택 정비에 관한 특례법」 §24에 의거 조합원은 사업구역 내 토지등소유자이며, 토지 또는 건축물의 소유권과 지상권이 여러 명의 공유에 속하는 때에는 그 여러 명을 대표하는 1명을 조합원으로 보고 있음.

분양대상자는 「서울시 빈집 및 소규모주택정비에 관한 조례」 §37①에 따라 ①종전의 건축물 중 주택을 소유한 자, ② 종전토지의 총면적이 90㎡ 이상인 자, ③ 권리가액이 분양용 최소규모 공동주택 1가구의 추산액 이상인 자로 되어 있음(서울시 전략주택공급과 23.4.19)

가로주택정비사업 추진 시 다가구주택 소유자가 아닌 단독주택 또는 토지소유자의 경우 3주택 공급기준(서울시 전략주택공급과 22.9.21)

Q. 가로주택정비사업 추진 시 다가구주택 소유자가 아닌 단독주택 또는 토지소유자의 경우 3주택 공급기준은 무엇인지?

A. 「빈집 및 소규모주택 정비에 관한 특례법」 §33③7 라목에 가로주택정비사업은 3주택까지 공급할 수 있고, 이에 대해서는 조합에서 정관 및 관리처분계획으로 정할 사항임.

2) 상가 공급기준

소규모주택정비조례 §38②

가로주택정비사업, 소규모재건축·재개발사업으로 조성되는 상가 등 부대·복리시설은 관리처분계획기준일 현재 다음 각 호의 순위를 기준으로 공급한다(조례 §38②).

1. **제1순위**: 종전 건축물의 용도가 분양건축물 용도와 동일하거나 유사한 시설이며 사업자등록(인가·허가 또는 신고 등을 포함한다. 이하 이 항에서 같다)을 필한 건축물의 소유자로서 권리가액(공동주택을 분양받은 경우에는 그 분양가격을 제외한 가액을 말한다. 이하 이 항에서 같다)이 분양건축물의 최소분양단위규모 추산액 이상인 자.
2. **제2순위**: 종전 건축물의 용도가 분양건축물 용도와 동일하거나 유사한 시설인 건축물의 소유자로서 권리가액이 분양건축물의 최소분양단위규모 추산액 이상인 자.
3. **제3순위**: 종전 건축물의 용도가 분양건축물 용도와 동일하거나 유사한 시설이며 사업자등록을 필한 건축물의 소유자로서 권리가액이 분양건축물의 최소분양단위규모 추산액에 미달되나 공동주택을 분양받지 아니한 자.
4. **제4순위**: 종전 건축물의 용도가 분양건축물 용도와 동일하거나 유사한 시설인 건축물의 소유자로서 권리가액이 분양건축물의 최소분양단위규모 추산액에 미달되나 공동주택을 분양받지 아니한 자.
5. **제5순위**: 공동주택을 분양받지 아니한 자로서 권리가액이 분양건축물의 최소분양단위규모 추산액 이상인 자.
6. **제6순위**: 공동주택을 분양받은 자로서 권리가액이 분양건축물의 최소분양단위규모 추산액 이상인 자.

Q. 소규모주택정비사업 추진 시, 근린생활시설 소유자는 상가 분양신청이 가능한지?
A. 소규모주택정비사업의 근린생활시설 소유자는 소규모주택정비법 시행령 §31①, ②에따라 사업을 통해 조성되는 상가 등 부대·복리시설을 공급받을 수 있으며, 이에 대한 공급순

위 선정의 구체적인 기준은 시·도조례로 정하도록 하고 있음.

이와 관련하여 「서울시 소규모주택정비조례」 §38②에서 부대·복리시설 공급순위에 대한 기준을 아래와 같이 규정하고 있음(서울시 전략주택공급과 23.7.14).

※ 서울시 소규모주택정비조례

제38조(주택공급 기준 등) ② 가로주택정비사업, 소규모재건축사업 및 소규모재개발사업으로 조성되는 상가 등 부대·복리시설은 관리처분계획기준일 현재 다음 각 호의 순위를 기준으로 공급한다.

1. **제1순위:** 종전 건축물의 용도가 분양건축물 용도와 동일하거나 유사한 시설이며 사업자등록(인가·허가 또는 신고 등을 포함한다. 이하 이 항에서 같다)을 필한 건축물의 소유자로서 권리가액(공동주택을 분양받은 경우에는 그 분양가격을 제외한 가액을 말한다. 이하 이 항에서 같다)이 분양건축물의 최소분양 단위규모 추산액 이상인 자.
2. **제2순위:** 종전 건축물의 용도가 분양건축물 용도와 동일하거나 유사한 시설인 건축물의 소유자로서 권리가액이 분양건축물의 최소분양단위규모 추산액 이상인 자.
3. **제3순위:** 종전 건축물의 용도가 분양건축물 용도와 동일하거나 유사한 시설이며 사업자등록을 필한 건축물의 소유자로서 권리가액이 분양건축물의 최소분양 단위규모 추산액에 미달되나 공동주택을 분양받지 아니한 자.
4. **제4순위:** 종전 건축물의 용도가 분양건축물 용도와 동일하거나 유사한 시설인 건축물의 소유자로서 권리가액이 분양건축물의 최소분양 단위규모 추산액에 미달되나 공동주택을 분양받지 아니한 자.

Q. 소규모주택정비법에 의하여 주택소유자가 상가를 분양받을 수 있는지, 기존 소유자가 오피스텔 분양신청을 받게 될 경우 주택 수 산정 제외되는지?

A. 서울시 소규모주택정비조례 §38②(주택공급 기준 등)에 가로주택정비사업 및 소규모재건축사업으로 조성되는 상가 등 부대·복리시설은 관리처분계획 기준일 현재 순위를 정하고 있으며, 이외의 사항에 대하여는 해당 국토부(주택정비과) 또는 소규모 재건축사업의 인허가권자에게 문의바람(서울시 공동주택과 18.2.1)

3) 소규모재건축사업 상가소유자의 아파트 공급

영 제31조(관리처분의 방법) ② 소규모재건축사업 관리처분의 방법은 다음 각 호와 같다. 다만, 조합이 조합원 전원의 동의를 받아 그 기준을 따로 정하는 경우에는 그에 따른다.

1. 생략

2. 기존 부대·복리시설(부속토지를 포함. 이하 이 호에서 같다)의 소유자에게는 새로 건설되는 부대·복리시설을 공급할 것. 다만, 다음 각목의 어느 하나에 해당하는 경우에는 하나의 주택을 공급할 수 있다.

가. 새로운 부대·복리시설을 건설하지 아니하는 경우로서 기존 부대·복리시설의 가액이 분양주택 중 최소분양단위 규모의 추산액에 정관등으로 정하는 비율(정관등으로 정하는 비율이 없는 경우에는 1을 말함. 이하 이 조에서 같다)을 곱한 가액보다 큰 경우.

나. 기존 부대·복리시설의 가액에서 새로 공급받는 부대·복리시설의 추산액을 뺀 금액이 분양주택 중 최소분양단위 규모의 추산액에 정관등으로 정하는 비율을 곱한 가액보다 큰 경우.

다. 새로 건설한 부대·복리시설 중 최소분양단위규모의 추산액이 분양주택 중 최소분양단위규모의 추산액보다 큰 경우.

도시정비법상 재건축사업의 상가 소유자의 경우 도시정비법 시행령 §63②2 가목 내지 다목의 요건을 충족하면 아파트를 공급받아 왔음(소규모주택정비법 시행령 §31②2 가~다목도 같음).

그러나 소규모주택정비법상 소규모재건축사업의 경우, 상가 소유자에게 아파트를 공급한 사례는 찾기 어려운 실정임.

다음은 실제 ○○가로주택정비사업 조합정관으로, 상가 소유자에게 아파트를 공급해 주기 위한 규정이 있어 이를 소개함.

○○○가로주택정비조합 정관 실제 사례(§45-12)

제45조(관리처분계획의 기준) 조합원의 소유재산에 관한 관리처분계획은 분양신청 및 공사비가 확정된 후 건축물 철거 전에 수립하며 다음 각 호의 기준에 따라 수립하여야 한다. .
1. 조합원이 출자한 종전의 토지 및 건축물의 가격/면적을 기준으로 새로이 건설되는 주택 등을 분양함을 원칙으로 한다.
2. 사업시행 후 분양받을 건축물의 면적은 분양면적(전용면적+공유면적)을 기준으로 하며, 1필지의 대지위에 2인 이상에게 분양될 건축물이 설치된 경우에는 건축물의 분양면적의 비율에 의하여 그 대지소유권이 주어지도록 하여야 한다. 이 경우 토지의 소유관계는 공유로 한다.
3. 조합원에게 분양하는 주택의 규모는 심의 결과를 통지받은 후 평형별로 확정한다.
4. 조합원에 대한 신축 건축물의 평형별 배정에 있어 조합원 소유 종전 건축물의 가격·면적·유형·규모 등에 따라 우선순위를 정할 수 있다.
5. 조합원이 출자한 종전의 토지 및 건축물의 면적을 기준으로 산정한 주택의 분양대상면적과 사업시행 후 조합원이 분양받을 주택의 규모에 차이가 있을 때에는 당해 사업계획서에 의하여 산정하는 평형별 가격을 기준으로 환산한 금액의 부과 및 지급은 제53조 및 제54조를 준용한다.
6. 사업시행구역 안에 건립하는 상가 등 부대·복리시설은 조합이 시공자와 협의하여 별도로 정하는 약정에 따라 공동주택과 구분하여 관리처분계획을 수립할 수 있다.
7. 조합원에게 공급하고 남는 잔여주택이 30세대 이상인 경우에는 일반에게 분양하며, 그 잔여주택의 공급시기와 절차 및 방법 등에 대하여는 주택공급에 관한 규칙이 정하는 바에 따라야 한다. 잔여주택이 30세대 미만인 경우에는 그러하지 아니하다.
8. 토지등소유자에 대한 주택의 공급 수는 소규모주택정비법 §33(관리처분계획의 내용 및 수립기준)에 따른다.
9. 종전의 토지 또는 건축물의 평가는 감정평가업자 2인 이상이 평가한 금액을 산술평가한 금액으로 한다.
10. 분양예정인 주택 및 부대·복리시설(부속되는 토지를 포함한다)의 평가는 감정평가업자 2인 이상이 평가한 금액을 산술평가한 금액으로 한다.
11. 그 밖에 관리처분계획을 수립하기 위하여 필요한 세부적인 사항은 관계규정 등에 따라 조합장이 정하여 이사회의 의결을 거쳐 시행한다.
12. 소규모주택정비법 시행령 §31①3 단서에 따른 사항은 분양대상에 포함하며, 동조 제2항제2호 가목 및 나목에서 정관으로 정하는 비율은 0.1로 한다.

● 유권해석

가로주택형 모아타운 선정대상지에서의 상가 소유자의 아파트 분양자격(서울시 전략주택공급과 23.4.17)

Q. 모아타운 대상지로 선정된 지역에서 가로주택정비사업 추진 시 지역 내 상가를 소유하고 있을 경우, 아파트 분양대상이 되는지

A. 「빈집 및 소규모주택 정비에 관한 특례법 시행령」 §31①3 및 「서울시 빈집 및 소규모주

택 정비에 관한 조례」 §37①에 따르면 가로주택정비사업의 공동주택 분양대상자는 1) 주택을 소유한 자, 2) 종전토지의 총 면적이 90㎡ 이상인 자, 3) 권리가액이 분양용 최소규모 공동주택 1가구 추산액 이상인 자 중 어느 하나에 해당하는 자로 규정하고 있는 사항이니 소유하신 상가에 대한 사항이 2) 또는 3)에 해당하는지를 확인바람.

인허가 과정에서 당초 건축물의 규모가 축소되는 경우, 기존 계획된 상가와 주택의 관리처분계획의 변경 적용기준(가로주택정비사업의 상가 관리처분)(국토부 주거재생과 20.1.13)

Q. 현재 소규모주택정비법에 의거하여 가로주택정비사업을 진행하고 있는 ○○조합임. 최초 설계도면 작성 시 종전 상가규모와 신축 계획 상가가 동일하도록 작성되었으나 교통영향평가 등의 인허가 과정에서 신축 상가의 규모가 축소되었는바, 이에 몇 가지 사항을 질의함.
 1) 상가 소유자에 대하여 종전 위치와 동일한 위치의 신축상가를 배정한다는 내용의 관리처분계획 기준에 법적 하자가 있는지?
2) 종전과 신축상가의 규모 차이로 인하여 상가 분양을 받을 수 없는 소유자들이 발생되는바, 이에 「소규모주택정비법 시행령」 §31②2 가목에 의거하여 하나의 주택을 공급하는 것이 가능한지?

A. 규모주택정비법 §24①에 따르면 가로주택정비사업의 조합원은 토지등소유자임. 가로주택정비사업의 시행자는 이 법 §28에 의거 분양공고 및 분양신청을 하고, §33①에 따라 분양신청기간이 종료된 때에는 분양신청의 현황을 기초로 하여 §30①10에 따른 관리처분계획을 수립하여야 한다고 규정하고 있음.

따라서, 먼저 상위 규정을 참고해 관리처분계획을 수립 후 사업시행계획인가를 받아야 함.

4) 시도별 소규모주택정비조례상 권리산정기준일, 가로주택정비사업 분양대상
23.11.10 현재 기준

18.2.9 소규모주택정비법령 시행 초기 수도권 일부 및 지방에서는 조례상 권리산정기준일과 가로주택정비사업의 분양대상 규정이 없는 곳이 많았음.

소규모주택정비 관리계획제도 도입 이후, 대부분 수도권을 비롯한 시도에서는 권리산정기준일과 가로주택정비사업(일부는 소규모재개발, 재건축사업도 포함)의 분양대상 조문을 두고 있음.

□ 서울시

제2조(정의) ① 이 조례에서 사용하는 용어의 뜻은 다음과 같다.
6. "권리산정기준일"은 소규모주택정비사업으로 인하여 주택 등 건축물을 공급하는 경우 다음 각 목에 정한 날을 말한다.
가. 토지등소유자가 사업시행자인 경우에는 주민합의체 구성을 신고한 날.
나. 조합이 사업시행자인 경우에는 조합설립인가일.
다. 구청장, 「한국토지주택공사법」에 따라 설립된 한국토지주택공사 또는 「서울시 서울주택도시공사 설립 및 운영에 관한 조례」에 따른 서울주택도시공사등이 사업시행자인 경우에는 법 §18②에 따른 고시일.
라. 법 §19①에 따른 지정개발자가 사업시행자로 지정된 경우에는 법 §19②에 따른 고시일.

제37조(가로주택정비사업의 분양대상) ① 영 §31①3에 따라 가로주택정비사업으로 분양하는 공동주택의 분양대상자는 관리처분계획기준일 현재 다음 각 호의 어느 하나에 해당하는 토지등소유자로 한다.
1. 종전의 건축물 중 주택(주거용으로 사용하고 있는 특정무허가건축물 중 조합정관 등에서 정한 건축물을 포함한다)을 소유한 자.
2. 분양신청자가 소유하고 있는 종전토지의 총면적이 90㎡ 이상인 자.

3. 분양신청자가 소유하고 있는 권리가액이 분양용 최소규모 공동주택 1가구의 추산액 이상인 자. 다만, 분양신청자가 동일한 세대인 경우의 권리가액은 세대원 전원의 가액을 합산하여 산정할 수 있다.

② 제1항에도 불구하고 다음 각 호의 어느 하나에 해당하는 경우에는 여러 명의 분양신청자를 1인의 분양대상자로 본다.

1. 단독주택 또는 다가구주택을 권리산정기준일 후 다세대주택으로 전환한 경우
2. 법 §24①2에 따라 여러 명의 분양신청자가 1세대에 속하는 경우.
3. 1주택 또는 1필지의 토지를 여러 명이 소유하고 있는 경우. 다만, 권리산정기준일 이전부터 공유로 소유한 토지의 지분이 제1항제2호 또는 권리가액이 제1항제3호에 해당하는 경우에는 그러하지 아니하다.
4. 1필지의 토지를 권리산정기준일 후 여러 개의 필지로 분할한 경우.
5. 하나의 대지범위 안에 속하는 동일인 소유의 토지와 주택을 건축물 준공 이후 토지와 건축물로 각각 분리하여 소유하는 경우. 다만, 권리산정기준일 이전부터 소유한 토지의 면적이 90㎡ 이상인 자는 그러하지 아니한다.
6. 권리산정기준일 후 나대지에 건축물을 새로이 건축하거나 기존 건축물을 철거하고 다세대주택, 그 밖에 공동주택을 건축하여 토지등소유자가 증가되는 경우.

③ 제1항제2호의 종전 토지의 총면적 및 제1항제3호의 권리가액을 산정함에 있어 다음 각 호의 어느 하나에 해당하는 토지는 포함하지 아니한다.

1. 「건축법」 §2①1에 따른 하나의 대지범위 안에 속하는 토지가 여러 필지인 경우 권리산정기준일 후에 그 토지의 일부를 취득하였거나 공유지분으로 취득한 토지.
2. 하나의 건축물이 하나의 대지범위 안에 속하는 토지를 점유하고 있는 경우로서 권리산정기준일 후 그 건축물과 분리하여 취득한 토지.
3. 1필지의 토지를 권리산정기준일 후 분할하여 취득하거나 공유로 취득한 토지.

④ 제2항제3호 본문에도 불구하고 법 §33③7 가목에 따라 2명 이상이 하나의 토지를 공유한 경우로서 "시도 조례로 정하여 주택을 공급할 수 있는 경우"란 「건축법」 제정(62.1.20) 이전에 가구별로 독립된 주거의 형태로 건축물이 건축되어 있고 가구별로 지분등기가 되어 있는 토지로서 「도시정비법」 §2-11에 따른 정관 등에서 가구별 지분 등기된 토지에 대하여 주택 공급을 정한 경우를 말한다.

□ **경기도**

권리산정기준일: 없음

가로주택분양대상: 소규모주택정비조례에서 정하지 않고, 경기도 도시정비조례 §26①을 준용함.

○ **고양시, 부천시, 성남시, 안산시, 안양시, 용인시, 평택시, 화성시**

고양시

권리산정기준일: §2-5

가로주택정비사업의 분양대상: §29

부천시

권리산정기준일: §2-5

가로주택정비사업의 분양대상: §23

성남시

권리산정기준일: §2-5

가로주택정비사업의 분양대상: §27

안산시

권리산정기준일: §2-2

가로주택정비사업의 분양대상: §26

안양시

권리산정기준일: §2-2

가로주택정비사업의 분양대상: §28

용인시

권리산정기준일: §2-2

가로주택정비사업의 분양대상: §28

평택시

권리산정기준일: §2-5

가로주택정비사업의 분양대상: §25

화성시

권리산정기준일: §2-5

가로주택정비사업의 분양대상: §27

수원시

권리산정기준일: §2-2

가로주택정비사업의 분양대상: §20

○ **남양주시, 시흥시, 김포시**

남양주시

권리산정기준일: 없음

가로주택정비사업 분양대상: 남양주시 도시정비조례 §28①에 따름

시흥시

권리산정기준일: 없음

가로주택정비사업, 소규모재건축사업 분양대상: 시흥시 도시정비조례 §234①에 따름

김포시

권리산정기준일: 없음

가로주택정비사업, 소규모재건축사업 분양대상: 소규모주택정비조례 §221①

□ **인천시**

　권리산정기준일: §22①3

　가로주택정비사업 및 소규모재개발사업 분양대상: §219

□ **부산시**

　권리산정기준일: §22①2

가로주택정비사업 및 소규모재개발사업 분양대상: §219

□ **대구시**

　권리산정기준일: §2①3

　가로주택정비사업 분양대상: §26

□ **광주시**

　권리산정기준일: §2①3

　가로주택정비사업 분양대상: §19

□ **대전시**

　권리산정기준일: §2①3

　가로주택정비사업 분양대상: §20

□ **울산시**

　권리산정기준일: §2①3

　가로주택정비사업 분양대상: §19

□ **세종시**

　권리산정기준일: §2-2

　가로주택정비사업 분양대상: §23

□ **충북**

　권리산정기준일: §2①3

　가로주택정비사업 분양대상: §19

○ **청주시**

　권리산정기준일: §2①3

　가로주택정비사업 분양대상: §30

□ **충남**

　권리산정기준일: §2-6

　가로주택정비사업 분양대상: §22

○ **천안시**

　권리산정기준일: §2①6

　가로주택정비사업 분양대상: §27

□ **전북**

　권리산정기준일: §2①2

　가로주택정비사업 분양대상: §20

○ **전주시**

　빈집 정비 지원조례만 있고 소규모주택정비조례를 두지 않음

□ **전남**

　권리산정기준일: §2-2

　가로주택정비사업 분양대상: §23

□ **경북**

　권리산정기준일: §2①2

　가로주택정비사업 분양대상: §20

○ **포항시**

　권리산정기준일: §2①5

　가로주택정비사업 분양대상: §27

□ **경남**

　권리산정기준일: §2-2

　가로주택정비사업 분양대상: §22

○ **김해시**

　권리산정기준일: §2①2

　가로주택정비사업 분양대상: §29

○ **창원시**

　권리산정기준일: §2-3

　가로주택정비사업 분양대상: §22

□ **강원도**

　권리산정기준일: §2-2

　가로주택정비사업 분양대상: §18

□ **제주도**

　권리산정기준일: §2①2

　가로주택정비사업 분양대상: §16

참고문헌
2019.11 출간 가로주택정비사업, 소규모재건축사업 해설(저자 전연규)
2023.10. 출간 재건축, 재개발, 모아타운 아파트받기(저자 전연규)
2023.5. 출간 2023 재건축, 재개발 실무사전(저자 전연규, 안중근)

부록

- 소규모주택정비 관리지역(모아주택) 공모 및 선정 등
- 22.1~23.7까지 서울시 모아타운 권리산정기준일 고시 일람표
- 100인 이하의 가로주택정비조합 정관(안) 및 해설

■ 소규모주택정비 관리지역(모아주택) 공모 및 선정 등

아래 자료는 국토부, 서울시 보도자료를 인용하여 작성된 것임.

● 국토부 소규모주택정비 관리지역 선정 관련

<21.8.31 국토부>

소규모주택정비 관리지역 1차 선도사업 후보지(20곳) 선정

사전 의향조사 결과 서울 40곳, 경기 4곳, 인천 4곳 등 수도권 48곳, 지방광역시 7곳 등 총 55곳이 접수하여 높은 관심을 확인.
(선정결과) 서울 금천(3)·양천·종로·중구·성동·중랑(3)·강서 등 11곳, 경기 수원·성남(2)·동두천 등 4곳, 인천 부평 1곳, 대전 동구(3) 3개소, 광주 북구 1개소 등 총 20곳 선정.

관리지역 지정을 위해서는 행정계획의 성격을 갖는 소규모주택정비 관리계획을 수립해야 하는 점을 감안하여 신청 주체는 시·군·구청 등 기초지자체로 한정하였음. 기초지자체는 관리지역에 해당하는 구역을 설정한 후 소규모주택정비 사업과 기반시설 설치에 관한 계획서를 작성하여 제출하면 됨.

선도사업 후보지로 선정될 경우 국토부와 공공기관(한국부동산원, LH)이 관리계획 수립 과정에 정비사업 컨설팅, 광역지자체 협의를 적극 지원하며, 관리지역으로 지정된 이후 별도 심사를 거쳐 기반시설 설치비용의 일부(최대 150억원)를 국가가 지원하게 됨.

<선도사업 후보지 리스트>

연번	지역	위치	면적(㎡)	노후도(%)	現용도 지역	공급 규모 (천호)
1	서울 (11)	금천구 시흥3동 시흥유통산업단지 동측	79,706	61	1·2종	1.00
2		금천구 시흥4동 주민센터 인근	97,000	86	1·2종	1.21
3		금천구 시흥5동 국립전통예술고 북측	95,959	89	1·2종	1.20
4		양천구 목4동 정목초교 인근	69,104	56	2종	0.86
5		종로구 구기동 상명대 북측	51,150	65	1·2종	0.64

6	서울 (11)	중구 신당5동 신당역 남측	97,000	80	1·2종	1.21
7		성동구 마장동 청계천박물관 남측	65,800	86	2·3종	0.82
8		중랑구 면목3·8동 서일대 서측	92,000	68	2종	1.15
9		중랑구 면목3·8동 서일대 서측	61,300	80	2·3종	0.77
10		중랑구 면목본동 면목역 동측	31,558	63	2·3종	0.39
11		강서구 등촌동 등촌초교 남측	89,869	51	1·2·3종	1.12
12	경기 (4)	수원시 세류3동 남수원초교 서측	96,600	82	1·2종	1.21
13		성남시 태평동 성남여중 서측	88,361	95	2종	1.10
14		성남시 중앙동 단대오거리역 남측	73,800	78	2종	0.92
15		동두천시 생연동 동두천초교 서측	52,000	85	2종·준주거	0.65
16	인천 (1)	부평구 십정동 희망공원 서측	84,900	70	준주거	1.06
17	대전 (3)	동구 용운동 대동초교 동측	29,040	87	2종	0.36
18		동구 성남동 성남네거리 북서측	53,715	77	2종·준주거	0.67
19		동구 용전동 용전초교 인근	36,031	75	1·2종	0.45
20	광주 (1)	북구 중흥동 광주역 인근	20,300	77	2종·준주거	0.25
합 계						17.04

<21.11.10 국토부>

서울시내 '공공참여 소규모재건축사업' 공모 접수

2종 일반주거지역 중 7층 높이제한 지역에서 소규모재건축사업을 추진할 경우 공공기여 의무 없이 2종 일반주거지역으로 상향(서울시 소규모재건축사업 업무처리기준, 21.6월)

공공이 사업시행자로 참여하는 공공참여 소규모재건축사업을 신설하는 등 소규모재건축사업의 활성화 방안을 담은 소규모주택정비법을 개정(22.1.20 시행)함.

지난 10월 28일 국토부는 경기·인천 및 5대 광역시를 대상으로 시행한 3080+ 민간 제안 통합공모(7.23~8.31) 등을 통해 공공참여 소규모재건축 후보지 2곳(총 575호 공급예정)*을 선정·발표하였고, 현재 후보지별 주민설명회와 세부 사업계획 수립을 준비하고 있음.

* 서울 구로구 고척고 동측(188호), 대전 중구 성모여고 인근(387호)

사업지로 선정될 경우 공공시행자 참여를 통해 「국토계획법」에 따른 상한 용적률의 120%

까지 건축이 가능하고, 분양가 상한제도 적용되지 않아 사업성이 향상될 것으로 기대되며, 일반 분양주택의 30% 수준을 LH가 매입(약정 체결)함으로써 사업추진 과정에서의 미분양 위험도 해소함.

<21.11.18 국토부>

2차 후보지 9곳 선정(국토부)

소규모주택정비 관리지역 후보지 목록(1·2차)

-1차 20개소, 2차 9개소 선정

< 소규모주택정비 관리지역 후보지 현황 >

구분	합계	서울시	경기도	인천시	지방광역시 등
합 계	29곳	14곳	7곳	2곳	6곳
1차 후보지	20곳	11곳	4곳	1곳	4곳
2차 후보지	9곳	3곳	3곳	1곳	2곳

이번에 선정된 후보지는 정비가 시급한 재정비촉진지구(존치지역), 정비구역 해제지역, 도시재생활성화지역에 포함되어 있으면서도 사업성이 낮아 그간 정비가 이루어지지 못한 곳임.

기초 지자체가 관리지역 지정을 통해 용도지역 상향, 건축 특례 등을 적용하여 신속히 정비하기를 희망하는 부지들임.

— 주요 후보지 사례

- (서울 송파구) 저층 공동주택이 혼재된 도시재생활성화지역이나, 개발이 제한됨에 따라 낙후된 주택과 협소한 도로, 부족한 주차시설 등 기반시설 정비 시급.

➡ 공공참여형 가로주택정비를 중심으로 기부채납을 통한 도로 확폭과 인근 나대지를 활용한 공영주차장 설치 등을 통해 주거환경 개선 추진.

- (경기 광명시) 대상지역 북동측에 재개발 주택단지가 조성 중이며, 재정비촉진지구 내 존치지역으로서, 차량 교행이 불가능한 도로와 통학로 등 정비 필요.

➡ 관리지역 지정을 통한 민간 가로주택정비의 사업면적 확대(1만→2만㎡ 이하), 도로 확장 및 초등학교 인근 보행자 통로 조성, 대중교통 연계 가능.

연번	지역	위치	면적(㎡)	노후도(%)	現용도지역	공급규모(천호)	비고
1	서울 금천	시흥3동 시흥유통산업단지 동측	79,706	61	1·2종	1.00	1차 후보지 (4.29)
2		시흥4동 주민센터 인근	97,000	86	1·2종	1.21	
3		시흥5동 국립전통예술고 북측	95,959	89	1·2종	1.20	
4	서울 양천	목4동 정목초교 인근	69,104	56	2종	0.86	
5	서울 종로	구기동 상명대 북측	51,150	65	1·2종	0.64	
6	서울 중구	신당5동 신당역 남측	97,00	80	1·2종	1.21	
7	서울 성동	마장동 청계천박물관 남측	65,800	86	2·3종	0.82	
8	서울 중랑	중화1동 중흥초교 동측	92,000	68	2종	1.15	
9		면목3·8동 서일대 서측	61,300	80	2·3종	0.77	
10		면목본동 면목역 동측	31,558	63	2·3종	0.39	
11	서울 강서	등촌동 등촌초교 남측	89,869	51	1·2·3종	1.12	
12	경기 수원	세류3동 남수원초교 서측	96,600	82	1·2종	1.21	
13	경기 성남	태평동 성남여중 서측	88,361	95	2종	1.10	
14		중앙동 단대오거리역 남측	73,800	78	2종	0.92	

15	경기 동두천	생연동 동두천초교 서측	52,000	85	2종·준주거	0.65	1차 호보지 (4.29)
16	인천 부평	십정동 희망공원 서측	84,900	70	준주거	1.06	
17	대전 동구	용운동 대동초교 동측	29,040	87	2종	0.36	
18		성남동 성남네거리 북서측	53,715	77	2종·준주거	0.67	
19		용전동 용전초교 인근	36,031	75	1·2종	0.45	
20	광주 북구	중흥동 광주역 인근	20,300	77	2종·준주거	0.25	
		1차 소계				17.04	
1	서울 마포	대흥동 염리초등학교 북측	22,074	52	1·2·3종	0.28	2차 호보지 (11.19)
2	서울 강서	화곡동 등서초등학교 주변	72,000	69	1·2종	0.9	
3	서울 송파	풍납동 토성초등학교 북측	19,509	75	2종	0.24	
4	인천 서구	가정동 루원시티 북측	36,822	100	2종	1.11	
5	경기 광명	광명7동 광명교회 서측	79,828	73	2종	1.12	
6	경기 성남	태평2동 가천대역두산위브아파트 남측	92,450	95	2종	1.29	
7		태평4동 봉국사 남측	92,976	96	2종	1.3	
8	울산 북구	염포동 현대제철 동측	75,535	81	2종	1.13	
9	전북 전주	진북동 고속버스터미널 남측	87,064	84	1·2·3종	1.09	
		2차소계				8.46	
		합계				25.5	

<국토부 21.12.22>

공공 가로(14개소)·자율주택정비(2곳) 선정

21년 공공참여 가로주택정비사업 구역도(14곳)

1. 서울시 강동구 둔촌2동 주민센터 남측

2. 서울시 강동구 성내동 강동구청 북동측

3. 서울시 강서구 염창동 염창역 북동측

4. 서울시 금천구 시흥3동 금천고 인근 관리지역 후보지

5. 서울시 금천구 시흥3동 국립전통예술고 인근 관리지역 후보지

6. 서울시 금천구 시흥동 석수역 동측

7. 서울시 금천구 시흥동 석수역 동측

8. 서울시 서초구 양재동 양재역 남측

9. 서울시 서초구 방배동 총신대역 동측

10. 서울시 송파구 석촌동 해누리초 북서측

11. 서울시 용산구 원효로1동 효창공원역 남측

12. 경기도 수원시 세류3동 남수원초교 서측 관리지역 후보지

13. 인천시 계양구 작전동 작전역 북동측

14. 인천시 계양구 작전동 작전역 북동측

자율주택정비사업 구역(2곳)

1. 서울시 중랑구 면목동 중화중학교 북서측

2. 인천시 계양구 계산동 계양역 북측

<22.7.27 국토부>

소규모주택정비 관리지역 후보지 11곳 선정

1. 경기 안양시 만안구 안양동 만안도서관 동측

2. 경기 고양시 덕양구 행신동 가람초등학교 남측

3. 경기 부천시 소사본동 부천한신아파트 남측

4. 경기 부천시 원미동 부천북초등학교 남측

5. 경기 부천시 고강동 고강선사유적공원 동측

6. 대전시 중구 문화동 대전대문중학교 동측

7. 대전시 중구 유천동 동양당대마을아파트 남측

8. 대전시 중구 태평동 대전태평중학교 남측

9. 부산시 영도구 동삼동 중리초등학교 북측

10. 인천시 남동구 간석동 중앙근린공원 서측

11. 충북 청주시 상당구 남주동 중앙공원 남측

— 주요 관리지역 후보지 사례

•(경기 안양시) 주변 대규모 정비사업 제외지역으로 신축빌딩과 노후주택이 혼재, 불법주정차로 보행환경 위험, 공공·민간 소규모정비사업 추진지역 5곳

➡ 관리지역 지정을 통한 민간 가로주택정비의 사업면적 확대(1만→2만㎡ 이하), 도로를 확장하여 연도형 상가 조성, 공원 및 주차장 복합 시설 설치 계획

•(충북 청주시) 주거환경정비구역 해제(15년)로 노후주거지 방치, 상업 인프라 부족, 기반시설 노후화, 일부 도시재생활성화지역에 포함, 민간 소규모정비사업 추진지역 7곳

➡ 도시재생사업과 연계한 '소규모주택정비 관리계획'을 수립하고, 민간주도 가로주택정비사업 중심 도로 확폭과 공원 및 주차장 등 생활SOC 확충 계획

<23.6.29 국토부>

공공참여 소규모정비사업 신청하세요

- 6월 30일부터 공공참여 가로주택, 소규모 재건축·재개발사업 합동 공모
- 전국 도시지역으로 대상지 확대·반지하 등 재해취약주택 밀집지역 가점 검토

□ 국토부(장관 원희룡)는 소규모주택 정비사업의 공공성을 강화하고 지역주민의 참여도를 높일 수 있도록 한국토지주택공사(사장 이한준, 이하 'LH')와 함께 '공공참여 소규모주택 정비사업* 합동공모'를 6월 30일부터 실시한다.

*가로주택정비사업, 소규모재건축사업, 소규모재개발사업(*자율주택정비 제외)

- 소규모주택 정비사업은 대규모 재개발·재건축 사업과 달리 사업절차를 간소화하여 신속한 추진이 가능한 정비사업으로,
- 20년부터 4차례(20년 2회, 21년 2회)에 걸친 공모를 통해 대도시권에 총 76곳(약1.3만호)의 LH참여형 소규모주택 정비사업을 추진하고 있다.

<23년 공공참여 소규모주택 정비사업 공모 개요>

- (공모주체) 국토부, 토지주택공사(LH)
- (신청대상) 전국 도시지역 가로주택정비소규모재건축·소규모재개발사업을 희망(주민 동의율 50% 이상)하는 지구(*자율주택정비사업은 금번 공모에서 제외)
- (선정기준) 주민 동의율 등 주민 참여의지, 사업성 분석 결과 등 사업실행 가능여부를 종합적으로 검토하여 대상지 선정(개별통보)
- (공모접수) 6월 30일(금)~8월 30일(수)
- (접수방법) 우편 : 경상남도 진주시 충의로19 LH 공공도시정비처 소규모정비계획부 전자우편 : dadada@lh.or.kr

※ 신청 시 필요한 서류 등 공모와 관련한 자세한 사항은 LH 누리집

(http://www.lh.or.kr, http://jeongbi.lh.or.kr) 참조

<공공참여 인센티브(*임대주택 20% 공급 전제)>

- (사업성 향상) 공공참여 시 사업면적이 1만→2만㎡로 확대, 국계법 상 법적 상한까지 용적률 완화 및 분양가 상한제 적용에서도 제외
- (추진 지원) 신속한 사업 추진을 위해 행정절차 지원(안내책자 제작, 주민동의서 징구·

수집 등의 업무지원)과 조합 설립을 위한 컨설팅 제공 등 사업 추진과정 전반을 지원

- (사업비 조달*가로주택 한정) 주택도시보증공사(HUG)를 통해 연 1.9%의 저금리로총 사업비의 최대 70%까지 사업비 융자 기회 부여(융자 승인 심사를 통해 可/不 결정)

    * 공공기관 미참여 시(조합단독) 연 2.2% 금리, 50%까지 대여(공적임대 미공급 시)

    * 본 사항은 기금 운영상황에 따라 추후 지원내용에 차이가 있을 수 있음

- 추가적으로, 소규모주택정비 관리지역 내에서 추진하는 사업지의 경우, 가로구역 요건 완화, 용도지역 상향 등의 혜택.

● 서울시 모아주택

<21.3.3 서울시>

서울시, 공공참여 소규모주택정비로 서울도심 주택공급 확대

- 자율주택정비사업 임대주택 매입 및 가로주택정비사업 공동사업시행 공모

□ 서울시는 2020년 공공참여 가로주택정비사업 합동공모(국토부·서울시·LH·SH)를 실시 하였으며 3월 1차 공모 결과 4개소(망원동, 오금동 2개소, 양재동 가로주택정비사업)이 접수하였고, 9월 공모 결과 24개소가 접수하여 사업을 추진 중이다.

- 가로주택정비사업은 종전의 가로구역을 유지하면서 노후 주거지를 소규모로 정비하는 사업으로 대규모 재개발, 재건축 사업과 달리 사업 절차가 간소화되어 있어 신속하게 사업을 추진할 수 있고, 주택도시기금(HUG)을 통해 사업비 융자를 지원하고 있어 사업이 활성화 되고 있는 추세에 있다.

※ 융자: (이율) 연 1.5%/(한도) 총 사업비의 90%(기본 50%, 공적임대 20% 이상 공급 시 20%p 상향, 공공참여 시 20%p 상향)

* (조합단독) 50%까지 기금융자

□ 가로주택정비사업에 공공시행자가 참여하여 공공성 요건 충족 시 다음과 같은 장점이 있다.

- 사업시행면적이 1만㎡ 미만에서 2만㎡ 미만까지 확대가 가능하며, 전체 세대수 또는 전체 연면적의 20% 이상을 공공임대주택으로 공급하는 경우 국토계획법에 따른 법적상한용적률까지 건축이 가능하다.

- 또한, 공공이 참여하는 사업장의 경우에는 이주비 융자금액도 종전자산 또는 권역별 평균 전세가격의 70%*까지 지원(3억원 한도, 연 1.5% 이율)하여 종전 자산 평가액이 과소한 토지등소유자에게도 현실적인 이주비를 지원해 준다.

* 공공이 참여하지 않는 경우에는 종전자산의 70%까지만 이주비 융자 가능

□ 지난 2월 4일 발표한 부동산대책과 연계하여 2021년에도 공공참여 가로주택정비사업 활성화를 위한 공모를 추진하여 서울 도심 내 주택을 확충하고, 노후 주거지를 재생해 나갈 계획이다.

- 2021년 공모는 2.4 부동산대책에 따른 관련법규정의 정비가 완료되면 금년 상반기 세부 시행계획을 수립하여 구체적인 사항을 안내할 예정이다.

□ 양용택 서울시 재생정책기획관은 "서울시 내 공공참여 가로주택정비사업 및 자율주택정비사업이 원활하게 추진될 수 있도록 각종 인·허가 절차를 적극적으로 지원하여, 시민이 체감할 수 있는 노후 주거지 재생을 추진하겠다"고 밝혔다.

<22.6.16 서울시>

서울시 '오세훈표 모아타운' 첫 공모 21곳 (21.6.16) 최종 선정

< 소규모주택정비 관리지역 후보지 현황 >

자치구	대표번지	면적(㎡)	자치구	대표번지	면적(㎡)
종로구	구기동 100-48 일원	64,231	서대문구	천연동 89-16 일원	24,466
성동구	마장동 457 일원	75,382	마포구	성산동 160-4 일원	83,265
성동구	사근동 190-2 일원	66,284	마포구	망원동 456-6 일원	82,442
중랑구	면목3·8동 44-6 일원	76,525	양천구	신월동 173 일원	61,500
중랑구	면목본동 297-28 일원	55,385	양천구	신월동 102-33 일원	75,000
중랑구	중화1동 4-30 일원	75,015	강서구	방화동 592 일원	72,000
중랑구	망우3동 427-5 일원	98,171	구로구	고척동 241 일원	25,000
강북구	번동 454-61 일원	53,351	구로구	구로동 728 일원	64,000
도봉구	쌍문동 524-87 일원	82,630	송파구	풍납동 483-10 일원	43,339
도봉구	쌍문동 494-22 일원	31,303	송파구	거여동 555 일원	12,813
노원구	상계2동 177-66 일원	96,000	※ 도봉구 창동 501-13 일원은 유보		

도시재생활성화지역 6곳도 대상지에 포함됨.

재개발 방식을 추진하려면 도시재생사업 전면 취소가 불가피한 곳들이지만, '모아타운'의 경우 도시재생 활성화계획 변경을 통해 재생사업과 연계 추진이 가능하다. 열악한 주거환경을 실질적으로 개선되어 진정한 의미의 도시재생이 이뤄질 것으로 기대됨.

○ 신청 지역 가운데 한양도성·풍납토성 등 역사문화환경 보존과 관리가 필요한 지역들은 최종 대상지에서 제외됨.

○ 선정위원회 심사결과 유보된 도봉구 창동 501-13 일원은 공공재개발과 모아타운 공모에 중복 신청된 지역으로 공공재개발 후보지 선정 결과에 따라 자치구에서 주민 의견을 수렴하여 모아타운으로 요청 시 선정 가능함.

대상지로 선정된 21곳은 해당 자치구에서 관리계획을 수립한 뒤 서울시에서 주민공람, 통합심의 등 절차를 거쳐 모아타운의 법적 효력을 가지는 소규모주택정비 관리지역으로 지정됨. 시는 모아타운 지정을 위한 관리계획 수립에 필요한 비용(최대 2억 *시·구비 매칭)을 지원한다. 올해 하반기 관리계획 수립에 착수해, 이르면 연말부터 '23년 상반기까지 순차적으로 '모아타운' 지정이 이뤄지게 됨.

투기 방지대책

시는 지분쪼개기 등을 통한 투기세력 유입을 차단하기 위해 22.6.23을 권리산정기준일로 지정·고시함.

○ 권리산정기준일까지 착공신고를 득하지 못한 사업의 토지등소유자는 추후 해당 필지에서 모아주택(소규모주택정비사업)이 시행될 경우 현금청산대상자가 됨.
○ 단, 권리산정기준일까지 착공신고를 득하였을 경우라도 개별 모아주택(소규모주택정비사업)의 조합설립인가 전까지 소유권을 확보해야 분양대상이 될 수 있음(「소규모주택정비법」 §24)

<22.9.7 서울시>

'오세훈표 모아타운' 추가 공모에 39곳 신청⋯10월 최종 선정

이번 공모에는 현재 모아타운 사업이 추진되고 있지 않은 9개 자치구(용산·광진·동대문·성북·은평·영등포·동작·관악·강남)에서 모두 신청해 25개 전 자치구에서 모아타운 추진 의지를 확인했다고 함.

(*현재 16개 자치구 38개소에서 추진 중)

용산구	성동구	광진구	동대문구	중랑구	성북구
1	3	1	1	2	3
노원구	은평구	마포구	강서구	구로구	금천구
2	3	3	2	1	2
동작구	관악구	서초구	강남구	강동구	합 계
2	1	3	4	1	총 39개소

< 모아타운 자치구 추가 공모 참여현황(19개 자치구, 39개소)>

최종 대상지 선정은 자치구에서 검토해 제출한 신청서를 바탕으로, 대상지에 대한 정량적 평가와 소관부서 사전적정성 검토를 거친다. 평가점수 70점 이상인 공모 신청지에 대해 도시계획·건축·교통 등 관련 분야 전문가로 구성한 '선정위원회'를 열어 모아타운 대상지를 최종 선정함.

○ 모아주택 집단 추진 여부(20점): 사업의 실행력을 고려하여 대상지 내 개별 가로주택정비 등 소규모주택정비사업이 진행되고 있는 지역(사업 개소당 5점 부여)
○ 모아타운 대상지 취지 부합 여부(60점): 주차난, 공원·녹지 비율, 다세대 등 주택 밀집 여부 등 재개발이 어려우나 주거환경이 열악한 지역
○ 정비 시급성(20점): 적정 대상지 면적과 노후된 건축물의 비율이 높은 지역
○ 가점(10점): 모아주택 집단 추진 여부 평가 배점 기준 초과 시 가점 부여(1개소 초과 5점, 2개소 초과 10점)

<22.10.20 서울시>

22 하반기 모아타운 대상지 26개소를 선정함. 이에 따라 현재까지 서울 시내 모아타운으로 선정된 지역은 총 64개소가 됨.

<22 하반기 모아타운 대상지 선정 결과(26개소)>

자치구	대표번지	*면적(㎡)	자치구	대표번지	면적(㎡)
용산구	원효로4가 71 일원	24,962	마포구	합정동 369 일원	90,243
성동구	응봉동 265 일원	37,287	마포구	중동 78 일원	70,515
광진구	자양4동 12-10 일원	75,608	강서구	공항동 55-327 일원	96,903
중랑구	면목동 152-1 일원	88,040	강서구	화곡6동 957 일원	96,165
중랑구	면목동 63-1 일원	76,584	구로구	개봉동 270-38 일원	38,627
성북구	석관동 334-69 일원	74,114	금천구	시흥1동 864 일원	74,447
성북구	석관동 261-22 일원	48,178	금천구	시흥3동 950 일원	58,867
강북구	번동 411 일원	79,218	영등포구	도림동 247-48 일원	92,057
강북구	수유동 52-1 일원	73,549	영등포구	대림3동 786 일원	24,064
노원구	월계동 500 일원	85,165	동작구	노량진동 221-24 일원	31,783
노원구	월계동 534 일원	51,621	동작구	사당동 202-29 일원	84,311
은평구	불광동 170 일원	51,523	관악구	청룡동 1535 일원	92,871
은평구	대조동 89 일원	40,848	강동구	천호동 113-2 일원	55,521

*수치지형도에서 산출한 면적으로 모아타운 관리계획 수립 및 지정고시 시, 일부 면적 변경이 있을수 있음.

시는 정비사업에 대한 기대심리로 지분 쪼개기 등의 투기세력 유입을 차단하고자 강력한 투기방지 대책도 마련해, 대상지로 선정된 지역뿐만 아니라 선정되지 않은 지역까지 모두 22.10.27을 '권리산정기준일'로 지정·고시함.

권리산정기준일까지 착공신고를 얻지 못한 사업의 토지등소유자는 추후 해당 필지에서 모아주택(소규모주택정비사업)이 시행될 경우 '현금청산대상자'가 됨.

아울러 「소규모주택정비법」 §24에 따라 권리산정기준일까지 착공신고를 얻은 경우라도 개별 모아주택(소규모주택정비사업)의 조합설립인가 전까지 소유권을 확보해야 '분양대상'이 될 수 있음.

권리산정기준일로부터 2년 내 모아타운이 지정되지 않거나 모아타운 계획(소규모주택정비 관리계획) 수립지역에서 제외되는 필지는 권리산정기준일이 자동 실효됨.

<서울시 22.11.8>

서울시, 모아타운 공모 강남구 대청마을 1곳 (22.11.7) 추가 선정.

선정된 곳 일원동 619-641 일대.

선정되지 않은 1곳(일원동 663-686 일대)

해당 지역은 지구단위계획에서 1종지역은 4층 이하, 2종지역은 7층 또는 12층 이하로 제한되어 있고, 아파트는 불허 용도로 되어 있어 향후 모아타운 관리계획 수립 시 규제사항을 완화하되 개발이익을 고려하여 공공기여를 제공토록 조건을 부여한 것임.

모아타운으로 선정된 지역 내라도 상가 소유자 등이 사업추진에 반대하는 곳은 사업시행구역에서 제척토록 하여 존치 또는 개별적으로 정비할 수 있게끔 관리계획을 수립할 예정임.

22년 하반기 모아타운 대상지 추가 선정지역 (1개소)

위치	면 적(㎡)	권리산정기준일	비 고
강남구 일원동 619-641 일원	90,992	'22.10.27.	노후도 81%

<22.11.17 서울시>

서울시, 모아타운 3개소 지정

중랑구 면목동 86-3번지 일대 모아타운

금천구 시흥3동 일대 모아타운

금천구 시흥5동 일대 모아타운

이번 모아타운으로 지정된 3개소에서 27년까지 6천여 세대, 지난 4월 발표한 강북구 번동(1,240세대)을 포함하면 올해 지정된 사업지만으로 총 7천 세대 이상 공급할 수 있게돼 '모아주택 3만호'를 공급한다는 서울시의 목표에 한 걸음 가까이 다가갈 수 있게 됨.

모아타운으로 지정됨에 따라 체계적 정비를 앞두고 있는 중랑구 면목동 86-3번지 일대는 26년 준공으로 약 1,850세대, 금천구 시흥3·5동은 27년 준공을 목표로 약 4,177세대가 공급될 전망임.

<23.2.28 서울시>

모아타운 대상지 '수시 신청⋯ ' 25년까지 35개소 추가 선정.

서울시, 저층주거지 주거환경개선 위해 2.28(화)부터 모아타운 대상지 '수시 신청'.

□ 서울시는 2.28(화)부터 「모아타운(소규모주택정비 관리지역) 대상지 선정 공모」를 공고하고 오는 25년 6월 말까지 '수시 신청'에 들어감.

<특정기간에만 받았던 신청방식 '수시 신청' 전환⋯ 주민의견 수렴해 자치구→시 신청>

□ 시는 기존에 특정 기간에만 신청받았던 공모방식을 '수시 신청'으로 전환함. 각 자치구가 대상지별로 신청요건을 갖춰 시에 접수하면 수시로 개최되는 선정위원회를 통해 심사, 선정 여부를 통보하게 된다. 25년까지 대상지를 35개소 이상 추가로 선정할 계획.

□ 한편 지분 쪼개기 등 투기수요를 원천 차단하기 위해 수시로 공모 선정 발표일 다음 날을 기준으로 고시 가능한 날을 권리산정기준일로 지정, 고시할 예정임.

- 권리산정기준일까지 착공신고를 득하지 못한 사업의 토지등소유자는 추후 해당 필지에서 모아주택(소규모주택정비사업)이 시행될 경우 '현금청산대상자'가 됨.

- 단, 권리산정기준일까지 착공신고를 얻었더라도 「빈집 및 소규모주택정비에 관한 특례법」 §24에 따라 개별 모아주택(소규모주택정비사업)의 조합설립인가 전까지 소유권을 확보해야 '분양대상'이 될 수 있음.

공모방식 비교

구분		자치구 공모 방식		주민 제안 방식	
		종전	개선후	종전	개선후
공모 및 신청 기간		연 1~2회	수시	수시	변동없음
공모신청 및 주민제안 신청 요건	면적	10만㎡ 미만	3만㎡~10만㎡미만 (사업예정지 3만㎡ 이상 포함) ※ 조합·사업예정지 3개소 이상	10만㎡ 미만 ※ 조합 또는 사업시행구역 2개소 이상	1만㎡~2만㎡미만 ※ 조합 또는 사업시행구역 1개소 2만㎡~10만㎡미만 ※ 조합 또는 업시행구역 2개소 이상
	동의율	없음	사업시행구역별 토지등소유자수의 30%이상 ※ 조합은 별도 동의서 필요 없음	사업시행구역별 토지면적의 2/3이상 ※ 조합은 별도 동의서 필요 없음	변동없음
	노후도	전체 50% 이상	전체 50% 이상 사업시행지별 57% 이상	전체 50% 이상 사업시행지별 57% 이상	변동없음
	사전안내	없음	공모 신청 전 주민설명회 개최	해당없음	해당없음
권리산정 기준일		대상지 선정 발표일 기준으로 고시가 가능한 날 ※ 고시일 이전 착공신고 예외	(개별)대상지 선정 발표일 기준으로 고시가 가능한 날 ※ 고시일 이전 착공신고 예외	전문가 자문결과 통보일	변동없음
관리계획 수립		공공예산으로 관리계획수립(자치구)		사업비로 관리계획수립(주민)	
추진절차		공모공고(시) ⇨ 공모신청 요청(주민→구) ⇨ 주민설명회개최(구) ⇨ 공모신청(구→시) ⇨ 선정위원회 개최(시) ⇨ 선정결과 통보(시→구) ⇨ 예산교부(시→구) ⇨ 관리계획수립(구) ⇨ 관리계획 사전자문(시) ⇨ 관리계획 승인 신청(구→시) ⇨ 주민공람(시) ⇨ 위원회 심의(시) ⇨ 승인·고시(시)		주민제안 요청(주민→구) ⇨ 대상지 적정여부 협의(구→시) ⇨ 전문가 자문(시) ⇨ 전문가 자문결과 통보(시→구) ⇨ 관리계획수립(주민) ⇨ 관리계획(안) 제출(주민→구) ⇨ 관리계획검토(구) → 관리계획 사전자문(시) ⇨ 관리계획 승인 신청(구→시) ⇨ 주민공람(시) ⇨ 위원회 심의(시) ⇨ 승인·고시(시)	

<23.3.9 서울시>

서울시, SH참여 모아타운 공공관리 시범사업 대상지 6곳 선정.

연번	자치구	모아타운 위치	면적(㎡)	추진현황
1	성북구	석관동 334-69 일대	74,114	관리계획 수립 준비 중
2		석관동 261-22 일대	48,178	
3	도봉구	쌍문동 524-87 일대	82,630	관리계획 수립 중
4		쌍문동 494-22 일대	31,303	
5	노원구	월계1동 534 일대	51,621	관리계획 수립 준비 중
6	송파구	풍납동 483-10 일대	43,339	관리계획 수립 준비 중

서울주택도시공사는 자치구 모아타운 신청대상지 중 고도제한 등 특수한 지역 여건 등으로 사업추진에 어려움이 예상되는 곳을 우선적으로 고려하여 시범사업 대상지로 선정함.

○ 시와 SH공사는 지난 2월 모아타운 대상지 65개소 대상 'SH참여 모아타운 공공관리 희망 수요조사'에 신청한 7개 자치구 총 15개 모아타운 대상지를 두고 시범사업 지역을 검토했음.

○ 모아타운 2개소가 연접해 있는 '성북구 석관동'과 '도봉구 쌍문동'은 문화재 주변, 고도제한 등으로 건축 높이가 제한되어 있어 그간 사업추진이 원활하게 이뤄지지 못했으며 구릉지에 위치한 '노원구 월계1동'은 제1종일반주거지역으로, '송파구 풍납동'도 문화재 주변 지역으로 건축 높이가 제한돼 어려움을 겪어 왔음.

<서울시 23.6.28>

서울시, 모아타운 수시공모 '양천구 목4동·관악구 성현동' 2곳 (22.6.27) 선정.

자치구	대표번지	면적(㎡)
양천구	목4동 724-1번지 일원	52,785
관악구	성현동 1021번지 일원	81,623

○ '양천구 목4동 724-1 일대(52,758㎡)'는 전체 노후도가 약 67% 이상인 다세대·다가구가 밀집지역으로, 주차여건과 기반시설이 매우 열악함. 특히 반지하주택이 약 61%를 차지하고 있어 전반적인 정비가 시급한 지역임.

○ 노후 다세대·다가구가 밀집된 저층 주거지 '관악구 성현동 1021일대(81,623㎡)'는 전체 노후도가 약 65%인 구릉지로, 목4동과 마찬가지로 주차난과 기반시설이 매우 부족한 실정임.

<서울시 23.7.19>

서울시, 모아타운 6곳 지정… 총 11곳, 약 1만9천 세대 공급 추진

강서구 등촌동 515-44일대

강서구 등촌동 520-3일대

모아타운 선지정 추진 현황

구 분	면적(㎡)	사업시행구역	추진단계
중랑구 중화1동 4-30일원	73,625	모아주택 6개소	• 사업시행계획인가 1개소 • 조합설립 추진 2개소 • 동의서 징구 중 3개소
중랑구 면목본동 297-28일원	55,385	모아주택 5개소	• 조합설립인가 2개소 • 동의서 징구 중 3개소
중랑구 면목3.8동 44-6일원	76,525	모아주택 5개소	• 착공 1개소 • 동의서 징구 중 4개소
중랑구 망우3동 427-5일원	98,171	모아주택 8개소	• 조합설립인가 1개소 • 동의서 징구 중 7개소

<23.8.28 서울시>

서울시, 모아타운 2차 수시공모로 (23.8.25) 3곳 선정

자치구	대표번지	면적(㎡)	심의결과
성동구	송정동 97-3 일원	31,165	조건부 선정
중랑구	망우본동 354-2 일원	66,389	조건부 선정
중랑구	중화2동 329-38 일원	99,931	조건부 선정

| 서초구 | 양재동 374 일원 | 74,515 | 조건부 보류 |
| 서초구 | 양재동 382 일원 | 65,070 | 조건부 보류 |

○ 성동구 송정동 97-3 일원(31,165㎡), 중랑구 중화2동 329-38 일원(99,931㎡)은 중랑천과 인접해 있어 상습적인 침수가 우려되는 데다 반지하 주택이 70% 이상, 노후도 또한 약 73~93%에 달해 주거여건 정비가 시급함.

○ 중랑구 망우본동 354-2 일원(66,389㎡) 반지하 주택이 72%를 차지하고 노후도 약 87%에 이르는 협소한 이면도로와 부족한 기반시설로 주거환경·주차 문제 등의 개선이 필요한 실정임.

○ 대상지에 선정되지 않은 2곳(서초구 양재동 374·양재동 382 일원)은 노후 저층주거지가 밀집해 있어 주거환경개선이 필요하지만, 양재동 일대 저층주거지 전반에 대한 추진 방향과 모아타운 대상지 간의 적정 경계 등을 종합적으로 검토하여 재신청하는 조건으로 보류됨.

서울시는 지분쪼개기 등 투기 수요를 원천 차단하기 위해 이번에 선정된 3곳에 대해 23.8.31(목)을 권리산정기준일로 지정, 고시할 예정임.

<23.9.25 서울시>

서울시, 도봉·관악·동작 등 5곳 모아타운 선정

총 75곳 추진

<23년 3차 모아타운 대상지 선정 결과>

자치구	대표번지	면적(㎡)	심의결과
도봉구	방학2동 618 일원	97,864	선정
도봉구	도봉1동 584-2 일원	61,746	미선정
도봉구	쌍문1동 460 일원	81,141	선정
관악구	은천동 635-540 일원	99,699	선정
관악구	은천동 938-5 일원	74,797	선정
관악구	상도동 242 일원	62,003	선정

○ 도봉구 방학동 618 일원(97,864.03㎡)

전체 노후도가 약 70%에 달하고 단독 또는 다세대주택으로 전형적인 노후 저층주거지로 상습적인 주차난으로 어려움을 겪는 지역.

○ 도봉구 쌍문1동 460 일원

노후도가 72%로 높은 세대밀도와 반지하비율, 상습적인 주차난과 50m 차이 나는 고저차로 개발이 제한적이었던 지역.

○ 관악구 은천동 635-540 일원 및 938-5 일원

각 노후도가 74% 이상으로 단독, 다가구, 다세대주택이 많은 지역임. 국사봉 남측에 위치하여 고저차가 80m 이상 차이로 그동안 정비기반시설과 정주 환경 정비에 어려움을 겪던 지역.

○ 동작구 상도동 242 일원

노후도가 65% 이상으로 다세대·다가구주택이 밀집되었고, 협소한 도로, 상습적인 주차난 등 불편함을 겪고 있는 지역.

○ 도봉구 도봉동 584-2 일원

북한산 고도지구, 무수골 지구단위계획구역 및 주거환경개선사업구역 일부가 모아타운 상지 신청지역에 포함돼 있어 신청지역 외 지역의 밀도, 높이계획 등에서 부조화를 발생시킬 수 있고 지역 일대의 전반적인 관리체계 측면에서도 불균형을 초래할 우려가 있는 만큼, 해당 자치구에서 구역계 재검토가 필요하다고 판단돼 이번 공모에서는 미선정됨.

■ 22.1~23.7까지 서울시 모아타운 권리산정기준일 고시 일람표

모아타운 대상지(24개 자치구, 총 67개소 면적 4,418.355㎡)

연번	자치구	대표지번	면적(㎡)	권리산정기준일	비고
1	강북구	번동 429-114	55,572	개별 조합설립인가일	관리지역 고시 완료 (시범사업지)
2	중랑구	면목동 86-3	97,000	22.1.20	관리지역 고시 완료 (시범사업지)
3	강서구	화곡동 1087	60,616	22.1.20	관리계획 수립 중
4	강서구	화곡동 354	85,462	22.1.20	관리계획 수립 중
5	강서구	화곡동 359	58,477	22.1.20	관리계획 수립 중
6	강서구	화곡동 424	54,767	22.1.20	관리계획 수립 중
7	서초구	방배동 977	27,190	22.1.20/22.12.29[1]	관리계획 수립 중
8	중구	신당동 50-21	97,273	22.1.20	관리계획 수립 중
9	중구	신당동 122-3	63,805	22.1.20	관리계획 수립 중
10	중구	신당동 156-4	77,311	22.1.20	관리계획 수립 중
11	강동구	둔촌동 77-41	15,823	22.1.20	관리계획 수립 중
12	금천구	시흥3동 1005	86,705	22.1.20	관리지역 고시 완료
13	금천구	시흥4동 817	30,430	22.6.23	관리지역 고시 완료
14	금천구	시흥5동 922-61	89,994	22.6.23	관리지역 고시 완료
15	강서구	등촌2동 516	97,430	22.6.23	관리계획 수립 중
16	강서구	화곡동 1130-7	75,405	22.6.23	관리계획 수립 중
17	마포구	대흥동 535-2	22,074	22.6.23	관리계획 수립 중
18	중랑구	면복3·4동 44-6	76,525	22.6.23	관리계획 수립 중
19	중랑구	면목본동 297-28	55,385	22.6.23	관리계획 수립 중
20	중랑구	중화1동 4-30	75,015	22.6.23	관리계획 수립 중
21	종로구	구기동 100-48	64,231	22.6.23	관리계획 수립 중
22	성동구	마장동 457	75,382	22.6.23	관리계획 수립 중
23	성동구	사근동 190-2	66,284	22.6.23	관리계획 수립 중
24	중랑구	망우3동 427-5	98,171	22.6.23	관리계획 수립 중
25	강북구	번동 454-61	53,351	22.6.23	관리계획 수립 중

26	도봉구	쌍문동 524-87	82,630	22.6.23	관리계획 수립 중
27	도봉구	쌍문동 494-22	31,303	22.6.23	관리계획 수립 중
28	노원구	상계2동 177-26	96,000	22.6.23	관리계획 수립 중
29	서대문구	천영동 89-16	24,466	22.6.23	관리계획 수립 중
30	마포구	성산동 160-4	83,265	22.6.23	관리계획 수립 중
31	마포구	망원동 456-6	82,442	22.6.23	관리계획 수립 중
32	양천구	신월동 173	61,500	22.6.23	관리계획 수립 중
33	양천구	신월동 102-33	75,000	22.6.23	관리계획 수립 중
34	강서구	방화동 592	72,000	22.6.23	관리계획 수립 중
35	구로구	고척동 241	78,700	22.6.23/ 22.9.22[2]	관리계획 수립 중
36	구로구	구로동 728	64,000	22.6.23	관리계획 수립 중
37	송파구	풍납동 483-10	43,339	22.6.23	관리계획 수립 중
38	송파구	거여동 555	12,813	22.6.23	관리계획 수립 중
39	용산구	원효로4가 71	24,962	22.6.23	관리계획 수립 중
40	성동구	응봉동 265	37,287	22.6.23	관리계획 수립 중
41	광진구	자양4동 12-10	75,608	22.10.27	관리계획 수립 중
42	중랑구	면목동 152-1	88,040	22.10.27	관리계획 수립 중
43	중랑구	면목동 63-1	90,102	22.10.27	관리계획 수립 중
44	성북구	석관동 334-69	74,114	22.10.27	관리계획 수립 중
45	성북구	석관동 261-22	48,178	22.10.27	관리계획 수립 중
46	강북구	번동 411	79,128	22.10.27	관리계획 수립 중
47	강북구	수유동 52-1	73,549	22.10.27	관리계획 수립 중
48	노원구	월계동 500	85,165	22.10.27	관리계획 수립 중
49	노원구	월계동 534	51,621	22.10.27	관리계획 수립 중
50	은평구	불광동 170	51,523	22.10.27	입찰공고 중
51	은평구	대조동 89	40,848	22.10.27	입찰공고 중
52	마포구	합정동 369	90,243	22.10.27	입찰공고 중
53	마포구	중동 78	70,515	22.10.27	입찰공고 중
54	강서구	공항동 55-327	96,903	22.10.27	관리계획 수립 중

55	강서구	화곡6동 957	96,165	22.10.27	관리계획 수립 중
56	구로구	개봉동 270-38	38,627	22.10.27	입찰공고 중
57	금천구	시흥1동 864	74,447	22.10.27	관리계획 수립 중
58	금천구	시흥3동 950	58,867	22.10.27	관리계획 수립 중
59	영등포구	도림동 247-48	92,057	22.10.27	자차구 검토 중
60	영등포구	대림3동 786	24,064	22.10.27	관리계획 수립 중
61	동작구	노량진동 221-24	31,783	22.10.27	관리계획 수립 중
62	동작구	사당동 202-29	84,311	22.10.27	관리계획 수립 중
63	관악구	청룡동 1535	92,871	22.10.27	관리계획 수립 중
64	강동구	천호동 113-2	55,521	22.10.27	용역발주 예정
65	강남구	일원동 619-641	90,992	23.7.6	관리계획 수립 중
66	양천구	목4동 724-1	52,785	23.7.6	대상지 선정
67	관악구	성현동 1021	81,623	23.7.6	대상지 선정
	계		4,418.355		

※ 모아타운 관리계획 수립 및 지정 고시 시, 일부 면적 변경이 있을 수 있음.
1. 서초구 방배동 977번지 일대 추가 대상지 선정 면적(10,274㎡)의 권리산정기준일은 22.12.29로 고시함.
2. 구로구 고척동 241번지 일대 추가 대상지 선정 면적(43,7800㎡)의 권리산정기준일은 22.9.22로 고시함.

<23.11.15 서울시>

서울시, 법령개정 등에 따른 토지거래허가구역 일부 조정

- 국제교류복합지구 및 인근 지역(송파구, 강남구) '아파트' 용도 한정 허가구역 조정

*「부동산거래신고법」 개정 시행(10.19)에 따른 용도별 지정 시행.

- 신속통합기획재개발 등 공모사업 미 선정지 40곳(2.13㎢) 허가구역 지정 해제.[50]

- 부동산시장 안정 여부 등 토지거래허가구역에 대한 지속적인 모니터링 진행.

---

50. 신속통합기획재개발 응모지로서 공모에 미선정된 곳이 모아타운 대상지로 편입된 경우에는 모아타운 내에서도 토지거래허가 적용대상이 됨에 따라 모아타운사업의 장애물로 등장할 수 있음.
    서울시는 신속통합기획 재개발 미정선 구역의 토지거래허가구역을 해제함에 따라 모아타운 대 상지도 그 혜택을 입게 되었음

□ 「부동산거래신고 등에 관한 법률」개정 시행에 따라 허가대상을 용도별로 구분해 지정할 수 있게 되면서 서울시는 법률개정 취지와 투기 우려 여부 등을 종합적으로 검토한 결과라고 설명했다.

○ 지난 10월부터 시행 중인 이번 법률 개정안엔 토지거래허가구역 지정권자가 허가대상 용도와 지목을 특정해 지정할 수 있다는 내용이 담겼다.

□ 시는 15일 제18차 도시계획위원회를 열고 이 같은 내용의 토지거래허가구역 조정(안)을 승인했다고 밝혔다. 토지거래허가구역은 오는 16일 공고해, 공고 즉시 효력을 발휘한다.

□ 토지거래허가구역 조정에 앞서 서울시는 외국인 포함 여부, 지목, 건축물 용도를 구분하여 지정하는 방안을 면밀히 검토했다. 이중 허가대상자의 경우 외국인이 토지거래허가를 받아 취득한 사례가 거의 없어 투기나 특이동향이 없는 것으로 파악됐고, 지목별로 특정해 지정하는 사항도 도시지역의 특성상 실효성이 없어 현행 유지토록 했다.

○ 기존 허가구역을 포함한 서울시 전 지역에 대한 모니터링을 강화하여 특이동향 발생 시 허가구역 지정(용도별 지정 등 포함) 적극 검토.

□ 서울시 모든 허가구역 내 특정 용도를 구분하여 지정하는 방안에 대해 중점적으로 검토를 진행했다. 이에 '국제교류복합지구 및 인근지역'은 사업지구와 인접한 법정동 범위를 포괄적으로 지정한 지역으로 법령 개정 취지에 따른 조정대상에 해당됐고, 시는 지표 및 용도별 거래량 등을 종합적으로 검토한 결과 아파트 용도로 한정해 지정하게 됐다.

□ 또한 시는 신속통합기획 등 재개발 후보지 공모 미선정지 40개소(2.13㎢)에 대한 토지거래허가구역도 해제했다.

○ 신속통합기획 재개발 : 21개소 1.09㎢, 공공재개발 : 19개소 1.04㎢

□ 한편, 2022년 1월 이후 주택공급 활성화와 원활한 주택공급을 위해 '법적 구역지정 요건'과 주민동의율을 충족하고 자치구에서 추천한 미선정지역도 투기방지대책의 일환으로 토지거래허가구역으로 지정해 왔으나, 향후 후보지 선정이 불확실한 구역으로서 장기간 허가구역 지정으로 인한 주민 불편 해소를 위해 자치구 의견을 반영, 토지거래허가구역을 해제하기로 했다.

○ 신속통합기획 및 공공재개발사업 미선정지 총 51개소 중 자치구청장의 지정유지 요청지역 11개소는 해제 제외

□ 유창수 서울시 행정2부시장은 "이번 토지거래허가구역의 조정은 법령 개정에 따른 조치와 미선정지를 종합적으로 고려해 합리적으로 개선한 사례"라며 "앞으로도 부동산시장 모니터링을 지속적으로 실시하여 토지거래허가구역을 포함한 서울시 전역의 부동산 동향(안정 여부)을 살필 예정이다"라고 말했다.

【 주요내용 요약 】

□ 국제교류복합지구 및 인근지역

○ (지정기간) 변경없음(2023.6.23.~2024.6.22)

○ (지정범위) 변경없음(송파구 잠실동, 강남구 삼성·청담·대치동 총 14.4㎢)

○ (지정대상) 아파트 용도 한정 지정(타용도 해제)

○ (허가대상 면적) 변경없음(주거지역 6㎡, 상업지역 15㎡)

□ 신속통합기획 재개발 등 공모 미선정지

○ (조정범위) 미선정지 40개소 2.13㎢ 지정 해제

* 자치구청장 지정유지 요청지역 11개소는 제외

― 신속통합기획 재개발 등 미선정지 허가구역 해제대상 현황

□ 총 40개소 2.13㎢

연번	자치구	위치	면적(㎢)	사업구분	지정기간	비고
1	종로구	체부동 127 일대	0.044	신속통합기획 주택재개발	22.01.29~24.01.28	
2	동대문구	전농동 124-39 일대	0.026			
3	용산구	원효로3가 1 일대	0.038	공공재개발	22.08.31~ 24.08.30	
4	중랑구	면목동 399-28 일대	0.059			
5	중랑구	중화동 313-12 일대	0.054			
6	성북구	성북동 3-38 일대	0.068			
7	성북구	정릉동 642 일대	0.027			
8	강북구	수유동 391 일대	0.035			
9	노원구	상계동 산161-12 외1	0.027			
10	은평구	불광동 450~480 일대	0.143			
11	서대문구	홍제동 298-9 일대	0.026			
12	서대문구	홍은동 8-1093 일대	0.027			
13	서대문구	홍제동 5 일대	0.029			
14	양천구	신월동 159 일대	0.092			
15	구로구	개봉동 70-54 일대	0.094			

16	영등포구	대림동 777-1 일대	0.038	공공재개발	22.08.31~ 24.08.30	
17	영등포구	신길동 314-2 일대	0.081			
18	강남구	일원동 630 일대	0.042			
19	강남구	일원동 649 일대	0.053			
20	강동구	상일동 300 일대	0.059			
21	강동구	고덕동 536 일대	0.050			
22	종로구	창신동 142-17 일대	0.056	신속통합기획 주택재개발	23.01.04 ~ 24.01.03	
23	종로구	행촌동 210-678 일대	0.073			
24	용산구	이태원동 730 일대	0.047			
25	용산구	이태원동 206 일대	0.059			
26	용산구	원효로3가 200 일대	0.035			
27	동대문구	휘경동 295 일대	0.066			
28	동대문구	전농동 152-65 일대	0.065			
29	성북구	정릉동 314 일대	0.023			
30	성북구	삼선동1가 280 일대	0.056			
31	도봉구	방학동 641 일대	0.076			
32	은평구	응암동 675 일대	0.039			
33	은평구	불광동 16-111 일대	0.036			
34	구로구	오류동 168-9 일대	0.012			
35	구로구	개봉동 49 일대	0.023			
36	금천구	독산동 378 일대	0.152			
37	영등포구	양평동6가 45 일대	0.016			
38	동작구	흑석동 204 일대	0.046			
39	동작구	사당동 63-1 일대	0.038			
40	관악구	신림동 650 일대	0.103			

■ 100인 이하의 가로주택정비조합 정관(안) 및 해설

아래 정관은 토지등소유자 수가 100인 이하인 경우로 대의원회를 구성하지 않고 이사회 의결로 진행하는 내용을 담고 있음(신탁회사를 사업대행자로 예정함).
실재 규모가 적은 가로주택정비사업장 여러 개를 통합해 모아타운 구성 사례에도 적용이 가능하도록, 그 특수성에 맞도록 작성한 것임.

제1장 총칙

제1조(명칭) ① 본 조합의 명칭은 "○○○아파트 가로주택정비사업조합(이하 "조합")"이라 한다.
② 본 조합이 시행하는 가로주택정비사업의 명칭은 "○○○○아파트 가로주택정비사업(이하 "사업")"이라 한다.

제2조(목적) 조합은 「빈집 및 소규모주택정비에 관한 특례법」(이하 "법")과 이 정관이 정하는 바에 따라 제3조의 사업시행구역에서 노후·불량건축물을 철거하고 그 토지 위에 새로운 건축물을 건설하여 조합원의 주거안정 및 주거생활의 질적 향상에 이바지함을 목적으로 한다.

제3조(사업시행구역) 조합의 사업시행구역은 서울시 ○○구 ○○동 00I번지 일대 토지의 총면적은 0000.00㎡(000평)으로 한다. 다만, 사업시행상 불가피하다고 인정되어 관계 법령 및 이 정관이 정하는 바에 따라 추가로 편입되는 토지 등이 있을 경우, 사업시행구역과 토지의 총면적이 변경된 것으로 본다.
➡ 연립주택 등 소유자로 구성된 100인 미만의 공동주택으로, 지형여건, 주변 환경으로 보아 사업시행상 불가피하다고 인정할 경우 인근의 단독·다세대주택 등을 일부 포함하여서 단서를 둠.

제4조(사무소) ① 조합의 주된 사무소는 서울시 ○○구 ○○번지일대 ○○○에 둔다.
② 조합사무소를 이전하는 경우 이사회의 의결을 거쳐 인근지역으로 이전할 수 있으며, 조합원에게 통지한다.

▶ 토지등소유자 100인 이하의 경우로 대의원회를 구성하지 않고 이사회에서 의결함.

제5조(시행방법) ① 조합원은 소유한 토지, 건축물 또는 지상권을 조합에 현물로 출자하고, 조합은 법 제29조에 의하여 인가받은 사업시행계획에 따라 주택 및 부대복리시설등을 건설하여 공급한다.
② 조합은 사업시행을 위하여 필요한 경우 이주비, 공사비, 정비사업에 드는 비용(이하 "정비사업비")의 일부를 국가, 금융기관, 주택도시보증공사 등으로부터 대여받아 사업을 시행할 수 있다.
③ 조합은 인·허가 등 행정업무지원, 사업성 검토, 설계자·시공자 등의 선정에 관한 업무의 지원, 관리처분계획의 수립 및 분양업무 등을 지원하는 정비사업전문관리업자를 선정 또는 변경할 수 있다.
④ 조합은 조합원의 과반수이상 동의를 얻어 구청장 또는 법 제18조에 의한 토지주택공사 등과 공동으로 사업을 시행할 수 있다.
⑤ 조합은 조합원 과반수 동의를 얻어 구청장에게 법 제19조의 지정개발자의 요건을 갖춘 자로 하여금 사업대행자로 지정할 것을 요청하여 사업을 시행할 수 있다.

제5조의2(사업대행자 지정 등) ① 조합은 도시정비법 제28조에 의거 사업대행자를 지정하여 조합을 대행하여 정비사업을 시행하고자 할 경우, 조합원 과반수의 동의로 총회 의결을 구한 후 구청장에게 사업대행자 지정을 요청하여야 한다.
② 조합은 제1항에 의하여 구청장으로부터 사업대행자가 지정되어 사업대
행 개시결정이 고시될 경우 조합원에게 고시내용 등을 통지하여야 한다.
③ 조합 및 조합원은 사업대행자가 업무를 수행하는데 필요한 제반서류를 제출할 의무가 있으며 미제출로 인한 사업 지연 시 해당 조합원에게 손해배상을 청구할 수 있다.
▶ 정관 초안 작성 시 공공시행자인 LH와 공동시행 또는 신탁회사의 지정개발자 등을 검토하였으나, 최종 신탁회사와 사업대행자로 진행되어 §5와 §6 사이에 사업대행자 규정을 삽입한 것으로 보임

제6조(사업대행자의 역할과 업무범위) ① 사업대행자는 사업진행을 위해 조합과 협의하여 다음 각 호의 업무를 수행할 수 있다.

1. 사업시행계획인가 등 제반업무 협조.

2. 시공자 선정 및 계약 자문 업무.

3. 이주비 차입 자문 업무.

4. 설계 관리 및 사업성 분석 업무 협조.

5. 관리처분 계획수립 및 인가 협조 업무.

6. 수입금 및 사업비 관리 자문 업무.

7. 제22조 제6호 및 제7호를 제외한 용역업체 선정 및 계약 자문업무

8. 기타 사업대행자로서 사업시행에 대한 필요한 자문업무.

② 제1항 각 호 규정 외에 사업대행자는 다음 각 호에 대하여 조합과 협의를 할 수 있으며 자문한다.

1. 건축물의 철거에 관한 사항.

2. 주민 이주에 관한 사항.

3. 토지 및 건축물의 보상에 관한 사항

4. 사업비 부담에 관한 사항.

5. 관리처분계획 및 청산에 관한 사항.

   1) 종전자산 및 신축건물 등 추산액의 결정사항

   2) 분양통지 및 공고

   3) 조합원 분양신청

   4) 조합원에 대한 분양

   5) 주택의 공급기준 마련

   6) 일반분양에 대한 사항

6. 조합정관 작성에 관한 사항.

7. 기타 사업시행과 관련하여 필요하다고 판단되는 사항.

제7조(사업기간) 사업기간은 조합설립인가일부터 법 57조에서 규정한 청산업무가 종료되는 날까지로 한다.

제8조(권리「의무에 관한 사항의 고지」공고방법) ① 조합은 조합원의 권리·의무에 관한 사항을

조합원에게 성실히 고지·공고하여야 한다.

② 제1항의 고지·공고방법은 이 정관에서 따로 정하는 경우를 제외하고는 다음 각 호의 방법에 따른다.

1. 관련 조합원에게 등기우편으로 개별 고지하여야 하며, 등기우편이 주소불명, 수취거절 등의 사유로 반송되는 경우에는 1회에 한하여 일반우편으로 추가 발송한다.
2. 조합원이 쉽게 접할 수 있는 일정한 장소의 게시판에 14일 이상 공고하고 게시판에 게시한 날부터 3월 이상 조합사무소에 관련 서류와 도면 등을 비치하여 조합원이 열람할 수 있도록 한다.
3. 인터넷 홈페이지가 있는 경우 홈페이지에도 공개하여야 한다. 다만, 특정인의 권리에 관계되거나 외부에 공개하는 것이 곤란한 경우에는 그 요지만을 공개할 수 있다.
4. 제1호의 등기우편이 발송되고, 제2호의 게시판에 공고가 있는 날부터 고지·공고된 것으로 본다.

제9조(정관의 변경) ① 정관을 변경하고자 할 때에는 조합원 1/5 이상, 이사 2/3 이상 또는 조합장의 발의가 있어야 한다.

② 정관의 변경에는 도시정비법 제35조제2항부터 제5항까지의 규정에도 불구하고, 총회를 개최하여 조합원 과반수의 찬성으로 구청장의 인가를 받아야 한다. 다만 도시정비법 제40조제1항제2호. 제3호. 제4호. 제8호. 제13호 또는 제16호의 경우에는 조합원 2/3 이상의 찬성으로 한다.

③ 제2항에도 불구하고 도시정비법 시행령으로 정하는 경미한 사항을 변경하려는 때에는 이 법 또는 정관으로 정하는 방법에 따라 변경하고 구청장에게 신고하여야 한다.

제2장 조합원

제10조(조합원의 자격 등) ① 조합원은 사업시행구역 안의 토지 또는 건축물의 소유자 또는 그 지상권자(이하 "토지등소유자")로 한다.

② 제1항에 의한 소유권, 지상권 등의 권리는 민법에서 규정한 권리를 말한다.

③ 동일인이 2개 이상의 토지 또는 건축물의 소유권 또는 지상권을 소유하는 경우에는 그 수에 관계 없이 1인의 조합원으로 본다.

④ 다음 각 호의 어느 하나에 해당하는 경우에는 그 수인을 대표하는 1인을 조합원으로 한다. 이 경우 그 수인은 대표자 1인을 대표조합원으로 지정하고 별지의 대표조합원선임동의서를 작성하여 조합에 신고하여야 하며, 조합원으로서의 법률행위는 그 대표조합원이 행한다.

1. 토지 또는 건축물의 소유권과 지상권이 수인의 공유에 속하는 때.
2. 수인의 토지등소유자가 1세대에 속하는 때(이 경우 동일한 세대별 주민등록표상에 등재되어 있지 아니한 배우자 및 미혼인 20세 미만의 직계비속은 1세대로 보며, 1세대로 구성된 수인의 토지등소유자가 조합설립인가 후 세대를 분리하여 동일한 세대에 속하지 아니하는 때에도 이혼 및 20세 이상 자녀의 분가를 제외하고는 1세대로 본다).
3. 조합설립인가 후 1인의 토지등소유자로부터 토지 또는 건축물의 소유권이나 지상권을 양수하여 수인이 소유하게 된 때.

▶ 신탁회사를 지정개발자 아닌 사업대행자로 진행하는 경우, 소규모주택정비법 제24조제1항제3호인 "조합설립인가(조합설립인가 전에 제19조제1항에 따라 신탁업자를 사업시행자로 지정한 경우에는 사업시행자의 지정을 말한다. 이하 이 조에서 같다) 후 1명의 토지등소유자로부터 토지 또는 건축물의 소유권이나 지상권을 양수하여 여러 명이 소유하게 된 때"에서 괄호안의 내용을 삭제한 것임.

⑤ 양도·상속·증여 및 판결 등으로 조합원의 권리가 이전된 때에는 조합원의 권리를 취득한 자로 조합원이 변경된 것으로 보며, 권리를 양수받은 자는 조합원의 권리와 의무 및 종전의 권리자가 행하였거나 조합이 종전의 권리자에게 행한 처분, 청산 시 권리·의무에 관한 범위 등을 포괄승계한다.

▶ **구 도시정비법 시행령**
제30조(조합원) ② 법 제16조제1항 내지 제3항에 의한 조합의 설립인가 후 양도·증여·판결등으로 인하여 조합원의 권리가 이전된 때에는 조합원의 권리를 취득한 자를 조합원으로 본다.
18.2.9. 전부개정 시 삭제된 조문으로, 모아타운 내 가로주택정비사업의 경우에는 조합설립인가 후에는

조합원 지위승계 제한을 받게 되므로 삭제하는 것이 좋음.

⑥ 토지등소유자는 자신이 소유하고 있는 사업구역 내 토지 또는 건축물에 대하여 매매·전세 임대차 또는 지상권 설정 등 부동산 거래를 위한 계약시 다음 각 호의 사항을 거래 상대방에게 설명·고지하고, 거래 계약서에 기재 후 서명·날인하여야 한다.

1. 해당 정비사업의 추진단계
2. 퇴거예정시기(건축물의 경우 철거예정시기를 포함한다.)
3. 권리 제한
4. 그 밖에 거래 상대방의 권리·의무에 중대한 영향을 미치는 사항

▶ 도시정비법 제122조 및 시행령 같은 법 제92조 참조

제11조(조합원의 권리·의무) ① 조합원은 다음 각호의 권리와 의무를 갖는다.

1. 토지 또는 건축물의 분양청구권.
2. 총회의 출석권·발언권 및 의결권.
3. 임원의 선임권 및 피선임권.
4. 정비사업비, 청산금, 부과금과 이에 대한 연체료 및 지연손실금(이주지연, 계약지연, 조합원 분쟁으로 인한 지연 등을 포함함)등의 비용납부의무.
5. 사업시행계획에 의한 철거 및 이주 의무.
6. 제5조의2에 따라 사업대행자를 지정하는 경우 신탁등기 및 조합의 재신탁 동의 의무(이 경우 재신탁 등기 시 별도의 동의나 총회결의를 요하지 아니한다.).
7. 그 밖에 관계법령 및 이 정관, 총회 등의 의결사항 준수의무.

② 조합원의 권한은 평등하며 권한의 대리행사는 원칙적으로 인정하지 아니하되, 다음 각 호에 해당하는 경우에는 권한을 대리할 수 있다. 이 경우 조합원의 자격은 변동되지 아니한다.

1. 조합원이 권한을 행사할 수 없어 배우자·직계존비속·형제자매 중에서 성년자를 대리인으로 정하여 위임장을 제출하는 경우.
2. 해외거주자가 대리인을 지정한 경우.
3. 법인인 토지등소유자가 대리인을 지정한 경우(이 경우 법인의 대리인은 조합의 임원으로 선임될 수 있다).

③ 조합원이 그 권리를 양도하거나 주소 또는 인감을 변경하였을 경우에는 그 양수자 또는

변경 당사자는 그 행위의 종료일부터 14일 이내에 조합에 그 변경내용을 신고하여야 한다. 이 경우 신고하지 아니하여 발생되는 불이익 등에 대하여 해당 조합원은 조합에 이의를 제기할 수 없다.

④ 조합원은 조합이 사업시행에 필요한 서류를 요구하는 경우 이를 제출할 의무가 있으며 조합의 승낙이 없는 한 이를 회수할 수 없다. 이 경우 조합은 요구서류에 대한 용도와 수량을 명확히 하여야 하며, 조합의 승낙이 없는 한 회수할 수 없다는 것을 미리 고지하여야 한다.

제12조(조합원 자격의 상실) ① 조합원이 건축물의 소유권이나 입주자로 선정된 지위등을 양도하였을 때에는 조합원의 자격을 즉시 상실한다.

② 관계 법령 및 이 정관에서 정하는 바에 따라 조합원의 자격에 해당하지 않게 된 자의 조합원 자격은 자동 상실된다.

③ 조합원으로서 고의 또는 중대한 과실 및 의무불이행 등으로 조합에 대하여 막대한 손해를 입힌 경우에는 총회의 의결에 따라 조합원을 제명할 수 있다. 이 경우 제명 전에 해당 조합원에 대해 청문등 소명기회를 부여하여야 하며, 청문등 소명기회를 부여하였음에도 이에 응하지 아니한 경우에는 소명기회를 부여한 것으로 본다.

④ 조합원은 임의로 조합을 탈퇴할 수 없다. 다만, 부득이한 사유가 발생한 경우 총회의 의결에 따라 탈퇴할 수 있다.

제3장 시공자, 설계자 및 정비사업전문관리업자의 선정

제13조(시공자의 선정 및 계약) ① 시공자의 선정은 법 제20조에 의한 방법으로 선정하며, 시행령 제18조에서 정하는 규모 이하인 경우에는 이사회 회의를 거쳐 시공자 선정 조건(단독 응찰 포함) 및 선정 절차 등을 결정하여 총회에서 비밀투표로 시공자를 선정할 수 있다. 다만, 미응찰 등의 이유로 2회 이상 유찰된 경우에는 총회의 의결을 거쳐 수의 계약할 수 있다. 선정된 시공자를 변경하는 경우도 같다.

② 시공자의 계약 체결은 이사회와 충분히 계약서 내용을 검토·협의하고, 총회에서 인준 받아 계약을 체결한다. 계약내용을 변경하는 경우도 같다. 다만, 금전적인 부담이 수반되지 아니하는 사항의 변경은 경우 이사회의 인준을 받는다.

③ 조합은 제2항에 의하여 시공자와 체결한 계약서를 조합해산일까지 조합사무소에 비치하여야 하며, 조합원이 열람 또는 복사요구에 응하여야 한다. 이 경우 복사에 드는 비용은 복사를 원하는 조합원이 부담한다.

④ 시공자가 정당한 이유 없이 3개월 이내에 계약을 체결하지 아니 할 때에는 총회의 의결을 거쳐 해당 선정을 무효화 할 수 있으며 제2항의 계약내용에는 법 제20조제7항, 대지 및 건축물의 사용·처분, 공사비 및 부대비용 등 사업비의 부담, 시공보증, 시공상의 책임, 공사기간, 하자보수 책임 등에 관한 사항을 포함하여야 한다.

제14조(설계자의 선정 및 계약) ① 설계자는 건축사법 제23조에 적합하여야 하며, 총회의 의결을 거쳐 선정 또는 변경하여야 한다.② 제13조제1항, 제2항, 제3항은 설계자의 선정 및 계약에 관하여 이를 준용한다. 이 경우 "시공자"는 각각 "설계자"로 본다.

제15조(정비사업전문관리업자의 선정 및 계약) ① 조합이 정비사업전문관리업자를 선정 또는 계약하고자 하는 경우에는 제14조를 준용한다. 이 경우 "설계자"는 각각 "정비사업전문관리업자"로 본다. ② 조합은 정비사업전문관리업자가 도시정비법 제106조제1항에 의해 등록취소처분 등을 받은 경우, 처분 등을 통지받거나 처분 사실을 안 날로부터 3월 이내 당해 업무계약의 해지여부를 결정하여야 한다.③ 조합은 정비사업전문관리업자가 도시정비법 제106조제5항에 해당하게 되는 경우 즉시 업무를 중지시키고 관련서류를 인계받아야 한다.

제4장 임원 등

제16조(임원) ① 조합에는 다음 각 호의 임원을 둔다.

1. 조합장 1인
2. 이사 4인 이상 8인 이내(총무이사 포함)
3. 감사 1인

> ➡ **도시정비법**
>
> **법 제41조**(조합의 임원) ② 조합의 이사와 감사의 수는 대통령령으로 정하는 범위에서 정관으로 정한다.
>
> 영 제40조(조합임원의 수) 법 §41①에 따라 조합에 두는 이사의 수는 3명 이상으로 하고, 감사의 수는 1명 이상 3명 이하로 한다. 다만, 토지등소유자의 수가 100인을 초과하는 경우에는 이사의 수를 5명 이상으로 한다.
>
> 법 제46조(대의원회) ① 조합원의 수가 100명 이상인 조합은 대의원회를 두어야 한다.
> ② 대의원회는 조합원의 1/10 이상으로 구성한다. 다만, 조합원의 1/10이 100명을 넘는 경우에는 조합원의 1/10의 범위에서 100명 이상으로 구성할 수 있다.
> ③ 조합장이 아닌 조합임원은 대의원이 될 수 없다.
> 토지등소유자 수가 100인 이하로 대의원회가 아닌 이사회를 구성함

② 조합임원은 도시정비법 제41조제1항을 근거로 총회에서 조합원 과반수 출석과 출석 조합원 과반수의 동의를 얻어 조합원 중에서 선출하는 것을 원칙으로 하되, 후보자의 수가 제1항에서 정한 임원의 수를 초과할 경우에는 다득표순으로 선정한다. 다만, 임기 중 궐위된 경우에는 조합원 중에서 이를 보궐 선임한다(단, 총무이사는 이사 중 호선에 의해 조합장이 임명한다.)

> ➡ **도시정비법**
>
> 제41조(조합의 임원) ① 조합은 조합원으로서 정비구역에 위치한 건축물 또는 토지(재건축사업의 경우에는 건축물과 그 부속토지를 말한다. 이하 이 항에서 같다)를 소유한 자[하나의 건축물 또는 토지의 소유권을 다른 사람과 공유한 경우에는 가장 많은 지분을 소유(2인 이상의 공유자가 가장 많은 지분

을 소유한 경우를 포함한다)한 경우로 한정한다] 중 다음 각 호의 어느 하나의 요건을 갖춘 조합장 1명과 이사, 감사를 임원으로 둔다. 이 경우 조합장은 선임일부터 제74조제1항에 따른 관리처분계획인가를 받을 때까지는 해당 정비구역에서 거주(영업을 하는 자의 경우 영업을 말한다. 이하 이 조 및 제43조에서 같다)하여야 한다. <개정 19.4.23, 23.7.18>
1. 정비구역에 위치한 건축물 또는 토지를 5년 이상 소유할 것
2. 정비구역에서 거주하고 있는 자로서 선임일 직전 3년 동안 정비구역에서 1년 이상 거주할 것

부 칙 <법률 제19560호, 23.7.18>
제1조(시행일) 이 법은 공포 후 6개월이 경과한 날부터 시행한다. 다만, §41①의 개정규정은 공포한 날부터 시행한다.
제2조(조합임원의 자격에 관한 적용례) §41①의 개정규정은 같은 개정규정 시행 이후 조합임원을 선임(연임을 포함한다)하는 경우부터 적용한다.
제5조(조합임원 등의 신분보장에 관한 경과조치) 이 법 시행 전에 조합임원 또는 전문조합관리인이 된 자는 §43①의 개정규정에도 불구하고 해당 임기가 만료될 때까지 조합임원 또는 전문조합관리인의 지위를 유지한다.

조합임원이 되려면 그 선결조건으로 "하나의 건축물 또는 토지의 소유권을 다른 사람과 공유한 경우에는 가장 많은 지분을 소유(2인 이상의 공유자가 가장 많은 지분을 소유한 경우를 포함한다)한 경우로 한정한다"는 규정이 23.7.18 개정, 시행됨
이에 따라 2인 공유 시에는 최소 50% 지분이어야 가능하지만, 3인 공유한 경우에는 50% 미만이라도 과다지분의 공유자가 임원 자격이 있음.

③ 임원의 임기는 선임된 날부터 3년까지로 하되 임원은 총회의 의결을 거쳐 연임할 수 있다. 이때 임원의 임기는 최초·변경 선임은 선임된 날로부터, 연임은 총회일로부터, 보궐선임은 변경등기일로부터 개시된다.
④ 제2항 단서에 따라 보궐 선임된 임원의 임기는 전임자의 잔임기간으로 한다.
⑤ 임기가 만료된 임원은 그 후임자가 선임될 때까지 그 직무를 수행한다.

제17조(임원의 직무 등) ① 조합장은 조합을 대표하고 조합의 사무를 총괄하며 총회 및 이사회의 의장이 된다.
② 감사는 조합의 재산관리 또는 조합의 업무집행이 공정하지 못하거나 부정이 있음을 발견하였

을 때에는 총회에 보고하여야 하며, 조합장은 보고를 위한 총회를 소집하여야 한다. 이 경우 감사의 요구에도 조합장이 소집하지 아니 하는 경우에는 감사가 직접 이사회를 소집할 수 있으며 이사회 의결에 의하여 총회를 소집할 수 있다. 회의소집 절차와 의결방법 등은 제23조를 준용한다.

③ 감사는 제2항 직무 위배행위로 인해 감사가 필요한 경우 조합임원 또는 외부전문가로 구성된 감사위원회를 구성할 수 있다. 이 경우 감사는 감사위원회의 의장이 된다.

④ 다음 각 호의 경우에는 당해 안건에 관해 총무이사가 조합을 대표한다(총무이사가 없을 경우, 이사 중에서 연장자 순으로 함).

1. 조합장이 유고 등으로 인하여 그 직무를 수행할 수 없을 경우
2. 조합장이 자기를 위한 조합과의 계약이나 소송 등에 관련되었을 경우
3. 조합장의 해임에 관한 사항

⑤ 조합은 그 사무를 집행하기 위하여 필요하다고 인정하는 때에는 조합의 인사규정이 정하는 바에 따라 상근하는 임원 또는 유급직원을 둘 수 있다. 이 경우 조합의 인사규정은 미리 총회의 의결을 받아야 한다.

⑥ 조합 임원은 같은 목적의 사업을 시행하는 다른 조합·추진위원회 또는 당해 사업과 관련된 시공자·설계자·정비사업전문관리업자 등 관련 단체의 임원·위원 또는 직원을 겸할 수 없다.

제18조(임원의 결격사유 및 자격상실 등) ① 다음 각 호의 자는 조합의 임원이 될 수 없다.

1. 미성년자·금치산자 또는 한정치산자.
2. 파산선고를 받은 자로서 복권되지 아니한 자.
3. 금고 이상의 실형의 선고를 받고 그 집행이 종료(종료된 것으로 보는 경우를 포함한다)되거나 집행이 면제된 날부터 2년이 경과되지 아니한 자.
4. 금고 이상의 형의 집행유예를 받고 그 유예기간 중에 있는 자.
5. 빈집 및 소규모주택정비에 관한 특례법을 위반하여 벌금 100만 원 이상의 형을 선고받고 5년이 지나지 아니한 자.

② 임원이 제1항 각 호의 1에 해당하게 되거나 선임 당시 그에 해당하는 자이었음이 판명된 때에는 당연퇴임한다.

③ 제2항에 의하여 퇴임된 임원이 퇴임 전에 관여한 행위는 그 효력을 잃지 아니한다.

제19조(임원의 해임 등) ① 임원이 직무유기 및 태만 또는 관계법령 및 이 정관에 위반하여 조합에 부당한 손해를 초래한 경우에는 해임할 수 있다. 이 경우 사전에 해당 임원에 대해 청문 등 소명기회를 부여하여야 하며, 청문 등 소명기회를 부여하였음에도 이에 응하지 아니한 경우에는 소명기회를 부여한 것으로 본다. 다만, 제18조제2항에 의하여 당연 퇴임한 임원에 대해서는 해임절차 없이 그 사유가 발생한 날로부터 그 자격을 상실한다.

② 임원이 자의로 사임하거나 제1항에 의하여 해임되는 경우에는 지체 없이 새로운 임원을 선출하여야 한다. 이 경우 새로 선임된 임원의 자격은 구청장의 조합설립변경인가 및 법인의 임원 변경등기를 하여야 대외적으로 효력이 발생한다.

③ 임원의 해임은 조합원 1/10 이상 또는 임원 2/3 이상의 발의로 조합장(조합장이 해임 대상인 경우는 발의자 공동명의로 한다)이 소집한 총회에서 조합원 과반수의 출석과 출석조합원 과반수의 동의를 얻어 해임할 수 있다. 조합장이 해임 대상인 경우 발의자 대표의 임시사회로 선출된 자가 그 의장이 된다.

④ 제2항에 의하여 사임하거나 또는 해임되는 임원의 새로운 임원이 선임, 취임할 때까지 직무를 수행하는 것이 적합하지 아니하다고 인정될 때에는 이사회 의결에 따라 그의 직무수행을 정지하고 조합장이 임원의 직무를 수행할 자를 임시로 선임할 수 있다. 다만, 조합장이 사임하거나 퇴임·해임되는 경우에는 제17조제4항을 준용한다.

제20조(임직원의 보수 등) ① 조합은 상근임원 외의 임원에 대하여는 보수를 지급하지 아니한다. 다만, 조합장은 예산범위 내에서 지급할 수 있으며, 임원의 직무수행으로 발생되는 경비는 지급할 수 있다.

② 조합은 상근하는 임원 및 유급직원에 대하여 조합이 정하는 별도의 보수규정에 따라 보수를 지급하여야 한다. 이 경우 보수규정은 미리 총회의 의결을 거쳐야 한다.

③ 유급직원은 조합의 인사규정이 정하는 바에 따라 조합장이 임명한다. 이 경우 임명결과에 대하여 사후에 이사회의 인준을 받아야 하며 인준을 받지 못하면 즉시 해임하여야 한다.

제5장 기 관

제21조(총회의 설치) ① 조합에는 조합원 전원으로 구성하는 총회를 둔다.

② 총회는 정기총회·임시총회로 구분하며 조합장이 소집한다.

③ 정기총회는 매년 1회, 회계연도 종료일부터 3월 이내에 개최한다. 다만, 부득이한 사정이 있는 경우에는 3개월의 범위 내에서 사유와 기간을 명시하여 일시를 연장 변경할 수 있다.

④ 임시총회는 조합장이 필요하다고 인정하는 경우에 개최한다. 다만, 다음 각 호의 1에 해당하는 때에는 조합장은 해당일로부터 2월 이내에 총회를 개최하여야 한다.

1. 조합원 1/5 이상이 총회의 목적사항을 제시하여 청구하는 때.
2. 임원 2/3 이상으로부터 개최요구가 있는 때.

⑤ 제4항의 각 호에 의한 청구 또는 요구가 있는 경우로서 조합장이 2월 이내에 정당한 이유 없이 총회를 소집하지 아니하는 때에는 감사가 지체 없이 총회를 소집하여야 하며, 감사가 소집하지 아니하는 때에는 제4항 각 호에 의하여 소집을 청구한 자의 공동명의로 이를 소집한다.

⑥ 제2항 내지 제5항에 의하여 총회를 개최하거나 일시를 변경하는 경우에는 총회의 목적·안건·일시·장소·변경사유 등에 관하여 미리 이사회의 의결을 거쳐야 한다. 다만, 제5항에 의한 조합장이 아닌 공동명의로 총회를 소집하는 경우에는 그러하지 아니하다.

⑦ 제2항 내지 제5항에 의하여 총회를 소집하는 경우에는 회의개최 14일 전부터 회의목적·안건·일시 및 장소 등을 게시판에 게시하여야 하며 각 조합원에게는 회의개최 7일 전까지 등기우편으로 이를 발송, 통지하여야 한다. 다만, 법 제33조에 의한 관리처분계획의 수립 및 변경(법령에 따른 경미한 사항은 제외한다.)사항을 의결하기 위한 총회의 개최일부터 30일 전에 법 제33조제1항제3호부터 제6호까지에 해당하는 사항을 각 조합원에게 문서로 통지하여야 한다.

⑧ 총회는 제7항에 의하여 통지한 안건에 대해서만 의결할 수 있다.

제22조(총회의 의결사항) 다음 각 호의 사항은 총회의 의결을 거쳐 결정한다.

1. 정관의 변경(도시정비법 제40조제4항 단서에 의한 경미한 변경의 경우 법 또는 정관에서 총회의결사항으로 정한 경우에 한한다).
2. 자금의 차입과 그 방법·이율 및 상환방법.
3. 법 제42조에 의한 부과금의 금액 및 징수방법.

4. 정비사업비의 사용계획 등 예산안.

5. 예산으로 정한 사항 외에 조합원의 부담이 될 계약.

6. 시행대행자·시공자·설계자 또는 감정평가업자(법 제48조제5항에 따라 구청장이 선정·계약하는 감정평가업자는 제외한다)의 선정 및 변경. 다만, 감정평가업자 선정 및 변경은 총회 의결을 거쳐 구청장에게 위탁할 수 있다.

7. 정비사업전문관리업자의 선정 및 변경.

8. 조합임원의 선임 및 해임(임기 중 궐위된 자를 보궐선임하는 경우 제외한다).

9. 정비사업비의 조합원별 분담내역.

10. 법 제30조에 따른 사업시행계획서의 수립 및 변경(경미한 변경은 제외한다).

12. 법 제41조에 의한 청산금의 징수·지급(분할징수·분할지급을 포함한다)과 조합해산시의 회계 보고.

13 조합의 합병 또는 해산에 관한 사항.

14. 그 밖에 이 정관에서 총회의 의결 또는 인준을 거치도록 한 사항.

제23조(총회의 의결방법) ① 총회는 법, 이 정관에서 특별히 정한 경우를 제외하고는 조합원 과반수 출석으로 개의하고 출석조합원의 과반수 찬성으로 의결한다.

② 조합원은 서면 또는 제11조제2항 각 호에 해당하는 대리인을 통하여 의결권을 행사할 수 있다. 서면행사하는 경우에는 제1항에 의한 출석으로 본다.

③ 조합원은 제2항에 의하여 출석을 서면으로 하는 때에는 안건내용에 대한 의사를 표시하여 총회 전일까지 조합에 도착되도록 하여야 한다.

④ 조합원은 제2항에 의하여 출석을 대리인으로 하고자 하는 경우에는 위임장 및 대리인 관계를 증명하는 서류를 조합에 제출하여야 한다.

⑤ 총회 소집결과 정족수에 미달되는 때에는 재소집하여야 하며, 재소집의 경우에 도 정족수에 미달되는 때에는 이사회로 총회를 갈음할 수 있다(단, 제22조제1호·제2호·제5호 내지 제8호·제10호 및 제12호에 관한 사항은 그러하지 아니하다).

제24조(총회운영 등) ① 총회는 이 정관 및 의사진행의 일반적인 규칙에 따라 운영한다.

② 의장은 총회의 안건의 내용 등을 고려하여 다음 각 호에 해당하는 자등 조합원이 아닌 자

를 총회에 참석하여 발언하도록 할 수 있다.

1. 조합직원.
2. 공동사업시행자, 사업대행자, 정비사업전문관리업자, 시공자, 설계자 또는 협력업체.
3. 그 밖에 의장이 총회운영을 위하여 필요하다고 인정하는 자

③ 의장은 총회의 질서를 유지하고 의사를 정리하며, 고의로 의사진행을 방해하는 발언·행동 등으로 총회질서를 문란하게 하는 자에 대하여 그 발언의 정지·제한 또는 퇴장을 명할 수 있다.

④ 제1항과 제3항의 의사규칙은 이사회에서 정하여 운영할 수 있다.

제25조(이사회의 설치) ① 조합에는 조합의 사무를 집행하기 위하여 조합장과 이사로 구성하는 이사회를 둔다.

② 이사회는 조합장이 소집하며, 조합장은 이사회의 의장이 된다.

제26조(이사회의 사무) 이사회는 다음 각 호의 사무를 집행한다.

1. 조합의 예산승인 및 결산, 통상업무의 집행에 관한 사항.
2. 총회 상정안건의 심의·결정에 관한 사항.
3. 업무규정 등 조합 내부규정의 제정 및 개정안 작성에 관한 사항.
4. 궐위된 임원의 보궐선임.
5. 총회결의로 정한 예산의 범위 내에서의 용역계약 등.
6. 그 밖에 조합의 운영 및 사업시행에 관하여 필요한 사항.

제27조(이사회의 의결방법) ① 이사회는 대리인 참석이 불가하며, 구성원 과반수 출석으로 개의하고 출석 구성원 과반수 찬성으로 의결한다.

② 구성원 자신과 관련된 사항에 대하여는 그 구성원은 의결권을 행사할 수 없다.

③ 이사는 서면으로 이사회에 출석하거나 의결권을 행사할 수 없다.

제28조(감사의 이사회 출석권한 및 감사요청) ① 감사는 이사회에 출석하여 의견을 진술할 수 있다. 다만, 의결권은 가지지 아니한다.

② 이사회는 조합운영상 필요하다고 인정될 때에는 감사에게 조합의 업무에 대하여 감사를 실시하도록 요청할 수 있다.

제29조(의사록의 작성 및 관리) 조합은 총회 및 이사회의 의사록을 작성하여 청산 시까지 보관하여야 하며, 그 작성기준 및 관리 등은 다음 각호와 같다. 다만, 속기사의 속기록일 경우에는 제1호를 적용하지 아니한다.

1. 의사록에는 의사의 경과, 요령 및 결과를 기재하고 의장 및 출석한 이사가 기명날인하여야 한다.
2. 의사록은 조합사무소에 비치하여 조합원이 항시 열람할 수 있도록 하여야 한다.
3. 임원의 선임과 관련된 총회의 의사록을 구청장에게 송부하고자 할 때에는 임원 명부와 그 피선자격을 증명하는 서류를 첨부하여야 한다.

제6장 재정

제30조(조합의 회계) ① 조합의 회계는 매년 1월 1일(설립인가를 받은 당해년도는 인가일)부터 12월말 일까지로 한다.

② 조합의 예산·회계는 기업회계의 원칙에 따르되 조합은 필요하다고 인정하는 때에는 다음 사항에 관하여 별도의 회계규정을 정하여 운영할 수 있다. 이 경우 회계규정을 정할 때는 미리 총회의 인준을 받아야 한다.

1. 예산의 편성과 집행기준에 관한 사항.
2. 세입·세출예산서 및 결산보고서의 작성에 관한 사항.
3. 수입의 관리·징수방법 및 수납기관 등에 관한 사항.
4. 지출의 관리 및 지급 등에 관한 사항.
5. 계약 및 채무관리에 관한 사항.
6. 그 밖에 회계문서와 장부에 관한 사항.

③ 조합은 매 회계년도 종료일부터 3월 이내에 결산보고서를 작성한 후 감사의 의견서를 첨부하여 이사회에 제출하여 의결을 거쳐야 하며, 이사회 의결을 거친 결산보고서를 총회 또는 조합원에게 서면으로 보고하고 조합사무소에 이를 3월 이상 비치하여 조합원들이 열람할 수 있도록 하여야 한다.

④ 조합은 다음 각 호의 1에 해당하는 시기에 「주식회사의 외부감사에 관한 법률」 제3조에 의한 감사인의 회계감사를 받아야 한다.

1. 사업시행인가·고시일 전까지 납부 또는 지출된 금액이 7억 원 이상인 경우에 고시일부터 20일 이내.
2. 준공인가 신청일까지 납부 또는 지출된 금액이 14억 원 이상인 경우에 준공검사의 신청일부터 7일 이내.

⑤ 제4항에도 불구하고 비용의 납부 및 지출내역에 대하여 조합원 4/5 이상 동의할 경우 회계감사를 받지 아니할 수 있다.

⑥ 조합은 제4항에 의하여 실시한 회계감사 결과를 회계감사종료일로부터 15일 이내에 구청장에게 보고하고, 조합사무소에 이를 비치하여 조합원들이 열람할 수 있도록 하여야 한다.

⑦ 조합은 사업시행상 조력을 얻기 위하여 용역업자와 계약을 체결하고자 하는 경우에는 「국가를 당사자로 하는 계약에 관한 법률」의 내용을 준용하여 처리한다.

제31조(재원) 조합의 운영 및 사업시행을 위한 자금은 다음 각 호에 의하여 조달한다.

1. 조합원이 현물로 출자한 토지 및 건축물.
2. 조합원이 납부하는 정비사업비 등 부과금.
3. 건축물 및 부대·복리시설의 분양 수입금.
4. 조합이 금융기관(주택도시보증공사 포함), 사업대행자(신탁업자) 및 시공자 등으로부터 조달하는 차입금.
5. 서울특별시장이 융자하는 융자금(공사비 포함).
6. 대여금의 이자 및 연체료 등 수입금.
7. 청산금.
8. 그 밖에 조합재산의 사용수익 또는 처분에 의한 수익금.

제32조(정비사업비의 부과 및 징수) ① 조합은 사업시행에 필요한 비용을 충당하기 위하여 조합원에게 공사비 등 주택사업에 소요되는 비용(이하 "정비사업비")을 부과·징수 할 수 있다.
② 제1항에 의한 정비사업비는 총회 의결을 거쳐 부과할 수 있으며, 추후 사업시행구역안의 토지 및 건축물 등의 위치, 면적, 이용상황, 환경 등 제반여건을 종합적으로 고려하여 관리처분계획에 따라 공평하게 금액을 조정하여야 한다.
③ 조합은 납부기한 내에 정비사업비를 납부하지 아니한 조합원에 대하여는 금융기관에서 적용하는 연체금리의 범위 내에서 연체료를 부과할 수 있으며 법 제61조제4항에 따라 구청장에게 정비사업비의 징수를 위탁할 수 있다.
④ 조합의 운영 및 사업시행을 위한 자금을 조합이 특별시장, 광역시장, 금융기관(주택도시보증공사 포함) 및 사업대행자(신탁업자)로부터 융자받을 경우 이에 동의하며, 사업이 추진되지 못하는 사유가 발생하여 조합이 융자금을 상환하지 못할 경우 조합원이 지분에 비례하여 채무를 인수한다.

제33조(융자금액 상환에 관한 사항) 조합은 사업대행자, 시공자, 금융기관 등으로부터 공공기관 융자금을 상환할 자금을 대여받은 경우에는 이를 우선상환한다.

제34조(융자 신청 당시 담보 등을 제공한 조합장 등이 변경될 경우 채무승계에 관한 사항) 융자 신청당시 담보 등을 제공한 조합장 등이 변경될 경우 새로운 조합장 등은 종전 조합장 등의 공공융자금에 대한 연대보증 및 담보제공 등의 채무에 관한 내용을 승계한다.

제7장 사 업 시 행

제35조(사업시행계획의 동의) 조합은 사업시행계획인가를 신청하기 전에 미리 총회를 개최하여 조합원 과반수의 의결을 얻어야 한다. 다만 시행령 제26조에 의한 경미한 변경은 이사회의 동의를 얻어야 한다.

제36조(이주대책) ① 사업시행으로 주택이 철거되는 조합원은 사업을 시행하는 동안 이주하여야 한다.
② 조합은 이주비의 지원을 희망하는 조합원에게 조합이 직접 금융기관과 약정을 체결하거나, 사업대행자 또는 시공자와 약정을 체결하여 지원하도록 알선할 수 있다. 이 경우 이주비를 지원받은 조합원은 사업시행구역안의 소유 토지 및 건축물을 담보로 제공하여야 한다.
③ 제2항에 의하여 이주비를 지원받은 조합원 또는 그 권리를 승계한 조합원은 지원받은 이주비를 주택 등에 입주 시까지 사업대행자 또는 시공자(또는 금융기관)에게 환불하여야 한다.
④ 조합원은 조합이 정하여 통지하는 이주기한 내에 당해 건축물에서 퇴거하여야 하며, 세입자 또는 임시거주자 등이 있을 때에는 당해 조합원의 책임으로 함께 퇴거하도록 조치하여야 한다.
⑤ 조합원은 본인 또는 세입자 등이 당해 건축물에서 퇴거하지 아니하여 기존 주택 등의 철거 등 사업시행에 지장을 초래하는 때에는 그에 따라 발생되는 모든 손해에 대하여 변상할 책임을 진다.
⑥ 제5항에 의하여 조합원이 변상할 손해금액과 징수방법 등은 이사회에서 정하여 총회의 승인을 얻어 당해 조합원에게 부과하며, 이를 기한 내에 납부하지 아니한 때에는 당해 조합원의 권리물건을 환가처분하여 그 금액으로 충당할 수 있다.

제36조의2(부동산의 신탁) ① 가로주택정비사업의 원활한 추진을 위하여 조합원은 조합이 지정하는 기간 이내에 조합원의 소유로 되어있는 사업시행지구안의 토지 또는 주택등에 대하여 주택도시보증공사등에 신탁등기를 완료하여야 하며, 등기기간 내에 신탁등기를 이행치 않을 경우 조합은 신탁등기이행의 소를 제기할 수 있다.
➡ 도시정비법에 의한 사업시행자가 조합인 재건축사업에서 조합으로의 신탁등기의무를 이행하지 않는 경우, 조합정관에서 신탁등기이행의 소를 제기하는 조문을 대부분 두고 있음.
② 조합은 신탁된 조합원의 재산권을 가로주택 시행목적에 적합하게 행사하여야 하며, 가로주

택 정비사업이 종료되면 즉시 신탁을 해지하고 위탁자인 조합원에게 반환하여야 한다.
③ 조합원이 신탁등기 의무를 지연하거나 이행하지 아니하여 사업시행에 지장을 초래하는 때에는 해당 조합원은 그에 따라 발생되는 모든 손해에 대하여 변상할 책임을 지고 부담하며, 이 경우 변상할 손해 금액과 징수 방법 등에 관하여는 제36조(이주대책)제6항을 준용한다.
④ 경매로 매입한 조합원은 매입 후 1개월 이내에 신탁하여야 하며, 이에 응하지 않을 경우에는 위 제3항을 준용한다.

제37조(지장물 철거 등) ① 조합은 사업시행계획인가(관리처분계획) 후, 사업시행구역안의 건축물을 철거할 수 있다.
② 조합은 제1항에 의하여 건축물을 철거하고자 하는 때에는 30일 이상의 기간을 정하여 구체적인 철거계획에 관한 내용을 미리 조합원 등에게 통지하여야 한다.
③ 사업시행구역안의 통신시설, 전기시설, 급수시설, 도시가스시설 등 공급시설에 대하여는 당해 시설물 관리권자와 협의하여 철거 기간이나 방법 등을 따로 정할 수 있다.
④ 조합원의 이주 후 건축법 제27조에 의한 철거 및 멸실신고는 조합이 일괄 위임받아 처리하도록 한다.

제38조(보상의 예외 등) 사업시행구역안의 철거되는 일체의 지장물 중 등기 또는 행정기관의 공부에 등재되지 아니한 지장물은 보상대상이 될 수 없다.

제39조(지상권 등 계약의 해지) ① 조합은 사업의 시행으로 인하여 지상권·전세권 또는 임차권의 설정 목적을 달성할 수 없는 권리자가 계약상 금전의 반환청구권을 조합에 행사할 경우 조합은 당해 금전을 지급할 수 있다.
② 조합은 제1항에 의하여 금전을 지급하였을 경우 당해 조합원에게 이를 구상할 수 있으며 구상되지 아니 한 때에는 당해 조합원에게 귀속될 건축물을 압류할 수 있으며 이 경우 압류한 권리는 저당권과 동일한 효력을 가진다.
③ 법 제29조에 따라 사업시행계획인가를 받은 경우 지상권·전세권 설정계약 또는 임대차계약의 계약기간에 대하여는 민법 제280조·제281조 및 제312조제2항, 주택임대차보호법 제4조제1항, 상가건물임대차보호법 제9조제1항은 이를 적용하지 아니한다.

제40조(매도청구 등) ① 조합은 가로주택정비사업을 시행함에 있어 법 제23조에 의한 조합설립의 동의를 하지 아니한 자의 토지 또는 건축물에 대하여는 법 제35조에 따라 매도청구를 할 수 있다. 이 경우 재건축결의는 조합설립의 동의로 보며, 구분소유권 및 대지사용권은 사업시행구역안의 매도청구의 대상이 되는 토지 또는 건축물의 소유권과 그 밖의 권리로 본다.
② 제1항에 의한 매도청구 시, 매도청구의 소에 관한 조합측 당사자는 조합장에게 있다.
④ 경매로 매입한 조합원은 매입 후 1개월 이내에 신탁하여야 하며 이에 응하지 않을 경우에는 위 제3항을 준용한다.

제37조(지장물 철거 등) ① 조합은 사업시행계획인가(관리처분계획) 후, 사업시행구역안의 건축물을 철거할 수 있다.
② 조합은 제1항에 의하여 건축물을 철거하고자 하는 때에는 30일 이상의 기간을 정하여 구체적인 철거계획에 관한 내용을 미리 조합원 등에게 통지하여야 한다.
③ 사업시행구역안의 통신시설, 전기시설, 급수시설, 도시가스시설 등 공급시설에 대하여는 당해 시설물 관리권자와 협의하여 철거 기간이나 방법 등을 따로 정할 수 있다.
④ 조합원의 이주 후 건축법 제27조에 의한 철거 및 멸실신고는 조합이 일괄 위임받아 처리하도록 한다.

제38조(보상의 예외 등) 사업시행구역안의 철거되는 일체의 지장물 중 등기 또는 행정기관의 공부에 등재되지 아니한 지장물은 보상대상이 될 수 없다.

제39조(지상권 등 계약의 해지) ① 조합은 사업의 시행으로 인하여 지상권·전세권 또는 임차권의 설정 목적을 달성할 수 없는 권리자가 계약상 금전의 반환청구권을 조합에 행사할 경우 조합은 당해 금전을 지급할 수 있다.
② 조합은 제1항에 의하여 금전을 지급하였을 경우 당해 조합원에게 이를 구상할 수 있으며 구상되지 아니 한 때에는 당해 조합원에게 귀속될 건축물을 압류할 수 있으며 이 경우 압류한 권리는 저당권과 동일한 효력을 가진다.
③ 법 제29조에 따라 사업시행계획인가를 받은 경우 지상권·전세권 설정계약 또는 임대차계약의 계약기간에 대하여는 민법 제280조·제281조 및 제312조제2항, 주택임대차보호법 제4조제1항, 상가건물임대차보호법 제9조제1항은 이를 적용하지 아니한다.
제40조(매도청구 등) ① 조합은 가로주택정비사업을 시행함에 있어 법 제23조에 의한 조합설립

의 동의를 하지 아니한 자의 토지 또는 건축물에 대하여는 법 제35조에 따라 매도청구를 할 수 있다. 이 경우 재건축결의는 조합설립의 동의로 보며, 구분소유권 및 대지사용권은 사업시행구역안의 매도청구의 대상이 되는 토지 또는 건축물의 소유권과 그 밖의 권리로 본다.
② 제1항에 의한 매도청구 시, 매도청구의 소에 관한 조합측 당사자는 조합장에게 있다.

제41조(소유자의 확인이 곤란한 건축물 등에 대한 처분) ① 조합은 사업을 시행함에 있어 조합설립인가일 현재 토지 또는 건축물의 소유자의 소재확인이 현저히 곤란한 경우 전국적으로 배포되는 2 이상의 일간신문에 2회 이상 공고하고, 그 공고한 날부터 30일 이상이 지난 때에는 그 소유자의 소재확인이 현저히 곤란한 토지 또는 건축물의 감정평가액에 해당하는 금액을 법원에 공탁하고 사업을 시행할 수 있다. 이 경우 그 감정평가액은 구청장이 추천하는 감정평가업자 2인 이상이 평가한 금액을 산술평균하여 산정한다.

> ➡ **21.7.20개정 신설된 소규모주택정비법상 조문임**
> 소규모주택정비법 제38조의2(소유자의 확인이 곤란한 건축물 등에 대한 처분) ① 사업시행자는 다음 각 호에서 정하는 날 현재 토지 또는 건축물의 소유자의 소재 확인이 현저히 곤란한 때에는 전국적으로 배포되는 둘 이상의 일간신문에 2회 이상 공고하고, 공고한 날부터 30일 이상이 지난 때에는 그 소유자의 해당 토지 또는 건축물의 감정평가액에 해당하는 금액을 법원에 공탁하고 사업을 시행할 수 있다.
> 1. 시장·군수등 또는 토지주택공사등이 사업을 시행하는 경우에는 같은 조 제2항에 따른 시행자 지정고시일.
> 2. 지정개발자를 사업시행자로 지정하는 경우에는 같은 조 제2항에 따른 지정개발자 지정고시일.
> 3. 소규모재개발사업 또는 자율주택정비사업의 경우에는 주민합의체 구성의 신고일
> 4. 조합이 사업시행자가 되는 경우에는 조합설립인가일.
> ② 조합이 가로주택정비사업, 소규모재건축사업 또는 소규모재개발사업을 시행하는 경우 조합설립인가일 현재 조합원 전체의 공동소유인 토지 또는 건축물은 조합 소유의 토지 또는 건축물로 본다.

② 사업을 시행함에 있어 조합설립인가일 현재 조합원 전체의 공동소유인 토지 또는 건축물에 대하여는 조합소유의 토지 또는 주택 등으로 보며 조합 소유로 보는 토지 또는 건축물의 처분에 관한 사항은 이를 관리처분계획에 명시한다.

제8장 관리처분계획

제42조(분양통지 및 공고 등) 조합은 법 제26조 또는 법 제27조에 따른 심의결과를 통지받은 날부터 90일 이내에 다음 각 호의 사항을 토지등소유자에게 통지하고, 시행령 제25조제1항의 사항을 해당지역에서 발간되는 일간신문에 공고하여야 한다.

1. 분양대상자별 종전의 토지 또는 건축물의 명세 및 법 제26조 또는 법 제27조에 따른 심의결과를 통지받은 날을 기준으로 한 가격(건축심의 전에 철거된 건축물은 구청장에게 허가를 받은 날을 기준으로 한 가격).

2. 분양대상별 분담금의 추산액.

3. 분양신청기간(소규모주택정비법 제28조제1항. 이하 영 제25조제1항).

4. 사업의 종류·명칭 및 사업시행구역의 위치·면적.

5. 영 제24조제1항제2호부터 제5호까지의 사항.[44]

6. 분양대상 대지 또는 건축물의 내역.

7. 분양신청 자격 및 방법.

8. 분양신청 기간 및 장소.

9. 토지등소유자 외 권리자의 권리신고 방법.

10. 분양신청을 하지 아니한 자에 대한 조치.

11. 분양신청 안내문(서울시 소규모주택정비조례 제31조제1항. 이하 같음).

12. 철거 및 이주예정일.

▶ 시행령이나 조례 조문을 그대로 기재하는 것보다 구체적으로 포기하는 것이 좋음. 소규모주택정비법 제28조제1항, 시행령 제25조제1항, 서울시 소규모주택정비조례 제31조제1항

---

44. 소규모주택정비법 시행령 제24조(건축심의 등) ① 법 제26조제1항에서 "건축물의 높이·층수·용적률 등 대통령령으로 정하는 사항"이란 다음 각 호의 사항을 말한다. 다만, 사업시행구역이 「국토계획법」 제51조에 따라 지정된 지구단위계획구역인 경우로서 같은 법 제30조제3항에 따라 중앙도시계획위원회 또는 시·도 도시계획위원회의 심의(건축위원회와 도시계획위원회가 공동으로 하는 심의를 포함한다)를 거친 사항은 제외한다.
    <개정 18.12.31, 19.10.22, 21.9.17>
    2. 건축물의 주용도·건폐율·용적률 및 높이에 관한 계획(「건축법」 제77조의4에 따라 건축협정을 체결한 경우 건축협정의 내용을 포함한다.)
    3. 건축물의 건축선에 관한 계획3의2. 「건축법」 제69조에 따른 특별건축구역과 같은 법 제77조의2에 따른 특별가로구역의 지정에 관한사항
    4. 정비기반시설의 설치계획
    5. 공동이용시설의 설치계획

제43조(분양신청 등) ① 제42조제3호의 분양신청기간은 그 통지한 날부터 30일 이상 60일 이내로 한다. 다만, 조합은 관리처분계획의 수립에 지장이 없다고 판단되는 경우에는 분양신청기간을 20일 범위 이내에서 연장할 수 있다.

② 토지 또는 건축물을 분양받고자 하는 조합원은 분양신청서에 소유권의 내역을 명시하고, 그 소유의 토지 및 건축물에 관한 등기부등본 등 그 권리를 입증할 수 있는 증명서류를 조합에 제출하여야 한다.

③ 제1항 및 제2항에 의한 분양신청서를 우편으로 제출하고자 할 경우에는 그 신청서가 분양신청기간 내에 발송된 것임을 증명할 수 있도록 등기우편 등으로 제출하여야 한다.

④ 조합은 조합원이 다음 각 호의 1에 해당하는 경우에는 법 제36조에 따라 현금으로 청산한다.
1. 분양신청을 하지 아니한 자.
2. 분양신청기간 종료 이전에 분양신청을 철회한 자.
3. 인가된 관리처분계획에 따라 분양대상에서 제외된 자.

⑤ 조합원은 관리처분계획인가 후 조합에서 별도로 정한 기일 이내에 분양계약체결을 하여야 하며 분양계약체결을 하지 않는 경우 제4항을 준용한다.

제44조(보류지) 분양대상의 누락, 착오 등의 사유로 인한 관리처분계획의 변경과 소송 등의 사유로 향후 추가분양이 예상되는 경우 분양하는 공동주택 총 건립세대수의 ○% 이내와 부대·복리시설의 일부를 보류지로 정할 수 있다.

> ➡ 서울시 소규모주택정비조례 제52조의2(관련 자료의 인계)제1항에서는 민간사업시행자는 사업을 완료, 폐지된 경우 제11호인 "보류지 및 체비시설의 처분에 대한 분양 관계서류"를 구청장에게 인계하도록 함.
>
> **서울시 도시정비조례**
> 제44조(보류지 등) ① 사업시행자는 제38조에 따라 주택 등을 공급하는 경우 분양대상자의 누락·착오 및 소송 등에 대비하기 위하여 법 제79조제4항에 따른 보류지(건축물을 포함한다. 이하 같다)를 다음 각 호의 기준에 따라 확보하여야 한다.
> 1. 법 제74조 및 제79조에 따른 토지등소유자에게 분양하는 공동주택 총 건립세대수의 1% 범위의 공동주택과 상가 등 부대·복리시설의 일부를 보류지로 정할 수 있다.
> 2. 사업시행자가 제1호에 따른 1%의 범위를 초과하여 보류지를 정하려면 구청장에게 그 사유 및 증명 서류를 제출하여 인가를 받아야 한다.

제45조(관리처분계획의 기준) 조합원의 소유재산에 관한 관리처분계획은 분양신청 및 공사비가 확정된 후 건축물 철거 전에 수립하며 다음 각 호의 기준에 따라 수립하여야 한다.

1. 조합원이 출자한 종전의 토지 및 건축물의 가격/면적을 기준으로 새로이 건설되는 주택 등을 분양함을 원칙으로 한다.

2. 사업시행 후 분양받을 건축물의 면적은 분양면적(전용면적+공유면적)을 기준으로 하며, 1필지의 대지위에 2인 이상에게 분양될 건축물이 설치된 경우에는 건축물의 분양면적의 비율에 의하여 그 대지소유권이 주어지도록 하여야 한다. 이 경우 토지의 소유관계는 공유로 한다.

3. 조합원에게 분양하는 주택의 규모는 심의 결과를 통지받은 후 평형별로 확정한다.

4. 조합원에 대한 신축 건축물의 평형별 배정에 있어 조합원 소유 종전 건축물의 가격·면적·유형·규모 등에 따라 우선순위를 정할 수 있다.

5. 조합원이 출자한 종전의 토지 및 건축물의 면적을 기준으로 산정한 주택의 분양대상면적과 사업시행 후 조합원이 분양받을 주택의 규모에 차이가 있을 때에는 당해 사업계획서에 의하여 산정하는 평형별 가격을 기준으로 환산한 금액의 부과 및 지급은 제53조 및 제54조를 준용한다.

6. 사업시행구역 안에 건립하는 상가 등 부대·복리시설은 조합이 시공자와 협의하여 별도로 정하는 약정에 따라 공동주택과 구분하여 관리처분계획을 수립할 수 있다.

7. 조합원에게 공급하고 남는 잔여주택이 30세대 이상인 경우에는 일반에게 분양하며, 그 잔여주택의 공급시기와 절차 및 방법 등에 대하여는 주택공급에 관한 규칙이 정하는 바에 따라야 한다. 잔여주택이 30세대 미만인 경우에는 그러하지 아니하다.

8. 토지등소유자에 대한 주택의 공급 수는 소규모주택정비법 제33조(관리처분계획의 내용 및 수립기준)에 따른다.

9. 종전의 토지 또는 건축물의 평가는 감정평가업자 2인 이상이 평가한 금액을 산술평가한 금액으로 한다.

10. 분양예정인 주택 및 부대·복리시설(부속되는 토지를 포함한다)의 평가는 감정평가업자 2인 이상이 평가한 금액을 산술평가한 금액으로 한다.

11. 그 밖에 관리처분계획을 수립하기 위하여 필요한 세부적인 사항은 관계규정 등에 따라 조합장이 정하여 이사회의 의결을 거쳐 시행한다.

12. 소규모주택정비법 시행령 제31조제1항제3호 단서에 따른 사항은 분양대상에 포함하며, 동조 제2항제2호 가목 및 나목에서 정관으로 정하는 비율은 0.1로 한다.

> **소규모주택정비법 시행령**
>
> 제31조(관리처분의 방법) ① 법 제33조에 따른 가로주택정비사업 및 소규모재개발사업 관리처분의 방법은 다음 각 호와 같다. <개정 21.9.17, 22.1.18>
>
> 3. 토지등소유자(지상권자를 제외한다. 이하 이 조에서 같다)에게 분양할 것. 다만, 공동주택을 분양하는 경우 시도 조례로 정하는 금액·규모·취득시기 또는 유형에 관한 기준에 부합하지 아니하는 토지등소유자는 시도 조례로 정하는 바에 따라 분양대상에서 제외할 수 있다.
>
> ② 법 제33조에 따른 소규모재건축사업 관리처분의 방법은 다음 각 호와 같다. 다만, 조합이 조합원 전원의 동의를 받아 그 기준을 따로 정하는 경우에는 그에 따른다.
>
> 1. 생략
>
> 2. 기존 부대·복리시설(부속토지를 포함한다. 이하 이 호에서 같다)의 소유자에게는 새로 건설되는 부대·복리시설을 공급할 것. 다만, 다음 각 목의 어느 하나에 해당하는 경우에는 하나의 주택을 공급할 수 있다.
>
> 가. 새로운 부대·복리시설을 건설하지 아니하는 경우로서 기존 부대·복리시설의 가액이 분양주택 중 최소분양단위 규모의 추산액에 정관등으로 정하는 비율(정관등으로 정하는 비율이 없는 경우에는 1을 말한다. 이하 이 조에서 같다)을 곱한 가액보다 큰 경우.
>
> 나. 기존 부대·복리시설의 가액에서 새로 공급받는 부대·복리시설의 추산액을 뺀 금액이 분양주택 중 최소분양단위 규모의 추산액에 정관등으로 정하는 비율을 곱한 가액보다 큰 경우.
>
> 다. 새로 건설한 부대·복리시설 중 최소분양 단위규모의 추산액이 분양주택 중 최소분양 단위규모의 추산액보다 큰 경우.

13. 시행령 제30조제1항제3호에 따라 정관에서 정하는 비율은 1주택을 공급하는 경우에는 최대분양단위를 공급할 수 있는 비율로 하며, 2주택 또는 3주택을 공급하는 경우에는 추가로 분양받는 주택의 50%를, 부대·복리시설을 공급하는 경우에는 10%를 기준으로 정한다.

제46조(분양받을 권리의 양도 등) ① 조합원은 조합원의 자격이나 권한, 입주자로 선정된 지위 등을 양도한 경우에는 조합에 변동 신고를 하여야 하며, 양수자에게는 조합원의 권리·의무, 자신이 행하였거나 조합이 자신에게 행한 처분·절차, 청산 시 권리·의무에 범위 등이 포괄 승계됨을 명확히 하여 양도하여야 한다.

② 제1항에 의하여 사업시행구역안의 토지 또는 건축물에 대한 권리를 양도받은 자는 등기부 등본 등 증명서류를 첨부하여 조합에 신고하여야 하며, 신고하지 아니 하면 조합에 대항할 수 없다.

③ 조합은 조합원의 변동이 있는 경우 변경의 내용을 증명하는 서류를 첨부하여 구청장에 신고하여야 한다.

제47조(관리처분계획의 통지 등) ① 조합은 사업시행계획인가·고시가 있는 때, 지체 없이 다음 각 호의 사항을 분양신청을 한 각 조합원에게 통지하여야 한다.

1. 사업의 명칭.
2. 사업시행구역의 면적.
3. 조합의 명칭 및 주된 사무소의 소재지.
4. 관리처분계획인가일.
5. 분양대상자별로 기존의 토지 또는 건축물의 명세 및 가격과 분양예정인 토지 또는 건축물의 명세 및 추산가액.

② 사업시행계획인가·고시가 있는 때에는 종전의 건축물의 소유자·지상권자·전세권자·임차권자 등 권리자는 법 제40조에 의한 이전고시가 있은 날(이하 "이전고시일")까지 종전의 토지 또는 건축물에 대하여 이를 사용하거나 수익할 수 없다. 다만, 조합의 동의를 얻은 경우에는 그러하지 아니한다.

③ 조합원의 동·호수 추첨은 조합에서 선정한 은행 또는 금융결제원의 전산추첨을 원칙으로 경찰관 입회하에 공정하게 실시하여야 하며 추첨결과는 구청장에게 통보하여야 한다.

제9장 완료조치

제48조(준공인가 및 입주통지 등) ① 조합은 구청장으로부터 준공인가증을 교부 받은 때에는 지체 없이 조합원에게 입주하도록 통지하여야 한다.

② 조합은 제1항에 의하여 입주통지를 한 때에는 관계 법령이 정하는 바에 따라 등기신청을 할 수 있도록 필요한 조치를 하여야 하며, 토지 및 건축물 중 일반분양분에 대해서는 조합명의로 등기한 후 매입자가 이전등기절차를 이행하도록 하여야 한다.

제49조(이전고시 등) ① 조합은 공사의 완료·고시가 있은 때에는 지체 없이 토지확정측량을 하고 토지의 분할절차를 거쳐 조합원과 일반분양자에게 이전하여야 한다. 다만, 사업의 효율적인 추진을 하는데 필요한 경우에는 당해 사업에 관한 공사가 전부 완료되기 전에 완공된 부분에 대하여 준공인가를 받아 토지 및 건축물별로 이를 분양받을 자에게 이전할 수 있다.

② 조합은 제1항에 의하여 건축물을 이전하고자 하는 때에는 조합원과 일반분양자에게 통지하고 그 내용을 당해 지방자치단체 공보에 고시한 후 이를 구청장에게 보고하여야 한다.

제50조(대지 및 건축물에 대한 권리의 확정) 대지 또는 건축물을 분양받을 자에게 법 제40조에 의하여 소유권을 이전한 경우 종전의 토지 또는 건축물에 설정된 지상권·전세권·저당권·가등기담보권·가압류 등 등기된 권리 및 주택임대차보호법 제3조제1항의 요건을 갖춘 임차권은 소유권을 이전받은 대지 또는 건축물에 설정된 것으로 본다.

제51조(등기절차 등) 조합은 법 제40조에 의한 이전고시가 있은 때에는 지체 없이 토지 및 건축물에 관한 등기를 서울중앙지방법원 또는 등기소에 촉탁 또는 신청하여야 한다.

제52조(청산금 등) ① 토지 또는 건축물을 분양받은 자가 종전에 소유하고 있던 토지 또는 건축물의 가격과 분양받은 토지 또는 건축물의 가격 사이에 차이가 있는 경우에는 조합은 이전고시일 후에 그 차액에 상당하는 금액(이하 "청산금")을 분양받은 자로부터 징수하거나 분양받은 자에게 지급하여야 한다. 다만, 분할징수 및 분할지급에 대하여 총회의 의결을 거쳐 따로 정한 경우에는 관리처분계획인가 후부터 이전고시일까지 일정기간 별로 분할징수하거나 분할 지급할 수 있다.

▶ 소규모주택정비법 법 제41조(청산금 등)

② 제1항을 적용함에 있어서 종전에 소유하고 있던 토지 또는 건축물의 가격과 분양받은 토지 또는 건축물의 가격은 감정평가업자 2인 이상이 평가한 금액을 산술평균하여 산정한다.

③ 제2항의 분양받은 토지 또는 건축물의 가격산정에 있어 다음 각 호의 비용을 가산한다. 다만, 법 제44조에 의한 보조금은 이를 공제하여야 한다.

1. 조사·측량·설계 및 감리에 소요된 비용.
2. 공사비.
3. 정비사업의 관리에 소요된 등기비용·인건비·통신비·사무용품비·이자 사업대행자의 보수 비용 및 그 밖에 필요한 경비.
4. 법 제44조에 의한 융자금이 있는 경우에는 그 이자에 해당하는 금액.
5. 정비기반시설 및 공동이용시설의 설치에 소요된 비용(법 제44조에 의하여 구청장이 부담한 비용을 제외한다).

▶ 소규모주택정비법 법 제44조(보조 및 융자)

6. 안전진단의 실시, 정비사업전문관리업자의 선정, 회계감사, 감정평가비용.
7. 그 밖의 정비사업 추진과 관련하여 지출한 비용으로서 총회에서 포함하기로 정한 것.

제53조(청산금의 징수방법) ① 청산금을 납부하지 않은 조합원이 있을 경우 조합은 청산금 납부 요청을 2회 이상 최고하고 최고최종일로부터 1월 이내 구청장에게 청산금과 연체료의 징수를 위탁할 수 있다.

② 청산금을 지급받을 조합원이 이를 받을 수 없거나 거부한 때에는 조합은 그 청산금을 공탁한다.

③ 청산금을 지급받을 권리 또는 이를 징수할 권리는 이전고시일 다음 날부터 5년간 이를 행사하지 아니하면 소멸한다.

▶ 소규모주택정비법 제56조에서 청산금의 징구방법 등에 대해 도시정비법 제90조를 준용함

제54조(조합의 해산) ① 조합은 준공인가를 받은 날로부터 1년 이내에 이전고시 및 건축물 등에 대한 등기절차를 완료하고 총회를 소집하여 해산의결을 하여야 하며, 해산을 의결한 경우 구청장에게 신고하여야 한다. 이 경우 민법 제78조에도 불구하고 총 조합원 과반수이상의 동

의로 해산 의결한다.

② 조합이 해산의결을 한 때에는 해산의결 당시의 임원이 청산인이 된다.

③ 조합이 해산하는 경우에 청산에 관한 업무와 채권의 추심 및 채무의 변제 등에 관하여 필요한 사항은 본 정관이 정하는 것 이외에는 민법의 관계규정에 따른다.

▶ 민법 제78조(사단법인의 해산결의) 사단법인은 총사원 3/4 이상의 동의가 없으면 해산을 결의하지 못한다. 그러나 정관에 다른 규정이 있는 때에는 그 규정에 의한다.

제55조(청산인의 임무) 청산인은 다음 각 호의 업무를 성실히 수행하여야 한다.

1. 현존하는 조합의 사무종결.
2. 채권의 추심 및 채무의 변제.
3. 잔여재산의 처분.
4. 그 밖의 청산에 필요한 사항.

제56조(채무변제 및 잔여재산의 처분) 청산 종결 후 조합의 채무 및 잔여재산이 있을 때에는 해산 당시의 조합원에게 분양받은 토지 또는 건축물의 부담비용 등을 종합적으로 고려하여 형평이 유지되도록 공정하게 배분하여야 한다.

제57조(관계 서류의 이관) 조합은 사업을 완료하거나 폐지한 때에는 조례가 정하는 바에 따라 관계 서류를 구청장에게 인계하여야 한다.

제10장 보 칙

제58조(관련 자료의 공개와 보존) ① 조합(조합임원을 포함한다)은 정비사업의 시행에 관한 다음 각 호의 서류 및 관련 자료가 작성되거나 변경된 후 15일 이내에 이를 조합원, 토지등소유자 또는 세입자가 알 수 있도록 인터넷과 그 밖의 방법을 병행하여 공개하여야 하며, 조합원 또는 토지등소유자의 열람·복사 요청이 있는 경우 즉시 이에 응하여야 한다. 이 경우 등사에 필요한 비용은 실비의 범위 안에서 청구인의 부담으로 한다.
1. 정관 등.
2. 설계자·시공자·철거업자 및 정비사업전문관리업자 등 용역업체의 선정계약서.
3. 준비위원회·주민총회·조합총회 및 조합의 이사회의 의사록.
4. 사업시행계획서(관리처분계획 포함).
5. 해당 정비사업의 시행에 관한 공문서.
6. 회계감사보고서.
7. 월별 자금의 입금·출금 세부내역.
8. 그 밖에 정비사업 시행에 관하여 관계 법령으로 정하는 서류 및 관련 자료 ② 제1항에 따른 서류 및 관련 자료와 총회 또는 중요한 회의가 있는 때에는 속기록·녹음 또는 영상자료를 만들어 이를 청산 시까지 보관하여야 하며, 제1항에 따라 공개의 대상이 되는 서류 및 관련 자료의 경우 분기별로 공개 대상의 목록, 개략적인 내용, 공개장소, 열람·복사 방법 등을 시행령 제94조제2항에 정하는 방법과 절차에 따라 조합원 또는 토지등소유자에게 서면으로 통지하여야 한다.
③ 제1항에 따라 공개 및 열람·복사 등을 하는 경우에는 주민등록번호를 제외하고 공개하여야 하며, 그 밖의 공개 절차 등 필요한 사항은 시행규칙이 정하는 바에 따른다.

> ▶ 소규모주택정비법 제56조제1항에서 도시정비법 제124조를 준용함.
>
> **도시정비법 제124조제1항, 제2항, 시행령 제94조제2항**
>
> 도시정비법 시행령 제94조(자료의 공개 및 통지 등) ② 추진위원장 또는 사업시행자(조합의 경우 조합임원, 법 제25조제1항제2호에 따라 재개발사업을 토지등소유자가 시행하는 경우 그 대표자를 말한다)는 법 제124조제2항에 따라 매 분기가 끝나는 달의 다음 달 15일까지 다음 각 호의 사항을 조합원 또는 토지등소유자에게 서면으로 통지하여야 한다.

1. 공개 대상의 목록
2. 공개 자료의 개략적인 내용
3. 공개 장소
4. 대상자별 정보공개의 범위
5. 열람·복사 방법
6. 등사에 필요한 비용

제59조(약정의 효력) 조합이 사업시행에 관하여 시공자 및 설계자, 정비사업전문관리업자와 체결한 약정은 관계 법령 및 이 정관이 정하는 범위 안에서 조합원에게 효력을 갖는다.

제60조(정관의 해석) 이 정관의 해석에 대하여 이견이 있을 경우, 일차적으로 이사회에서 해석하고, 그래도 이견이 있을 경우는 총회에서 해석한다.

제61조(소송 관할 법원) 조합과 조합원간에 법률상 다툼이 있는 경우, 소송관할 법원은 조합소재지 관할 법원으로 한다.

제62조(민법의 준용 등) ① 조합에 관하여는 법에 규정된 것을 제외하고는 민법 중 사단법인에 관한 규정을 준용한다.
② 법, 민법, 이 정관에서 정하는 사항 외에 조합의 운영과 사업시행 등에 관하여 필요한 사항은 관계법령 및 관련행정기관의 지침·지시 또는 유권해석 등에 따른다.
③ 이 정관이 관계 법령(조례 포함)의 개정으로 변경하여야 할 경우, 정관의 개정절차에 관계 없이 변경되는 것으로 본다.

부 칙

이 정관은 ○○구청장으로부터 조합설립(변경)인가를 받은 날로부터 효력이 발생한다.

Memo